図書大概

大沼晴暉 著

図書大概　目次

図版細目

※又とあるは同版本を示し、前と異る事項のみを記載する。

図版所蔵先一覧

慶應義塾大学附属研究所　斯道文庫

一B、二A、二A2、二C2、三A、三B、四A、四B、五B、六、七A、七B、八A、八B、八C、八D、八E、九A、九B、一一B、一二、一三A、一三B、一三C、一四B、一四C、一五A、一五B、一六A、一六B、一六C、一七、一八A、一八B、一九A、一九B、二〇B、二一A、二一B、二二A、二二D、二四A、二四B、二五A、二五B、二六A、二七、二八、二九A、二九B、三〇、三一、三二、三三、三四、三五A、三五B、三五C、三五参考、三八A、三八B、三九、四〇A、四〇B、四二、四三、四四A、四四B、四四参考、四五、四六A、四六B、四七、四八、四九C、四九D、五〇、五一、五二、五三

慶應義塾図書館

一A、二B、二B2、二C、五A、一〇、一一A、一四A、一五参考、一六D、二〇A、二一C、二二B、二二C、二六B、三五D、三六A、三六B、三六C、四九A、四九B

細川家永青文庫

二三、四一

『好色一代男』（「近世文学資料類従　西鶴編」1・2　勉誠出版刊）より転載。

三七A、三七B

四九・五〇・一七二・一七三頁図版

原本高知県立牧野植物園牧野文庫蔵本。同園発行「牧野富太郎　蔵書の世界」より転載。

図書大概　本文編

一、図書とは何か

図書ということば

図書ということばの初見は今詳らかにしないが、図と書の合成されたことばであろう。しかし図（絵画）も書（入木（じゅぼく）・書き物）も実際には図書の範疇に入らないので、ことはいささか厄介である。

今の宮内庁書陵部はもと図書寮であり、ヅショと発音され決してトショではなかった。私の母など岩波の雑誌「図書」をヅショと発音していた。図書ということばは、図書館以外に殆ど用いられず、――図書券のち図書カードなどいうものができたが――恐らく図書館の普及と共に拡まってきたことばかと思われる。

国立国会図書館の前身帝国図書館は、以前には東京書籍館（とうけいしょじゃくかん）と称したから、図書館を名にした明治十三年頃から一般にも耳に馴染むようになったのであろう。始めはお役所用語ではなかったかと思われる。大阪府書籍館は明治十八年の大洪水等で府が財政難に陥り、明治二十一年廃館となった。蔵書は一時大阪博物館に置かれたが、ほぼ十年の後、知事や、当時の住友当主から図書館建設の計画と寄附とがあり、これらには「図書館」の語が使われている。

北の八戸では、幕末期、仲間内で貸出を行った読書サークルである書物仲間が母胎となり、書籍縦覧所が開設された。明治七年のことである。当時書籍館は未だ東京・京都・大阪に開設されていたのみで、地方では跳抜けて早い。

明治十三年には公立の八戸書籍館が併設されるが、財政上の理由から明治二十年閉鎖された。ただし書籍縦覧所の業務は大仲間が改組された弘観舎によって引続き行われていたようである。

明治二十八年には縦覧所の運営は、弘観舎から八戸青年会へと引継がれ、八戸青年会図書局の規程が整備され、図書館として機能してゆくようになる。

この間明治二十年十月、文部省は官制を改め、書籍館を図書館と改称し、学校教育の補助機関として取扱うべき旨布達している。学校図書館の普及と共に、この布達以後〈図書館〉という用語が滲透してゆくようになったのであろう（八戸市立図書館百年史・内閣文庫百年史・日本の博物館の父 田中芳男〈飯田市美術博物館〉・中之島百年など）。

私立では明治三十四年一月に、成田図書館（成田山新勝寺）の認可申請が為され、翌年二月に開館、この年には博文館主佐平による大橋図書館も東京に開設されている（成田図書館八十年誌・大橋図書館四十年史）。また岩瀬弥助が愛知西尾の地に開設せんとした岩瀬文庫の新聞記事（扶桑新聞明治三十九年十二月二十八日・礒貝逸夫「岩瀬弥助の生涯」所引）にも「図書館」の語が載るようである。

西尾に近い三重松阪射和の竹川竹斎射和文庫は、嘉永七年六月九日の日記に「文庫書院」の語が見えるが、図書・図書館の語はない（松阪市文化財保護委員会「竹川竹斎」）。

図書目録も江戸時代まで図書と銘打ったものはなく、すべて某書目・書籍目録の如くであった。こうして書籍館が図書館に変わるのと歩調を合わせ、それまで広く書き物の意味であった書ということばが、その作物をも表わすようになっていったようである。

唐山では、図書はもともと河図洛書の略語で、伏羲氏の世に黄河より現われた龍馬の背にあった文様（図）と、禹が洪水を治めた折、神亀の背に見られたそれ（書）とを云う。これは後の易の淵源をなすものだと考える人々もある

（近藤杢「支那学藝大字彙」）。

図書の語は早く晋書天文志「東壁二星主文章、天下図書之秘府也」、唐人韓愈の「送石処士序」に「坐一室左右図書」（前掲近藤氏所引）などと見られるが、図書館の語は日本からの逆輸入で、清光緒三十一年（明治三十八年）湖南の公立図書館に使われたのが早い。

図書館ということばの背景には明治二十年代から三十年代にかけ、日清・日露の戦役を経、近代化を急いだ明治政府の思惑が見え隠れするように思う。

なお図書を示すことばに**本**がある。これは書誌学では本文を云う。所謂る的本（テクスト）である。だから**異本**と云えば別系統のテクストのことで、同版の二書や、別版であっても同系のものには使わない。**別本**も全く同様で、単なる別の図書の意でなく、別の本文を持った書物の意味である。

ことばには広狭二義のあることがあり、書誌学の術語にもそれが多い。部分名であったものが、その全体を指すようになった場合もあるし、その逆もある。

アイヌ語学者の知里真志保氏は、和人が最も間違いやすいアイヌ語は植物名で、薬に使ったり呪術に用いたりする最も大切な部分（例えば、実であったり、根であったり、葉であったり）につけられた名称であるにも拘わらず、和人はそれを植物全体の名称だと解すると云っている（例えば「アイヌ語の植物名に就いて」始め雑誌「民族学研究」のち著作集第三巻所収など）。

例えば我々は〈リンゴ〉と云われれば、恐らく果実の林檎を想い浮かべるであろう。樹木を云うときはリンゴの木と云い、それはそのままゴールズワージィの小説の題名ともなっている。これは恐らく我々にとってリンゴの場合、その果実が最も有用であるからであろう。

〈サクラ〉となると花である。実は〈サクラン坊〉という特名をつけ、材も整版本の版木に使ったが、落語でも、一盃きこしめした若い女性の肌の色をほんのりサクラ色、男の方のそれをサクラの木の皮の色というまことにまどろこしいことばで表している。桜色は花の色を示すこと勿論で、樹木の色ではない。

日本人は桜の花に穀霊が宿るという信仰を持っており、今宮戎神社のやすらい祭・鎮花祭のように、一刻でも長く穀霊が桜の花にとどまることを願った。それが花見という民俗を生むのである。

〈マツ〉となると、実も食すがそれはマツの実で、花はマツの緑または若緑と云う。葉はマツバ或いは松の葉で、近世歌謡集の名ともなっている。マツは木を指すことが多い。マツ喰い虫、マツ毛虫などの松である。しかし松の木ということばも多く使われている。クリやナシも同じで、栗の実・栗のイガ・栗の木・栗の花などと使う。しかし栗拾い・栗御飯・栗きんとんなど栗は多くの場合、実を云うようだ。だがこのように色々に使われるということは、利用される部分が様々でことばがまだ動いており、定着していないということであろう。

花見と云えば、花の中の花、今は桜を指す。このことばは逆に全体を指すことばの中から、それに最も相応しい部分を抜き出してきたのである。

この逆の例は例えば〈ハモノ・刃物〉で、ミネ（峯）・シノギ（鎬）・ハ（刃）・エ（柄）・ツカ（束）などという部分名であったものが、その最も有効肝要な部分が全体を呼ぶ名称となったのであろう。

本ということばも、俗に図書のことを云うけれども、書誌学の上ではその最も本である部分、すなわち本文を云うのだと御承知頂きたい。但し本ということばがもともと部分名であったか、或いは全体を指すものであったかは難しい。恐らく中世校合が行われるようになり、一本・別本などの用い方から、その図書の持つ本文と云う意味に限定されてきたものと思われる。

有名な源氏物語の二系統、青表紙本・河内本も、従って単なる青い表紙の書物の意ではなく、たまたま青い表紙であった書物の有する本文（を持った本）と河内守源光行・親行父子の校訂になる本文（を持った本）の意となる。

中世では本ということばは校合の底本を指すことが多い。本家の唐山で図書の意味に使ったのは、後漢書の注「借本諷之」（延篤伝）などが古い例だという（長澤規矩也氏「書誌学序説」）。しかしこれとても「本ヲ借リテ之ヲ諷(ソラ)ンズ」と訓じており、素直に解すれば、本文を書きうつさずに暗誦した意であろうから、単なる物としての図書とも云えまい。

西洋でブックやバイブルというと図書の意味であるが、大文字で表すと図書の中の図書すなわち聖書を示すことになる。もっともこのバイブルももとを正せば、その用紙であったパピルスに由来するので、部分名が二大変換を遂げていると云えるかも知れない。

このことばが聖書の本文校勘等から始まった聖書学に淵源し、書誌学という邦訳語の原語であるビブリオグラフィーと関係することは後に述べる。

図書と他の文献との違い

文献と云った場合、記されたものの全てを含む。文書・記録・図書・絵画・書作品・地図・暦・広告・看板・金石（文）・楽譜・写真・複写物・新聞・雑誌等々である。今この各種文献と図書との違いを考え、図書の定義とする。

文書は例えば手紙のように、或る特定の送り手から特定の受け手に宛てたもので、奉行から名主へ、大きな所では日本国憲法のように、日本国から日本国民へと宛てたものもこれに入る。内容は名指しされた特定のその相手にしか効果を発揮しないから、日本国での日本国民以外はこれを守る必要は生じない。アメリカ人は必ずしも読まなくていいのである。

記録はそれに対して一個人の備忘・メモの類いを云う。自分だけが宛てられた相手であり、公開を意図していない。日記や帳簿の類いである。だから作家の発表を前提とした日記や小学校の宿題で教師に提出させられる（絵）日記の類いは本道の日記とは云えない。ましてや交換日記など日記ではなく、むしろ手紙である。

図書はそれに対し、或る特定の送り手から不特定多数の受け手に宛てたメッセージである。相手は不特定であるから誰であっても構わない。なるべく多い方がよいのである。日本人の著者のものでもアメリカ人が読んで一向に差支えない。しかしアメリカ人はなかなか日本語が読めない。そこでアメリカ人に読ませるためには翻訳ということが行われる。これはことばの問題に関わることなのだが、正確な翻訳というのは恐らく不可能であろう。しかしそれでもよいということが前提になっている。図書の場合、この不特定多数の、多ければ多いほどよい読者を得たいがために、本物でなく複製でも構わないという条件が成り立っている。そこから図書の根本要素である複製・大量化の問題が生まれる。

現代の作家に原稿を読ませてほしいと云えば、恐らく悪筆だから本になってから見て下さいと云うであろう。著者自らが自筆の原稿でなく、複製コピーである図書の方を見てくれと頼んでいるのである。次に述べる絵画や書道の作品では、それは恐らく考えられないことであろう。

こうして図書の場合、写本或いは刊本という複製を作り、それで読者を増やしてゆくという方法がとられた。複製、全てが云わばニセモノであるという前提に立つのが書誌学の立場だと私は思っている。それだけにそのニセモノがどういうニセモノなのかを、今流行のことばで云えばアイデンティファイするのが書誌学である。その図書が他の図書でないこと、その図書の戸籍・座標をはっきりと確定させる必要がある。そこに、後に詳しく述べるが、写本では自筆か他筆か影写か転写かと云った、また刊本では刊・印・修と云った問題が何如に重要になってくるかの鍵がある。

図書はニセモノであることが前提となっているので、翻刻・翻字や翻訳が可能である。もとのものを同じ国語でおきかえ、それを写した場合は翻写であるが、そうしたことばは餘り使わないようである。重写・伝写・転写・移写等がそれで、整版に彫って刊行すれば**翻刻**（これも最も精確に使えば底本の刊本である場合の方がよいが、底本が写本でそれを初めて刊本にする時にのみ使用する術語はないようである）、活字で印行すれば翻字或いは翻印と云う。外国語にしたのが翻訳で、文字以外の発信装置を使い、点訳や朗読によって相手に著者の意図を伝えることもできる。蓋しニセモノたる所縁であろう。次に述べる絵画や書作品ではとてもそうした藝当はできない。

絵画や**書**作品はその書かれた大きさや色や配置や素材等の各々の要素に意味がある。画集に掲載されている絵のみを見、美術館でその原画に会って、ああ、こんなに大きい絵だったのか、或いは逆に、あれこんなに小さな物だったのかと驚くことがよくあるのではないか。壁画などを思い浮べてみるとよい。

絵画はその大きさによって感じが全く異なるし、ましてや彩色画をモノクロで掲載してある場合など、全くのニセモノとなってしまう。書道で、書かれた赤壁賦や万葉の和歌を翻字したところで全くのナンセンスである。赤壁賦や万葉の和歌は一種の素材であってその雰意気は作品に貸しているであろうが、図書の場合のそれとは全く違う。

図書では**配本**（入れ本・寄せ本・補配）と云って、欠けた所を補った本がある。例えば折口信夫全集を、始め函入のB6判のもので持っていたが、欠本があり、それを新しく刊行された文庫本で補ったと云った場合である。体裁は悪いが、本文を読むにはそれで事足りる（ただしこの場合、同系の本で補う必要がある）。絵画や書はそうはいかない。半分に切断し跡の半分を複製絵画や、ましてモノクロの小さな写真で補うなどもっての外である。図書の場合は自筆原稿が残っていればもっけの幸いであり、むしろ古典には自筆のものなど殆ど残っていはしない。現代の著作でも同じことである。この配本というやり方は図書独特のもので、複製であることが前提となっており、その上で本文（内容）さえ通れば、他の素材や形態は犠牲となってもよいという考えに立つ。

つまり図書は素材や形や字様と云った様々の要素より、本文内容である構造を受け手に伝えることに重点がおかれているのに対し、絵画や書作品はその各々の要素が内容構造と同価値の意味を持っているのである。それは例えば版画の色変わり等の場合大きな問題となる。色版の色を換えて刷った場合である。美術の方ではこれを別版として扱うようで、絵画として見れば全く別物であるからそれも理由のないことではないが、私は**同版色変り**として扱うべきものと考える。絵画としては別物であるが、版は同じであるということをはっきりさせる必要があるからだ。

図書では転写や印刷により、その料紙や形態・大小等が変わっても、転写の誤りがなければ原則として発信者の意図は変わらずに伝えられる。現代でも作家の作品には、雑誌に掲載され、単行本となり、縮小された形の文庫本になるということがよくある。文庫本という小さな形態になったからとて、著者はうらむどころかむしろ喜ぶのが普通である。また逆に文庫本の字の小さな読みにくさを解消するため拡大した判も出されたりしている。それによっても内容に何ら変改は与えられない。清末特に民国初期に唐山では小形の**石印本**が多く印行された。これは科挙の制度がなくなり、あぶれた挙生たちが本屋の筆耕として傭われ、その版下書きをもとに印行したもので、拡大縮小が自由にできるという印刷法を巧みに使い、大部の経典や史書を袖珍本としてコンパクトに編修発行したのである。廉価で大部の書が入手でき簡便であったので本邦の貧乏な学者に喜ばれ、誤写等の本文上の問題はあるものの伝来が多い。

Column　＊凸版凹版平版——印刷三法＊

木（整）版や活字の如く、印面が凸起し、その部分に墨やインクをつけて刷印するのが凸版。逆に彫刻銅版（エングレービング）のように銅版面に傷をつけ、銅版にぬったインクをふきとり、その凹みにたまったインクをプレスした紙面に印刷するのが凹版。これを薬品の作用を借りて行うのが腐喰銅版（エッチング）という手法である。銅版画に見られる如く、細かな線を描くことができるので地図や年表、小型の漢字典類などに多用された。

平版とはコロタイプやオフセット印刷、その前身の石版石を使った石印など。石印は平面の石版石上に転写した文字を、水と油とは反撥して混ざらないという原理を応用して印刷するもの。転写の際に単簡に縮小拡大でき色刷も可能であったので、大部な書の袖珍判や明治期浮世絵後のポスター製作などに大いに利用された。

孔版（謄写版・油印）・シルクスクリーンなどは穴版とも称すべきもの。鉄筆で臘をとった部分や樹脂でつぶした以外のシルクの網目が孔となり、そこからインクが滲透して印刷ができる。一種凹版とも平版とも云えよう。

Column　＊摺刷方＊

冊子体の書物は、版木に所謂る馬の巣・馬尾毛製の刷毛で糊料と墨とをはき、料紙をのせてバレンでこする。墨には柿渋を混ぜることもあったようだ。バレンは近世には、竹の皮をさき、紙捻のようにし（或いは和紙の紙捻を）円座の如く渦に巻き、それを芯に当皮（あて）で補強し、竹の皮でくるんだ現在版画に使われているのと同様のものに定まる。

もとはバレンの称呼の由来となったと云われる馬楝（馬藺・ネジアヤメ）の根で作った刷毛状のもの。方言でタワシを云う地域があることに注意したい。

朝鮮では刷毛は葦の穂先。刷具は馬の鬣（たてがみ）を円く固めて蝋を引く。馬鬣（マーリヨツ）と云い、或いはバレンという名称にも関係するか。

唐山の刷毛（刷子）は棕梠製。刷具は馬の鬃（たてがみ）製の円刷、木片や棕梠片を馬尾毛で包み両端で束ねた枕状の長刷の耙子を用いる。長方形の木片を棕梠皮で包んだものや竹皮製の日本のバレンに親い擦子もある。

越南版画は現在では松葉製の刷毛に、刷具はヘチマを使ったり手の平で刷る。日本でも寺院の神札など小さなものはその方が便利だった。東大寺修二会の刷札については本文でもふれた。要するにバレンは掌の延長なのだ。およそ道具は全て人間の体の延長と云ってよい。強く刷毛で引く場合もあり、叩く場合もある。

要するに刷毛の機能が分化し、バレンやタンポとなってゆくのであろう。刷りボカシなどにはそれこそ雑巾を使う。各種の植物繊維や海棉、生物の羽毛など種々に使いながら、使い勝手や刷る物、風土等の諸条件を勘案し段々に定まってゆく。

刷毛やバレンの図や写真は、その技法と共に例えば榊原芳野「文藝類纂」（影印本汲古書院）、石井研堂「錦絵の彫と摺」（芸艸堂）、武井武雄図解「ばれん」（日本愛書会）、韓国図書館学研究会「韓国古印刷史」（翻訳・同朋舎）、銭存訓「紙和印刷」（中国科学技術史・上海古籍出版社）、馮鵬生「中国木版水印概説」（北京大学出版社）、中国印刷博物館「中国古代印刷史図冊」（香港城市大学出版社・文物出版社）、中国伝統工藝全集「造紙与印刷」（張秉佗等・大象出版社）、田所政江「ベトナム民間版画」（里文出版）などに見られる。

合羽刷は、油紙を宛て切抜かれた部分にそのまま刷毛で色を刷くことになる。

チベットでは一昔前の孔版印刷（謄写版・油印）同様ローラーを版木の上で回転させながら印刷する。これだと印と刷との合体である。大内田貞郎氏等は日本の両面印刷の粘葉本などこうした手法で刷られたのではないかと見ている。しかしこれらは厚様の上、雲母引や胡粉を引いた具引のものが多く、裏面にも印刷されているので判断しにくい。なお江戸の一枚刷にも両面印刷のものがあり、これはバレン刷りであろうと思われる。

グーテンベルクの印刷機は葡萄しぼり器を応用したもので、プレス式。

東洋の印刷は大小や用途に合せ、この印（プレス）と刷（プル）とをうまく組合せ、使い分けてきたのであろう。書肆による刷印が定着するまでには、装訂のヴァリエーションが多々あったのと同様、刷りの方法も様々にあったのではないか。

地図や**暦**は通常図書館の蒐書の対象ともなり、巻冊を為して形の上でも図書と変わらない。しかし地図や暦はその受け手に送るべき通信内容が既に規定をうけている。すなわち地図に於いてはアメリカは広いからとて二分して他国領にしたりすることはできない。もしそれをしたならば、それはパロディーとして図書となり、地図にはならない。

暦も同じことである。休みが少ないからとて日曜日を増やしたり祝祭日を勝手に増したりはできない。ただ他の同類の暦よりより便利たらんとし、結婚の相性や日の吉凶や食い合せの知識等の便覧を附録や上層に載せることはある。しかし決してそれが本体ではないのである。地図や暦は云ってみれば一種の量り・基準・計量器なのである。誰でもが使える物差しでなくてはならない。そこに特定の送り手の発信器である図書との相違がある。しかし何処の国でも最も実用の器である暦は図書が刊本として印刷されるようになると印行され、印刷史の上でごく初期に当る時期に発行されている。

広告も量りでこそないが内容が規定されていることは同じである。八百屋の広告に魚屋のことを書く訳にはいかない。しかし純然たる広告から外れた広告文学の類いが江戸時代には沢山に刊行されているし、現在の所謂る広告雑誌（PR雑誌）の類いは純然たる広告とは云えず、図書の範疇に入れて差支えあるまい。京都の大村しげ氏は毎日、新聞に挿入されている広告の全てを二階にとってあると云う。重みで大分かしいできたそうだが後世貴重な時代資料となるであろう（大村氏亡きあと、これらは他の民具・道具類と共に民族学博物館に収められた）。

図書も著者の広告だと云ってしまえばおしまいだが、単なる安売りの値段附けよりは増しであろう（或いは長いだけ却っていけないか）。ともかくも著者の意思であっても書くべきことが既に規定をうけているものは図書とは云えない。

看板も一種の広告であり、次の金石と共に設置されて動かぬものである。立札なども設置されているという点では同様である。図書は不特定多数の受け手に滲透する必要上、動く（動かせる）ものであることが前提となる。

民具の場合、建造物は除外する。従って家屋や小屋は民具とはならないが、船は民具に入る。実は家屋と船とはほぼ同じ儀礼体系を持ち、事実、家船（えぶね）のように船を住居とする人々も多くいたのである。定置網等機能を働かせる場で

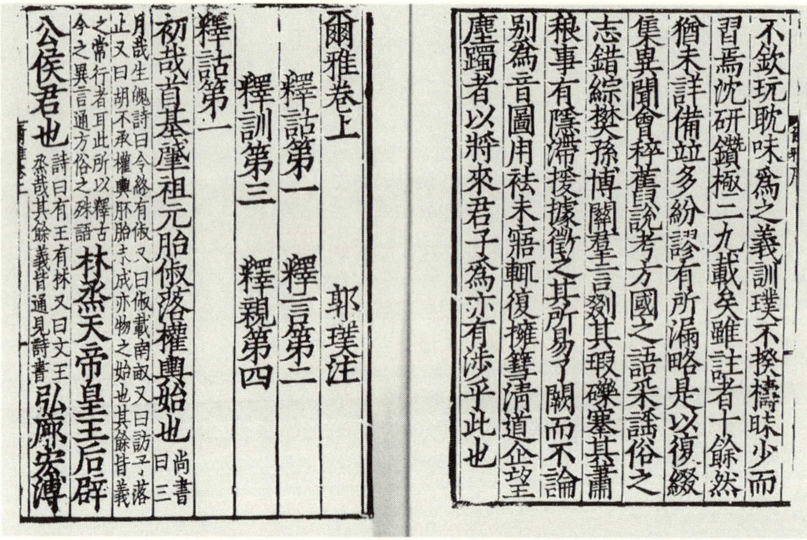

不欽玩耽味爲之義訓璞不揆檮昧少而
習焉沈研鑽極二九載矣雖註者十餘然
猶未詳備竝多紛謬有所漏略是以復綴
集異聞會稡舊說考方國之語采謠俗之
志錯綜樊孫博關羣言剟其瑕礫搴其蕭
稂事有隱滯援據徵之其所易了闕而不論
別爲音圖用袪未寤輒復擁篲清道企望
塵躅者以將來君子爲亦有涉乎此也

爾雅卷上　郭璞注
釋詁第一　釋言第二
釋訓第三　釋親第四
釋詁第一
初哉首基肇祖元胎俶落權輿始也尚書曰三月哉生魄詩曰令終有俶又曰俶載南畝又曰訪予落止又曰胡不承權輿胚胎未成亦物之始也其餘皆義之常行者耳此所以釋古今之異言通方俗之殊語
林烝天帝皇王后辟公侯君也詩曰有王有林又曰文王烝哉其餘義皆通見詩書
弘廓宏溥

南北朝覆宋刊本「爾雅」（汲古書院影印本）
序末後三行「徵」字欠筆。巻末の一行の官
銜から原は五代の刻本であったことが分る。

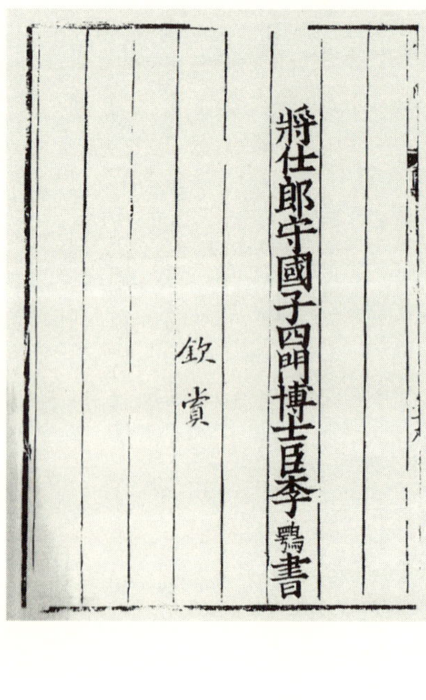

將仕郎守國子四門博士臣李鶚書

欽賞

は建造物に近い。

図書の場合もメソポタミアの粘土板に刻んだ図書や唐山の石経等問題となる。五代における経書の刊刻も、経済的負担を減らすため、江南・蜀の地に行われていた新興の整版印刷術によって、石経の建立にかえようという宰相馮道（ふどう）等の建議によるものであった。因みにこの五代刻本爾雅の南宋覆刻本が台湾の故宮博物院に、またその我国に於ける南北朝覆刻本が遺存し、汲古書院より影印されている。これによって、五代そのものの刊本は現存しないが、その面影をやや偲ぶことは可能なのだ。

金石碑碣（ひけつ）はそれをもととして拓本をとることができる。こうした意味では整版の版木や印刷の組版・紙型等と近いと云ってよい。しかし今看板・金石等は敷置されたる（固定された）動かぬものとして、図書とは袂を分かつこととする。

もっとも例外もあってサンドイッチマンやちんどん屋は動く看板である。しかしこれも広告と云う点で図書に入るべくもない。

なお看板や金石・石経・立札それ自体は、図書の本質を複製性とするならやはりそれにそぐわない。ニセモノであっては困るからである。

江戸時代の図書の呼び売りや瓦版売りは売り屋・販売者であって、たとえ図書の一部を朗読したとしても図書そのものではない。紙芝居屋もまた同じである。但し紙芝居自体は図書に入れてよい。けれども大きさに自ずと制限があり、文庫判のようなものでは紙芝居にならない。半分絵画の要素を合せ持っているのである。

金石碑文よりとられた**拓本**は図書と見做してよいかどうか、難しい所である。もっともこの拓本を底本とし版木に彫って出版した**法帖**類は通常図書として扱われているから、その原である拓本だけ別扱いするのも可笑しな話である。

しかし偽物性・複製性が図書の本質であるならば拓本はそれに抵触しよう。また金石文は様々な内容のものを含むので、内容が必ずしも図書の定義と重ならないものも多い。某之墓など云う碑文の拓本はどう見ても図書とは云いにくい。墓碑銘や墓碣銘なら特定の発信者から不特定多数の受信者へという条件を満たすが、私は拓本を金石という動かぬものの附属物・それに準ずる物と見、図書には入れないこととする。拓本を底本として書写・印行されたもののみを図書としておく。

Column ＊四庫分類＊

唐山で古く六朝時代の宮中の蔵書を甲乙丙丁の四部に分けたのに始まり、隋書経籍志では乙丙の順序を逆にし、経史子集の四分類とした。経は儒教の経典とそれを訓み解くための小学（文字学）の書、史は歴史・地理・法制・目録など、子は経書以外の諸子百科の書、藝術・類書（百科を一類毎に輯めたもの）など、集は詩文集やその評論などを含む。

この分類の中で、古来最も動揺しているのは技術学である医や本草・方術・兵法等の部門である。これらは実用書に親いため公に対する私、正当な学文に対する俗として扱われた。四庫分類はこうした云わば公私の学問をめぐるせめぎ合いであり、こうした分類意識によっても東洋の技術軽視の伝統は窺われよう。ただ営利出版業者とその大量に刊行された俗書とが民衆に果たした役割はまことに看過できないものがある。金文京氏に「中国目録学史上における子部の意義――六朝期目録の再検討――」斯道文庫論集第三三輯がある。

しかしこの法帖（入木書を含む）や四庫分類の譜に入る画帳類は実際の図書の概念から云えば異分子である。この法帖や譜類に属する書物は私の先に定義した偽物性、翻字や翻訳に馴染まないのである。幕末松崎慊堂（こうどう）が唐石経の復元を試み出版して「唐縮刻開成石経」と云う。単なる翻刻でなく拓本を臨摸縮小して形を真似、考証の結果を加えた所にその出版の苦心の一端が窺われ、むしろ一個の立派な撰述書となっている。本書は復元校定に李唐先秦の書を用い多大の労力を費やしている。慊堂の著作がこうした形をとったのは、単なる翻刻では釈文となり、唐石経の真を伝えにくかったからであろう。

絵画や書作品、金石文の拓本の類いもニセモノでもよいという多数の受け手の要望の下に、図書の形をとって通行してゆくようになる。これは本物は数が少ないので一般に普及されず、そこに目をつけた主として営利出版者の為業である。慊堂の場合は大部なものでもあり、また学術的に本文を校定しようとしたので、そのため営利事業とならず、自己の渋谷羽沢の石経山房による蔵版本であった。

楽譜　譜は図録・絵画について云うことばで、唐山ではこれを絵と見ていたことが分かる。現代の楽譜も一寸見には宛かも抽象絵画であるかのように見える。楽譜について私は図書との違いを捜し出せずにいる。そもそも読者（聴衆）は原典でなく、複製をもって聴くところからして同じであり、縮小拡大や転符・コピー等によっても発信者の伝えようとした事は受信者に伝わる。ただそれが良き音楽たるかどうかは演奏者の腕によるが、これは図書が読者の力量によって左右されるのと全く同じい。これを翻訳と云えるかどうかは分からないが、ピアノ曲を三味線で弾くことも不可能ではない。現代に合せ編曲などアレンジすることもでき、これは注釈校勘作業等とも比せられよう。但し楽譜はその受け手が音楽の演奏或いは歌唱のためという限定を受ける。しかしこれとても特定の受け手とは云えまい。文書の場合の特定の受け手は否でも応でもこの発信者からの影響を蒙り逃げられないのに対し、楽譜の場合それだけの強い拘束力はない。楽譜の出版も古く、本邦でも高野版に文明四（一四七二）年、同十年刊の声明集「魚山集」が印行されている。音楽の演奏歌唱と云った特殊な面を受け持つ図書の中の一部門を楽譜として特称すると解しておいていいように思う。これは仏教の経典等についても同じことが云えよう。楽譜は文字でなく音符や節附・ゴマ点など特殊な符号を用いるが、これは絵だけで文字のない絵本の例もあるし、図書の定義のうえでは全く問題はない。

CDなどでは所謂雑音(ノイズ)が淘汰される。これは現代のように活字で定着、刊本化され、それのみが正しいという純粋な結晶のみの化学塩のようになってしまった書物と似ている。

写真・複写は新しく開発された方法で、現在では図書をマイクロフィルムで撮影しその紙焼写真を製本したものや、コピーによる複写を製本した類いが多い。これらは図書と見做してよいが、その根本はむしろ記録に近い。これは自己の備忘のため覚のための複写で、全巻複写の場合も頒布などの目的でなく、あくまで自己使用・私用であることを原則とする。その故に著作権上でも許されているのである。

藝術写真は色やトリミングにより、写真の価値が大きくかわる。絵画に親いであろう。美術作品には、この写真やそれを云わば絵巻の形式にした映画（フィルム）、版画などの複製藝術が存する。映画の音声は吹換えによる翻訳や字幕での翻訳が可能だが、映画それ自体の翻訳はできない。またフィルムをスクリーニングした場合を除き、リメーク版は別作品になってしまう。

新聞は不特定多数を相手にするが、内容が新聞すなわちニュース・速報でなくてはならない。近頃の新聞は次に述べる雑誌のように学藝欄があり、連載小説ありだが、基本はニュースである。そして発信者の意図よりも、客観的な事実を知らせることが優先される。あくまでも事実の報道、情報が主体であり、発信者・送り手の意思や感情・思想はむしろ餘計ものである。これが克っと所謂御用新聞、ひいては文書に近いものになってしまう。明治初期の絵入新聞は浮世絵師が絵入りの扇情的な記事を載せ、江戸期の草双紙や人情本・浮世絵の続きのような世界であった。江戸期日本にはマガジン・現今の定期的に刊行する雑誌はなかったが、実は今述べた草双紙（特に合巻）・人情本・浮世絵・浄瑠璃や芝居絵本などがこうした役割を果たしていた。これらは多く続き物であり、毎年決った時季に出版され、現今の風俗・ファッション誌の如く、繁華の地の人情・風俗・流行・髪型などを各地へ伝える働きをした。勤番侍の参勤交代の土産には必ずやこうしたものの数冊或いは数鋪がしまいこまれていたであろう。

最後に**雑誌**であるが、これは図書と云い得る。単行でなく連続刊行されるものには叢書もあり、定期的でも不定期でも構わない。雑とは専門の一に特定されないのを云うことばで、もとは悪い意味はない。雑えるという意である。むしろ〈博〉に近いのだ。雑学と云うと何やら後めたく、博学と云えば秀れているように聞えるが、もともとそんなことはない。

やや横道にそれるが、雑草・雑穀はあらゆる草・あらゆる穀物の意で、決して主要でない草や穀物を云うのではない。雑穀と云えば本来、米や麦をも含むのだが、米だけが年貢作物として幕府により特化されてしまったのである。しかし、同じ米でも黒米や赤米、紫米などは未だ雑穀として扱われている。

雑巾も今でこそすっかりおとしめられているが、専門化した一の用途だけでなく、汎ゆることに使える云わば魔法の巾なのである。

四庫分類にも儒家や釈家や道家に伍して雑家の項が設けられており、中は雑学・雑考・雑説・雑品・雑纂・雑編と細分され、あとに西学が附されている。雑家に続く小説家の中も、雑事・異聞・瑣話・伝奇小説と分れるが、これも雑家に親い。字書にも雑字と云うジャンルの類書がある。内閣文庫の国書は随叢の項のもと、雑筆・雑考・雑抄・雑編と分ける。まさに雑のオンパレードの観がある。実はこの雑という概念こそ分類の要諦であり、また学文の要諦でもある。或いは混沌と云ってよいかも知れない。

十進分類法でも雑書の項がある。明治以前から某雑誌の書名はあり、これは一の専門に偏せず、色々なことを誌したものであることを意味している。マガジンにそのことばを宛てただけである。

江戸以前から日本にも某随筆の書名がある。一條兼良の「東斎随筆」あたりが早い例であろうか。江戸期にこのことばは考証随筆として定着した。随談随筆は気随気儘、気の向くままに筆を執った作物で、そのまま雑誌・雑筆、ややくだけると漫筆と云えるものである。江戸期までの随筆の語には近代の文学的ェセーの意味は全くない。

戸井田道三氏の「雑誌考」（筑摩書房刊「色とつやの日本文化」所収）は同様の視点から論述されている。

こうして云わば図書を中心とし、宛かもその衛星の如く様々な文献が図書の廻りを廻っている。それらは図書の持つ複製性・大量化と云う不特定多数の、より多くの人々の手元まで伸びてゆこうとする滲透性を利用し、図書の形をとって自己の領域を拡大してゆく。これが大捉みにした図書の歴史である。従って資料として一般にも需要があると考えられるものは、編者の手を経、文書（集）・記録（集）・画（集）・書（道作品集）のような形で、図書として頒布される。「日本国憲法」や「六法全書」等もそうした類いであるがそれは一種の資料図書であって、文書の持つ特定の相手への効力は既に消滅している。図書である日本国憲法を読んでも読者は別にその法律にしばられることはないのである。発布された文書は、受け手がそれを読む読まないに拘わらず、すべてその効力下にある。

こうした他の文献との比較を通して得られた図書の定義は次の如くである。

図書の定義

図書とは特定の送り手が、不特定多数の受け手に、文字や図絵を配列し、その意見・思想・感情等を伝えようとした物である。

なお附して云えば、形態は巻冊を為しているものが多いが、必ずしもこれを必要としない。一枚刷もあるし、自筆稿本の残欠一葉なども立派に図書である。

また書写・印刷される材料も必ずしも紙に限らない。布や木、竹、粘土板、化学製品等であってもよい。今後コンピューターを利用したレーザーディスクの如く異星人の如き、図書とすべきかどうか頭を痛める機具が様々に顔を出してくるであろう。これも全て図書の特徴である、マガイモノでもいいから、不特定多数に迅速且大量に滲透しようとする所に生まれてくるのである。

附　国定教科書は果たして図書か

こうした比較の上に立って考えると、現在の諸学校、特に小・中・高等学校で使われている文部科学省の検定済教科書、或いは戦前の国定教科書は果たして図書と云っていいかどうか問題があろう。受け手の例から云えば、例えば小学校一年生用や二年生用と云ったように対象が特定されており、他の学年の生徒が読むことを別に妨げる訳ではないが、殆ど他の読者のことは考慮に入れられていない。

教科の内容についても小学生のうちに習う漢字の数まで決まっており、文部科学省の検定によって強力な規制が為されている。暦や地図ほどではないにしても、著編者の意思・思想・感情をそのままには受け手に伝えられない仕組になっている。こうした徹底した管理指導が教科書には必要なのだと云うのが日本の大勢な訳である。外国では教員の裁量により、その国の古典や定評ある書物を教科書に使っている所もあり、様々である。てんでんばらばらな自由教育を目指さず（これが実は一番難しくたいへんなことである）、管理画一的な教育を目指すにはこの検定教科書が最も適当している。但し私の考えからゆくと、検定教科書はむしろ図書ではなく、文書に分類されるべきものである。それに限りなく近い。

附　書誌学・図書学・図書館学

書誌学は英語のビブリオグラフィーの訳語で、文字通り書物（ビブリオ）についての記述（グラフィー）の意である。明治の半頃から書史学の名称が見え、四十二年には図書館科講習会で、国語学者赤堀又次郎氏による書史学の講義が行われている。図書館教習所（後講習所）では大正十年の第一回教習で、国文学者久松潜一氏が書史学を講じた。十四年の第五回に出席した森銑三氏は、植松安氏の日本（支那・西洋）書誌学を受講した旨記している（「書誌学といふ名前」続著作集第九巻）。植松氏には昭和四年「本邦書誌学概要」の著作がある。翌る五年には寿岳文章氏がビブリオグラフィーの訳語として書誌学を提唱（書誌学とは何か）しており、六年には日本書誌学会が発足、二年後機関誌「書誌学」を刊行、用語として定着した。

小宮山寿海氏は東京帝国大学図書館長を勤めた和田万吉氏の談として、書誌学を和田氏の造語としている（「書誌学」芸艸会、のち図書館短期大学同窓会より影印さる）。物が醸成される時、一人の天才の力によって成し遂げられる場合と、大勢の人々が関り合い、丁度池の面がじわじわと凍って、或る夜全面結氷に及ぶ如く、成し遂げられる場合とがある。

大正十三年には田中敬氏の「図書学概論」も出版されたが、国の司書講習に採用され、全国的な組織も作られた書誌学の用語が席巻したものと思う。

南方熊楠の明治四十四年八月二十九日附松村任三宛て書簡には、熊楠が「在英のとき書籍（ビブリオグラフィー）学を日々の営業とし」たことが記されている。熊楠の訳語は書籍学であった。

また芳賀矢一氏の東京帝国大学明治四十年度の「日本文献学」の講義が昭和三年に刊行されている（日本文献学・文法論・歴史物語）。芳賀氏は日本文献学とは Japanische Philologie の意味で、即ち国学のことであるとされている。

当時江戸からの流れで、未だ文献利用は各方面に及ばず、専ら国語・国文・国史と云った所謂る国学に指を屈していた。恐らく文献学の中で最も文献学たるものとしての国学という限定であろう。

現在特に国文学関係の解題類では「書誌」と題して、当該書の形態説明を行うことが極めて多い。長澤規矩也氏はこれに対し、それは書誌的事項・書誌学的事項ではあっても決して書誌ではないとされた。図書館界では「書誌・書目」のことばがあり、十進分類法でも一項目をとっている。天野慶太郎氏に「書誌の書誌」なる書物もあり、「鴎外書誌」「小林秀雄書誌」等の単行書もある。書誌とは著作目録や参考文献目録等を云う術語として図書館界では使われてきている。長澤氏はこれも上手いことばではないが、術語として使われている以上、他に書誌ということばを使うべきでないという考えだったのであろう。私が一度不用意に発した「書誌のノート」ということばを捉えて注意されたことがある。恐らく織茂三郎氏の考えからか名古屋叢書の解題では「形態」と記され、天理図書館の機関誌ビブリアにも「形態」の下に表記されているものがある。

現代の書物の形態解説に使われる「書誌」の語は、恐らく「某蔵書誌」「某書誌」の名の下に発刊された多くの解題類を真似て使われているのであろう。確かにことばの上からは、誌し方は違うけれども、どちらも書物を誌したものであることに変りはない。

長澤氏はこうした書誌の濫用とその上に立つ書誌学ということばとの誤解を避けるため、田中敬氏の使い始めた用語である、より分かりやすい「図書学」の語を用いるようになったようである（長澤規矩也著作集第四巻「書誌学と図書学と図書館学」等）。しかし川瀬一馬氏は、既に「書誌学」ということばが定着しているのであるから、なにも「図書学」という新しいことばに改める必要はないと云う。長澤氏が現在国文学界の人々の用いる「書誌」の用法を、術語として既に違った意味で使われているから避けるべきだと云われた、まさにその同じ論法で切返された訳である。

図書学は具合の悪いことに新興の図書館学ということばとも重なってくる。長澤氏は博物学はあっても博物館学はなく、博物館の管理運営法であったり、せいぜいが論止まりで、事は多く技術に属することを挙げておられ、図書館学についても全く同様だとされている。病（理）学や医学はあるが、病院学や医院学はない。現在では古典籍学なる用語も生れ色々な学が流行であるが、内実は伴っているかどうか。

書誌学にしても図書学にしても、名称はどちらでもよいのであって、図書に関する全て（その環境を含めて）を科学的に究めるのがこれらの学問の為事となる。

中で最も中心となるのは、図書内容を比較校勘し本文を整定する校勘学と、写本においては自他筆、影写転写等を識別し、その書写された時代を鑑別し、刊本においては同異版の識別、刊・印・修の判別を為す所謂る形態書誌学とである。

日本のこれまでの書誌学は唐山文化の影響を受け漢籍の伝本の多いことと、日本では江戸初期まで営利出版が生まれず、一般読者を対象とした出版がなく、写本の時代が続いたため、書誌学の上でも唐山系・日本系、写本系・版本系の四つの方法が交錯し、術語等にも混乱が見られるのが実情である。術語の混乱は蝴（胡）蝶装がその最もよい例で、唐山では片面刷りの粘葉装を云うが、日本ではその残存する実物が少く、両面刷りのものにも、ましてや全く綴じ方の異る綴葉装のものにまで拡張附会された。こうした例は書誌学のみに限らず、動植物名にも多い。コラムにも記しておいたが、江戸期本草学の一として名物学と云う、唐山のことばが日本の何を指すのか、現今の所謂る同定・特定の学文にかけた熱意と執念とに当時先人の苦辛が窺われる。一例すれば唐山の鮎はナマズであって、決してアユではない。上梓などと使うアズサは日本のアズサ弓のような小喬木ではない。柏も唐山のこの木の葉では柏餅はできない。

書誌学の四の流れは唐山系は版本に重きをおき（彼地では書誌学を版本学と呼ぶことからも、それは窺われる）、日本系は写本に重きをおき、この四者が仲々に融合せずに進んでいる。実はこの他に仏書があるが、過去はさておき現在では仏教書誌学は最も進んでいない。しかし日本の文化を考える場合、これら四者或いは五者を同時同様に見てゆかなくては正当な判断は下せないものと思う。

例えば日本には唐山で亡んだ唐写本の系統のものが室町時代まで引続いて伝承され、漢籍古活字版にもこの系統のものが多い。また刊本でも宋元版や朝鮮本の残存量は本国に匹敵する。宋元明朝鮮版を覆刻した五山版や、朝鮮明清版を覆刻翻刻した江戸時代の漢籍和刻本等日本文化の上に大きな影響力を持っている。

これらを見落してはそれぞれの時代とその文化とは恐らく正当に見えてこないであろう。日本の作品にしても学者は多く溯って復元的に本文を校定することに関心を持つようだが、流布本としてどの本がどれだけ刊行され何時頃まで刷られたかは、その書の享受伝流の上から云えば大きな問題を持ってくる。むしろ文化史の上ではその方がより重要な意味を持っているかも知れないのである。その上、それら漢籍や漢訳仏典を講義講釈した多くの書物が江戸期まで連綿と遺っている。それらは本紙への書入れであったり、講義として手写されたままであったり、またものによっては刊行されたりしている。和漢仏刊写が複雑にからみあい、綯交ぜになっている。それらを解きほぐしてゆくには一の方法に長じているのみでは荷が重い。

更に今後は隣接した国語学・国文学・文献史学・古文書学・古記録学・美術史・古絵図学・古地図学・金石学・考古学・民具学・物質文化・民俗学・本草学などの諸科学を結んだ資料科学としての成長が望まれよう。

これらはこれまで個々にそれらを専攻する人々の手で個別に調査が為されてきた。同じ用語が他の分野の人に異って理会されているものも多い。個々の学文が他の学文を顧みず、そうかと云って独り立ちしている訳でもない。今後は綜合的な資料科学として夫々の分野を含めた究明が進められるべきであろう。
神奈川大学には日本常民文化研究所を中核とした資料科学専攻の大学院コースが生まれている。これは歴史（主に文書・絵図を扱う）と民俗・考古（主に民具・物質文化を扱う）とを資料科学の立場から綜合して見てゆこうという全く新しい試みである。

最期に漢籍本文の大約について一言する。
古写本は仏家や博士家に伝来され宋刊本以前の異本を含む唐抄本の流れを汲むものも多く、これらには屢々新渡の宋刊本との校合が為されているものがある。一部の古活字本はこうした古抄本系のテクストを底本とする。また朱子学・医学・類書的な啓蒙書・仏書・詞華集、俗書には李朝伝来の本文を持つものも多い。これは漢籍和刻本にも云えることである。舶来の明清版は訓点送仮名を附した和刻本となることが多いが、一部古活字でも翻印された。
こうして古活字版は我国古抄本の終着点としての刊本でもあり、また流布本としての漢籍刊本の幕開けともなった。古活字本は後に営利書肆の手による出版も増えたが、始め宗教的或いは文化的サークルの出版になり、こうしたものは自ずとその底本の選定にも心が及んだ。国書についてもそれは同じい。
古活字版は我国写本のたどりついた終結点であり、また刊本の発起点でもあった。古活字本の本文は、こうして抄本系の終りと刊本系の始まりとして一段と見直されてよいであろう。
五山版は未だ禅籍の仏書が中心であり、渡来刻工によるやや営利的な出版には詩文集や類書を含む一般書もあったが、これらは本文の上ではやや格が下るようである。これは宋元版自体、学者を動員しテクストクリテークを経た官刻本と、受験参考書を主体とした営利の坊刻本とではテクストや書格の上で差のあった如く、渡来刻工の多くが福建

（建安・福州など）の営利書肆の下で暮していた人々なので、その持伝えた刻本を底本とした渡来刻工本もそうした性質を帯びていたのである。ただしこれは大約の見取り図で、精確な意味での本文研究は、二三の個別研究を除いて全く手がつけられていないと云ってよい。漢籍書誌学の本文研究という分野、今後開拓の餘地は餘りにも拡い。

Column　＊生活分類＊

一見厳密な学問的分類に依らぬ、生活の便宜のための分類で、日常の暮しにはこの方が都合のよい場合が多い。鯨は今も肉屋でなく魚屋が扱っており、鳥の肉は中世の絵巻などを見ても、魚屋の店頭に一所に並んでいる。これは単に未分化であった時代と云うのみでは片づけられない問題を含んでいる。採取法も含め、魚鳥文化は日本の文化を考える一の鍵となる。江戸の魚河岸は明治に会社組織となるが、その折魚鳥会社を名告っている。本草学の分類はこの生活分類が加味されておりなかなか面白い。

漢字の分類意識にもそれは窺われる。魚偏や虫偏を見るがよい。蛇や蛙は虫だが、鰐は魚、蚌（はまぐり）・蜆（しじみ）は虫だが鰒（あわび）は魚で、これは日本ではフグに使う。唐山でフグは鮭。蛸は日本ではタコだが、唐山では高脚グモを云う。両者脚が八本あることは同じい。虹も龍の仲間で虫なのである。メスは蜺と云う。

こうした彼我の分類意識の違いが根本にあり、江戸期本草学の発達に伴って生まれた学文に名物学がある。これは唐山の漢字が日本の実態・実物としての何にあたるのかを考証・研究した学文で、もし実態と離れた異物に充てれば、薬とならず毒にもなるので切実な問題だった。

名物学は文献・フィールドワーク・聞書・絵画資料などあらゆる機会を捉えて行われた。これは近世書誌学の発達の支流の一ともなっている。

唐山での用語・用法が日本の実態・実物に正しく充てられず、さまよっているものが多々見られる。書誌学の用語にもそれは見られ、蝴（胡）蝶装の語などはその最もよい例であろう。

二、校べ勘える—校勘学と形態書誌学

校勘学

書誌学の最も基本となる方法は比べ勘えることで、そのことについては縷述してきた。そのうち、図書の内容・構造である本文を比べ勘えるのが校勘学である。図書は不特定多数を相手にすることにより、本質的に複製性・大量化の傾向を持っている。ニセモノでもよいから成可く多くの人の手に渡りたいのである。そこで大量複製生産装置である印刷の法が考えられた訳だが、その前にも手で写すことによって伝承されてきた。勿論元の通りを写そうとするのだが、今の電話連絡でも分る通り、仲々その通りには伝わらない。コピーや印刷にしても数多く作るうちにトナーが薄れたり、活字が磨耗してきたりする。転写・印刷の中に写し違えや誤植もでてくる。原則として原のものに近いほど間違いの度は低くなる。そこで本文を検討する場合、できるだけ溯って復元的に一番原の所に辿りつこうとするのが普通である。幾つかある本を比較検討するのが**校合**で、その比較の上に立って最も原に近い本文を勘えるのが校勘学である。

我国では国書については漸く古典と現代との乖離が見られるようになった院政期末から鎌倉時代にかけて、藤原清輔の歌物語や源光行・親行父子の源氏物語等の校勘、藤原定家の歌集や物語の校定作業がある。土佐日記以下平安朝の古典はこの定家の校定によって現代に伝えられたものが少なくなく、その功は大きいが、諸書に見られる如く武断による変改もまた多い。漢籍に於ける宋の朱熹の宋学理論に基づく武断改変に似ているかも知れない。自己の独得の

理論を持っている人は愚直に徹することができず、却ってこの挙に出ることが多い。和書では少からず奥書により校合が行われていることは分るが、単に他本を異本として比較し書入れることのみ多く、厳密な意味での校勘とは云いにくい。

南宋の時代と同じく、江戸時代刊本の流盛となるにつれ、官版藩版等では官命により校勘が行われ、水戸彰考館の参考本の如き校本も出版されたが、日本では官版はそれほどふるわず、出版されても国書より教科書的な漢籍の方が多かったから、校勘作業は餘り進まなかった。ただ江戸も後期になると清朝考証学の風をうけた屋代弘賢・狩谷棭斎（えきさい）・藤原貞幹・栗原柳葊（りゅうあん）等が国書の分野のものにも手を染め現今の書誌学につながる動きも出てきた。

その他国文学国史学の方面では伴信友・岸本由豆流・清水浜臣・塙保己一とその業を補佐した中山信名等がある。

校勘作業は、全ての伝本を並べその一部始終を全て比べ、その上で最も原であると考えられる一本を選んで底本とし、それに対する校異をとり、校勘作業をするのが原則である。幾つかある本のそれぞれのよい所を選んで本文を整定したのでは、新しい異本をまた一つ作り出すことになりかねない。頭にターバンを巻き、背広を着、袴をつけ、長靴を穿いたヌエのような本を作り出すことになるのである。読み易さや合理性のみで無定見に本文を改めてはならない。学僧仙覚の為した万葉集の校訂はその点主観に偏せず高い水準を保つものと云ってよい。

唐山では前漢末に成帝の命を受けた劉向（りゅうきょう）と、その死後哀帝の命を受け、業を継いだ息劉歆（りゅうきん）の「七略」「同別録」二〇巻の編纂がある。この編纂のために天下の諸本を蒐め比較校勘して一書と為し、それを某新書と名づけた。それらは全て浄書され解題を附して帝に上奏され秘蔵に納められた。しかしこの作業によって劉向以前に成立していた書物は全て某新書に統一せられ、異本は殆ど伝を失ってしまったのである。

南宋からは刊本流盛の時代となる。翰林院や国子監の学者が動員され、大部の官刊本が出版される。地方官衙もこれに倣って校訂の上出版する。これはいわばお上の学者を動員し面子をかけた為事であり、漢籍には大部のものが多いこともあって、宋刊本以前の唐写本の系統はここで殆ど跡を絶つこととなった。その上金の侵攻によって唐写本系の滅亡に一層拍車をかけたのである。刊本というものは現代の進んだ方法を以てしても、字体の問題一つとっても翻字するにはかなりの問題を抱えている。

読みやすくするため、仮名に漢字を宛て、濁点や句読点を附けたりもする。書写の場合の散らし書きや連綿体の変体仮名をそのままに活字で組むのは不可能である。出版時、整版にしろ活字にしろ、云わば道具の都合・便宜のために、多くのものが犠牲にされる。その時にも内容が変らなければ形は目をつぶろうと云う、云わば複製・ニセモノであっても構わないという図書の本質が常に見え隠れしている。漢字のみの漢籍の場合でも、刊本化の途次多くの異体字・別体字が淘汰されてゆく。或る場合には、それは文章にも及ぶ。下手な校訂とはそうしたものなのである。これは後にも述べるが時代の論理化・合理化の流れの上に乗っているからである。

まして当時のことすんなりと刊本化された訳ではない。本文や使用する文字に、印刷という制約の上からかなりの変改が加えられたであろう。また或る一つの刊本ができ、それが流布するというのは、或る意味でその蔭にある数多の異本を駆逐することでもある。こうして一つの図書にも刊本という業に翻弄されたり、時代の学風に影響されたりしながら、テクストの栄枯盛衰・流行りすたりができる。

このように唐山の古典は劉向の七略作成時と宋刊本の刻成時とに大きな本文変化をとげたと考えてよい。

ところがそれら唐山で滅んだ唐写本系の本が、日本には多く遺存しているのだ。入唐僧が彼土から多くの写本を将来し、それらが文化的にもまさっていた異国の宝として珍重され書写され続けてきたのである。日本では江戸時代に入って漸く刊本流盛の時代となるが、それまでそれらは後生大事に伝承されてきた。こうしたものの中には「遊仙窟」

のように俗書として本国では亡んでしまったものもある。それらを**佚存書**と云う。また宋刊本以前の本文を示す唐写本系のテクストが多いことは前述した。こうして日本で漢籍を調べることは、単に我国の文化にとどまらず、唐山・朝鮮の、また広く東洋文化（史）研究に寄与することができるのである。

更に例えば宋刊本以後の明清版へと刊本を追い、日本に残存する唐写本系の本文へと溯ってそれらを比較校勘すれば、それらは全き校勘学や文化史となるのである。

日本の漢籍校勘学は我国古典の本文校定作業が始まるのとほぼ同時期に博士家で起った。丁度今述べたのと逆に家伝の唐写本系の本文を新渡の宋刊本によって対校している。清（原）家の校勘作業で、現在知られる年代の銘記された最古のものは、東洋文庫蔵の保延六（一一四〇）年から治承五（一一八一）年にかけて新渡の宋刊本を始めとする諸本を校合した清原頼業の「春秋経伝集解」巻一〇（古典保存会影印本あり）であろう。こうした対校は代々続けられその集成・大成を為したのが環翠軒清原宣賢である。

江戸時代に入ると、その中期、京・堀川の野にあって古義学を唱えた伊藤仁斎の本文整定作業は、一種本文批判に値するものである。仁斎は流行の朱熹の宋学から後に離れるが、その端緒となったのは**復文**（漢文を訓読し、それを再び漢文に作る学修法）等を通して培われた文体意識（これを文法と云っているが）であって、その感得した感覚の下に本文批判を為し、本文を整定してゆく。未だ参考書も乏しく論理的に精緻なものとはなっていないが、生理的な本文批判として一本筋は通っている。

仁斎とほぼ同時期、これも古に溯るべく古文辞学を唱えた荻生徂徠門下の山井崑崙・根本武夷は、師の命により足利学校に遺存していた書籍を使って通行の注疏を校し、「七経孟子考文」として享保十六（一七三一）年に出版した。この書は凡例を立て校書の法に則った著作で、本国の学者に驚嘆され、**清朝考証学**の風を起すきっかけともなった。

江戸後期には吉田篁墩（こうとん）・市野迷庵・近藤正斎・狩谷棭斎・松崎慊堂等清朝考証学の風を受けた現今の書誌学の先駆者と云っていい人々の為事がある。

慊堂には前述した唐開成石経の復元校定の著がある。李唐先秦の書からの引用等精緻にして名著の誉が高い。

仏書については、鳩摩羅什（くまらじゅう）を代表とする旧訳、玄奘（げんじょう）を代表とする新訳の二種の漢訳仏典がある。

写経所には校定の役がおり、書写されたものを必ず校するのであるが、それは異本との対校ではなく、誤写誤字を見つけるためのものであって校勘とは云えない。各々別の人物が二校まで行った。云ってみれば現代の校正役である。こうした意味の校字は写本に屢々見られる所である。

仏教経典はそれが信仰の対象である限り校勘をそれほど必要としないであろう。時代が進み論理化・学問化されて初めて校勘の風は起る。経典も初めは施入のための写経であり、喜捨奉納のための写経に変わる刊経であるから、校定については他の書物とはやや異った途を辿ったようである（しかし高野版には底本選定と校定作業とが見られる）。

江戸時代になると忍澂の「大蔵対校録」巻一―三般若部八―一一宝積部一二―一六大集部并附録（宝暦六〈一七五六〉年三月序―天明三〈一七八三〉年春刊〈三縁山〉）や祖芳の「大般若経校異」（寛政四〈一七九二〉年九月刊〈京　般若堂若山屋喜右衛門〉）等がある。前者は明版の覆刻である鉄眼（てつげん）の黄檗版大蔵経と高麗版との対校。他に鉄眼版に欠き高麗版に存するものの流布本との対校を附す。後者は高麗蔵経南北明蔵の他、京や奈良の古寺に存する古写本・古刊本との校異を記したもの。しかし仏典は大蔵経の如き大部でもあるため概して校勘は進んでいない。博士家が行った新渡の宋刊本との校合と同様、写経に宋刊大蔵経との校異が書入れられているものはあるが、宋以来の大蔵経と我国の古写経、その翻刻である古刊経との詳細な校勘は全く為されていない。因みに我国の古典に引用されている仏経は、いざ出典を捜そうとすると全く骨が折れる。

対校本ではないが、大蔵経に収録されていない仏典の古佚書を、古都の寺々を廻って調査した華厳の鳳譚の「扶桑蔵外現存目録」が存する。鳳譚は元文三（一七三八）年の示寂であり、古佚書の目録としては最も早い。

なお江戸期には流布刊本に書入れられた多くの校合やその移写本が遺されている。本項で列挙した校勘学者は何れもその代表的な人たちで、江戸期の学人はこうした校合書入本やお手製の索引・便覧、自己の読書抜書である雑抄と呼ばれる一種のアンソロジー等に基づき、考証解題校勘記等の著作を作成していった。

その校勘の法であるが如何なるやり方が最も適切なのか。それはすべての伝本を比べた上で最もよいと思われる一つの底本で本文を通し、他本との校異をとり、校勘記をつけるというのが、基本的な校勘の法である。その際同系統のもので処理し、校異校勘の範囲を逸脱するものがあれば、異本・別本として、別にその系統の一本を底本に選び、同様な措置をとるべきである。

三浦梅園の「玄語」は、梅園生誕の地、国東安岐町の自宅土蔵に四系統四十八稿本が保存されている（現在は町立の記念館ができ、そこにうつされた）。これらはその時々の時点では夫々が云わば最も新しい完全な稿本だった訳で、その各々の段階で弟子たちに筆写伝承される可能性を持つ。丁度系統樹のようにどの枝先の稿本も写される。生物で云えば、その枝先のアメーバもいればゴキブリもおり、サルもいればヒトもいるという所が大事なのである。或る時代により絶滅してしまった種もあるが、図書もまさに同じである。一点の書物に一の系統樹があり、またそれらの集合としての森、云わば書物曼陀羅の世界がある。そして、その一つ一つの書物は全て自分の物語を持っている。

系統樹の場合アメーバが全て進化してヒトになった訳ではない。アメーバもヒトも併存している。そこが大事なのである。図書も色々な本が併存しており、時代により様々な変遷がある。勿論一番の原に還ることは、本文の上で大事なことであろうが、その変遷や人々に最も流布普及した本を見てゆくことも、文化史の上では大切なこととなる。

その時代時代の学風や風潮によって本文も様々な影響を受けており、印刷技術という云わば大量生産に乗る時には、本文の上でかなりの変化をうけている。大量生産によってできた全く同一と思われる書物も、我々読者の手に入ると、傍線が引かれたり、書入れが為されたりと様々に変化する。目録とは一点一点の、いわばそうした図書の戸籍簿なのだ。その図書が他の図書でないこと、その図書をアイデンティファイしたものが図書目録である。図書は全て一点一点が違うものだという前提に立って出発しなければならない。そして序でに云えばその一点一点は文化的価値は変わらない。人の一人一人がその価値の高低がないのと同じである。ただ時代の古さや残存量の上での稀覯性というものは考えられるであろう。しかし天下一本よりもごくありふれた図書の方が却って読者を得、文化的には大きな力を持っていたかも知れない。図書は何時誰がそれを読み、次なる創造再生産を行うか全く分からない。百年河清を俟つが如き感がある。それだけに個々の図書の持っている潜在的な力は濫りに云々できないのである。

形態書誌学

その本文を入れる器である図書の外形を調べるのが形態書誌学である。しかし形態書誌学と云っても只に本の形や大きさを調べるのみではない。

写本と刊本

写本は手で書かれた書物の意で、刊本（印刷された本・一度に二部以上の同一書ができる本）に対することばである。タイプライターによる印本（打字本）やワープロによる印本も刊本のうちに入る。カーボン紙を使った複写本も印刷の最も素なるものと云える。紙焼写真や複写機によるものも原理上は刊本として扱ってよいであろう。一部の小部数か大量生産かの違いはあるが、刊本も伝流の上で一点一点が全て異ったものとして著録すべきことは前に述べた。大量生産された茶碗も各家で使われるうち、茶渋がついたり、ひび・割れ・かけ目ができるなどして、各々異ってくるのと同じである。同じ鎌でもすっかり錆びてしまったものもあれば、ピカピカに研ぎすまされたり、歯こぼれしたり、柄の握りや手垢の跡から、全てそれら伝世品の使われ方、使う人の人柄・性質、使われている土地の様子まで雄弁に語ってくれるのと同じである。こうした一見ごくつまらぬと思われる道具でも、一軒一軒の伝世品を数多く集め、比べ勘えることによってその土地とその文化とが色々に読めてくる。図書についてもそれは全く同じことなのである。

形態書誌学の中で最も大切なのは、写本であればその写本が何時何処で誰に写されたのか、刊本であれば何時何処で誰が印行したのかということである。これは全てニセモノであるという前提に立って、それぞれの複製としての位置づけを行う作業である。我々が資料としてよって立つのは、どの段階のものなのかを確定する必要がある。我々が誰かについて論ずる時、それは何時のその人であるのか特定する必要がある。そうでなければ議論は噛合わないであろう。我々が論じているのは、枝岐れしたその木のどの枝の花なのか、それを示して論じなければならない。

写本の場合

写本とは手で書かれた書物の意で、自筆本も写本である。決して転写されたものだけを云うことばではない。そこで写本の場合最も大切なことは、まず自筆なのかどうかということである。

自己の著述又は編纂物を自筆で認めたものが**自筆本**で、他人の著作を書いたものは単なる写本となる。しかしその筆写者が著名な人であった場合、某の**手写本**として特記されることがある。

自筆本と云っても決して一種のみではない。**草稿本**から**定稿本**まで何通りもの自筆本が遺っている場合もあり、三浦梅園の「玄語」の例は先に挙げた。これは梅園に限らないが、作者は必ずしも改稿の度毎に年次を書換える訳ではない。その書の成立を紀念するためか、原年次を襲うことが多い。従って稿次を決めるのに迷う場合が生ずる。

しかもその子孫や弟子たちがそれを臨摸或いは影写した場合に、それらが自筆本として著録されることが多い。当時は師匠が子や弟子に「よみ、かき」を教えるから、当然書かれた字がよく似てくる。師をよりよく真似、学ぼうとすれば尚更である。代々学を紹いだ親子孫は共によく似た字を書く。それらが題署せずに遺されている時、一体誰の筆跡なのか迷うことが多い。

筆跡は楷・行・草で異り、漢字と仮名で異り、年代と共にまた異る。若書と自己の字体の確立してくる時期と老筆震えを帯びてくる時期とでは別人の如きものがある。薄墨書きと濃墨のものでも感じは違ってくる。書写した書物の性格・内容、謹厳な書か俗書かと云ったことでも違ってくる。判断はまことに難しい。筆癖など様々な條件を勘案し、自筆とはっきりしているものと比べてゆかなくてはならない。また書写の様式である内部徴証も大切となってくる。著者の自筆であれば、決してそうはしない誤りもあれば、その逆もある。そうした箇所や訂正のしかたを押えてゆく。

単に名高い人だからこんな誤字はしまいなどという考えは危険である。有名な人も案外に誤字を書いているし、現代では誤字と見られるものも、当時通用していた場合が多いのである。

ただ臨摸したものは巧みではあっても筆勢が弱い。底本をそばにおき見ながら書いているからである。また薄様紙を使った場合は自筆でなく**影写**（透き写し・敷き写し）**本**であることが多い。ただこれとても自筆版下書等の場合がなきにしも非ずだが、大方は他筆の影写本である。この影写本は新しく書写奥書を記さず、もとのままに書されることが多いので、目録では自筆と著録されていることが屢々あり、注意を要する。

なお**薄様**とはもともと雁皮系の紙であったが、江戸時代中頃から三椏が栽培され、製紙にも使われるようになってき、後期には薄様も三椏製が多くなった。この薄様斐紙は薄いのに目がつんで密であり、墨を漏らさぬので、影写や薄美濃と共に版下書に好んで使われた。

影写は、このように下に敷いた底本の上においた薄様紙を、上から透かし見てなぞり書きするもので、**臨写・摸写**或いは臨摸というのは、横においた底本を真似て書く場合である。東洋では絵画と書道とは理論上もまた実践の上でも同一の方法がとられ、学修は名画名跡を摸写することから入った。従って現代人と違い、臨摸にしても寸分違わぬ巧みな物ができ上がる。後々自筆と間違われる所以である。ただし図書であるニセモノは最初からニセモノであることが認められているのに対し、美術や書道の、作られた偽物は本物たろうとするから、合理的であり金銭との関係を生ずるので著名であるものに結びつきやすい。影写本等は子孫や弟子たちが師の面影を偲ぼうとしてできる限り忠実に跡を辿ったもので、敬慕の念から出たものであろうが、これが業者の手に入ると必ずしもそうはいかなかった。美術の世界では、一枚の水墨画を薄く二枚にはがしたものがある。これは修補の技術を悪用したもので、二枚目は云わば墨痕・影の作品ということになる。筆跡は弱まり真っ赤なニセモノとも云えぬが、ホンモノでもない。

影写本と筆勢の弱い自筆本とは注意してかかる必要がある。

底本をその書式は一際考慮に入れず、本文内容だけを写したのが**転写本**である。また移写本・重写本・伝写本などとも云う。

写本の場合に難しいのは、本文の終りに書かれている**奥書**が、元のものなのか書写時のものなのかということである。後の転写本に書写奥書がなく、元の奥書の年号がそのまま書写年代として著録されている目録が極めて多い。

形態学上、書物の伝流や系統を調べる最もよい手懸りとなるのが奥書なのだ。それだけに、精確に見てゆかないといけない。

我々はまず第一に、或る時代の典型的なよいものを数多く見、その時代の料紙・書体・墨色というものを体得感得しておく必要がある。しかしこれは云うは易いが時代の古いものは殆どが貴重書であるので、簡単に数多くのものを目近に見て体感することは極めて難事である。しかしそうした体感を得ておくとニセモノが現われてもイヤな感じがしたり、逆に妙に取りすました感じがしたりして判断できるものなのである。

本物には最初から本物たろうとする意思がないから、下手でも下手なりに雅味があったり朝鮮本の如き稚拙な味があったりして、感じは悪くないものである。論理でだけ逐ってゆくとむしろニセモノに逢着することが多い。朝鮮の作物は書物のみならず、絵画や茶器、木工などの器物にしても、こうした一種の不完全さ、歪みが美しさを生みだし

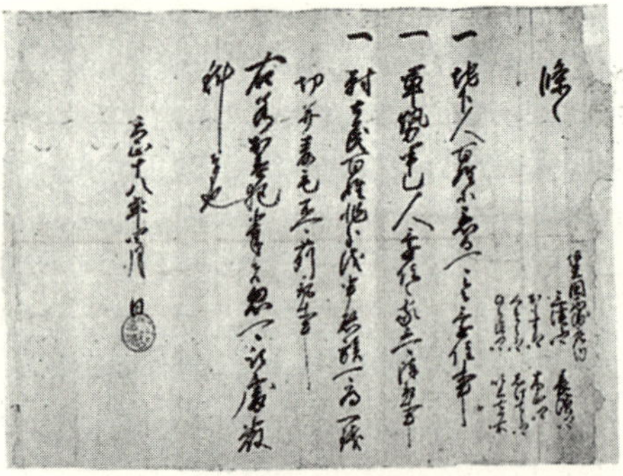

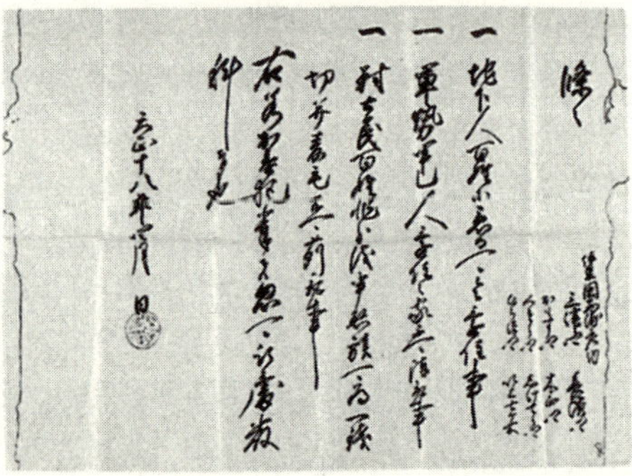

豊臣秀吉掟書（上：原文書　人間文化研究機構国文学研究資料館蔵、下：摸写　大川昴児氏蔵）
摸写では原文書の破損や虫損を墨線で示している。次頁図共、横浜歴史博物館・横浜市ふるさと歴史財団発行「屋根裏の博物館」より転載。

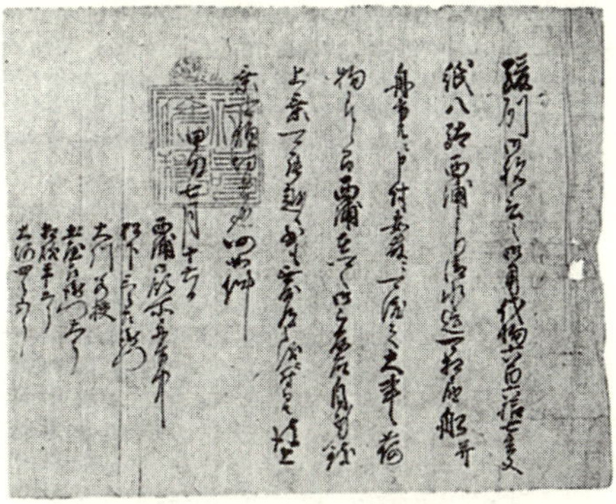

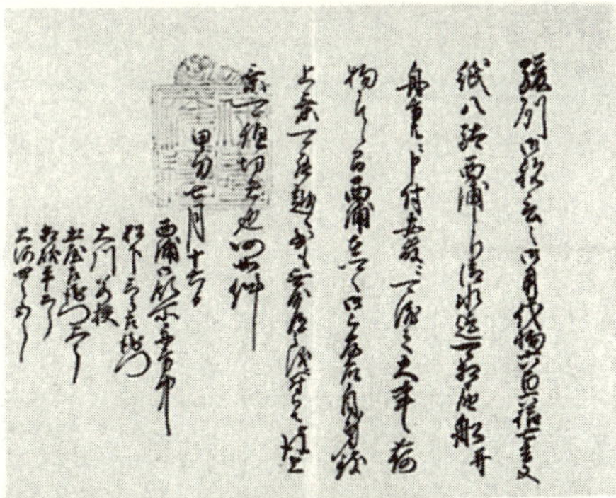

北條家朱印状（上：原文書　人間文化研究機構国文学研究資料館蔵、下：摸写　大川昴児氏蔵）摸写の名手と云われたアチックミュージアム同人藤木喜久麿氏の筆。戦前は史料編纂所や古書肆などにこうした摸写を為事とする人々がいた。

ているように思う。

この体得・的確な勘という所に云わく云難い難しさがあり、それが非科学的であるという評価をも生むのであるが、私は論理以前の生理を信奉するもので、良し・悪しではなく好き・嫌いを判断の基準においている。たとえそれで間違ったとしても、好きだからいいではないかという理窟である。

考古学を専攻している人々は現実に土を掘っていると地層の違いがすぐに分る。しかし一般の人々にはその違いがなかなか分らない。仏像を調べている人々にはこれは貞観様式のものか白鳳様式のものかすぐに分る。しかしこれも一般人にはなかなか分りにくい。図書の場合も同じことで、数多くよい物を、また時代の典型的なものを見ることによってそれが培われてゆく。

そしてそれらの写本の書かれた年代を識別する。

これは刊本も同じなのだが、図書はいつの時代にも同じように写され刊行されている訳ではない。時代により大小様々の波・うねりがあり、遺存量も違っている。また時代の変り目・所謂る過渡期の産物は時代判定に苦しむことが多い。時代の変革期には未だその時代の典型としての形が生まれていない。云わば前代と後代との混沌とした形があるだけだからである。こうした場合、様式・版式から判断すると、よくできたものは前代へ、ややおとるものは後代へと分類著録され勝なのだ。それらは〔宋末元初〕〔明末清初〕〔鎌倉末南北朝初〕〔室町末近世初（或いは江戸初）〕等とし、そのあとに刊写の別を添えて著録しておくとよい。

様式はどうしても一般化、典型化され勝で、例えば地方的なもの、異端のもの、上手でないものなどえてしてはみ出してしまう。

刊本の場合

刊本の場合も、原則は写本と全く同じである。ただ自筆本と云うようなものはない。自刊本と云えば自己の著述を自費出版したもので、行草体や筆癖をそのまま刻したものは**写刻本**（写刻体）と云う。

写本の影写に比ぶべきものに**覆刻**（かぶせ彫り）がある。整版本は版木に版下書を裏返して貼り、それを刻して作るが、刊行された版本をそのまま版下として再製したり、版本を影写したものを版下として再製した版本が覆刻本である。これは覆製を作る意図はなく、最も簡便な本作りの方法であった。現代でも絶版になった需要の多い書物を覆刻と称しオフセット等の機械を使った方法で再刊しているが、こうしたものは**影（景）印**と云う。

平版印刷である石印・オフセット・コロタイプや写真製版のもの等がこれに入る。底本が写本でその字体を特にそのまま覆製した版本を**摸刻本**と云う。版下書は写本であるから版本は殆ど全てが摸刻本に違いないのだが、版下浄書はそれ用の祐筆的な字体と見、特に名家の自筆や手写本、時代物の名物等をそのまま刊刻したものに限って云う。

唐山の書籍は、原則として漢字であり（清代には満文の書も沢山出現したが）、楷書で角張った型に彫られることが多い。時代や地方により特徴があり趣をやや異にするが、現代の活字の宋朝体や明朝体のもととなっていることによっても、その一端は察せられよう。明代後期万暦頃になると、大量の彫刻をさばくため工房による流れ作業が定着し、木目に沿って横画だけを彫り次に廻すと、隣の工人は逆目の縦画だけを彫り、次は界線、さらえ、最後に仕上げをする工人があると云った具合であった（後代のものだが田中慶太郎「羽陵餘蟫（うりょうよたん）」に戦前の北京城外での実見記がある。一三〇頁参照）。こうして宋代の、書いた痕跡の残る字体から、太い縦画と細い横画との卓越した現在の明朝体活字に近い長方形の字体へと移ってゆくのである。

日本でも浮世絵などは新弟子がさらえをし、親方は最後に最も大切な眼や髪の部分を彫ると云った分業は行われていたようだが、連綿体の仮名書や訓点送仮名附きの和刻本など分業に馴染まない。

日本の刊本は江戸時代になるまで営利出版業者が出ず、殆どが仏教経典であり、写経の代りに**刷供養**として刊経を用いることになったいきさつもあり、写経体に近い。云ってみれば殆どが写刻本なのである。宋版が輸入され十三世紀に入ると泉涌寺（せんにゅうじ）に於いて宋版の覆刻が為され、次いで五山版という宋元明朝鮮版の覆刻またはそれに準じる版式の出版が為されるようになった。漢籍の覆刻本は江戸に入ると朱子学の盛んであった朝鮮本明清版の覆刻和刻本という形で引続き隆盛を極めるが、それらの邦人の序文は大方が写刻体で彫られている。

和文も連綿体の云わば写刻本が好まれ、活字様式の楷書体のものは活字本を除いて殆どない。活字本でさえも二字三字続きの連続活字をわざわざ作っているのである。また唐山・李朝と異り、行書体の活字の割合も多い。ただし片仮名交りは、漢文訓読に倣ってか、楷書体が多い。恐らく漢文に準じるものという意識が働いているのであろう。

書写本の方を刊本より重きとする風は現代にも残り、印刷した手紙や年賀状も署名だけは手書きしたり、改まった手紙や目上の人への挨拶はワープロを使わず手書きする人も多いようである。こうした意識は、過去を振返ると尊氏願経の尊氏の署名や、古活字版「仮名安驥集」の橋本道派、整版「塵劫記」の吉田光由巻末署名等に見られよう。

川瀬一馬氏は平安末清水寺の定深の編になる「東山往来状」の拾遺の中に、写経と摺経とどちらの功徳が勝っているかを問うた問答を紹介しておられる（平安朝摺経の研究、のち「日本書誌学之研究」所収）。それによると写経は書写の時に前から一々書いてゆくので、経の義理を損わず文義乱れず功徳は殊勝で摺経に勝っているとする。一方摺経の方は経の文義や義理とは全く無関係にバラバラに製作され、次第は乱れ文義は破れ、転読の時になってやっと理を顕わすだけで功徳は低いとしている。

こうした観点から書かれたものではないが、神田喜一郎氏が唐山の印刷の起源を示す資料として引かれた唐釈法蔵「華厳五教章」等（中国における印刷術の起源について、「日本学士院紀要」三四巻二号、のち「全集」第二巻所収）には、この問答に関連する一節が記載されている。

刊経は前後バラバラに何の脈絡もなく作られた部分部分が合わされ、一部の意味を持つ図書になることを譬えに引いている。同じく釈家ながら定深はそれを劣っていると見、法蔵はどうやらそれを秀れていると見ている辺りに、日本人と唐山人の写本と刊本とに対する感情がよく表われているように思われる。更に云えば、唐山では南宋という早い時代に刊本の隆盛期を迎え、中央・地方の官衙によって学者を総動員した校訂体制が組まれた。先に馮道が石経にかわるものとしての刊本を建議したことを述べたが、唐山の刊本には、楷書による典型的な字体と、典拠となる本文とを定めるという意識が強い。また科挙の試験用に、地方挙生の多いこととて、官撰の韻書を指定し作詩文を課したので、こうした定本意識・典拠となる刊本意識にますます拍車をかけることとなった。ただ刊本化されることによって、写本における本文の流動性は解消され、本文の固定化は進んだが、逆にそれは一面異端・異本を排除する結果になってしまった。唐山では刊本の本文評価が定まったのに対し、日本では漸く刊本の隆盛を迎えるのは江戸時代になってからで、それも官衙の校訂を経た出版物は唐山と比べると僅少で、すぐに営利出版の時代となり、各々の営利のためには成可く手をかけずに手元にあった底本を無選択に出版したから、流布本としての役割は果たしたものの、テクストとしては餘り秀れたものはなかった。また唐山と比べ刊本の時代に入るのが遅れただけに室町期迄の古典のテクストが残存しており、オリジナルとしての原典に溯るのが本文を選ぶ原則であるだけに、本邦ではどうしても写本の方に重きがおかれる結果となっているのである。

> **Column　＊版本式の写経＊**
>
> 写経も一日頓写などの場合、とても一人の手には負えないので、巻頭や巻末のみを発願者が書写し、大勢の人々が一巻宛受持って書写する。写本にもこうした寄合書（よりあいがき）の合写本は多く、これらは云ってみれば、写経（写本）と、版木を分担で刻する版本式と相似の現象とも云えよう。

覆刻本には版木が焼けてすぐに作り直した場合もあるが、需要の多く売行きのよい物には、他の人が版権等の意識の薄い時代のこととて海賊・山賊的行為に出たものも多い。

しかし本屋が増えてくると他の業種に倣って仲間（現今の組合）を作り、版（板）株等の権利を保護する必要がでてきた。最終的には京で正徳六（一七一六）年、大阪で享保八（一七二三）年、江戸で享保十二（一説に享保六）年に仲間が公認され、これによって板株や本屋株が保護され三都の提携が進んで、合版や売捌きが潤滑化された。

この三都本屋仲間提携の背景となったのは、他地域で著者の無許可版や海賊版が横行したからで、例えば京都堀川、伊藤仁斎古義学の著作は、早くに江戸で著者の校正を経ない無許可版が出、後に息東涯や弟子による校定を経た古義堂の蔵版本が出版されるという経過をとる。他地域までは仲々に眼が届かないので、こうした目こぼし出版が沢山に行われた（図版九―一一参照）。

仲間は出版業者の権利保護確立のためのものであったが、為政者はそれを上から統制のために利用しようとし、類版・重版を調べるのに言寄せ、同時に風俗や政治を濫すものを取締る検閲を強化してゆくのである。これは寛文頃から見られる所であるが、享保七年の大岡忠相の付達により、より強化され、図書には作者名や版元名の奥書（奥付）をつけることが明確化された。江戸初期には本屋も未分化で明確な刊記を持った物は少く、はじめ無刊記で出版され、後に刊行者名の加刻されるものが極めて多い。江戸中後期に見られる後表紙見返に貼られた奥付や表紙見返を持つのは享保以後印行のものが殆どである。

こうして板株が確立保護された江戸中期以降、海賊行為になる覆刻は減少するが、薄冊の洒落本等簡単に作れ売行も期待できるものにはかなりに見られる。明治初期の薄冊の新時代を啓蒙する書冊にもこうした海賊版は多い。これらは公にできない行為だけに、刊年刊記までもそのままに覆刻することが多く、同刊記の別版が多数存することにもなる。例えば寛永七（一六三〇）年中道舎重刊の刊記を持つ「大学章句抄」は四版ある。しかしこうした海賊的な覆刻本は流行に遅れまいとして早業の為事が多く、比べてみれば概して粗製である。

焼版や版木が磨耗欠損し、板株を有する業者の行った正当な覆刻もまた多い。これらには再刻、三刻等と識すものも見られる。

一度版を起すとそれを底本として覆刻するのが最も簡便な方であるから、仏教経典以来、五山版、江戸の和刻本等を含め、活字本以外は殆どが覆刻本と称しても過言でないほどである。

写刻本にしても写経をうつした版本にしても広い意味では覆刻の一種たるに違いない（ただ覆刻とは底本が刊本の時にのみ使うことばである）。図書の本質が複製性であることを又もや想起せざるを得ない。

板株が確立する以前は同一書を二店から刊行することもあった。これら板株確立以前の版は併行して行われているが、後には同一の書肆に求板され買取られることも多かった。「和名類聚抄」の例を見ると、那波道円の元和三（一六一七）年十一月序刊・古活字本の他、それを翻刻した整版に慶安元（一六四八）年十一月刊本、寛文十一（一六七一）年十月・京・積徳堂刊本の二種がある。慶安刊本はその後寛文七年八月京の村上勘兵衛に求板され、のち巻末の四丁を被せ彫りにより修刻した同年紀の大坂・渋川清右衛門印本が刷られている。寛文刊本も数肆の手を経、最終的には渋川に求板され、後印本が刷られている。面白いのは慶安刊本、行字数を増やし丁数を減じて再版された寛文刊本共、一時京の村上勘兵衛の手にあり、後それが両つながら大坂の渋川清右衛門に移っている点である。

この事から、書物は後になるほどコンパクトに作成されること、同系同類の書物は他肆に取られないよう自店で押え、売上げを伸ばそうとすること（この傾向は板株が認められ類版、偽版が禁止されるとなおのこと加速される）、求板される時、それまで売られており、購買力の飽和状態にある地域から、他の地域へと移ってゆくのが多いことなどが知られよう。これは時代が経過し、三都の購買層・読者層が確立されるとなお顕著になる。

さらに附加えれば、慶安刊本の後印本で寛文刊本と同じ題簽を持つものがある。解釈は色々にできようが、想像の域を脱し得ない。

版木は本屋の有力な財源であるから版木蔵に大切に保存され、また本屋間で売買もされた。これは近代活字の紙型の場合も同様である。購入した場合には**求版**（板）と云い、求板した版木を刷出す時には装いを改め、それまでの刊記を削り入木をし、新本めかして印行することが多い。そこで前述した同刊記の覆刻本とは逆に、異った刊記や奥付を持つ同版本が生れてくる。それを比べて識別しなければならない。丁度我々の誕生日や小学校入学次や成人式や結婚式の写真を特定するのと同じである。誕生日は刊年、入学次などはそれぞれの印年にあたる。写真は一枚だけを見ると違った人のように見えるが、比べてみると面影が残り順序も整えられるであろう。

刊・印・修

本が作られ始めて印行されるのが刊で、本の誕生日にあたる。その版木や紙型を使って後に印行するのが印（刷）である。図書はこの**刊次**（版次）と**印次**（刷次）とをしっかりと押えておかなくてはならない。

図書を刊行するにはたいへんな労力と経済力とを要する。それにかかる文化的なエネルギーの量は莫大なものである。しかし一端できた版木や紙型を使って印行する場合は、殆ど紙代と製本費のみで済む。文庫本が廉価で販売できるのは、この増刷を見込んでいるからである。売行きは全て頒価にはね返ってき、売れそうもない本は営利出版業者は引受けない。そこで自費出版の**蔵版本**とならざるを得ない。江戸時代の学術書は官費や藩費で出版したものを除けばこの**家塾本**・**家刻本**と呼ばれる学者の自費出版が殆どである。

前述した同年紀の覆刻本が沢山あるというのは、こうした困難を乗り越えてなおそれだけの需要が見込めたということである。だから出版を計量的に見てゆく場合、寛永七年の大学章句抄を同版と見、一点と数えるのと、別版で四点と数えるのとでは大きく異る。背景にあるその時代の文化的エネルギーの量を過小に評価することにもなりかねない。後になって覆刻が再び刊行された場合、単なる後刷の印行と違って、隠然たるその書の勢力、衰えぬエネルギーが看取される。

これに対し後刷の場合は、それほどのエネルギーは感じられない。細々として需要は絶えなかったと云うに過ぎない。

印行する場合、元の題名を改めた**改題本**（古来外題換本と呼び慣らわされている）も多い。これを修と云う。入木（埋木・差木—これは浮世絵版木などでは、版面の高さを調節するため、版木にくさびのように打込んだものを云うことが多いようだ）によって一部分を改めたり、一丁全部を覆刻によって改修したり、別様式で補ったりしたものもある。紙型による場合は象嵌法によってこれを行う。

改題するというのは、一には後印本であることを隠して新書に擬装するためであるが、実情は売れないからの苦肉の策である。売れる名の通った書物であれば、何もわざわざ金をかけて彫り直す必要はない。装いのみ変えてそのままを印行すればよいのである。

修には著編者が出版後、考えを改めたもの、誤刻や誤りの訂正等有価値のものも多いが、版木の欠損による不本意な本文の違いもある。こうしたものは実際に修とは云えないが、版木が欠け本文に欠損ができたような場合も、本文が異るので修ということばで表すしかない（後印として欠損箇所を注記する方法もある）。また宋版など明代まで版木が残り、磨滅して印面の読めなくなったものを国子監の監生等が彫り直して補刻したものがあるが、こうした部分は往々誤刻が多くテクストも悪く、本文の上で原刻部分より劣る。修とは云いじょう、むしろこうした価値を有さぬものもある。寛永二十（一六四三）年跋刊、料理物語に「三月大根」の語があるが、後印本では第一画が欠けてきて「二月大根」に見え、事実二月大根と翻字した書物もある（川上行蔵氏「紙魚随感」所収「二月大根」飲食史林第四号など）。寛文十三（一六七三）年刊「正法眼蔵随聞記」は国書総目録に駒沢大学蔵の寛文十二年刊本が登載されるが、現実は同版で、これも十三年の三の字が一画かすれて二に見えるものであった。こうした事実は殊の他多いのである。歴史書等では単なる一の違いにとどまらない大問題となる。

修は、著編者の改訂や誤刻の訂正等必要欠くべからざるものであり、見つかれば注記すべきである。

書肆の手になる改訂は営利政策上のものが多いが、学者に依頼した本文改訂の例も少しはある。学者の自費出版や藩版等は営利出版ではなく、採算を度外視して改訂ができるので修が多い。藩版等間違いがあっては藩の沽券に関わるから尚更であろう。

また図書に黒く彫り残された部分のあることがある。これを**墨格**（墨丁）と云い、初めその箇所の文字が分らず彫り残されているもので、跡から分った場合に文字を入れていることがよくある。そうした箇所も修になる訳で、墨格箇所があればノートに注記しておくとよい。

またこれは修とは云えないが、書物に書入れられた伝承者の**書入**等も注意を要する。本文を校合した校合書入や評言、注解、感想等様々なものがある。唐山ではこうした識語を**題跋**と云い、後の解題の濫觴ともなっている。

修とは前付（これらの用語は後で詳しく述べる）から本文、後付までについて云い、題簽や見返、刊記のみを改めたものは修とは云わない。

なお修とはあくまでも一部を改めたもので、全てが違っていれば**別版**となる。

覆刻本の場合、特に絵等の細かい所では彫りが粗くなることが多い。該して迅さを求め粗製濫造の傾きがあるので、比較の上原刻本に依るべきは勿論である。

覆刻の見分け方

覆刻本は原刻より匡郭や文字がやや縮む場合が多い。版木は経年変化をおこしやや縮むので、それを元にして作ったものは元のものより幾らか収縮するのである。普通覆刻本ができるのは、版木が磨耗し刷出しが不可能となるからである。元の版木は既に経年変化で収縮を終えている。そこから刷出された底本を元に作られた版木は、新たに元の版木と同様、経年変化である収縮をくりかえすのだ。

字体は筆のツケとトメ、糸偏の三つの点やレンガの四つの点など特徴のでやすい所を比べて見る。こうした個所には彫師の刀法や癖が最もよく現われるからである。しかし一方で、部分に捉われず、全体と部分とをよくよく見比べることが必要である。一部分のみの修刻の場合もあるからだ。版木の磨滅ややせ、欠け、墨つきなどを勘案しながら比べてゆく。匡郭の欠けなど同異の判定にはかなり有効である。

版木が墨をつけては干し墨をつけては干しのくりかえしのうち、段々に収縮してゆくことを述べたが、紙も刷る前の湿し・霧吹きやドーサ（礬水・水に明礬と膠とを混ぜて煮込んだ液体）引き、また紙漉き時の湿度などで微妙に収縮率が違ってくる。そうした版木でそうした料紙に刷印するのであるから、ただに重ね合せて同異の判定をしても見事に欺かれるだけである。

版木も紙も生き物なので、そうした点を考慮しながら、特徴を見極めてゆかないといけない。原本と影写本との違いと同じように、覆刻本は字体にやや鋭さや勢いがなくなることが多い。しかしよくできた覆刻本はなかなか見分け難いものである。

三、図書の形態と機能

形と内容の相関

本の形は実はその内容と密接に結びついている。現代の本で考えてみよう。某の研究と銘打った大著はどういう判型で出版されるだろうか。恐らく文庫判（A６）や新書判（小四六）では出版されまい。まず大体がA５判函入という形で出版されるであろう。それをやや易しく啓蒙的に噛みくだいた著作はB６判（所謂る全書判・選書判）となり、もっと一般向けに分り易くすると新書判となり、逆にもう一段小さくし文庫判となると評価の定まった古典が入るというのが先ず大体の現代の書物の形と内容とである。ただ、文庫判のような小さな形は一般化・普及を目的とするので、旧字・旧仮名の古典も新字・新仮名遣いとなり、濁点や句読点を打って読みやすくする工夫が加えられることが多い。

小説類は大概B６判であるが、作家の個人全集となると、一段格が上がってA５判となる。トランプ必勝法とか釣の本とかテニス上達法等のハウツウ物は新書判かせいぜいB６判止まりであろう。A５判函入のゴルフの指導書等先ず餘りあるまい。B５判は報告書等写真や図版を多用するものに用いられる。

変型本はデザイナー・レイアウト家には好まれるが、紙の無駄が多く出版社には嫌われる。図版や写真は幾らニセモノであってもコンパクトに収めては見栄えも悪いので、大型本が多い。図書の形は、その中身である本文を入れる器であり、ただ単に存在するのではなく、一種のきまりを持っていると云ってよい。これは出版全盛となった江戸時代に於ても同じである。

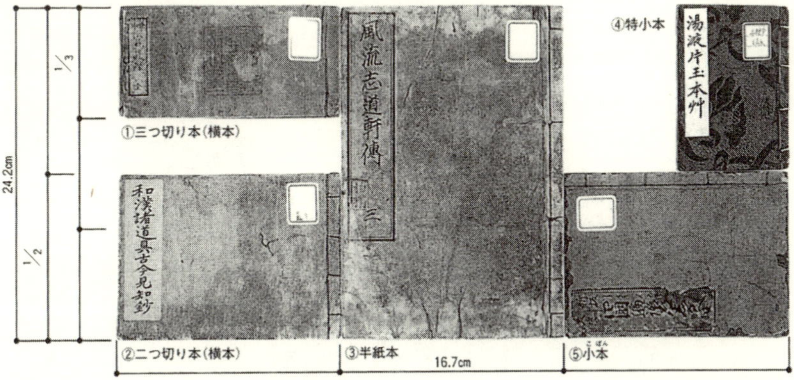

半紙判（タテ約24cm×ヨコ約33cm）を基準にして、その二つ折りの大きさが半紙本、その又二つ折りが小本。小本よりも小さいものを特小本と呼ぶ。これは袖珍本とか馬上本とも云われた。また、横長のものは横本と云い、美濃紙判、半紙判それぞれの二分の一、三分の一の大きさを二つ切り本、三つ切り本と云う。

出版は多く紙を材料として為される。現在の洋紙は全紙がA判系列のものとB判系列のものとに分れ、それを半分宛に折ってゆき先程のA某判、B某判の図書となる。唐山では某開本という云い方をするが、これも半分宛に折るのを、開くということばで表現しただけだから意識の上では同じである。西洋の二折判（フォリオ）等いう名称も同じであろう。要するに紙を半分宛に折ってゆき、それを図書の全形として使うのである。洋書も本の大きさと内容とに相関があるが、ここではふれない。

江戸時代には和紙の規格がほぼ全国で統一され（室町の後期頃から徐々に固定してきたようである）、美濃判紙半折のものを**大本**（おおぼん）（だいほんと云う仁もいるが、台本との音通を避けおおぼんと呼んだ方がよかろう）、そのまた半分の大きさを**中本**（ちゅうぼん）、半紙を半分に折った**半紙本**、そのまた半分の**小本**（こぼん）という大きさが基準となる。大本より大きいのが**特大本**、小本より小さいのが**特小本**である。

横本は大本を半分に断裁した大二ツ切、三分の一に裁った大三ツ切、四分の一に切った大四ツ切があり、半紙本等これに準じる。なお横本の中には、袋綴でなく袋の部分が底部（下側）にきているものがある。それらを**横綴本**と呼ぶ。八文字屋本の浮世草子

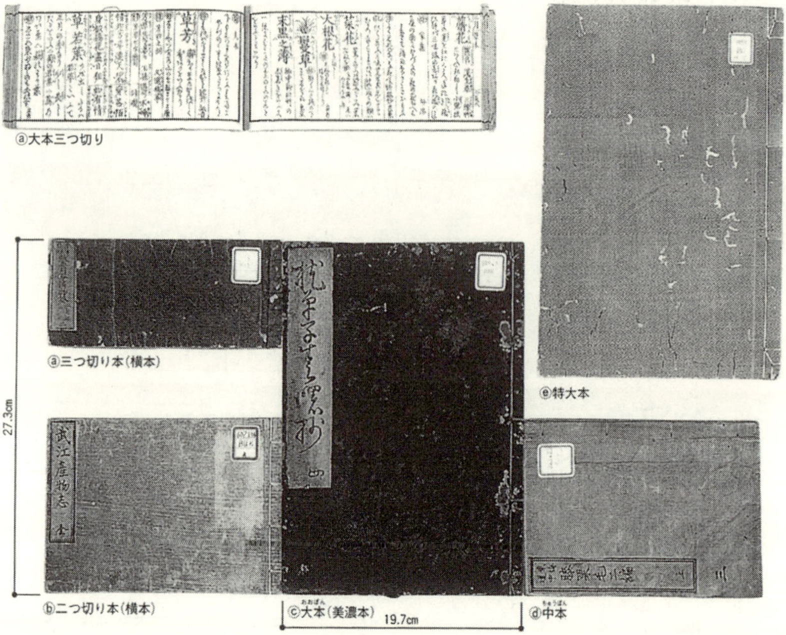

美濃紙判（タテ約27㎝×ヨコ約39㎝）を基準にして、その二つ折りの大きさが大本。美濃本ともいう。そのまた二つ折りの大きさが中本。大本より大きいのが特大本。これには大名などに献上するため豪華に作られた献上本と呼ばれるものがある。

刊本や俳諧等に例があり、大福帳にも多い。大福帳の場合には縦に半分に折り、折面を下にして綴じられていることが多い。その用紙の名をとり横綴半紙本とか横綴某本と呼ぶ。

藤井隆氏は「日本古典書誌学概説」の中で、こうした装訂法を長帳綴と呼ぶべき事を提唱しておられる。何らかの名称が与えられれば、装訂の説明が省けるので便宜なことは確かである。

唐本は和本に比べやや縦長であるが、ほぼ和本の大きさに準じ、その前に唐の字をつけ、唐大、唐半等のように云う。朝鮮本は十六世紀以降出版点数も増え、官刊本が多いこともあって右に云う特大に当る大きな本が多いが、和本・唐本に比べ日本に残存している数量が少いこともあり、わざわざ朝鮮特大等の名称は用いないようである。

これは唐本か和本かを区別するためにあるので、著録した時に唐本である旨表記されていれば構わない訳だが、唐の字があると出版事項を見ずとも一見してそれが唐本だと分る便宜がある。近頃朝鮮本を韓版・韓籍等と云う呼び方も出てきたが、官版・漢籍と紛らわしく餘り適当ではないかもしれない。高麗から李氏朝鮮族の出版であるので従来呼び慣わされてきた朝鮮版でよかろうと思う。これは文化・文化史の問題であって政治やイデオロギーとは全く別のものだからである。漢字文化圏のものでは他にベトナムの所謂る安南本・越南本がある。日本や朝鮮ではよく柿渋を表紙に塗るが、越南本もスオウのような柿渋を塗ったものが多い。日本にはそれ程の量は遺存していない。他にも西夏経や西蔵経、貝多羅（ばいたら）経等各民族のものも幾らか残存するが数えるに足りない程である。

写本時代は料紙の大きさが一定しないが、手漉き紙は槽を一人で扱うので料紙の大きさには自ずと限度がある。これら古写本類の料紙の用い方も、原則として紙を折畳んでゆく方法と何ら変らない。形態は長方形の縦型のものと正方形に近い枡型のものとに大別され、それぞれを**四半本**、**六半本**と呼ぶ。一枚の料紙を二等分或いは三等分し、それらを二つ折にして綴じられたものである。すなわち、出来上りの形が全紙の四半、六半になっているのだ。従って八半本は四半本のほぼ半分の大きさとなる。洋書の四折、十二折などの称呼はこれに親い。この四半本、六半本もほぼ大・中・小の三種類に分けられる。断裁等の関係で江戸の版本ほど統一された数値はでてこないが、藤井隆氏は「日本古典書誌学概説」の中で基準寸法を挙げておられる。

近世以前の書写本の大いさや装訂については、平成十四年十一月、宮内庁書陵部に於て展示会が開かれ、「書写と装訂」という秀れて具体的な図録が作られている。またその企画立案者の一人、櫛笥節男氏により、それを詳述した「宮内庁書陵部書庫渉猟」が近時おうふうより出版された。

ただ江戸の版本でも大きさは時代によってやや異る。美濃判紙や半紙の規格が時代が下るに従って小さくなっている。価格を押さえるためには、その物自体の量を減らすのが古来からの法であろう。許六にも「十団子も小粒になりぬ秋の暮」の句がある。だから例えば大本と半紙本との中間的な書物をどちらの範疇に入れるかは、その書物の刊印年を考慮して判断しなければならない。江戸初の半紙本と江戸末の大本とでは、大きさはほんの二廻りほどしか違わない。林望氏が八文字屋本の浮世草子の大きさをグラフにしたものが斯道文庫論集第十七輯に載るので御覧頂きたい。時代の大約の趨勢がよく示されている。しかしこれも前述した刊・印年の違いがはっきりと押えられてこそ始めて可能なのだ。

一般に同一書で本の大きさの違うものがあれば、新しい断裁は別として大きな方が刷印の早いことが多い。同様に同一書で無刊記の別版がある時、行数の多い方が後からの刊行であることが多い。これは技術的には後の方が進むので小さな刻成が可能になることもあるが、行数を多くすればそれだけコンパクトに書物を作ることができ、経済的だからでもある。営利出版の書肆の刊行物にはそうした例が多い。

しかし刊行の前後を見るには、形態のみでなく本文を検討する必要がある。はっきりとした脱字、脱文を補ったり、誤字を正したりなどの処理が為されていれば、話はまた別である。ただ、単純に後の刊行物ほど本文がよくなるという訳ではない。

献上本

特大の料紙に刷り、場合によっては表紙や題簽等も凝ったものにした版本がある。眉上や脚欄もゆったりととられ、現在の特装版や限定版に近いかも知れない。薄様絹表紙と云った体裁のものもあり、初め貴人への献上に使われたのであろうが、次第にそうした様式の上製本を指すようになった。残存しているこうした様式のものが全て貴人に献上された物とは云えまい。

かかる王者貴上のものを形の上で別扱いする風は、既に唐山の木簡に見られ、王の発給する文書のサイズは、漢代の最も標準的なもので一尺二寸であった。当時文書は一尺簡に書かれており、これは今に残る尺牘（せきとく）の語からも知られる。

尺牘（手紙の意）とは長さ一尺幅五分ほどの簡を書信に用いた故の名称である（牘とは、その両行すなわち二行以上記せる幅の広いものを云う）。また経書や法律は全て二尺四寸簡に記されている（民国張秀民「中国の印刷術」広山秀則訳。他に我国のものでは大庭脩「木簡」、藤枝晃「文字の文化史」などが参考になる）。同書によれば敦煌写本の烏糸欄の一行の巾と長さとは竹簡のそれとほぼ共通するとしている。

これは木簡ばかりでなく、紙文書においてもその形態と書かれる内容また使用される料紙に相関関係のあるものが多い。

唐会要等によると詔や勅は黄麻紙に、赦書・徳音・立后・建儲・大誅討・拝克・三公・宰相・命将等は白麻紙に書かれたと云う。日本でも宣命は黄紙に記すが、伊勢神宮へは縹、賀茂神社には紅紙という慣例があった。経典は虫がつかないということもあり、キハダの黄紙を用いることが多い。綸旨は紙屋院の宿紙、所謂る漉返しを用いるようになる。江戸期にも、黄紙と云い、キハダ染の黄色い紙に記された奉行から老中に差出す伺書がある。木簡や文書の形態と内容またその料紙との相関については、恐らく木簡学や古文書学の方で既により詳しく言及されているであろう。

これは文書に捺される印章（ハンコ）についても同様である。中央や地方の官庁、私印には印章の大いさに違いがあり、高級と目される官衙ほど大きな印を使う。私印は小さい。

発給文書同様、官刻本も大型であることが多い。唐山の経廠（けいしょう）本や藩府本、李朝王府の出版など皆そうしたもの。

徳川幕府昌平黌の教科書、官版でさえそうした形をとる。
図書の形態とその有する機能について幾らかの例を挙げる。

料理物語

江戸初期我国で初めて刊本化された料理の本が料理物語である。この書は「料理秘伝抄」という刷外題を持つ。恐らく著者は当時漸く流行せんとする仮名草子、或いはもっと広くとって仮名書としての出版を志したのであろう。決して物語ではないのに物語という名をつけた理由はそこにある。当時流行の仮名草子を見れば、未だ物語性の希薄なもの多く、物語性を色濃く持ったのは中世物語類、所謂るお伽草子の系統のものであった。名所記であったり遊女評判記であったり、単なる名寄せに過ぎないものに一人の主人公を拉し来ってその人物の遍歴の形を借り、漸くに小説の体裁を整えているに過ぎない。料理物語も某なる人物を捉え、その食遍歴と為せば、立派に仮名草子たり得た筈である。作者の手腕未だそこまでは達せずして、単なる仮名書に終ってしまったのであるが、料理物語の名は恐らくその意図だけは標榜したものであろう。著者はあとがきで、「先いにしへより聞つたへし事けふまで人の物かたりをとむるにより料理物語と名付侍る」と、苦しい言訳をしている。書肆の方は大人しく中世以来の伝統に則り、能藝の秘伝を披歴する「料理秘伝抄」と題した。大本一冊仮名草子に多い型である。この書は形の上で中世的なるものと近世的なるものとを合せ持っていると云ってよい。

この書は人間に容れられ、版を重ねること屢々であった。そのうち半紙本またコンパクトな判型の中本で出版されているものがある。内容は変らぬのだが、本文の在り様は大いに変っている。教養ある層を相手にした仮名草子的な大ぶりのゆったりとした表記から、より易しい仮名の多いまたコンパクトにつめ込んだ振仮名つきの書き方に変っている（図版三六参照）。今同じ箇所を任意抜き出し比べてみる。

第一海（うみ）の魚（うを）之部二ウから三オにかけての項目

寛永二〇年大本（恐らく京）	正保四年半紙本（扨どちら）	寛文四年中本（江戸）□（単枠）入り
蛸（たこ）	蛸（たこ）	蛸（たこ）
烏賊（いか）	いか	いか
鯨（くぢら）	鯨（くじら）	鯨（くじら）
養魚（ふか）	ふか	ふか
鮫（さめ）	さめ	さめ
鱏（えい）	ゑい	ゑい
王餘魚（かれい）	かれい	かれい
鮲（こち）	こち	こち
[魚良]（あぢ）	あぢ	あぢ
鯖（さば）	さば	さは
きすご	きすご	きすこ
細魚（さより）	さより	さより
魳（かます）	かます	かます
鮟鱇（あんがう）	あんがう	あんかう

目録は表裏一丁分をとっていたのが、中本ではコンパクトに上下二段に詰込み、表の半丁のみですませている。

好色一代男

井原西鶴の「好色一代男」は天和二（一六八二）年十月大坂の荒砥屋孫兵衛可心より刊行された。これを以て浮世草子の魁とする。この書は貞享元（一六八四）年三月に江戸の川崎七郎兵衛による江戸版が刊行されている。大坂版は大本八冊、江戸版は半紙本八冊。上方版の発売は恐らく翌る天和三年の正月であろうから、その一年後にはすぐ江戸版が出ていることになる。この迅さを見るべきであるが、両者はそのままに覆刻された訳ではない。今開巻部を対照翻字する。

　　けした所が戀のはじまり

桜もちるに歎き、月はかぎりありて、入佐山、爰に但馬の國、かねほる里の邊に、浮世の事を外になして、色道ふたつに、寐ても覺ても、夢介と、かえ名よばれて、名古や三左、加賀の八などゝ、七つ紋のひしにくみして、身は酒にひたし、一条通り、夜更て戻り橋、或時は若衆出立、姿をかえて、墨染の長袖、又は、たて髪かつら、化物が通るとは、誠に是ぞかし、

　七才　けした所が戀のはじまり

桜もちるになげき、月はかぎりありて、入さ山、爰に但馬の国かねほる里のほとりに、うき世のことを外になして、しき道ふたつに、ねてもさめても、ゆめ介と、かえ名よばれて、名ご屋三左、かゞの八などゝ、七つもんのひしにくみして、身は酒にひたし、一条とをり、夜ふけて、もどり橋、ある時はわかしゆてたち、すかたをかえ

て、すみぞめのなが袖、又はたてかみかづら化物がとをるとは、誠に是ぞかし、後者は漢字を仮名にかえ、ルビをやめ、表記を易しくしていることが分る。挿絵も菱川師宣による風俗絵に改め、江戸人士の好尚を得ようとしている（図版三七参照）。見てお分りの通り品格が異るこうした所に、ほぼ同時季の上方と江戸との経済力（大本と半紙本）、読書力或いは文化力（表記）の歴然たる違いが潜んでいるのだ。

本の判型により、対象とする読者層が異り、それによって文体用字を変えているのである。これは江戸時代の書肆の出版販売書目録である書籍（しょじゃく）目録の分類意識によっても窺うことができる。初期寛文の書籍目録では神・儒・仏や古典である歌集の他、平仮名文の現代の作品は全て仮名書の名の下に一括されている。それが後の元禄の目録になると細分化され、段々にジャンルとして形態と内容とが分化一致してゆくのである。こうした点については中野三敏氏「江戸の板本」が一章をさいて詳述している。

笑話本や料理本は不幸にしてその形態が一つのジャンルとして固定するまでには至らなかった。従って笑話本は内容を追うよりなく、仮名草子に分類される「きのふはけふの物語」や「私可多咄」「鹿の巻筆」から江戸の小咄本までを含むことになる。形は中本が多いが、大本から小本まで様々である。料理本も同様に半紙本が多いけれども、形は大本から小本まで、おまけに横切本もあり、内容は料理献立から様々の料理書まで含むことになる。しかし江戸の文学史を繙けば、図書の形態の固定化したジャンルという問題を無視しては、一歩も前に進めないことが分るであろう。

ここでは一例だけを挙げるに止める。例えば半紙本型の読本と中本型の読本との違いである。前者は云わば漢籍や古典の素養を持つ高級な読者層を対象とし、後者は一段とくだけた、別の層の読者を対象とする。従って内容の背景となる世界や文体や用字法の全てが異るし、筆を執る作家も違っている。前者を執筆する秋成や綾足・庭鐘・京伝や大家となった馬琴は後者に執筆するを潔しとしないし、後者の作家である十返舎一九は前者には筆を執らない。

江戸の細分化された小説のジャンルが分りにくいのは、この図書の形態という面を勘案しないからで、内容と形態とが密接に結びつき、文体、表記法と表紙の色や版式や場合によっては巻数丁数さえもが規定され、一定の型の容物に盛られているのである。例えば通俗物と云えば、卍つなぎの空押された黒表紙の半紙本で、漢字片仮名交りで表記された唐山の講史類の翻訳読み物ということになる。これは元禄五（一六九二）年の釈文山の通俗三国志に始まり、代々通俗某と称することとなった。

本の大きさや表紙の色をジャンル名としたのは先の中本型読本だけではない。赤本青本黒本黄表紙等皆そうである。これはジャンル名ではないが青表紙本源氏物語等の名もあり、表紙が他と区別される標式となった例は既にあるのであるが、これら赤本青本黒本も実は只にその色の表紙がついているのみでなく、意味のある物だったことは木村八重子氏や川瀬一馬氏も説く所である。

大体が赤本・青本・黒本は物の本のもどきであり、物の本に使われる代表的な表紙の色である丹表紙・縹表紙（薄い水色、浅葱色のようなものから濃い紺色迄を含む。薄青は酸化退色しやすく殆ど黄色に見える。黄表紙なども粗悪な青を使った可能性が高い）・黒表紙を踏襲したもので、軍記物語等によく使われる丹表紙を赤本が、歌舞伎の絵入狂言本等に使われる縹系を青本が、浄瑠璃本に用いられる黒表紙を黒本が襲ったもののようである。なお物の本特に漢籍の儒書等には栗皮色（濃い栗色）や柴色（茶色）、香色（薄茶色）等茶色系の表紙がよく使われている。

形も求版される

蟻の真似をする蜘がいる。まさかと思われるかも知れない。蟻の足は六本、蜘は八本、何うするのだ。蟻には触角がある。蜘は前足の二本を宛も触角であるかのように動かす。これを擬体と云い、生物の世界に多い。しかしこれは図書の世界にもある。

ここに石川雅望の国字解の孝経がある。これは「国字略解／俚語傍訓　孝経」と外題された中本と、「孝経平仮名附」と外題された半紙本との二種類が存する。この書はよく売れたらしく、始め草双紙や浮世絵等の版元でもある耕書堂蔦屋重三郎から寛政九（一七九七）年三月に刊行され、後文化六（一八〇九）年三月覆刻によって再版された。

改題或いは外題換の例は先に挙げたが、これは全く同版で、違う書型と外題の書物が同時に印行されているのである。この書物は慶元堂和泉屋庄次郎に求版され、刊記と絵題簽の蔦屋の商標を和泉屋のそれに改め、やはり両種が印行されている。続いて孝経の版木を大量に買漁って孝経で蔵を立てたと云われる小林新兵衛に求版され、明治以後まで刷られる。小林新兵衛が刊行、求版した孝経は私の実査した江戸時代孝経総点数三二五点のうち売捌きも含め八七点に及ぶから、確かに孝経のために版木蔵を建てなくてはいけなかったであろう。総点数の中には活字本や古版、地方版、各種藩刻本なども含むので、実質的には営利出版された孝経の三分一以上を所有していたと見てよいかと思う。ただ、小林新兵衛印行の半紙本は未だ寓目していない。勿論、版木には題簽印刷用の版木もついているので、求版すれば二種の題簽は得られるのだが、売れるあてがなければ何も好き好んでこうした面倒な二種の版本は製作すまい。これは初め蔦屋が、他のジャンルである洒落本や黄表紙、狂歌等で活躍する石川雅望（手柄岡持）の名を以て草双紙の形態を真似、その種の読者を得ようとしたものであろう。「大学笑句」など漢籍モドキの戯作も沢山に出ていた時代である。半紙本の孝経平仮名附は極く普通の国字解で、漢籍の童蒙用の読み物。当時多く出版を見た所謂「国字解」物の香色表紙・半紙本のスタイル。しかしうまく柳の下に泥鰌が二匹いたかどうかは分らない。ともかくも形までもが長く求版印行されているのである（図版三五参照）。古来仏教経典にも、同一経の巻子本と帖装或いは冊子の二種あるものがあり、後の改装も考えられるが、特に教学書にあっては、読誦用とは別に学問用の取扱いやすい形をとったものが存在したことも考えられよう。

形態の変遷（装訂法）

装訂は現在一般に装幀と書かれることが多い。また装釘・装丁の語も使われている。しかし長澤規矩也氏は釘は誤用で洋装本の針金綴等の連想から業界で用いられ一般化したものであり、幀は、音は正しくはトゥであり、書画を軸や額に表装する意で、訂にはきちんとまとまる意があり、装訂の文字を用いるべきだとしている。

巻子本

書物は唐山ではもと木牘や竹簡に書かれていた。それらを収納するには、現今の簀のように何个所かを革等の紐でしばり丸く巻いておく。葦編三度絶つの語はこの紐が餘り度々書を繙いたので切れてしまったことを指す。次いで布帛に書かれた所謂る帛書が出現する。これらも丁度現今反物がそのようにして収納されているように、巻いて保存された。素材が紙となっても伝統を踏襲し、紙を継いで長く伸ばし、巻物・巻子本として装訂された。序でながら霞ヶ浦畔の臼井田町では、鰌用のヅ（筌）を、使用せぬ冬場の間、結束してある竹ヒゴ（タガ）をほどき、簾状にして保存したと云う。それが空間的に最も経済的なのであろう。こうした例からも、巻子は保存に便だが、実用に不便な形であることが分ろう。

巻子本はほぼ一〇巻ごとに一括りとし、袋や簾状の帙に入れて保存された。

折本

仏教経典のように初めから繙読してゆくものはそれほどでもなかろうが、字書等の実用書は終りの方の部分だけを利用しようという時、巻物では何如にも扱いに不便である。そこで拡げた巻物を適当な巾で圧縮した形式、すなわち巻物を折畳んだ形の折帖・折本が考案される。

旋風装

しかし折本は折目が切れてバラバラになりやすいので、後述する包背装の如く、前と後の表紙を一枚の紙とし、本紙を包み込む形にした物が表れる。この変型として表紙と後表紙の背の部分を別の一紙で貼り付けた場合もある。旋風装は背の部分は糊附けしてはいないが、より強固にするため背の部分も糊附けされた改良型がある。背を糊附けしていない場合は風によって帖装の葉が翻るので旋風装の名がある。改良型では厳密に云えば葉は翻えらないので、旋風装ではないが、背が糊附けされた帖装のものも旋風装と呼んで差支えないであろう。ただし糊がはがれたり表紙が痛んだりして、旋風装の原装を伝える遺品は少い。折本・旋風装のものを帖装とも云う。

龍鱗装

近時台紙の上に少しずつずらせて料紙を貼った巻物が発見された（故宮博物院現蔵）。これを龍鱗装と云う。風によって料紙が逆立つので、これが旋風装だと云う仁もいる。我国で今も電話番号簿や住所録などに使われている形である。

粘葉装（でっちょう）

折本は使用頻度が高いと糊がはがれたり折目が切れたりしてバラバラになりやすい。そこで始めから折目を切ってしまった形の粘葉装が生まれる。現代の書物で云えば左小口に当る部分の折目を切って背を貼り付ければ粘葉装になり、右小口（背）に当る部分を切って綴じれば線装本、所謂る袋綴になる。

現代でも例えばコピーを二ッ折する時、私は印面を保護しようという意識が働くのか、印面を必ず内側にして折るのが習慣となっているが、学生諸氏は実用を旨とするのか印面を外表にして二ッ折にする人が殆どのようである。

蝴(胡)蝶装

唐山では、この一枚の紙に印刷された面を内側に折って重ね、それを糊附けし包表紙でくるんだ粘葉装のものが宋元時代の刊本の最も普通の装訂法であった。しかし葉をめくると一葉毎に印面と白いままの印刷の為されていない裏葉とが交互に出てくることになり、閲読に不便であり、糊附けされた版心部も痛みやすく、時代を経るとはがれやすくなってくる。そこで閲読の便のため明代から流盛となった後述する袋綴の形式に改装され、古の蝴蝶装の原姿を留める遺品はごく少数である。蝴蝶装は印面を広げた時、宛かも蝴蝶が羽を拡げたかの感を呈するからの語であるが、恐らく私は裏白であることが、蝶の羽の表の紋と裏に透いて見える薄れた模様とを連想させての命名ではないかと思う。蝴蝶装の語は、恐らく明代線装（袋綴）本が装訂界を席巻したのち、前代の装訂法を云う語として使われ始めたものであろう。明代の類書に散見する。

南宋唐山の紙は竹紙など概して薄く両面書写や両面印刷に向かないが、我国では雁皮や交漉また楮にしても厚様を以て（薄様の語があるように、雁皮はむしろこの厚様が多かったのである）両面書写や両面印刷が為されていた。稀に片面書写のものもあるが、蝴蝶装の名は、もし使うのであれば、こうした片面書写や片面印刷のものに限って用いるべきであろう。なお西欧のフォリオ（二折判）などに片面印刷で蝴蝶装に親いものがある。

同じ粘葉でも、使われる料紙の関係もあり、唐山と日本とでは糊のつけ方に違いがある。唐山は浅いが、日本では紙面の内側をやや深く折り、糊代としている。

紙の厚薄は、また紙の漉き方と関ってくる。古代の溜め漉きでは厚様ができ、室町後期ネリ（粘料）を用いる流し漉きの定着によって、始めて単簡大量に薄様が生産されるようになった。しかし手漉きの場合、流し漉きになっても漉き方や漉き時間を加減調節し、紙の厚みを適宜変化・案配していると云うのが実態に近い。

包背装

蝴蝶装は閲読の便宜のため、印面を外面にし紙縒(こより)で上下二个所を下綴し、前表紙と後表紙を一枚の紙で包んで糊附けする包背装に変わってきた。しかし唐山では蝴蝶装は裏白のもの、包背装は袋綴のものと区別できるが、蝴蝶装の表紙も包背装であることに変りはない。日本でも包背装は粘葉装にも袋綴じのものにもある。分類上の術語は同じ切口から切ってゆかなければいけない。その点唐山の蝴蝶装・包背装という分類は何如にもまずい。

包背装は包み表紙のもの全てに云い、唐山のように限定的に用いるべきではなかろう。

綴葉装(てつよう(ていよう))

粘葉装も糊がはがれてバラバラになりやすい。そこで我国では何枚かの紙を重ね、二ツ折にし糸で括り、それを幾帖か合せ綴じてゆく綴葉装が生まれた。帖を重ねた如くになるので、列帖装、綴帖(てっちょう)装等とも云う。両面に書ける厚手の斐紙を用いた我国独自とされる装訂法で、平安中頃には行われていたらしい。この装訂法は近時敦煌写本等にも見られることが分ってきた。また実は洋装本の綴じ方に近い。序でながら切支丹版はローマ字本は洋綴、仮名本は和綴と装分けられている。綴葉装も使用頻度が繁く、時代が経つと綴紐が切れたり外れたりしてバラバラになりやすい。日本の古典に錯簡が多いのはこうした綴じ方に問題があるからだ。

粘葉装・綴葉装の語は日本書誌学会の機関誌「書誌学」第二号の座談会に見られる如く、書誌学用語選定のための座談紛糾し、殆ど最後になって逆転し右の如くに決っている。特に古来粘葉装・綴葉装・蝴蝶装の混乱が激しい。この座談会では蝴蝶装が綴葉装と同じということになっており、殆ど最後になって別に何の理由もなく唐突に逆転され、粘葉装を云うと治定された。書陵部等でも初めの頃は綴葉装のことを蝴蝶装と称しており、書陵部の修補官であった遠藤諦之輔氏は亡くなるまでその考えを持続けた（『古文書修補六十年』）。前述したように粘葉装は糊附け、綴葉装は糸かがりと、装訂の綴じ方の特徴をよく表しており、この術語を使うべきであろう。蝴蝶装ということばも雅であり捨難いが、若し使うのであれば、片面印刷若しくは片面書写の粘葉装のものだけに限定して使うべきであろう。粘葉装は我国では空海の「三十帖策（冊・草）子」が現存する最古のものである。本書には片面書写と両面書写と両様の書式が見られる。なお蝴蝶装誤解の様相やそれをどう解すべきかについては橋本不美男氏の「原典をめざして」や山岸徳平氏の「書誌学序説」櫛笥節男氏「宮内庁書陵部書庫渉獵」等に詳説されている。田中敬氏の「粘葉考」は、東北大学図書館に遺る五山版「景徳伝灯録」の装訂を見た田中氏の疑問から生まれた名著である。上下二冊はわざわざ粘葉装（一部は裏白にした蝴蝶装）、綴葉装と装分け装訂されている。

昭和の初期まで、蝴蝶装の語で綴葉装を解説している人や、大和綴の語で綴葉装を説明している人がある（後者田中敬氏・荻野三七彦氏、前者古典保存会本など）ので注意する必要がある。

線装

唐山でいう包背装の表紙を前表紙と後表紙に二分し、書脳部を綴糸でかがった和漢書に最も普通に見られる装訂である。丁度折目の部分が袋の如くなっているので袋綴とも云う。唐山では明万暦頃から、我国でもそれに倣った室町末江戸初から多くなる。川瀬一馬氏は五山版で原装をとどめるものは麻の緒を以て綴じてあるものが多いと云われている。五山版には片面刷の蝴蝶装のものや、唐山で云う包背装の原姿をとどめるものもある。すなわち本文を覆刻するのみでなく、形もまた真似られていたのである。ただ五山版の覆刻本に、版心部の曖昧なものが見られる。これは底本が蝴蝶装（或いは元蝴蝶装）で、版心部を巧く覆刻することができなかったのではないか。

大和綴

綴糸で線装にかがる変りに、上下に二个所宛、或いは中央に二个所穴をあけ、装飾的な飾紐で結んだのが大和綴である。料紙の重ね方は粘葉・綴葉・線装のどれであっても構わない。結び方も上下に二个所結んであるのが通例であるが、中央に一个所のものも大和綴と呼んでよかろう。綴葉装と共に我国固有の装訂法であるとされ、綴葉装よりやや後れて見られるようである。明治以後の出版物にも見られ、活版本にも用いられている。飾紐でなく、紙縒で括られているものは次の紙訂装となる。

なお櫛笥節男氏は綴葉装を大和綴と、大和綴を結び綴と呼ぶべく提唱されている（「宮内庁書陵部書庫渉猟」などに詳しい）。吉野敏武氏同断（例えば「書写内容と装幀形態による料紙との関連」和紙文化研究第一三号など）。

紙訂装

仮綴とも云い、紙縒で綴じただけのもの。俗に坊主綴とも云う。僧侶の聴聞の聞書や記録覚書の類いに多い形だからである。近世期までの非文学的写本に最も多い装訂法である。正式には紙縒で綴じ、その頭を木槌で打って平たくしてとめるのであるが、紙縒で結んだものまでを含めてよい。表紙が外れ本文部のみが残り、下綴のまま遺存している例もある。

畳物（たたみもの）

一枚物を折り畳んで帖装の如く装ったもので、地図や番付、絵図類に多い。

なおこの他にも上述した以外に様々の変形（バリエーション）が見られる。判取帳や大福帳に多い綴糸の一部を丸く張出し、柱に打った釘等に掛るようにした物や、袋綴の袋の部分が底部（下部）に来ているもの、包背装の一種とも云える後表紙（或いは前表紙）を前（後）に廻して貼り、一続きとした物、前後の表紙を背に一枚の紙を貼附して接合したもの（旋風装にもそうした型式のものがある）等々である。

繰返すことになるが、分類は同じ観点切り口から為されねばならず、包背装とは我々は広く包み表紙の全てに云うべく、そうした観点から見れば、決して装訂法ではなくむしろ表紙の装着法である。従って旋風装も、唐山で云う蝴蝶装も包背装も、洋装本さえもが一種の包背装である。

中世・近世の非古典的著作や明治初期の和洋混乱時代の著作の装訂には様々細かな変型装訂法が見られるが、上述した装訂法の中に編入して殆ど大過なかろうと思う。餘りに細かに分けすぎるのは分類の本義でない。

図書の数え方

図書の点数を数えるには、内容については巻・編等の分巻を以て数え、数量については巻子本は軸（巻という数え方もあるが、本文の分巻である巻と紛らわしいので軸を使う方がよかろう）、折本、粘葉装、綴葉装については帖装とみて帖、線装、紙訂装については冊、畳物は鋪（舗）と数える。一枚物は一枚であることを分らせるためには枚または紙・葉を使うのがよかろう。唐山では蝴蝶装も包背装も線装も冊で数え、特に某帖という計量はしていないようである。

装訂の変遷

装訂は木牘や竹簡に見られる簾のような巻物から発し、巻子本、折本、冊子本へと変ってきた。ただ木簡にも上下や中央に穴をあけそこに紐を通して保管したと思われるものも出土している。丁度現在の単語帖や貝多羅葉経の如き形を為す。そうしてみると巻子本とは別に後の冊子体へと連がる形体のものも初期から見られたのかも知れない。唐山では唐代から既に冊子体の書物が見られた。これは実用的な暦・字書等印行され、順次翻読してゆく経典とは異る、使うための書物があれば当然のことである。唐山では宋代から刊本の時代となり南宋からは営利出版業者も出、装訂も冊子体全盛の時代となる。始め唐山で云う蝴蝶装、次いで袋綴とし印面が連続する包背装となり、更に強固な装訂である線装へと遷ってきた。全ては合理的論理的に処理され、より見易くそしてより堅牢な装訂へと遷ってきている。しかし伝統を重んずる仏教経典類は後々まで巻子本も多く、やや便利な折本型式が行われ、数次にわたる大蔵経の出版でも、漸く明の万暦のものになって始めて冊子体の型態がとられる。

日本でも唐山に倣い始めは巻子本であったが、早くに空海の三十帖策子に見られる粘葉装が現存し、平安後末期には我国固有の装訂法であるとされる綴葉装・大和綴等の遺存も見られるようになった。日本では写本の遺存量が多いことから、本式の書物装訂法ではない、云わば略式の仮装系統の種々の変型(バリエーション)による装訂の遺存するものが多い。

唐山や朝鮮にもこうした略式の云わば自己流の装訂法も確かにあった筈であるが、早くに刊本の時代となり、漢籍は大部なこともあって、広く長い歴史を持つ割には我国に比べ写本の残存量も少く、また有価値の写本の遺存率も低いので、敦煌写本等を除き、餘り調査が為されていないようである。

和綴本は唐との通交を廃して後、我国独自の文化を生み出したが、かかる我国独自の発展をとげたものの他に、宋版以下新渡の舶載書が版式共々装訂にも影響し、唐山で云う蝴蝶装や包背装の五山版や線装の近世刊本へと遷ってゆく。宋元版は原装の残るもの極めて僅かだが、後の唐本と異り包み表紙の厚表紙が多かったらしく、小口の部分を下にして立てて置かれていたらしい。下小口に書脳の部分から小口書が縦書されているもののあることから、そう判断される（長澤規矩也氏「書誌学序説」等）。これは恐らく版木の保存収納法が襲用されたのではないかと思う。

西洋のインキュナビュラ等古刊本も小口書があり、現代の如く背を手前に向け立てて排架するのではなく、横に寝かせて置かれていたようだ。縦に排架される場合も、現代とは逆に背を後に小口を前にして置かれる。西洋の書物の背に題名が印されるのは多く十七世紀以降のことに属する（西洋の書物の排架方は、例えばヘンリー・ペトロスキー著・池田栄一訳「本棚の歴史」白水社などに詳しい）。

時代が進むと東洋では倹飩函（けんどんばこ）状のものに横積みして排架されるようになる。本は棚の下板共々引出される。これら木の函はほこりよけともなり、乾湿や、寒暖の差を調整するので書物にとっては保存のためにも秀れている。木の函、木の家、紙の障子や畳や壁、或いは漆喰の蔵という容れ物で、幾重にも図書は守られていたのだ。蔵では普通二層の上層に、壁面からやや離し床面よりも高く置いて、乾燥を旨とし風が通るように工夫された。

書物の装訂は縷述したように、より合理的に堅牢にと遷ってきているが、図書の形態と機能に前述した如く、この装訂にも一種の機能性、内容を限定する力がある。冊子全盛の時代となっても、形式を踏む勅撰集の上奏には巻子本の形態がとられているし、仏典は未だに巻子又は折本であることが多い。兵法などの免許皆伝書や、現今でも卒業証書が巻かれ、筒に入れて持帰られるのはこうした伝統の延長線上にあろう。

また、綴葉装は写本にはよいが、印刷された刊本には頁取りが難しく向かない。しかし古活字で植字された嵯峨本の謡の本や、声明の楽譜である「魚山集」には整版の綴葉装のものが見られる。嵯峨本は云ってみれば、刊本で写本を作ろうとした作物で、謡本は短篇であるから綴葉も一折ですみ、手間を承知で行えばそれほど困難ではない。魚山集も譜（云わば絵図）なので整版でも行えたものであろう。しかし大部の文章作物の印刷には向かない。粘葉の両面刷は、片面に二・三頁が、裏に一・四頁がくる。版木構成もそうなっており（二・三頁の一面と、四・一頁の一面とを彫る）、おおむね版心がなく、裏丁に書名と丁合紙数（一—幾）とを刻したのみの無辺無界の印刷となる。綴葉の刊本を作るには、先ず綴葉に装った版下或いは底本の綴糸を外し、その一葉分ずつ（表・裏二枚分）の版木構成を考えればよい。しかし粘葉も綴葉も、版本では一葉につき表裏二枚分の版下を用意しなければならず手数がかかる。表裏二面に書写できるという写本の便利さは、そのまま刊本では一葉につき表裏二面の版木を作らねばならぬ面倒さにつながっている。

綴葉はこれを大和綴と呼ぶ人々のいるように、国書の古典、特に和歌や物語の写本に多く用いられる。粘葉はそれに対し、現存最古の粘葉本三十帖冊子以来、仏書に用いられてきた。高野版や浄土教版などの刊本にも多い。仏書ではあるが、声明や和讃には綴葉装のものがあり、これは光悦の謡本などと同様、一種の謡い物として和歌に近い感覚を持たれていたのかも知れない。

仏書の写本には簡易綴葉のものもまた多い。糊の扱いに馴れた経師屋の版本と異り、私的な個人持ちの写本ではその方が便利だったのであろう。こうしたことからもやはり綴葉は写本の綴じ方であったことが判然しよう。

折本は画帖・法帖と呼び慣わされるように、拓摺や書画に多い。明治以後の洋装本でも句集等には大和綴のものが多く見られる。

これは先にも述べ、後にも時代区分の所でまた述べるが、装訂は決して進化したのではない。物は全て系統樹のように分化はしているが、その全てが併存していることに意味がある。合理的論理的に、より見易くより堅牢な装訂を目指して装訂法は遷ってきた。しかし全てが論理の上には乗らない。伝統に則り、その非合理性を云わば逆手にとって合理にする事もまた可能なのである。例えば絵巻等という形式は、むしろ非可塑性、右から左へと流れてゆき、戻らないというパノラマ性を巧みに利用して作を為したものと云えよう。映画のフィルムは、それを大仕掛け・機械仕掛けにしたものだ。翻読してゆき、前から順々に読誦するだけであれば仏教経典も巻物にとどまっていてよかったであろうが、学僧による講学が盛んとなれば巻物ではやはり不自由である。刊経にも巻子と帖装或いは冊子二様式の見

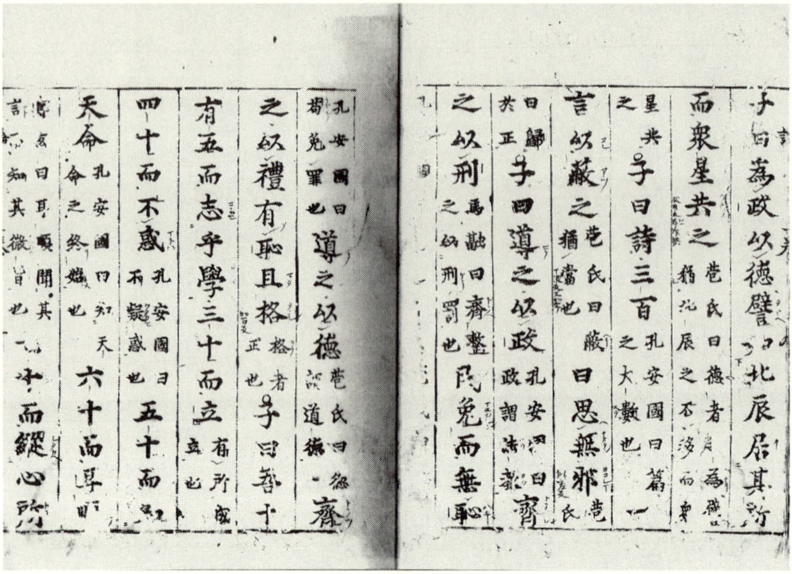

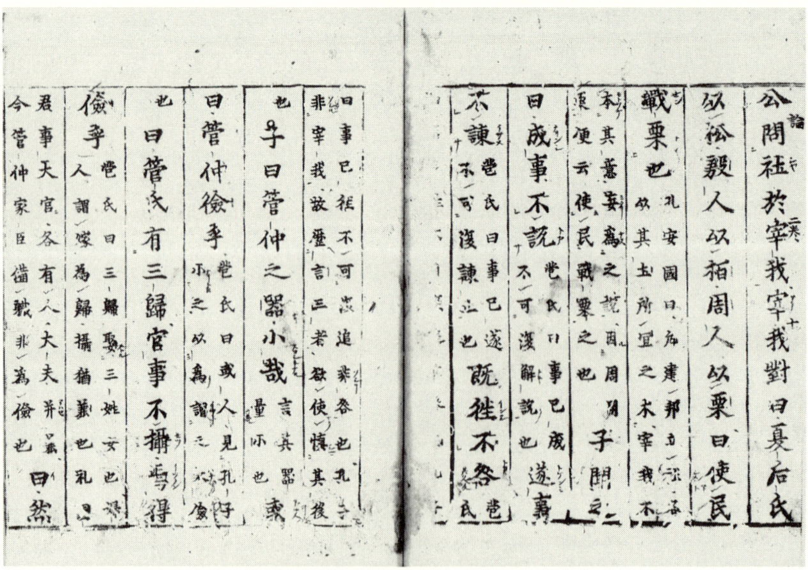

影印本「論語〔集解〕」（正平版原刻本）巻刷りで製作された版木で刷った線装本。第十三行がかすかに残る。原本大阪府立図書館蔵。

られるものがある。しかし宗教という伝統を尊重する分野では、他の新興の分野より、もとの型を守ることに忠実であったようである。こうした伝統の型ができてしまうと信仰する者の方でも巻子本や折本の経典に対し冊子本やまして洋装本のお経では、何やら物足らず御利益も少いように感じてしまうのではないか。ことほど左様に伝統や我々に刷込まれた先入観と云うのは強いものなのである。

以上みてきたように、概して巻子本は公的なもの、従って保存保管用に、冊子本は私的なもの、実用的なものに多用されたと云ってよかろう。

なお折本と冊子本とは折本の折を外せばそのまま冊子本となり得るので、時間的には相前後して両者共に行われたと見てよいであろう。折本が長い間行われ、それが進化して冊子本となったのでは決してない。

また木簡に冊子に系譜すべき形態のあることも既に述べた。一元的な進化と見るよりもかなり早い時期から、巻子・冊子に連る両様式が併存していたと見るのが、より穏当のようである。折帖は丁度この両者、巻子と冊子とを接属する役を荷っている。一枚に延ばして巻いてゆけば巻子となり、折山を残し右辺を切離して綴じれば冊子となるからである。ただ或る時代或るジャンルには、そのどちらかにより択越性があったとは云えよう。

また書物とは云えぬが、折帖を大形にして立てれば屏風となる。扇面も木簡と帖装との合せ技とも云えようか。

Column　＊巻刷り＊

唐山の巻子本は一版木に一紙分を刷印し、後それらを貼継いで作られる。これは折帖の場合も同じで、後の冊子本に見られる版心はなく、刻工名・函号・丁合など全て行間や紙端の糊代部分に記される。

これに対し我国の場合、始めに料紙を貼合せ長尺の一版木分全てを刷出す。これを巻刷りと云い、従って紙を貼継いだ部分にも刷印された字面がかかっている。

正平版論語〔集解〕の原刻本は廿四行を一版木に刻した巻刷りの方によっており、冊子体に綴じられた場合、各版木の初葉となる裏丁に第十三行がうつっている。しかし覆刻本では版木は全て冊子本用に改められそうした形跡はない。過渡期にはこうした現象が屢々見られる。冊子本にも巻子本同様紙継ぎをした料紙を使ったり、蝴蝶装の版本を底本に覆刻した線装本で、版心部分が不鮮明であったりする例がある。当時はまた紙が貴重な時代でもあった。

四、図書の表記

図書は文字を使って発信者の意思や思想や感情を不特定多数の受け手に送るものである。しかし子供むけの絵本や楽譜等のように場合によっては全く文字がなく、絵や図や符号のみから成っているものもある。

詳しくは時代区分の項で述べるが、我々の歴史は先は論理化・合理化の一途であった。世界はことばによって一段と論理化される。その上、文字が用いられるようになった時、それはまた一段と促進され、定着・記録される。一部一点の写本から一度に大量生産の可能となった印刷技術の発明は、ことばで云えばまさにことばの文字化に類えられよう。

現代に生きる我々は、この小さな島国でさえ南と北で様々なことばを話している。近年学校教育やラジオ・テレビジョン等の放送網の充実から、所謂る方言が話されることは少なくなったが、年配の津軽人と薩摩人とが会話をすれば、なかなかに分りにくいであろう。それから見れば、書かれた図書は何うか。津軽人の作物でも口頭話と違い、薩摩人は了解するのに骨を折らないのではないか。これは表記体とも云うべき、ことばの排列化が為されていることが大きい。書きことば書記言語として、一種標準化が行われているのである。昔津軽の士(さむらい)と薩摩の士とが出会い、お互の話す言葉が分らないので、武士の嗜みとしていた謡のことばで話をしたという笑話がある。

世界には未だ解読不能の文字もあるが、音声のみのことばと文字化されていることばの分りにくさまたは分りやすさは格段の差があるのではないか。もっともこれは一つには我々の文明というものが目の文化に重きをおきすぎ、耳の文化を怠ったことにもよる。それでも現在の音声だけを問題にするのならまだよい。

過去に溯っての音声ということを考えてみると、記録定着化できる文字の力を借りずには一歩も前進しないであろう。音と文字との差はこうした所にも見られるのである。我々が時代を超越し時空を越えて過去の作物やまして他国の作物に触れ得るのは、ことばよりもむしろこの文字の力による。それを最大限に利用したのが図書だと云うべきであろう。

文字

日本には渡来人によって漢字が伝えられた。もと唐山では文字は皇帝の持物（道具）であり、それが文治官僚政治によって史或いは吏の道具と化した。日本に輸入されたのはこの段階で、始め公的な政治官僚の具であったろう。漢字・漢文はその正道を進み、漢字から派生した片仮名は漢字或いは漢文仏典訓読語としてそれに準じるもの、平仮名はそれ以外の私的なもの、消息など公的でない私的な感情を盛る道具として使われるようになる。

臣下（官吏）の文字である漢字は始め王の文字であり、金石に打込む篆（てん）体、木簡に硬い鹿筆で書かれる隷（れい）体、次いで布帛に書かれ、最後に紙という素材を得、柔かな兎筆の正楷体が生まれる。敦煌写本など葦や木、竹のペンを使ったものも多い。一時代後になっても前代の正統であった篆体が、次いで隷書が書名として題簽や封面（ふうめん）・書扉（しょひ）・序跋などに残る場合があるのも、こうした伝統故である（詳しくは藤枝晃氏「文字の文化史」など）。

漢字とカナとかな

我国の場合始め文字なく、唐山の漢字が使われ漢文が書かれていた。爾来江戸時代まで漢文が公式正式の文章とされ、学文に志す者は皆初めに漢文を学んだ。しかし時代の流れは合理化論理化の途を進む。全てのものはもと一であるが、その論理化合理化の過程で、段々と細分・専門化されてゆく。宇宙の創造然り。生物の発生また然り。後に詳しく述べるが宗教神仏儒皆然り。文字も漢字漢文の外国語である不自由を脱却し、徐々に日本語に漢字を宛てる一字一音式の所謂る万葉仮名、真仮名の類が生れてきた。更にその略体とも云うべき片仮名が生れ、同じく草体から平仮名が生れた。

片仮名は意識の上では漢字に準ずるものと見られ、特に僧侶や男性に使われ、平仮名は女文字とされ専ら女性に用いられた。

菅原道真の建議による遣唐使の廃止以来、国風文化が栄え、和歌を詠むことが上流階級に好まれるようになる。この時代の和歌は勅撰集や公式の歌合等は別として、一種の消息的な傾向があり、云わば私文書の如きものであった。蓋し平仮名の使われた所以であろう。こうした詠草等から歌を奇麗に書くということ、男性もまた歌にはこの文字を使うということによって、三蹟三筆等と云われる名筆家も出現するようになってくる。

日本ではこの頃は未だ刊本は極少数の仏経教典に限られ、それも写経の謄写に替る代用品と見做されており、詩歌合等の優美流麗な連綿体を好む嗜好からしても、正楷の文字は好まれなかったようである。

片仮名はそれに対し、最も実用的なものとして使われた。学問が進み経典の講釈が盛んになると、訓読文や聞書講釈の類いをこの文字を使って書き記した。簡略で一種の速記体的要素を持っているからである。訓みだけを示すものには後になるとヲコト点のように、文字に点を打って示すやり方も採られるようになる。

この仏典講釈を片仮名書きしたことは、更に二方向に分化する。一つは漢訳仏典の訓読から、博士家を経、近世になると儒教経典のそれにそのまま使われ、洋学が興ると和蘭書の訓訳にも使われた。これすなわち外来の進んだ文化の云わば翻訳語として使われた訳で、現在外来語を片仮名で表記するのも恐らくその延長線上にあるであろう。もう一つは講釈等口頭話の表記に用いられたということで、これ実用的の語を以てする所以である。抄物と云われる五山僧等の講義や江戸時代の儒者の講義筆録物に多用される表記法で、「ミ、ヲキリハナヲソキ」という、世によく知られた阿テ河上村百姓ラ申状の表記法でもある。現在もオノマトペに使われている。

こうして漢文表記か片仮名交りか平仮名交りかは、決して単にその時その場で自分勝手にその何れかを選んだ訳ではない。図書の形とその内容とが或る種の連繫を持っているように、その表記法と内容とも密接なつながりを持っている。表記もまた一つの形態であった。

だから、例えば江戸時代の儒者の書いたものが、漢文か片仮名交りか平仮名書きかで、その意図の過半は明瞭となる。漢文の場合は正式な学術書で、或る場合は大上段にふりかぶったものにもなるであろう。片仮名交りはそれに準じるもの。平仮名書きは婦女童蒙と云っては悪いが、一般の人々にごく分りやすく啓蒙的に説いたものである。著編者の意識の上で既に左様に違っているのだ。どういう表記法が為されているか詳しく見てゆく必要のある所以である。

従来こうした表記法については餘り注意が払われてこなかったようである（中村幸彦氏「通俗物雑談」著述集第七巻に言及がある）。国文学の場合、真名本・仮名本の問題に幾らか触れられているに過ぎない。

書記言語は日本語としての一種の標準語であることを述べたが、書き記された漢文はそうした意味では、当時の日本にあって世界（言）語と云えた。例えば朝鮮の通信使や唐人・越南人の儒者や商人と、原語で話すことはできなくとも、詩文のやりとりや質問の応答は、書記言語である漢文をもって行うことができた。事実そうした筆談・応酬が沢山に遺存している。これは古代からそうであり、帰化人や五山僧、足利学校出身者等が云わば官吏として行っていた。対馬で朝鮮貿易に与ったのも、文書の実務は五山僧が担当している。

筆写文字と印刷文字

しかしその文字も手で書かれ、木版に刻まれ、木や金属の活字に成形されるうちに変貌する。手で一字一字書かれたものは個々人の意識や癖が滲み出ているが、それが段々と記号化され、制度化され、夾雑物所謂るノイズが消えてゆく。手書きの文字や整版に刻まれた文字は、まだしも記号になりきらぬ様々の要素を含み持っている。異体・別体・変体の字も多い。意味以外の音声や絵画性や美的要素が強いのである。物質の持つ多様性・豊かさが金属活字となることによって刮げ落ちてゆく。文字が論理と意味とに収斂されてしまう。

　これは文章についても同じである。道具の制約や効率を優先することにより、本文は統一確定されるが、同時に肥瘦縮少する。

五、図書（印刷）の歴史

時代区分

川の流れは上流・中流・下流・汽水区に分けられる。それらは水勢や地勢・環境、そこに棲む魚や動植物等様々な生態系的要因や条件を勘案して決められる。満潮時に海水が遡る限界までを汽水区と云い、淡水産・海水産の魚介類や水棲動物がおり、魚種も豊富である。鮭など産卵のため溯上する際にはこうした場所に暫く留まり、体を馴らしてから川を溯る。下流域はコイ・フナの卓越する地域で船が就航できる。中流域はウグイ区とも云われ、筏が用いられる。上流域はヤマメ区で乗物は使用されない。木を流す場合も管流しと云い、一本ずつ流す。魚種・河況によって使われる漁具も異り、穿穽漁具である筌も水の飲み具合とはけ具合とが重要で、水勢によって上・中・下流で型を変えてゆく。しかし中流なのに上流に見られる筌が使われていたり、下流なのに中流に卓越する筌が使われていたりする。これは決して間違っているのではなく、使用するその河況が、その部分においては下流の中でも中流的であったり、中流の中でも特に水勢が急で上流的であったりするのである。

気象も特に山岳地帯等或る部分によって、その地域の気象と極端に異っていることがよくある。ビルや家が立っただけで風向きや日照が大いに変る場合がある。川の水もよく見ると或る部分では上流に流れていたりする。

時代はその大きな流れをみると、合理化・論理化の方向で進んでいる。しかしそれは一つのものが全て変化して次の時代に遷る、進んでゆくというものではない。分化し前時代の上に乗っていいわば雪達磨のように重層的に進んでゆくのである。ヒトが赤ん坊から幼年・少年・青年・中年・壮年となりやがて老年となるのもそうであろうか。老年というのは決して老人であるだけではない。赤ん坊からの全ての時代を含んだ上での老人であることを忘れてはならない。

図書を見てゆく上では政治史による時代区分は一往の目安でしかない。図書は勿論政治と或る種の関係は持っていようが、全く連動して動くものではない。

大体が時代区分など便宜的なもので、截然と分けられるものではない。本来は身分区分同様不要のものである。ただ文化史の中で時代を見てゆくのが、図書の流れとは恐らく最も連動するであろう。文化とはカルチャーの訳語である。我々が耕すという行為をとった時、すなわち自然に対して一鍬を振った時文化が生じた。文化とは人間と自然との関係を云うことば、その調和をとるべくできたことばである。ヒトと廻り、ヒトと環境、すなわちヒトと他の種、そうした生態系的な関係の全てを云う語なのだ。それに対しヒトという或る一種内での関係を云うことばが社会である。文化史の上では時代をどう区分すればよいか。私は論理化・合理化という大きな流れの中で、我々の文化は全体文化から細分化された部分文化へという方向を辿っていると見ている。混沌とした生理的なものから、専門化し尖鋭な、狭いが理窟は成程その通りだというようなものへである。

私は大きく時代を分けて、生理の時代（上世）、教理（宗教）の時代（中世）、倫理の時代（近世）、学理（科学）の時代（現世）と見ている。理とは大理石や木理のような筋目を云う。それぞれの時代の指標になるのは、体・寺・城・機械であろうか。これは指標にすべき名称こそ違え、ほぼ世界各国共通と見てよかろう。政治の時代で云えば奈良から室町までが中世、安土桃山から江戸が近世、明治以後が現世である。ただ時代の動きは実はこう政治史で真二つには断ち切れないので、切口は斜横になるのが普通である。

最初我々は体の五官全てを等しく働かせ、体全体を使ったくらしを営んでいた。それが段々と体の極く一部、眼だとか口だとか頭だとか云ったような部分のみに重きをおいた生活に変ってゆく。まずそれを画期的に促したのが、ことばである。ことばによって口耳の文化に重きがかかる。生理的な混沌としたものが極めて精確に論理化されるようになる。次に期を画するのはそのことばが文字として定着した時である。論理はより一層先鋭となり記録されて定着化する。口耳の文化から眼の文化へと移ってゆく。文字ができて生理の時代から大勢は次の教理（宗教）の時代へと遷ってゆくと見てよかろう。生理の時代にも勿論宗教的なものが全くない訳ではない。ただそれらが論理化されず混沌とした未分化状態にある。そのうちの一つが細胞分裂が行われるように、より突出して次の時代を形作る。日本の場合も何処の民も同じなのであるが、云わばアニミスムとも呼ぶべき生理的信仰はあった。そうした所に外国からより論理化・尖鋭化された宗教である仏教が文字と共に入ってきた。政治と結びつき大仏にひれ伏す天皇が生れ（カミがホトケにひれ伏したのである）、国家的な宗教となった仏教を背景にした時代が次の中世である。この時代は前の生理の時代が云わば我々の体が全てであったように、宗教の場である寺が時代をよく表徴するものとして取上げられよう。現代でこそ我々の寺に抱く感情はそれほど大きな力や場を持っているとは思えないかも知れない。しかしこの時代の寺は単なる僧のみの居住区ではない。次の時代の城が城下町という形で武士やそれを支える職人や商人や農民たちを背景に擁していたのと同様、中世の寺には無税地であるという優遇処置をうけていたこともあり、広大な土地と建物とそれらをまかなうだけの十分な農民や職人層を抱えていたのである。そして力・権力の集団であった。一種の文化圏を一つ一つの寺が為していたと云ってもよい。だから次の時代、信長が寺々を次々に焼討ちしたのは単なる戦ではない。中世にも宗派間の様々な戦はあった。これは実は一つのものが、時代が経つに従って論理化・合理化の過程で、細分化・尖鋭化・専門化していったのである。その党派・宗派間の戦であった。

次の儒教の時代も朱子学から分化し、江戸の中後期になれば鎌倉仏教の様々な分化と同じ現象が見られる。時代が経つに従い、一つのものが分化してゆく速度は段々と早くなってきているように思う。

中世の戦は寺の戦も含め、云わば宗教戦争であった。清盛や頼朝等の武士も仏教に帰依しており、その意味でやはり宗教戦争の範疇を出ない。

ところが信長の寺々の焼討ちは宗教観の違いで、世界観が全く異っている。信長の背景は未だ儒教とまでは云いにくいが、仏教以外のものにある。これは後の家康によってはっきりと表われる。幕府は治教の背骨として朱子学を導入し、仏教は宗門改のための道具の如く云わば形だけを与えて、その本質的な力を根こそぎそいでしまったのである。ここに宗教は儒教倫理の下に据えられる形態が整えられてゆく。しかしその幕府の最高の儒官である筈の林家の人々は、大学頭となると形の上では已前それまでの儒者がそうであったように法体をとった。これは三代鳳岡の時まで続くのである（元禄四〈一六九一〉年束髪改服を許さる）。

室町頃から五山僧の間に朱子学の兼修が盛んとなり、表は仏だが裏は儒という所謂る儒僧が頻出してくる。幕府の政治顧問として禅僧が迎えられる。そうした時、当時の仏典仏教よりは宋学・朱子学の方がより一層論理化・合理化されたものであり、死後の世界を説く宗教よりも現実の生活・政治を説く儒教の方が、政治の諮問には応えやすい。中世唯一の国学とも云える坂東の足利学校は、有力な武家大名の元での文官を要成すべく時代の要求から生れたもので、戦への門出や戦陣等の選定にも与る易学を最も得意とした。足利学校ではこうした儒学を教えながらも、学生は入学すると全て法体となり頭を丸め僧服を着たのである。学を終えるとまた還俗する人も勿論あった。次の時代に古活字版を刊行した人々にはこの足利学校出の者が多い。こうした中世の儒僧を、丁度ひっくり返したような形で、江戸の林家の人々も形だけは僧形をとり、それが江戸時代も半享保頃まで続いたのである。未だ中世の残滓はかく深い。

しかし信長ははっきりと仏教以外の信念・世界観に基づき、仏教寺院を焼討・抹殺せんとした。云わばこの変化は寺から城へ、寺というものとは全く異った文化様式を持つ城、倫理と云うものへの分化が起ったと見られるのである。日本の持っていた文化より、より高度に論理化された宗教である仏教の伝来刺激によって次の新たなる時代が画され、次いでまた当時の我文化より、より高度に論理化された思想・実践哲学であった宋学により次の時代が開かれている。何れもそれらは唐山や朝鮮という隣邦からの刺激であった。

次の新しい時代を開いたのもまた外国からの思想である。所謂る洋学、科学的なものを多分に含んだ政治経済思想がそれであった。精神性よりも実際の物、物質に重きを置く西洋の考え方である。これは丁度多大の労力を費して一部しか出来ない写経が、計量主義・物量主義の上で、多作できそれだけ功多きと見做される刊経に変っていったように、人々にとってその欲望を刺激され、まことに入り易い道でもあったのである。こうして眼の文化から、コンピューターのように脳の一部だけを動かす文化となった。

この文化史の上で辿ってきた時代の流れを図書の歴史に沿って眺め直してみると、中世宗教の時代は、世界最古の年代の判明せる出版である百万塔陀羅尼を始め、殆どが宗教書の時代であり、近世倫理の時代はそれらに加え、切支丹版・古活字版を始めとし、多くの漢籍（特に儒書が中心）・和書を大量出版する営利書肆の生れる先駆けの時代であった。この時代日本は名実ともに刊本の時代となる。

近現代は物の時代である。図書については整版本より一段生産性の高い西洋活版印刷により、より以上の大量生産が為された時代である。

江戸期にほぼ日本全国にわたって書物は流通し、現代の出版につながる殆ど全ての機能・分野が整いはしたが、明治以降なお且つそれ以上に書籍点数は大量化し、全国津々浦々まで販売網は張り巡らされた。

明治五年の学制頒布により図書内容はそれ以前とかなり異ってきたが、明治二、三十年代まではそれでも以前の整版本がまだかなり見られた。
明治二十年代後半から三十年代半ばにかけて、和紙と洋紙（輸入紙を含めた）の消費量が逆転する（佐藤秀夫「ノートや鉛筆が学校を変えた」。統計によれば、和紙の生産戸数とその従業員数は明治三十四年をピークとして減少する）。これは整版本から西洋式活版本への変化を示す現象なのである。教科書類また新聞や雑誌が大量に製作されたが、殆ど活版を採用したのが大きい。
大量の出版物を速読するため、従来の声を出して読む読み方から黙読へと変ってゆくのも此頃である（永嶺重敏「明治三十年代の読書変容」学鐙九七巻一号、また「〈読書国民〉の誕生」など。一一八頁参照）。
読むとは元々素読、太平記読み、歌詠み、数を読むなどの用法で分る通り、声に出して読み上げることだ。だから声に出して読まない読書法をわざわざ黙読と云う。
近代の読者読書論は英文学者外山滋比古氏が先鞭をつけ、国文学者前田愛氏の「近代読者の成立」などの著作に詳しい。西洋ではアナール学派や社会学者の著作が多く（例えば「読書の歴史　あるいは読者の歴史」アルベルト・マングェル著　原田範行訳　柏書房など）、日本の社会史家にも宮下志朗氏・清水徹氏等言及が多い。
政治の上では明治二、三十年代は日清・日露の戦を終え、富国強兵を唱えて西洋に追いつけ追いこせと叱咤激励していた時である。近代化・経済効率優先一本槍の現在の日本の姿が如実に現われているのである。
但し何度も繰返すことになるがそうした大勢の中に、常に前のそしてその前の更には又その前の前の時代の考え方も何時も同時に流れており、或る部分では逆流し、或る部分ではたゆとうていることを決して忘れてはならない。現世は上世プラス中世プラス近世プラス現世と云うべきところを、寿限無のようにそれでは餘りに長いので省略した云い方なのだ。

なお蛇足ながら次の時代は増々科学万能の時代となり、図書にとって新材質・新機能を持った新種のものが現われてくるであろう。現在既に電子ブック・光ディスクなどあり、コンピューター・フロッピーを利用した様々の図書が作られてゆくであろう。

図書の歴史

図書は料紙としての紙が発明される以前、メソポタミアのように粘土版であったり、唐山のように竹簡や木牘であったりした。我国でも近時の発掘によって大量の木牘（木簡）が発掘されたが、それらは現今の文書や記録に当るもので図書と云うべきものは未だ知られていないようである。

唐山では材・形態・大小・用途・編綴の有無によって竹簡・木牘の名称が夫々異るようであるが、後世段々と混用或いは理解不足から混乱してきている。竹や木は削って書直すことができ、これは西洋の**羊皮紙**（パーチメント）や**牛皮紙**（ヴェラム）についても同じことである。版木も前後（表・裏と云うべきか）に刻版し不要になれば削って均らし、新しい版を刻むことができる。

これは反古裏を使って、或いは反古でなくとも一度利用に供せられた紙背を使って書写したり、**消息経**のように死者の手紙に経文を刷ってその冥福を祈ったり、唐山の**公牘紙**という公文書の紙背を使った刊本等にも見られるように、貴重であった用材を最大限に生かして使おうとする考えの現われである。

書写の用材として布帛が広く使われるようになってからも、貴重でありまた訂正のしにくい布帛に浄書する前に竹木の草稿を認め改稿したようである。

簡牘を編したものを策または冊という。麻などの縄や革紐で竹簾を編むように上下二个所宛或いは一个所宛穴をうがって編んでゆくのが普通である。こうして巻物のように巻いてゆくか、貝多羅葉のように、或いは現在のカード式に重ねてゆく。後の巻子本につながる形態と冊子本につながる形態とは極く初期の簡策時代から併存していたと見てよいようである。

布帛は長尺であれば当然現今の反物のように巻いておかれたであろうし、短く切裁されれば重ねておかれたであろう。これまた巻子と冊子との二系列に夫々つながってゆく。先にも触れたが決して単純に図書の形態は巻子本→折本→冊子本へと進化したのではない。

紙は糸偏が使ってあるように、もと布の一種であった。初期はボロ布等から作り、西洋紙も初期はそうであった。そのため欧米各地で出版が盛んとなる十七―十九世紀にかけボロが高騰したことが知られている（例えば小林嬌一「紙の今昔」新潮選書など）。**パピルス**などは紙というより、むしろ繊維を折り重ねた布に近い。

唐山では先年長沙の馬王堆遺蹟から発掘された老子の帛書が翻字影印されている。

日本では天武十四（六八六）年河内国で書写された釈宝林の識語を持つ「金剛場陀羅尼経」巻一が現存最古の年紀を有する書籍だとされる（川瀬一馬「書誌学入門」など）。

我国では文字と紙（の製法）とが殆どセットになって伝えられており、図書としての木牘・竹簡時代を経ずに終ったようだ。また紙は貴重であり、荷札や日常実用に供される文書・記録類には山野に豊富に自生する木牘を使ったものであろう。

図書は始め書写、後整版によって大量生産され、古活字による簡便な出版の時代、営利出版である整版の時代を経、グーテンベルグの発明による西洋式の活版印刷導入によってそれが更に押進められた。しかしこれも全て前時代のものがそれらによって淘汰された訳ではなく、今でも細々ながら手写による図書も行われ、特に近年写経が復活しているのは面白い現象である。

カーボン紙による複写・謄写印刷・ワープロ印刷またコピー機器による複写は、全て一度に二部以上の製作が可能であるから、分類上は写本でなく刊本に入るが、意識の上では限りなく写本に近い。しかしこれも、もともと写経する代りに刊経を作って功徳を求めた計量主義・物量主義・経済効率優先の考え方からすればまた当然のことであろう。現在も刊本に「以印刷代謄写」とあるのなど、写経時代の、或いは先に述べた写本が刊本に優先する意識をよく反映しているのではないか。印刷は筆写の代用品だと云うのである。これは現今の我々でも手紙や年賀状を受取る時など痛感する所であろう。

印刷の歴史

印刷の起源

印刷が最も早く行われたのは恐らく唐山であろう。起源というのは何事においても難しくその実態は未詳ながら、メソポタミアに端を発した印判（ハンコ）や印仏、捺染（なっせん）・摺衣等の染色、鋳仏、金石等の碑と拓本の技術が関係影響しているであろうことは想像に難くない。ハンコは小さなものは捺した方が手易いが、大きくなれば紙と材とを逆転させた方が手易い。金石・銅器等の拓本技術も印刷と紙一重である。事実江戸期には**正面刷**と云って、特に入木道・書道の手本等、版木に逆文字・鏡文字でなく刻したものを、拓本のようにして刷出した一連の図書がある。細井光澤等のものに多い（詳しくは中野三敏氏「書誌学談義　江戸の板本」など）。

唐山では前述した神田喜一郎氏の引例より、唐代既に図書印刷の様子が僧侶の説く民衆への教化に譬えとして引かれており、一般大衆も印刷の方法を熟知していたらしいことが分る。それは恐く新興のものであり、一種の流行であったから、譬えとしてより有効であったのかも知れない。紀年のある明確な図書は唐の咸通九（八六八）年王价が二親の為に喜捨した「金剛般若波羅蜜経」で、スタインが敦煌から持出し、現在大英図書館に収められている。本書は精密な扉絵もつき刊刻刷印の技術も進んだもので、このかなり以前から刊刻が行われていたことは恐らく間違いない。このように初期の出版は殆どが喜捨による仏教経典であった。しかしこうした仏典以外既に実用書である字書や暦書の刊行されていたことが文献から知られる。以下は何れも著名な例であり各書に引かれるが、唐山最古の年紀ある出版で触れた唐の咸通年間、長安に在住した延暦寺の釈宗叡の「新書写請来法門等目録」中には「西川印子唐韻一部五巻　同印子玉篇一部卅巻」と著録されており、「愛日斎叢鈔」巻一所収の柳玭家訓序に中和三（八八三）年癸卯夏、蜀の重城の東南に書を閲したが、占いの本の他に字書があって、それらは率ね整版で紙に印刷されたものであったが、にじんで尽く暁にすることができなかったと云っている。

暦は同じくスタインの将来した大英図書館の唐乾符四（八七七）年の暦書、同じく中和二（八八二）年の具注暦が現存最古版であるが、文献上では唐の太和九（八三五）年東川節度使馮宿（ふしゅく）が剣南の両川及び淮南道で皆印刷された暦日を鬻いでおり、毎歳司天台が新暦を奏下しないうちに、その印暦が已に天下に満ちるので、それを禁断すべく奏上した例が古い（冊府元亀巻一六〇――これも各書引く）。

非営利と営利

ここに写経から発し、必ずしも読むことを目的としない追善供養のための施版である仏教経典と、字書や占いや暦書の如き実用的な民間出資による営利的な出版との二系列が既に見られるのである（阿部隆一氏「五山版から江戸の版本へ」ビブリア第七九号、のち遺稿集第三巻収など）。

こうした営利出版の歴史を辿れば、唐山では宋代から近世に入り、それまで形の上ではあった官僚制が整備され、宋学が起ってそれまでの儒学が一段と論理化され、経済の流通組織が拡大網羅され前代とは一変する。科挙で主席の状元ともなればどんな身分の出のものでも将来が約束される。そこで現代の受験参考書の氾濫の如く、南宋に入ると福建建安麻沙鎮を中心とした地方で、こうした挙生用の受験参考書の出版が盛況を呈するのである。高成績で科挙の試験に受かれば将来が保証されているのであるから、そのためのいわば教育設備投資として受験参考書を購入する。受益者負担による出版の最もいい例である。南宋には既に臨安等に書肆街ができ幾つかの出版中心地も生れてくる。

朝鮮では李朝の時代から近世に入り、儒学を国教として朱子学が盛んとなり銅活字を中心とした出版も盛んとなるが、一種の愚民政策をとり読書人口は両班（やんばん）の知識階級のみで識字率も低かったので営利書肆は発達しなかった。李朝末から日本統治時代になってやっと現われてくるほどである。その書物も唐山で云う木魚書・市本、西欧の青表紙本・呼売本（チャップブック）と云った類のパンフレット的な小冊の消耗品、消費本が殆どで、それらは前代の百貨店である雑貨屋・荒物屋の店頭に置かれていた。

唐山では宋代、中央や地方の政府機関による学者を動員した精密な校訂を経た出版が為され、テクストとしての高い評価を得ているが、営利出版による所謂る**麻沙本**はそうした点で劣っている。これは官撰の刊本は五代の宰相馮道の石経の代りとしての刊本という考えによく示されているように、テクストとしても字体としても、正しい本文と字様とを示して標準となるテクストを示そうとしたのに対し、営利という点で、どうしても手間を惜み、経済効率一点張りになる所からの所以であろう。

朝鮮では出版点数の割に出版部数は極く少かったようである。これは活字印刷であったことと一般の読者層が殆ど育っていなかったこととによる。朝鮮の書物は殆どが中央や地方の政府機関の出版か刹寺の刊刻である。

朝鮮本は刊年の記されたものは少いが、中央の官本には見返に手柄のあった者への下賜の識記を認めて与える所謂る**宣旨本**があり、そうした識語からその書の刊年が辿れることがある。

活字本は一旦組版をほどいて再版を製るほかに、宣旨本を下賜された有力者や地方官衙が整版で覆刻する場合もあった。いわばそうした形で増刷されていたのである。恐らく活字印刷のように部数が極く限られているということが、稀珍さを尊び営利人にはできないことを示す一種のステータスシンボルとして李朝王族に好まれたのではないかと思う。清朝の「古今図書集成」や「聚珍版全書」の出版もむしろそこに王威を込めていたのではないかと推測される。或いは日本の勅版や家康の伏見版・駿河版等にも、特殊集団である職人を通さず、自らの配下の知識人を使って刊印できることや、一旦活字を作れば、どの書物にも使えるといった意味での経済性も勿論あったであろうが、それ以上に積極的な少部数出版の意味と云ったもののもあったかも知れない。限定出版は現在でもまた常に行われている。

日本印刷の歴史

和様　唐様

日本の刊本には、唐様の正楷体をもとにした宋版系刊経・五山版・和刻本があり、活字本も活字の性格から、嵯峨本や切支丹版、和歌物語等の古典類に一部行草体の連続活字もあるが唐様に近い。片仮名書も行草体のものは殆どなく、その発生からして漢文訓読に伴うもので、漢字や正楷体に準じた性格を持つ。

和様の刊本とは、写経体を基本にした刊経出版と、和歌や物語等の古典類に基準をおいた連綿体の平仮名交りの書物である。

こうして発展した出版業は、和漢共に幾つかの卓越した産地を形勢するようになった。時代と地域とによりそれぞれの地域で産出する素材を用い、料紙や装訂を含めた版式がほぼ決まってくる。時代と地域とにより微妙な特徴の違いを見せる書物ができ上がってくるのである。以下時代を追ってそれらを見てゆこう。なお詳しくは、各々専書や図録もあることとてそれらに依られたい（今試みにその一斑を挙げれば、大屋徳城「寧楽刊経史」・藤堂祐範「浄土教版の研究」・水原尭栄「高野版の研究」・兜木正亨「法華版経の研究」・長澤規矩也「和漢書の印刷とその歴史」以上何れも各著作集所収・椎名宏雄「宋元版禅籍の研究」・川瀬一馬「五山版の研究」「古活字版之研究」・天理図書館「きりしたん版の研究」・冠賢一「近世日蓮宗出版史研究」・太田正弘「日本を中心とする文献の文化史」など）。

写経体和風の印刷

百万塔陀羅尼

日本のみならず現在世界で最も古い刊行年代の判明している書物は「百万塔陀羅尼」である。近時韓国慶州仏国寺の釈迦塔から無垢浄光大陀羅尼経が発現、その建立年代から新羅景徳王十（七五一）年頃には既に印行されていたと推せられている。しかし朝鮮（新羅）刊本か唐山での板行か、はたまた創建次のものか高麗次の再建後釈迦塔に納入されたものか判然しない。

百万塔陀羅尼は奈良時代天平宝字八（七六四）年恵美押勝の乱後、仏恩を感謝し、三重の小塔一百万基を作り、根本・相輪・自心印・六度の四種の陀羅尼を塔内に込めて、南都を中心とする当時の十大寺に十万基宛奉納したものである。

これは現在では法隆寺に奉納されたもののみが残存し、他は全て佚出してしまった。法隆寺のものも寺の維持管理費等の捻出にからんで民間にかなり流出している。

この四種の陀羅尼は夫々残存量も異り「六度」は極端に少いが、版種にして各々二種、根本は三種の異版が知られ、計九種の版から作られたことが分る。江戸時代以来銅版か木版か説が分れ、現在まで確定しない。またスタンプ式に押捺されたものか、版を下に料紙を上に置いてバレン等で圧刷されたものかこれも確定しない。

過去、実験考古学等の方法に倣い、天理図書館や印刷学会がそうしたいわば実験書誌学的な方法で刷印を試み、それらの成果は天理図書館の機関誌「ビブリア」の特集号や印刷学会発行の「百万塔陀羅尼の研究」に報告されている。近時法隆寺の昭和の資財帳調査が為され、当時奈良文化財研究所の鬼頭清明氏が断簡もふくめた法隆寺現存の全ての陀羅尼を悉皆調査された。その結果は小学館刊の「法隆寺の至宝　昭和資財帳五」に記されている。

実験考古学にせよ実験書誌学にせよ、それはやはり現在という時点からのアプローチの一つに過ぎず、その方法によって刷印することは確かにできても、それが全てであるとは限らない。版面・料紙・印刷インク（墨）・技術とも現今のものとは違うので、現在の知識から接近を計っても断層・懸隔があるからである。印刷面を見ると確かに銅版印刷の特徴である墨だまりが見られるが、これは木版でも料紙が墨を吸いにくい時にはできることがある。年賀状等でよく経験する所でもある。

当時は銅の仏もあり、東大寺の大仏建立は天平勝宝四（七五二）年で、銅の精錬鋳造技術は既にあったであろう。木版であれば、引続き出版が行われて不思議はなく、印面を見る限りでは墨だまり・白抜け・気泡のつぶれなど銅版に近いようである。しかし仔細に比べて見ると字のカケの大小があり、大きなものは後刷と見られること、字の修訂の施された箇所があること、また木目の如き條痕の見られることなどから、銅版ではなく恐らくは木版、それも墨のたまり具合、墨附きの様子から上から押捺されたスタンプではないかと考えられている。また当時の料紙の大いさから、始め一紙四段に押捺し、後四紙に切截したものらしい。時に下端の字の末画や上端の字の上部が、切截された上下に痕跡として残っていることがある。未だ結論は出ていないかも知れぬが、最も多くの現物を比較対査した調査結果であり尊重すべきであろう。中に一版、根本で覆刻かと見られるものがある。

ただハンコのように捺したものであれば印刷された図書とは云いにくい。

近時静嘉堂文庫の増田晴美氏が同文庫蔵の陀羅尼七一点を精査し、汲古第三七号に発表、その後勉強会を組織しその成果が平成十九年汲古書院より「百万塔陀羅尼の研究」として発刊された。編者の増田氏は未だ断定せず留保しているが、会の方向として、本文中に見られる刷りぶれや白抜け・墨だまり・気泡のつぶれなどの特徴から銅版印刷による摺刷の蓋然性が高いと見ている如くである。

これは百万塔陀羅尼に限ったことではないが、千数百年以前の書物が現に存在し、読むことができる。その遙けきを思うべきであろう。

唐土に焚書坑儒の例あり、戦乱・火災・虫害・人災あり、天変地異の災害もあった。

敗戦後の物資不足の折、背に腹は変えられず、幾多の書物が売られ食物に変った。「甲陽軍鑑」を落し紙に使った人の話も知っている。「何しろ君こんなにあるんだから」。その人は手で甲陽軍艦全冊を積んだ嵩を示すのだった。

こうして人災・天災によってどれほどの書物が失われたであろうか。しかしまた同時にその書物を護り、現在に伝えたのもその同じヒトなのだ。まさに守るも人、滅すも人と云ってよい。

摺供養

この後日本では刊行された図書の遺存もなく、文献上にも院政期藤原道長の「御堂関白記」寛弘六（一〇〇九）年十二月十四日の條まで空白の時代が続く。

御堂関白記には中宮（一条帝中宮藤原彰子）がお産なので願を立て、数体の等身の仏を造り初め、又大内の御願として千部の法華経を摺初めたと見える。

摺供養は書写経に添え、数を増すために刊経を刷るのが正式な作法であった。我々日本人の写（経）と刊（経）に対する感覚をここにも見ることができる。こうした摺経の中には、計量主義・物量主義のため数を増すべく、殆ど漫滅して読むに耐えないものがある。写経を書く、刊経を刷るという行為自体に宗教的意味があった。刷印さえされていればそれで用は足りたのである。無病・息災・延命を願う加持祈祷が台密の叡山と東密の東寺とで盛んであり、それに伴って摺経も京都を中心に行われたようである。

現存しているものでは、刊年はないが、書き入れられた識語により刊行の下限が知られる。最古のものに、石山寺蔵の「仏説六字神呪王経」がある。天喜元（一〇五三）年八月九日に切句を了えたことが経巻の裏面に朱書してあり、巻末には保安元（一一二〇）年八月三日に移点を了った旨の識語がある。

また安田文庫には「承暦四（一〇八〇）年六月卅日点之畢」という加点識語を持つ「妙法蓮華経」巻二信解品一軸があったと云う（川瀬一馬氏「書誌学入門」など）。

仏教が盛んとなりそれに帰依する人々が増えるにつれ、寺を建て、仏像を造り、経典を喜捨しようとするのは自然の趨勢である。これらは一人一人の財力や労力また信仰の力により様々な形をとるが、段々と物量主義に陥るのも亦自然の勢であった。

今当面の我々の課題にしぼれば一点の製作に多大な信仰力と労力との求められる写経から、財力のみに比重のかかる刊経へという動きである。

財力さえあれば、数の上で比べものにならぬ点数の経典が製作できるからである。

こうして刊経が定着してゆくと、富の少いものは幾程かの浄財を供出し、一丁分・半丁分の負担金を拠出して刊経を開版した。

いかんせん富も亦能力の一であった。

写経も刊経もほぼ各行一七字、刊経の字体も宋刊経の楷書体と異り、写経風の写刻体である。この様式は宋刊本の覆刻である五山版の時代まで続いてゆく。

なお、毎行一七字という字数は唐山の経典の伝統を踏襲したもので、巻子の界高界幅はほぼ木簡の縦横の寸法に等しいことは既に述べた。

楷書は、それまで木簡に書くための書体であった隷書から紙に書写されるために発達した書体で、隋代には、ほぼ今の楷書に近い書体が完成していたと見られている（「文字の文化史」）。経典は仏書であれ儒書であれ特に官撰の場合正しい字と正しい書体とで書かれた標準の手本でなければならず、出版にもこの字体が用いられた。漢字の場合楷書体は湾曲が少く、画数は多いものの版木を彫り易かった。しかし段々と営利出版の大量生産が増えるにつれ、文字はより彫易さを求め、単純な直線の組合せの強い四角型に近い形のものへと変ってゆく。所謂る宋朝体から縦画の太く横画の細い長方形の明朝体への展開である。これは大部・大量の製作を計るため、版木の木理にそって横画と縦画とを別の彫手が刻んでゆく流れ作業の工房製作となって唐山に定着してゆく。

我国刊経に与えた宋版大蔵経の刺激

こうした摺経・刊経の刺激となったのは、東大寺の僧奝然（ちょうねん）が永観元（九八三）年宋に渡り、太宗に拝謁し新刻の蜀版大蔵経を賜り、寛和二（九八六）年帰国、奝然寂後、それが道長に献上されたことが大きかったであろう。道長は又北宋版の「五臣注文選」や「白氏文集」も所持していた（御堂関白記）。

当時の公卿の日記「中右記」「小右記」「台記」等にも宋版を所持したり献上したりという記事が見える。

寺院の出版

摺仏

摺供養と同様、仏像を喜捨した場合も、その仏像に添えて摺仏を胎内に納め数を増すことが行われた。年代の明記された遺品は少いが、応保二（一一六二）年の供養識語のある毘沙門天像が知られている。摺供養とほぼ同時期或いはこちらの方が単簡にできるだけに、或いはより早い時期から行われていたかも知れない。また摺仏でなくスタンプ式の印仏もあったであろう。藤枝晃氏は「文字の文化史」に井上清一郎氏の報文を引き、東大寺の修二会で行われるお札刷りの儀式について書いておられる。一は版木を上に向け、紙を宛てた上から手で擦って印刷する。一は紙を莫座の上におき、版木をその上に宛てた後、手前に向けて莫座の上を滑らせながら引寄せるという。これだとスタンプでもただの印ではなく、印刷と云えることになる。

他に写経の下絵となる宝塔や扇面を版画で刷り出し、その上に写経をすることも行われた。

興福寺（法相宗）の出版

現存最古の遺品は寛治二（一〇八八）年興福寺で出版した法相宗の依拠経である「成唯識論（じょうゆいしきろん）」である。

興福寺の出版は、巻末の刊語に所謂る本地垂跡思想による寺の守護神を祀る春日大社に献納する旨刻記されたものがあり、**春日版**と呼ばれる。字体は写経風の和様を帯びたもので、高野版と云われる金剛峯寺の出版と並んで室町期までの我が国刊経の最も代表的な版式となっている。

元永二（一一一九）年には成唯識論の注釈書たる「成唯識論述記」が出た。また高野山正智院に蔵する「成唯識論了義灯」巻一は粘葉装で、巻末に「永久四（一一一六）年八月廿七日僧（花押）」の識語があると云う。

因みにこれは春日版ではないが、京都禅林寺蔵の「法華玄義釈籤」巻三―五も粘葉装で、巻三に「久安四（一一四八）年戊辰六月　日　摸願主僧良鑒」、巻四に「久安四年戊辰六月　日　摸願主僧良鑒　決定往生阿弥陀仏」の刊記があると云う（共に大屋徳城氏「寧楽刊経史」、山岸徳平氏「書誌学序説」など）。

これらは単なる摺経供養としての仏教経典ではなく、経典の注解書であるから、読書研究のための出版の初めと云えるかも知れない。そして罪業消滅や冥福追善の供養経たる巻子本に対し、注解・評論・研究等の意味や役割を持ったものが、読むための形式としての粘葉装をとらせたのだとすれば、ここに内容とそれを容れる形としての図書の、云ってみれば図書の形態と機能との連関が既に見られることになる。

春日版は鎌倉時代に入ると字様版式共伝統的な和風の写経体であるが、料紙が強迅なヒキの強いものになり、平安朝摺経の細く薄墨の印面から、字体は肉太で墨色漆黒、装訂は巻子本と共に折本、粘葉装のもの等見られ、高野版と共に我国刊経の典型となった。

南都の寺院による出版

鎌倉時代になると南都奈良でも出版が行われるようになる。興福寺をも含めそうした寺々で刊行されたものを総称して南都版と云う。その主なものを幾つか掲げておく。

西大寺（律宗）

真言律を唱えた叡尊が西大寺で刊行した律の注解「梵網経古迹記（科分）」建治元（一二七五）年と「梵網経古迹記補（輔）行文集」弘安元（一二七八）年とは、これまで経典やその古典的な注解のみであった出版に、初めて著者の生存中にその作物が刊行されたという点で、画期的なものであった。

東大寺（華厳宗・三論宗）

八宗兼学の東大寺では、真言院を再興した聖守が建長三（一二五一）年「仏説盂蘭盆経」を刊行し、建治二（一二七六）年空海の「般若理趣経」を刊行するまで併せて五部の経典を出版している。

戒壇院の凝然の「華厳五教章」は弘安六（一二八三）年弟子の禅爾によって刊行されている。

素慶は永仁元（一二九三）年から三年がかりで「法華経義疏」一二巻を刊行している。毎巻刊記を異にするものの、写経者と共に彫刻者の名前が刻まれていることは注目される。宋刊経の影響か或いは一種の義捐者としての認識によるものであろう。

なお素慶には元亨二（一三二二）年「古文尚書孔子伝」一三巻の出版があったらしい。ただし現物は遺存せず、南北朝頃の写本が田中光顕・内野皎亭を経、今静嘉堂文庫に蔵されている。もしこれが版本をそのまま写したものだとすれば、本邦の経書出版の初めとなる。

法隆寺

鎌倉時代には、日本仏教の一大恩人であり一大行者でありまた擁護者でもあった聖徳太子への信仰が高まり、承久二（一二二〇）年には太子筆と伝える「梵網経」を、弘安八（一二八五）年には「十七條憲法竝四節文」を、宝治元（一二四七）年には「三経義疏」（但し刊記あるは「法華義疏」のみ）を出版している。聖徳太子の著作は恐らく邦人撰述書として最も初期のものであろう。

他に菩提寺一名橘寺の証円による文永三（一二六六）年刊の「勝鬘経」、唐招提寺の玄律師すなわち証玄による正応五（一二九二）年刊の「法苑義林章」、大安寺の信忍による寛元二（一二四四）年刊の「菩薩戒本持犯要記」等がある。唐招提寺からは平安時代摺経の断簡を包んだ俵が出、川瀬一馬氏が調査され、「平安朝摺経の研究」と題して公刊されているが、いかんせん断簡のため刊記奥書の類を欠き、何時何処の出版であるかを明らかにしない。

先の橘寺の「勝鬘経」や翌る文永四（一二六七）年に東大寺真言院の聖守によって開版された「維摩経」の版木は今法隆寺に存すると云う。各寺院開版の教典も必ずしも自宗の依拠経典にのみ限られている訳ではない。未だかなり自由な混沌とした状態で、よく云えば八宗兼学であろうが、固定せずに動いていたようである。法相の興福寺でも「法華経」や「最勝王経」が度々開版され、六〇〇巻と云う大部な「大般若経」が貞応二（一二二三）年から嘉禄三（一二二七）年まで五年の歳月を費して刻されている。

概して大きく仏法王法鎮護国家の安泰を願った経典が選ばれ開版されていた。しかしこれら南都の寺々の出版は新しく起った浄土や禅等の隆盛による寺勢の衰退と共に、鎌倉末期から春日版を除いて殆ど顧みられなくなった。

度縁牒

石清水文書に載る沙弥慶清の度縁牒（平安期）は、朝廷が一万人を済度する由縁と所管役人の名前とを刻し、上部に僧名を書入れるようになっている。一万人分のほぼ同一な文書を一々書写するのは厄介なので、この挙に出たものであろう。中に保安三（一一二二）年十月六日の済度祈願の日付と康治二（一一四三）年四月に慶清を得度せしめた旨が刻されている。

西洋でも教皇ニコラス五世が、トルコのコンスタンチノーブル侵攻時に発行した贖罪符が知られている。これも本来は手写すべきものであるが、トルコに対抗する義捐金を得るため短時間のうちに発行する必要があった。年月日や義金の醵出者を書入れ、後は印刷されている。一四五四年に、三一行のもの三種、三〇行のもの一種、翌る年には三一行のもの一種、三〇行のもの二種が出ていると云う。幸田成友氏はこの東西揆を一にする類似の印刷に関心を示しておられる。

金剛峯寺（真言宗）

金剛峯寺を中心とする高野山で行われた出版を**高野版**と云う。

京都の皇城の地のみでなく、南都奈良や高野においても摺経供養は為されていたらしい。しかし現在高野山の出版で年次の判明する最古のものは、鎌倉時代建長五（一二五三）年快賢の開版した空海撰述の「三教指帰」である。高野山には建仁元（一二〇一）年経師の大和屋善七が京都より登山開店したと伝え、その頃から経典出版が行われていたようである。但し大和屋善七という名告りは後代のものであろうか。

高野山は元寇の国難に当って一山一致祈祷し、国家鎮護の「仁王経」を開版した。執権北條氏は深く帰依し、勧学・修学の二院を作り、秋田城介泰盛をして監督せしめた。こうした後盾により、先の快賢や慶賀による多くの出版が為されている。

字様は写経風にして墨色漆黒、春日版と共に中世刊経の典型的な形態を為すものであったが、室町期に衰え、後刷や覆刻のもの多く、新刻は少くなる。江戸の初期には木活字版等刊行されているが、既に以前の隆盛には及ぶべくもなかった。

高野では声明が出版されている。また出版物の販売目録五種（写本）が文書中に残っていることが注目される。これは全て水原尭栄師が影印紹介しておられるが、文応元（一二六〇）年・正安二（一三〇〇）年・延慶四（一三一一）年・元応二（一三二〇）年・元亨三（一三二三）年の五年分各一冊で、例えば文応元年の分は書名、帖数・丁数、或いは巻数・紙数を挙げ、丁度今の豪華本と普及本のように上・中・下の等級に分った代金摺賃を記してある。前述の大和屋善七ならぬ経師屋と高野側会行事との手になる販売目録であろう。他も形式にやや違いはあるが全て販売目録であることは等しい。既にこうした目録が備えられていた。

販売目録にもあるように、装訂は巻子か粘葉装で料紙は所謂る高野紙であった。

高野版の中に寿昌五（一〇九九）年高麗国大興王寺の彫造本を、仁和寺禅定二品親王の命により、太宰帥藤原季仲が高麗国より取寄せ、長治二（一一〇五）年五月専使を以て差出したものであるという刊語（釈摩訶衍論通玄鈔）があり、宋版と同様高麗版も将来され重んぜられていたことが分る。高野版には奥書・刊語によると、校訂に意を用いた跡が見られる。

根来寺（真言宗）

高野から正応元（一二八八）年分派した大伝法院根来寺は、高野との争い絶えず、また信長に帰順せず、信長は天正十三（一五八五）年秀吉を遣し寺を焼払ったので、残存するもの極めて少い。出版物は形態様式共高野版に類似している。また根来塗・根来椀等の生産でも知られている。

大伝法院の記載のないものは高野版か根来版か決めかねるものが少くない。ただ概して高野版は南朝、敵対した根来版は北朝の年号を奉じたようである。

延暦寺（天台宗）

延暦寺で刊行されたものを**叡山版**と云う。

高野と並び称せられる叡山では、出版は行われていたようであるが、或いは京に近いこともあり、其方で為されたものか遺品が少い。弘安二（一二七九）年から永仁四（一二九六）年にかけ法華三大部とその注疏一五〇巻が刊行されている。刊記には興福寺の出版が春日神社に奉じられたのと同様、日吉山王法楽のためとある。これは公卿を初め僧俗三一人の版下になるが、中に宋人の了一と盧四郎なる帰化人の名が見える。僧侶と共に渡来したこうした人々の中には、五山版を刊刻した工人も混っていたのである。

他に京都で出版の行われた主なものを拾うと、遺存するもの僅少であるが以下の如くである。

醍醐寺

醍醐寺では永仁三（一二九五）年の寂性の刊語のある「大乗玄論」があり、それによると先に弘安三（一二八〇）年清滝宮法楽のために本書を開版したが、回禄に遭ったので改めて再版する旨記されている。本寺は古来真言古義宗であるが、出版された「大乗玄論」は、三論関係の経典である。

教王護国寺（東寺・真言宗）

教王護国寺は貞応三（一二二四）年刊の「孔雀明王経」を最古とする。この経典は摺供養によく用いられたものである。

石清水八幡宮

石清水八幡宮では、建長二（一二五〇）年同じく「孔雀明王経」の出版が知られている。

浄土教典の出版

また源信が「往生要集」を著わし、法然が「選択本願念仏集」を撰述し、新興の浄土信仰が、貴顕を始め民衆にまで迎えられるようになった。これらは知恩院を始め、浄土宗の多くの寺々で開版されているが、大部分の出版に刊記がないので、刊年や刊行者の不明なものが多い。

中で往生要集は建保四（一二一六）年刊本が遺存し、またそれより古く承元四（一二一〇）年刊本があったらしいが現存しない。本書は日本人の著作のうちで最も早く刊行された書と云えようか。

知恩院（浄土宗）

知恩院の出版で最も早いのは建仁四（一二〇四）年の「無量寿経」である。浄土経典の出版はこの寺が中心となっているらしいが、注目されるのは、元亨元（一三二一）年「黒谷上人語灯録」七帖の刊行されたことで、これは本邦初の平仮名交りの書物であった。

因みに参考までに挙げれば、写本では元徳二（一三三〇）年の加点奥書ある「仮名字法華経」八巻が存する。川瀬一馬氏は、鎌倉中期を下らぬと云う和訳妙法蓮華経の断簡二葉を紹介しておられる。当時信仰が貴族のみでなく民衆の所まで下りてきた様が窺えよう。

序でに述べれば仮名暦の最古のものとしては元弘二（一三三二）年と伝える平仮名暦と至徳三（一三八六）年の片仮名暦とが遺存している。

朝鮮では天順七（一四六三）年「法華経」を諺文で印刷したものがある。もっとも諺字の制定は世宗二十八（一四四六）年であり日本の仮名とは意味合が違う。

以上述べてきたのは大体が写経風のいわば和様のものであるが、段々と宋刊経の形態と様式とを備えた出版が為されるようになってくる。

泉涌寺（律宗・真言宗）

西大寺の叡尊による律部の出版と並んで、俊芿（しゅんじょう）の将来せる宋版律部七四種が泉涌寺で開版された。これは覆宋刊本の初めで、寛元四（一二四六）年の「仏制比丘六物図」には挿絵がある。粘葉装ではあるが両面刷で、唐山の片面刷の胡蝶装ではない。

長楽寺（天台宗・臨済宗）

上野世良田の長楽寺では、延応元（一二三九）年「首楞厳経」を開版した。これも覆宋刊本であるが、前述した扉絵がついている。しかしこれらは未だ完全なる宋版の覆刻とは云にくく、幾らか和臭を帯びた出来になっている。

本文形態共に宋版に倣った出版は五山版と云われる臨済宗の禅寺の刊行にかかるものからである。

唐様 禅寺の出版

鎌倉時代には新興の浄土・一向・法華の各宗が民衆の利益済度をめざし盛んであったが、帰依していた人々の層の問題もあり、浄土宗を除くと印刷出版には殆ど関わりを持っていない。旧仏教は貴族の衰退と共にこれ亦力を失い、鎌倉の末からは殆ど出版を見なくなる。僅かに春日版や高野版が既成の版木による後刷や覆刻を行い細々と命脈を保つのみであった。

一方武士階級の抬頭と共にその精神的な支えとして臨済禅が取上げられるようになった。禅は厳しく自己を鍛練精進し、他力でなく自力での悟道を願い、武士の気合とも一致する所があった。

僧たちは教義の研究には重きを置かず、不立文字、禅による真境獲得をめざしたが、その境地を偈や頌に表白し、語録として述べる必要があった。僧たちは行住坐臥万事唐山風で、渡来した唐山僧も多かった。また宋に留学する日本人僧も多く、こうして高僧の語録・当時唐山の漢詩文やその製作のための韻書・字書類、新しい実践哲学である宋学等が本邦に将来され、僧たちの需要を満たすべく複製を作る作業が始ったのである。これが所謂る五山版である。これらは鎌倉末期に始り、室町応永年間までおよそ八十年間にわたって盛んに行われた。

現在判明する最古の年紀は「黄檗山断際禅師伝心法要」の弘安六（一二八三）年のもので、北條顕時の喜捨にかかる。次いで弘安十（一二八七）年建長寺から「禅門宝訓」、霊山寺から「伝法正字記」が出版され、後者には挿絵が入っている。

禅寺の出版物にも浄土教の出版物同様刊記奥書の類いのないものが多く、時代や刊行者を特定することは難しい。多くの善根喜捨による出版であったのであろう。こうしたことに名前を顕わさないのが陰徳であって奥床しい姿と考えられていた。

禅寺の出版は始め鎌倉、後京都に遷り、南北朝期に最も盛んで、形態・版式共に秀れたものが開版されている。またこれらは何度も覆刻され、刊記もないものが多いことから、貴重書として実物比較のできにくい現在、版種の特定が困難で、巧みな覆刻の為されているものは、宋元版と誤り著録されている場合が少からず存する。

夢窓疎石と春屋妙葩

禅寺の出版で目覚しい働きをしたのは、疎石の甥に当る弟子の妙葩（みょうは）である。疎石は修行を終え、五十にして出世、南禅寺を宰し、後臨川寺に遷った。足利直義の問に答えた疎石の教えは「夢中問答集」三巻として、片仮名交りで康永三（一三四四）年南禅寺から刊行されている。これは疎石に参禅した大高若狭守の捐資になるものである。

妙葩は康永元（一三四二）年から至徳元（一三八四）年までおよそ四十年にわたって数多くの出版を行っている。応安三（一三七〇）年博多に上陸した元の刻工を擁して多くの大部な出版を行った。

刻工たちは京都嵯峨の地に棲み、自己の名前を刻して出版したものもある。当時日本には営利出版は行われていなかったが、唐山では既に南宋から行われており、かかる刻工たちはそれに類似した形をとったものであろう。

川瀬一馬氏は「新撰貞和集」と「重刊貞和集」についての面白い例を挙げておられる。

「新撰貞和集」は義堂周信の漢詩文作成用の摸範文例集であるが、著者の知らぬ間に刊刻され、誤刻も多いので、周信が改稿改編し、寂前絶海に後事を託し「重刊貞和集」を出版したものだと云う。

江戸の中期伊藤仁斎の「語孟字義」や荻生徂徠の「学庸注」等にも、同様なことがあり、出版が需要をにらんで大分企業化してきたことが窺える（図版九―一二参照）。

唐山渡来刻工の作成したものには、版心に刻工名を刻んだり、刊記に「某刀」或いは「某刻」と記されたものが多い。中で兪良甫、陳孟栄等が古来有名である。

禅僧たちは始め自らの境地の表白や語録作成のため漢詩文を読み書く必要があった。そして段々と鮑魚の肆、詩僧と云うべき徒も出てくるようになった。

また政権の精神的支柱として政務の諮問に与ることも多くなった。そうすると死後の世界仏教の教えより、唐山出来合の現世当代政治の根底となっていた宋学・四書五経の教えの方が手っ取り早かった。そこでそうした宋学の教えをそのまま拉し来ることにもなった。所謂る儒僧の出現である。

これまで仏教経典とその注解書のみであった出版に始めて仏教書以外の作物が現われてくる。

正中二（一三二五）年刊「寒山詩」が年紀の判明せる最古の例であるが、これも禅僧の著作とすれば、延文四（一三五九）年元の楊載の「詩法源流」が最も早い。

経書の出版は、先に述べた素慶版を除き、現存するのは正平十九（一三六四）年堺道祐居士の刊行になる「論語集解」である（七一頁コラム参照）。

因みに高麗では既に靖宗三（一〇三七）年「毛詩正義」・「礼記正義」の刊刻があると云う。越南では黎麟紹平二（一四三五）年「四書大全」・黎灝光順八（一四六七）年「五経」が刊行されている。

なおこれまで呼び慣らわされてきた春日版・南都版（奈良版）・高野版・叡山版・浄土教版・五山版等の名称について一考してみる。これらは従来全て厳密な定義を経ず、やや曖昧に使われてきた嫌いがある。南都版（奈良版）という名称は、広く南都奈良の寺々で刊行されたもの全てを云うので、各所各様の出版物を含み、術語としては適格性を欠く。

これは浄土教版という名称も同様で、広く浄土経典の出版を云うので、他宗派で出した浄土経典までも含んでしまう。

五山版もややこれに近く、鎌倉五山・京都五山共に時代により変遷があり、不明確である。また春日版が必ずしも興福寺の出版のみならず、その写経体の和風の様式を備えているものを呼ぶのと同じように、必ずしも五山の出版でなくとも宋元明朝鮮版の覆刻を主とした外国刊本の本文と形態とに仿った物を云うのが原則である。ただしそうした様式を襲って邦人の禅僧の語録等も出版されているので事は面倒になる。逆に例え漢籍とは云え、唐山刊本を底本とせず、唐写本の系統を引く本文を持った所謂る正平版の「論語〔集解〕」のように、和風の写字体のものや尊氏願経の如き伝統的な写経体、本邦製作の「御成敗式目」等は当然五山版とは云えない。

範囲を唐山朝鮮刊本の覆刻やそれに近い翻刻、同刊本に見られる字体・版式を踏襲した禅僧の語録だけに止めるべきであるが、その境界が極めて難しい。これまでこれ等のことばはやや安易に使われ過ぎているのである。

こうしたことばは、術語である以上、一定の定義が必要で、その本文と容物である形態とに或る種の限定性がある場合にのみ有効である。そこで高野山の出版ではあるが、江戸の初期に木活字で刷印されたものは決して高野版とは呼ぶべきでない。また整版であっても江戸時代になると寺院の出版も実際には三都を始めとする営利書肆が行い、寺院は蔵版者として名前を載せるのみとなる。版式や形態も前代のものとは一変する。前代に彫刻され、その残った板木で刷出された後印本・覆刻本は高野版なり春日版なりの名称を使って何ら差支えはないが、営利書肆の関与した江戸以降新刻の線装刊本は、その名称で呼ぶべきでなかろう。そこに南都版や浄土教版の場合、何ら限定性なく際限もなく拡がってゆく、術語としての具合の悪さがある。

地方での出版

これまで述べてきた諸版は殆どが、奈良・京・鎌倉という王城の地・幕府或いはかつて都のおかれた地域でのものであった。

しかし室町時代になると其他の地方での出版が見られるようになってくる。刊行者も段々と寺院から有力な個人の出版に係るものも現われてくる。

特に応仁の乱によって貴族・縉紳・緇流は縁故・庇護者を頼って地方に下り、食のために帷を下して講授した。下剋上の時代、戦乱の狭間に利益を得た地方では、中央からのこうした文化の流入と自らの勢力の拡大とを企てて財を蓄えていった。こうしてそれまで不足していた文化的・啓蒙的な面を補おうとしたのである。徳川の中央集権へと再編される以前の、この僅かな間が粗削りながらも進取の気性に富み、最も地方が栄えた時代であったのかも知れない。

この時代の地方出版について、川瀬一馬氏は「中世期地方印刷文化地図」(古活字版之研究所収)を作成しておられる。江戸の後期になると各地方の藩刻本等もできるがそれらは殆どが藩学の教科書で、地方の文化や勢いと云ったものは餘り感じられない。

この中で最も目につくのは日明貿易により多大の利益を得ていた堺の町での出版で、経書出版の嚆矢たる前述の「論語〔集解〕」を始め、天文二(一五三三)年南宗寺版の「論語」(単経本)、その跋に名前の載る阿佐井野氏が求版した明応三（一四九四）年版の「三体詩」、我国の医書出版の始めとなった大永八（一五二八）年の「医書大全」一〇巻等である。阿佐井野家は代々医を業としたらしい。僧に次いで医家は人助けを業とするだけに、江戸初の古活字版時代にも刊行者が多い。堺は又古来京都との関係も深い。

更に堺では、

右此板木者泉州大鳥郡堺南荘

石屋町経師屋

有是石部了冊 印

于時天正十八年庚寅履端吉辰

の刊記を持つ「節用集」が刊行されている。天正二（一五七四）年には同人によって「四体千字書法」が陰刻で刊行される。高野の大和屋善七と云う経師、兪良甫や陳孟栄と云った唐山の刻工、経師屋石部了冊の存在、そして高野版の販売目録、唐山刻工の携った書物の性質（妙葩による禅籍と詩文集並びに作詩作文法書）とその刊記、了冊の刊行した一般の需要の見込まれる字書類とを考える時、営利出版・刊本の時代がもうすぐそこまで来ていることに気づかれるかと思う。

地方では「碧巌録」と「聚分韻略」とが多く刊行され十指を越える。これらには覆刻の関係に成るものがあり版種を定めにくい。

薩摩では桂庵に師事した伊地知重貞により、「大学章句」が文明十二（一四八〇）年に刊行されている。これが我国新注の最古版である。尤も原本は遺存せず、同書を再刻した延徳四（一四九二）年刊本の刊記によって知られるのみである。

経書の刊行も堺、新注の刊行も薩摩という、云わば新興の、伝統文化と直接結びつかない所で初めて刊行されていることは注目してよい。

しかし経書もいざ中央での出版となると場も使用者も限られるので、博士家系の古注の底本を利用することになったのであろう。やはり伝統・体制というのは恐しいものである。次に述べる「御成敗式目」等底本には博士家本が使われている。

室町時代の様々な出版

南北朝から室町にかけては五山版全盛であったが、やや毛色の変ったものを掲げておく。

御成敗式目

大永四（一五二四）年算博士小槻伊治の刊行した「御成敗式目」は、享禄二（一五二九）年再刊に際し、訓点送仮名を附している。附点本としては応安元（一三六八）年刊の「妙法蓮華経」に次ぐもので、底本には縁戚関係にあった清（原）家本が使われている。

仮名交り本

法然の「仮名法語」が貞治四（一三六五）年十一月知恩院で刊行された。地方でも浄土関係のものが発行されるようになる。越前吉崎では文明五（一四七三）年蓮如の「三帖和讃」と「正信偈」とが刊行されている。

絵入本

既に幾つか挿絵や扉絵の載る出版を挙げてきたが、「十牛図」等は絵そのものを見るべきもの。多くの版が刻されている。

明徳元（一三九〇）年の「融通念仏縁起絵巻」や文禄五（一五九六）年の「高野大師行状図画」の如き平仮名交りの絵巻も刊行され、江戸期まで覆刻されている。

尊氏願経

足利尊氏は観応三（一三五二）年「大般若波羅蜜多経」六〇〇巻に、また文和三（一三五四）年一切経の巻末に出版の刊語や発願文を加え、自署している。この木版は二種あることが知られている。

師直版

尊氏の執事高師直（こうのもろのう）が暦応二（一三三九）年に出版した「首楞厳義疏注経」一〇巻一〇帖は宋版の覆刻と見られる。初め折帖、後印本は線装だと云う。

装飾経

鎌倉時代に亡き人の追善のため、その消息や遺髪をすき込んだ料紙に摺経を行うことが始った。これらには金銀や顔料を使って装飾を施すことが多く、消息経・装飾経等と呼ばれている。ただし摺経でなく、写経をすることは既に平安時代初期に見られる。

これまでの印刷は全て木版であったが、室町の末に一は西洋から、また一は朝鮮から全く新しい刷印方が齎された。活字による印刷である。

切支丹版

切支丹の日本への布教は、聖フランシスコ・ザビエルが天文十八（一五四九）年鹿児島に上陸して始まった。信長や秀吉も始めは寛大で、九州には切支丹大名もでき、ヴァリニヤノ神父は四人の遣欧使節をローマ法皇の下に送った。一行は帰途イタリアで印刷機と二人の工人を伴い帰国した。ゴア滞在中には、本部からの命令で留まったヴァリニアノに再会し、原マルチノがラテン語の演説を行い、それが翌る一五八八年「原マルチノの演説」として刊行された。この活字は日本最初の切支丹版「サントスの御作業の内抜書」と同じ活字だと云う。この印刷機は滞留する先々で運転されたらしく、マカオでもまた刊行された印刷物がある。八頁毎に折記号があり、四丁掛けであったことが分る。洋綴じは日本独得の装訂だと云われる綴葉装に実はよく似ているのである。ただ糸のかがり方が異る。

一行は天正十八（一五九〇）年六月日本に到着、翌る十九年閏正月八日には聚楽第でヴァリニアノ共々秀吉に謁見している。印刷は天正十九年加津佐の日本邪蘇会コレジヨでローマ字で行われた「サントスの御作業の内抜書」が最も早い。丁度二年後の文禄二（一五九三）年には、現在遺存していないが、「古文孝経」が後陽成天皇により初の勅版として印行された。切支丹版は国内では殆ど九州での刊行で、加津佐の他天草や長崎のコレジヨまた邪蘇会御用長崎の後藤宗印の下、ラテン語・ポルトガル語・日本語で、活字はローマ字と国字とを用いて印刷された。ローマ字は金属活字であり、国字は木活字である。後には国字も金属で鋳造したようである。

ただ一点、一六一〇年京都原田アントニオ刊行の「こんてむつすむんち」があり、切支丹活字・朝鮮将来の活字の京都でのクロス、重なり合いを考えると、両者に接触交渉のなかったのが不思議な気がする。秀吉がもし遣欧使節に印刷機あるを知っておれば何如したであろうか。ただ西洋の活字印刷は印（プレス）に、東洋のそれは刷（すり・プル）に重きがおかれる。印刷技術は道具とセットになって伝わるので、単に印（プレス）の技術のみが東洋の活字印刷の上に乗るというのも単簡には考えにくい。原田アントニオの印刷は東洋風のバレン刷りであったようだ。

切支丹版の国字本は漢字仮名とも連綿体の書写様式を真似て作られており、仮名は漢字に比して小さく濁音符つきや連続活字も見られる。

また、「倭漢朗詠集」巻上の表紙の裏貼りから一五九八年以前に片仮名交りの教理書が出版されていたらしいことが分る。片仮名活字の方が作り易いことから、或いは平仮名活字本より此方が先ではないかと推定されている。一六〇五年に刊行された「サクラメント提要」には朱墨套印（とういん）が為されている。また一六〇七年の「スピリツアル修業」には銅版画が挿入されている。

装訂はローマ字・外国文のものは前述した如き洋装、国字本は線装で、料紙は鳥の子だと云う。

切支丹版は現在三二種ほどが知られるが、徳川の代となり鎖国政策がとられ、切支丹は禁止弾圧されたので後世に影響を与えること殆どなかった。

古活字版

「時慶卿記」等の日記類に文禄二（一五九三）年朝鮮役から持帰った銅活字を秀吉が時の後陽成天皇に奉じ、それを以て「古文孝経」を作ったことが載っているが、現物は知られていない。現存する古活字版では文禄四年の跋を有する本圀寺版「天台四教儀集解」「法華玄義序」があるが、版式から見るとそれほど上らず江戸初期以降の刊行であろう。文禄五年小瀬甫庵刊行の「補註蒙求」や改元された同慶長元年の医書「十四経発揮」、翌る二年の甫庵刊「医学正伝」「東垣（とうえん）十書」、慶長勅版の「錦繍段」「勧学文」、如庵宗乾「本草序例」「医方大成論」等を嚆矢とし、以後慶安頃まで約半世紀に及ぶ木活字或いは銅活字による出版を古活字版と称する。これらは足利学校系の僧侶・医家また為政者・文化人とその周辺による出版が殆どで、寛永頃からは営利出版書肆の参加も増えてくる。僧侶や医家また為政者は人民の救済・啓蒙・慈悲が為事であり、新興の出版を捉えそれを為さんとしたものであろう。こうした人々が一種の文化圏・サークルを為し、次いで有徳の趣味人本阿弥光悦・角倉素庵等の嵯峨本や鳥飼道晣の東屋本等を生み出していった。古活字版はこうした云わば幾つかの文化集団・文化圏の出版で、朝鮮役に出役した大名と秀頼や秀次またそれを支えた公家衆、家康とその学僧、足利学校出の僧侶群、日蓮宗など新興の寺院、有力な医家、有徳の文化人等がその主な集団である。古活字の出版は、整版本が版下筆耕・出版書肆を中心に、彫り師・刷り師・製本師・表紙屋など様々の専門職人集団を必要としたのに対し、文字を読み書きできる人間がおれば、その出版形態の一部を自分等で代行できたから、小部数出版には経済的だったのである。本屋の意図と異っても、自分等の趣味・趣好を存分に反映させることができた。手をかけた工藝的な作物の多い由縁でもある。云ってみれば古活字本は写本と刊本の丁度中間形態とも云い得る。そこに古活字と整版との乱版（みだればん）、或いは古活字と写本との、極端に云えば補写ではなく乱版――題簽を一点宛手写して贈ったものなどこうした系列に入れてよいかも知れない――等ができても何ら可笑しくない実態がある。古活字本や朝鮮本には、読者層が少いので足りなくなった丁や未刊の葉を筆写して足した刊本が存するように思う。同じ箇所が同様に筆写されている刊本が二部以上存すればそれは証明されよう。また活字本の誤植箇所には切貼りで訂正が施されているものがあり、それは活字をハンコの如く印字したものや、筆写によって為されている。

古活字版の作り方

古活字はハンコのように木で作り、日本では銅製のものは少かった。家康の駿河版銅活字は凸版印刷が所蔵しており、現在同社の印刷博物館に展示されている。活字は数台の組盤に組んでゆき、出来上ると刷り、組盤を崩してその活字を使い、また次の組盤を作って刷るという作業のくり返しであった。このため原版が残らず増刷ができない。従って需要の少いサークル内での出版には向いているが、需要の多い長期大量の出版には向かなかった。現在の活版印刷では組版原版によらず、殆どが**紙型**をとり、原版は崩して鋳返し、紙型によって二刷、三刷と増刷する。古活字版の時代にはこうした増刷法がなかったので、大量の需要に応ずるべく、印刷法は、一度作れば磨滅するまで何度でも使える云わば組版プラス紙型の機能を持つ整版印刷へと戻ってゆくのである。

この原版が残らず増刷ができないのは大量出版の上では大きな欠点であったが、これを逆手にとったのが江戸後期の所謂る近世木活字本である。幕末動乱の時代、尊皇だ攘夷だと喧々囂々、幕府を中傷誹謗する論説や、外国の風聞、世相の乱れや一揆の通報等、様々な云わばアングラ出版がこの木活で行われた。これは出版事項もなく、幕府の目に触れても整版本でないので証拠となる組版もない。誰の何処での出版か杳として知れない。そこが出版者の附目だった。

活字版と整版との見分け方

活字は平仮名の連続活字や角力取りの取組表の力士名のように連続しているものもあるが、多くは一字宛彫んだハンコの如きもので、活字版はそれを組盤に並べて刷り作成される。従ってよくできてはいても、高低や左右に微妙なズレが生じ印面や刷面が不揃いである。刷上りに濃淡の刷りむらが見え、字面は左右にゆがみが生じる。また一齣宛組んでゆくので字と字が交差或いは他の字面を侵食することがない。匡郭（枠）も竹や木で作られているので、これも互に交差することなく、匡郭の四隅や版心部の印面がやや空いた状態で刷られることが多い。

また組盤や空きに入れる所謂るインテルが一定であり、匡郭や版心が整版本と比べるとピッタリ揃って一致していることも特徴の一である。インテルが高く、墨がのってうつっている場合もある。

こうした点に注意すると活字本と整版との違いを弁別しやすいが、匡郭のない連続活字の平仮名本の覆刻は、上手くできていると仲々判断しにくいものである。

活字本であることの決め手は特徴のある字（字体や欠けなど）や版心の魚尾などの記号を見つけ、それらが再利用されているかどうかを追ってゆくことである。活字の場合、同一の字や記号は必ず何度も使われるものだからである。私の経験ではカケ目のある欠点を持つ活字や記号でさえ、捨てられ、以後は用いられないということは餘りないように思う。

また訂正箇所を見てゆくのも一法である。眉上に活字を押捺したり、切貼や胡粉で塗抹しその上に印字或いは墨書訂正する場合もある。巻末に正誤を附すものもある。こうした訂正本には刊本と云っても全く同一なる書物は存しない。まさに写本に親いのだ。

古活字版から整版へ

この古活字版により始めて我国の古典も刊行され、当時の現代風俗小説である仮名草子までもが出版された。ここに始めて刊本の時代が到来したのである。しかしサークル内への配布に停まっていた時代から、需要が増え大量に頒布されるためには、前代の経済性であった小部数の素人出版から大量の玄人出版、すなわち版木を用いて増刷可能な営利出版者の出版へと変ってゆく。これは我国人の嗜好とも関連したかと思われる。古典国書はそれまでの連綿体の仮名書の伝統が強く、一齣宛同じ大きさの漢字とカナでは不恰好であり、分ち書き・散し書きや漢字をやや大きくし仮名を小さ目にして全体の調和を計るというそれまでの国書の伝統にそぐわなかった。従って切支丹版や古活字本にはやや大きな漢字と小さめの仮名というしつらえのものが存するが、それでは組盤の時インテルを入れ調整しなければならず甚だ効率が悪かった。唐山での帝王の文字から発し、古典の文字・書物の文字としての正楷体に対し、日本では写経にしても古典にしても写経体（風）と云われる行草体や連綿体であり、それが刊経として云わば版下（写経）通りに摸刻された。それらは写経とその添え物として考えられ、謹直な楷書はむしろ異端であった。古活字も国書にはわざわざ行草体の漢字を作り、よく使われる文字には連続活字も作られた。漢文の場合には、啓蒙書としてこの時期に刊行された和刻本は、漢籍の覆刻と云っても殆どが訓点送仮名附きのものである。絵入本も多い。こうしたものには手数のかかる活字版はむいていない。

学問のすゝめの場合

面白いのは近代化をおし進めた「学問のすゝめ」で、近代を標榜し初版は鉛活字で印行されたのだが、餘りの需要に対処できず、再版は整版本で行われた。未だ紙型法が確立していなかったからである。こうして近代活字の時代にも又古活字版の時代と同じ、活字から整版への後戻りがくり返されたのであった。後にも述べるが図書の近代化とも云うべきは、明治二十年代から三十年代にかけてで、この時期に和紙と洋紙の使用量が逆転し洋紙が多くなる。明治五年の学制頒布により書物の内容に一大変化が表われるが、整版印刷から洋紙刷りの活版印刷へと変るのがこの時代である。書物が大量に出版され、一種の消費材となり、書見台で素読・朗読していた読書から黙読へと移ってゆく。

声に出して読んでいたのでは体の血液のリズムでしか読めないが、黙読はかく多量に出版された書物の速読法であった。云わば読書の近代化だったのである。私が子供の頃は電車内で新聞を読んでいる大人に、声は出していないけれど口を動かしている仁が必ず何人かいた。

永嶺重敏氏は「学鐙」の平成十二年一月号に明治三十一年大阪毎日新聞社から出版された「でたらめ」を引く（「明治三十年代の読書変容」のち「〈読書国民〉の誕生」所収）。

待合所はマダ〳〵宜しい。汽車中で盛んに音読されては溜つたものではない。新聞などを取り出して呻り始める人は毎度汽車中にある。何分同車中の者は困り切る。中には艶種なんどを声高々と真面目に読み上げて、吹き出させる連中もある。それも日中はマア宜しいが、夜行汽車などでは殊に閉口する。汽車の進行中は汽車の響で隣席でなければ、左までに感ぜぬこともあるが、停車するや否や、驚かされることもある。迚も眠られも何んにも出来はしない。

丁度現在の車内での携帯電話風景を思うべきであるようだ。活字から整版へがくり返されたように、読書でこそなけれ車内の狼藉も又くり返されたのである。

序でに「学問のすゝめ」は初版は平仮名、再版で片仮名書きとなる。これは恐く始め啓蒙書として平仮名書きとしたが、再版の整版では迅さ・彫易さを求めて片仮名書きとなったものであろう。或いは平仮名活字の持つ違和感か。

唐山の活字

唐山では古来有名な二つの活字文献がある。一は宋の沈括（しんかつ）の「夢渓筆談」（巻十八）で、それによると、宋の慶暦中（一〇四二―八）、民間人畢昇（ひつしょう）が、膠泥（粘土）で成型し焼き堅めた活字を、松脂や臘や紙の灰などを敷き鉄範（枠）

を置いた鉄版の上に並べ組盤とし、火をたいて敷かれた臘分を溶かし、上から活字を平板で押え字面を均らして印刷した。常に二組を作り、一で印刷し、一は組版を作って能率を計ったと云う。如・之・也など頻出する字は二十餘箇作って一板に備えたとあり、組盤毎に反復利用した様子が窺える。しかし印刷された現物は残っていない。

元の王禎の「農書」巻末の「造活字印書法」には、王禎が自らの農書を印刷するため木活字を作り、試し刷として、自ら県知事を勤めた「旌徳県志」を一个月かかって百部印刷したことが書かれている。ここに記された刷印方は本邦の古活字や近世木活の刷印方と殆ど変らないのではないか。

木活字と竹片を削った行（界）とを木枠の中に植え、堅く牢めて印刷した。活字は抄写した文字を板に貼り工人が彫ったものを鋸截（切刻）して使った。植字は平な乾板の右辺を空け三方を囲み、（左下から組んでゆき）組終って右辺を締める。活字は平正にすべく小竹片（インテル）を入れる。椶（しゅろ）の刷毛（バレン）は界行のむきに堅に使わないといけない（横に動かすと植盤がゆがんだり動いたりするのであろう）。紙に印刷する時の刷り方も同じである。しかしこの現物も残っていない。清代武英殿で行われた活字印刷法は「武英殿聚珍版程式」に詳しく、金子和正氏による訳本が汲古書院より刊行されている。

唐山では近時考古学の発掘や古文物の発現が絶えない。中国版本文化叢書「活字本」（徐憶農）には一九六五年浙江温州市効白象塔内より出土した「仏説観無量寿経」断簡の写真が掲載されている。本経は同時に出土した写経縁起（温州博物館蔵）に北宋崇寧二（一一〇三）年の墨書があり、経文の色字が顚倒していることから、同時期の活字印本と見られる。経文は螺旋状に排列されている。畢昇の生存していた時代より約五十年遅れるが、或いは膠泥活字の遺品かも知れない。

また一九八九年には甘粛武威市外亥母洞寺遺址から西夏文の「維摩詰経」（武威市博物館蔵）が発現した。これには西夏仁宗（一一四〇―一一九三）の題署があり、十二世紀の木活字印本と見られる。

明代に入ると活字本の遺存するものやや増え、弘治三（一四九〇）年無錫錫山の華燧の會通館刊本「會通館印正宋諸臣奏議」一五〇巻を始めとし、弘治から嘉靖にかけ、同族華堅の蘭雪堂刊本、叔父華理の刊本、同じく錫山の安国、金蘭館、五雲渓館等による銅活字印本が簇々と刊行された。弘治にはまた木活と見られる碧雲館や麗澤堂の刊本もある。万暦には浙の倪瓚による木活字「太平御覧」、「太平広記」の大部な出版もある。これら活字印本は刷部数が少く、遺存しているものは多くない。清代に入ると二大名物とも云うべき銅活字による雍正帝の「欽定古今図書集成」一万巻目録四〇巻、乾隆帝の「武英殿聚珍版」一三八種二四一六巻の木活字による大部な出版がある。聚珍版には個々の作物を整版で覆刻した版があるので注意を要する。

清朝官刊の活字印本は李朝王府の活字印本同様、莫大な費用がかかり大部で小部数しかできない出版事業を自分たちが行うという意義、ステータスを闡明したものであろう。

朝鮮の活字印刷

朝鮮では高麗高宗時銅活字を用い「詳定礼文」が出版された記録はあるが、実物は現存しない。また「南明泉和尚頌証道歌」覆刻本の刊語に、同じく高宗年間の鋳字本による旨の記載があり、木版本の底本となった銅活字本の存在を豫想させる。現存する朝鮮最古の年紀を持つ銅活字本は、駐韓仏蘭西代理公使として京城に勤務した仏人コロン・ド・プランシの蒐集した「白雲和尚抄録仏祖直指心体要節」（仏蘭西国民図書館蔵）巻下で、「宣光七（一三七七）年丁巳七月日清州牧外興徳／寺鋳字印施」の刊記を備える。裏面には「縁化／門人／釈璨／達湛／施主比丘尼妙徳」の捐識があり、印行の経緯が知られる。本書は世界文化遺産に登録されている。

李朝に入ると太宗の号令下、三（一四〇三）年癸未字を、世宗二（一四二〇）年には庚子字をと云った具合に、鋳字所を設け、改鋳をくり返しながら代々銅活字本を刊行した。字体は欧陽詢や王羲之に倣った衛夫人、安平大君、姜希顔、鄭蘭宗など時々の唐山と李朝の流行名筆の字体に仿って改鋳した。唐山の宋元明版の字体を手本としたものもある。

銅活字印本は不足した文字を木活字によって補った。また木活字、鉄活字、陶活字、瓢（ペカチ）活字などもあったとされる。諺文活字は世宗十六（一四三四）年甲寅字を初出とするようだ。

なお李朝極初太祖四（一三九五）年に「大明律直解」百餘本が印出されたが、金祇の跋文中に「刻字」とあるので、これは木活字かも知れない。

活字は江戸開府から約六十年慶安頃まででほぼその使命を終え、寛永期から整版印刷全盛となるが、中後期にも途絶えてしまった訳ではない。特に後期から幕末明治初年には、アングラ出版を中心に私塾・家塾・神道・仏教家などに好んで使われたことがある。こうした江戸後期の人々の文化圏・サークルの人数と江戸初の文化圏また読書層とがそれほど変らぬ人数であったことがこうした現象から窺われよう。

アングラ出版以外に、丁度現今の地方（小）出版社の如く、当該地方への普及を主とした地方書肆の木活字による出版も見られる。典型例を挙げれば、静岡の採選亭鉄屋十兵衛、和歌山の聚星堂笹屋文五郎等で、鉄屋十兵衛は御当地山梨稲川の漢詩文集や地誌「駿河誌」など、聚星堂は藩儒志賀南岡の著作といったように、当該地方を商圏とした書物の出版を目指している。これらの書物には切貼による訂正が多い。

また丹羽嘉言などに顕著に見られる趣味的な小部数出版も多い。嘉言は自邸の桜の木で木活を作った旨記している。

近世木活は小部数出版の特徴・優位性を逆手にとったしたたかな出版であった。

この近世木活字には訓点や送仮名つきのものがあり、それらが漢文でなく和文中の漢字として使われ、可笑しな体を為している場合がある。

江戸の出版

高野版の経師屋大和屋善七、節用集を刊行した同じく経師屋の石部了冊、営利出版者の下で彫師として活動していた、唐土での企業形態を知る兪良甫、陳孟栄などの渡来刻工。こうした人たちの働きで日本の出版も営利事業が生まれる寸前まで来ていた。

古活字版には京の書肆中村長兵衛尉の刊記を有する慶長十三（一六〇八）年八月刊本「五家正宗賛」があるが、本屋の名告りは、翌る十四年十月の同じく京・本屋新七刊行に係る「魁本大字諸儒箋解古文真宝後集」所載のものがよく知られている。

書肆は始め京の寺院の門前町に生まれた経師屋に出自し、江戸初前期はそのまま京の本屋が盛え、西鶴の「日本永代蔵」に書かれたような天下の町人（まちにん）、大坂に天和から元禄頃の僅かな期間隆盛はうつり、宝暦以降は江戸の地が牛耳をとった。

先に述べたように三都に本屋仲間（組合）ができ、類版・偽版が禁ぜられ、本屋仲間による三都の販売流通体制が整った。

寛政期に御三家の一尾張藩徳川家の介入があり、名古屋が加わり、四都の流通体制ができあがる。

幕末にはほぼ各藩の藩校の教科書類を上梓・販売する書肆が城下町に出来、各地に出版書肆が生まれている。幕末から明治二十年代にかけての書物には、この全国の売捌書肆を数丁にわたって載せた奥付を持つ書物が屢々見られる。

坊刻本・町版

寛永期から出現した営利出版業者の版本を坊刻本・町版と云う。

蔵版本

これに対し個人或いは団体が出版費用を負担するのが蔵版本である。版木を本屋に渡さず、個人或いは団体が持つのが原則である。従って営利書肆が独断で書物を印行することができない。刊行・刷印は全て蔵版者の意向に依らざるを得ない。後に面倒であったり、減価償却を果したと見て、版木が営利書肆に渡されることはあるものの、非営利的な自費出版に当るものである。

個人の家塾・私塾の出版から、寺院や神社によるもの、藩や藩校の出版、為政者・幕府や昌平黌による官版、天皇による勅版まで多々ある。

これは唐山や朝鮮に於ても同様で、唐山では宋代以来中央や地方の官衙が学者を動員し、テクストクリティークを経た典拠となるべき官版を出版したことは既に述べた。明代、王の一族が封じられた藩による藩府本、同じく清代の王府本などもこれに準じる。

朝鮮の李朝王府もほぼ同様で、さらに銅活字による小部数出版を行い、経済的にも文化的にも他に不可能な事業を為し、ステータスシンボルとした。日本は僅かに慶長勅版、家康による伏見版や駿河版、昌平黌による官版などあるが、官版は殆どが当時の所謂る教科書に当るもので、唐山や李朝の官版と比べると雲泥の差がある。日本の為政者は文化事業に金をかけないことに秀れた伝統がある。
天保の改革時、幕府は各藩の経済的蓄積を嫌い、十万石以上の大名に大きな負担となる大出版の勧めを布告した。松崎慊堂は好機とばかり、出版すべき書目を作りその理由を識し奉呈した。宋版の史記などの大著を始め、本文の上でも書物の格でも秀れたものばかりが選ばれており、これがそのまま実現していれば藩の文化事業として特筆されるものであったが、いかんせん一、二を除いて計画は頓挫した。やはりここにも根強い伝統は続いていたのである。
唐山では科挙の受験用に南宋から営利出版の出現を見、そうしたものには必ずしも定本としてのテクストの優秀性は見られなかった。明の嘉靖、特に万暦期からは営利出版が流盛を見、刊本も現実には定本としての意識より、流布本としての意味が強くなる。清代に入り、考証学者等による家塾本がテクストの上では宋元版をつぐものであった。
日本では江戸期まで漢籍・日本の古典とも出版は行われず、博士家や公家・古典の家を中心に書写本で伝写され、それらが多く遺存している。それらは一部古活字版として刊行されたが、寛永期から官の介入を経ず、すぐに営利出版の時代となり、営利業者は手近な底本を刊刻したので、流布本としての意味は持っても、テクストとして版本は必ずしも上乗でないことは既に述べた。
李朝では一貫して「知らしむべからず、依らしむべし」という政策をとったので、識字層が少く、僧侶や両班階級(特権的な文官)のみの読書に限られ、営利出版業は成立が遅れた。
李朝では刊本を江波に写る月影とみるまことに奇麗な譬えがある(月印千江)。写本は一つしかないが、それは千の川へ、またその小波の一つ一つに映る。それが刊本なのである。月影は波の一つ一つの揺れにより、形をかえる。自分が今言及している月(刊本)は、どの波に映った姿なのか。波の揺れによって、右辺が欠けていたり左辺がゆがんでいたりする。他の月影でなく、今ここのその月影なのだということを特定しておかなくてはならない。自分がよっているのがどの資料なのか、今まで縷述してきたように、そこに図書の著録、アイデンティティー、刊・印・修を極めなければならない因由が存する。

日本では戦国期、京の公卿は応仁の乱など長い戦を避け、地方の有力大名を転々と下行した。こうした地方有力大名や地方寺院で出版が行われるようになったが、未だ営利出版業者は出なかった。江戸後期はこの中世末の出版が地方に及んだ、いわば地方の時代を、営利出版業を以て再現したものと云えよう。各城下町には藩校の教科書類を出版し、売捌く本屋ができ、幕末期には蝦夷地松前や函館でも出版が行われている。地方版（田舎版）と云われる稚拙な出版物も多々存する。小冊の地方遊里を扱った洒落本や弥次郎兵衛・喜多八の旅の模倣である地方道中記など、また俳書や小冊の藝能集など様々に出版されている。

李朝では小冊の地方版などには版下書に依らぬ直彫りも行われていたらしい。これは今でも台湾の街頭のハンコ屋など、ハンコを頼まれると直彫りするが、こうした業種の人たちには、それほど難しいことではなかったらしい。技術にはそうした点があり、特に今佚くなってしまった技術は再現もしにくいし、困難を極めるように感じるが、実はそうした難しさは現実にそれを行っていた人々には餘りなかったのであろう。我々は現在という観点から全てのものを見てしまい勝である。生理を信奉する人たちは体の自由が論理を信奉する人たちと異り、かなり利くのである。

Column　＊物の本と草紙（地本）＊

本は物の本と草紙とに大別される。絵草紙や浮世絵なども草紙屋の分際である。江戸では地本とも云い、これらは本屋仲間（組合）も別であった。上方では草紙屋の仲間は結成されていない。

江戸の文化を色濃く覆っているのは雅俗の二の流れと藝能的な要素とであるが、これは書物にもあてはまる。漢籍や神儒仏など学文領域、古典の雅の世界をうけもつのが物の本で、それに対し現代、世俗の領域を取扱うのが草紙、絵草紙、浮世絵の類である。

和歌の俳諧化、パロディーから俳諧が生れた。同様に大和絵の俳諧化したものが浮世絵である。これは憂世から浮世へ、近世化と云ってもよいであろう。

雅の大和詞を連ねた和歌から、俳言すなわち漢語、世話（諺）、俗語を要素として含むべく要請されたのが俳諧である。雅の古典を世界とし、そこに現代の俗をぶち込んだ。芭蕉の初期の動きはまさにそこにあったが、残念なことに芭蕉は古典への方向へと回帰してゆくのである。

物の本は大体が漢文、片仮名交りの仏教書や漢籍国字解、平仮名であれば和歌や古典物語類までを云う。形は殆どが大本か半紙本、稀に袖珍の小本がある。ただし、小説類でも大本や半紙本の仮名草子、浮世草子、読本類は漢籍や古典に倣う出自を持ち、物の本に準じる。

草紙屋の扱うものは中本小本の、現代で云えばエンターティメントやコミック風の小説類が主体である。ファッション雑誌のような絵入の続き物も多い。

こうしたものは、現今の雑誌新年特大号のように、初春吉例の売出しとなる。刊年は六月二十七日などはなく、正月吉旦が驚くほど多い。蓋し藝能的要素と呼ぶ由縁である。

また本を作るのは作者と出版者だけでなく、その間に筆耕（傭書、版下書き）、画家、字彫り師、絵彫り師、刷師、校正者など様々の人々が介在する。これもまた一人の力、個性をでなく、衆の力を結集し、個を消した一の世界を作りあげる藝能に親い。約束や謎かけや楽屋落ちの多いのも江戸期出版の特徴で、芝居の見好者と同様そうした知識を持っていないと作者や書肆の発した情報を受取れないどころか、読違える場合さえある。作者馬琴と読好者であった小津桂窓・殿村篠齋などとの往復書簡はそうした事情を教えてくれよう。

江戸期出版の特徴

藝能的要素

江戸の文化は藝術的と云うより、藝能的と云った方が相応しい。
例えば文学でも俳諧は連衆の附合いで、作者がそのまま鑑賞者でもある座の文学であった。附句もその座の宗匠や前句の作者が選んだり、添削しながらつけてゆく一種の合作法である。個性を持った作者が、別の個性を持った不特定多数の読者を相手に著述している訳ではない。個性はむしろ消され、多くの約束や型の上に成立っており、それをいかに巧く使って次の創造を為すかに腐心する。決して始めから新たな創造を成そうとするものではなかった。そこに、例えば巧く進めば近代詩にもなりえた蕪村の俳詩の、その時代による評価がある。当時の人々にとって、それは出来そこないの変てこなうたに過ぎなかった。

当時流盛を極めた浄瑠璃や歌舞伎の台本も段ごとに違う作者の手により、それを合成して為された場合が多い。講釈師でもあった為永春水の著作も、為永連と云う連衆の手によって作られ春水の名の下に公刊された。

殆どの作品に代作者、助作者、分作者がいる。

森銑三氏の「好色一代男」のみが西鶴の作であるという説も、背後にこうした事情があろう。西鶴はもと俳諧師である。矢数俳諧の製作など一部物語的要素を醸し出している。詩では洩れてしまうものを散文にという心づもりもあったかも知れない。古来詩から散文に展じた仁は様々に存する。西鶴の作品も実は弟子の西鷺や北條団水やそうした人々を含めた一種工房製作と云えよう。もと俳諧師であった西鶴は自ら版下や挿絵を書いた作品も刊行されている。まさに藝能的な製作で、これは浮世絵の工房や図書出版製作の現場も情況は同じである。

図書は作者、版下書き、彫り師（通常字彫り師と絵彫り師は異る）、刷師、表紙屋、製本師など各職人の為事を、コンダクター云わば指揮者として本屋が差配し売拡める。販売も正月吉日など吉日を選んで売出す。まるで江戸の小祀の祭礼のような感じである。

出版は能や歌舞伎の採り物や被り物・所作のように様々な約束や型を踏まえている。それを知らないと約束や型の持つ情報をうけとり損なう。これまで縷述してきたように、図書の表紙や大きさ、版式や表記法・挿絵などそれだけで多くの情報を隠し持っている。それを知らないと作者や本屋の発した情報が精確には読みとれないのだ。落語の「毛氈（もうせん）芝居」に出てくる芝居を知らない殿様のようなことになる。

作者や本屋は本の蔭で、「分るかね」とニヤリとし、読者の方をそっと見ている。読者は云わば謎をかけられているのである。謎は解けるのだろうか。

こうして書物の読者は、およそ藝能の看客のすり変ったものと見ることができよう。和歌の本歌取り、俳諧や西鶴作品などに顕著に見られる謡曲の文句取りや漢詩・漢文を含めた古典のパロディーなど、方向は違うが、やはり典型、型をどう利用するか・使うかに心を砕いた仕業である。こうしたものもいわば藝能で云うもどきなのだ。本貫の持つ力を十二分に知り、その世界に依って一寸遊ぶ、その面白さ、これが江戸期の文化の要諦であったろう。

刊本それ自体が写本のモドキであることは写経と刊経の関係からも垣間見えよう。

Column　＊流行―ジャンルを追う＊

江戸期最も隆盛を極めたのは浄瑠璃・歌舞伎の演劇で、小説や歌謡その他藝能はその当り狂言を摸倣して作られることが多かった。浮世絵も人気役者や新作狂言をあて込んだ作物が多い。

明治以後は小説が牛耳をとり、評判の小説が劇化され、映画になり歌謡曲が作られる。流行の先端を走っているジャンルの作物に他のジャンルが追随する。

現代はこの流行の先端にあるのは漫画（それも恐らくは少女漫画）で、その作品をエンターティナーの小説や映画、テレビドラマ、歌謡などが追いかける。そしてそれは日本のみでなく世界をも席巻しようとしている。

文化の上で優位のものを他のジャンルが追うのは常のことである。

整版本のできるまで

かつて「城北学園深井文庫目録」の解説として執筆した「整版本のできるまで」を増補引用する。

版木の材には山桜がよいとされている。江戸では伊豆の大島桜が最上とされた。古くは檜等も使われ、梨や朴も用いられたようだが室町の後期頃から桜が一般的となる。

中国では上梓上桐等のことばがあり、梓や桐、棗（なつめ）や梨また榕樹（がじゅまる）等も用いられたらしい。出版書肆も南宋時代には大いに栄えた。広い中国でのこと時代や土地によってその時その地に適応した用材を用いていたようだ。現在でも金陵刻経処では善男善女の喜捨による仏教経典を昔風の整版によって刻しているが、現場を実見した人の話では銀杏の木を使っていると云う。銀杏は柔かく彫り易いが長期の保存刷印には向かない。唐本を見て気のつくことはそれほど後刷ではないのだが、版面に横に割目の入った図書の多いことである。これは恐らく木目に沿ってヒビが入ったもので、中国では画数の多い漢字ばかりの刻本なので、長期の保存や刷印を犠牲にし柔い版木を使って彫り易さだけを念頭においた結果なのではないかと思う。建安の麻沙本によく使われたという榕樹もまた柔い木である。

唐本を扱う著名な古書肆であった文求堂田中慶太郎氏の「羽陵餘蟫」に、田中氏が戦前北京滞在中董授経翁に伴われて城外に牡丹花を賞で、帰途「新元史」を整版で新刻している様を実見した報告がある。

場所は法源寺の廻廊を用ゐ、庭に面して紙障子を立て、数十の工人が晩春の日に向かつて一列に坐を占め、刻版に専心して居つた。親方らしい人物は悠然として見廻つてゐるだけで、自分は仕事をしないのである。工作の有様を見ると、第一に木目に順つて横画だけを彫る工人が有り、それを隣の工人へ廻すと逆目の竪画だけを彫り、その隣の工人は罫線だけを彫つて次へ廻す、更に「さらえ」を専門にやる工人が有つて、別に仕上げをする工人が有る。こんな工合に一頁の版木でも、仕事の難易を工人の手腕に応じて工作を運んで行くのであるから、数千頁数万頁の木版でも、一人の手によつて刻された様に見えるのであると感心をしたことであつた。

但しこれは何時の時代、何処の場所でもこのようであったかどうかは分からない。

我国の場合、和書の平仮名の連綿体ではこうした作業は難しい。市島春城氏は「版木藝術の行末」の中で、

版木の彫り方に就て其の道の人から一二聞いたことがある。（中略）昔しから版木を彫る法として必らず版木を机案の上に置き、枉げたり倒さまにするやうなことなく、厳格に位地を正して刀を揮ふことを常例としたといふ。乃ち版木を顚倒すれば彫り易い場合もあるが、それをせぬことが法となつてゐた。一寸考へると、形式に擒はれてゐるかにも見えるが、実際は斯くせざれば、刷る場合に墨に淀みが出来、刷毛のサバキがよくなく、刷つた結果もわるいといふてゐる。

と書いている。しかし浮世絵等は親方は髪の部分や目等の表情に係わる所を彫り、弟子たちがその技に応じて各部を彫り、最も新米の職人は専ら「さらえ」をすると云った具合の分担は為されていたようである。所謂る工房による製作である。

出版の盛んになった江戸時代はその文化に雅と俗、古典的なるものと新興のもの、都会的なるものと地方的なるものといった区別があった。図書についてもこの公式はあてはまる。儒仏神医漢籍歌書古典等所謂る「物の本」を扱う書物問屋と、浮世絵や絵本・草双紙・俗小説の類を扱う地本問屋とは仲間も異り、出版形態もやや異っていた。また時代によっても変遷がある。しかしそれ等に共通するごく大筋の所を辿って整版本のできるまでを見てゆくことにする。

先ず出版したい本があれば、その原稿（種本と云う）を板行御免願と共に行事に差出す。重版や類版また禁令に抵るかどうか吟味の上、問題のある物は回り本として問屋仲間に回覧させ、肝煎名主や町年寄・町奉行の手を経て聖堂に廻され、許可されれば行事の割印を捺し種本は書肆に戻される。地本の場合は簡単で町年寄止まりであった。

種本は版下書（筆耕・傭書）の手で薄様紙に浄書され、版木屋で彫刻される。井原西鶴や十返舎一九のように字の巧みな作者は自筆の版下書を作った。後年名を為した大家が若い日現今のアルバイトとしてこうした手業をしていた例も多い。

彫師は字彫師と絵彫師に分れる（これは刷師も同様である）。版下書を貼るには生麩糊をごく薄めて版木に塗り、指でしごいて落した痕に、版下書の表面を下にしピッタリと貼附し、中に空気が入らぬよう掌でさすってから乾燥させる。版下書が薄様でない場合には文字面を残して紙背を剥いでゆく。それからノミで彫ってゆくのである。刻る前には麻油を塗り字面がくっきりと浮出るようにする。版木の木取りや形態、版木師等各種職人の業態や使用する道具類は、例えば榊原芳野編「文藝類纂」（汲古書院の影印本あり）巻八「刻本」の條や、元禄三年刊「人倫訓蒙図彙」（日本古典全集や平凡社の東洋文庫収）、各種の職人尽絵等で嘱目できるので、関心のおありの方は直接それ等に就かれたい。

版木は一面に一丁分宛表裏二面に刻するのが普通である。版木の両端には端喰をかませ、版木の反りを防いだり版木蔵に保管の際の腕木として、版面の損障を防いだりする役を荷わせている。版木には陰干しされた山桜が最良とされたが、江戸の後期には良材に事欠くようになり、印材に用いられる黄楊（つげ）も使われるようになった。私は小平の住人だが、彫刻家の平櫛田中邸には向う何百年か分の大ケヤキが用材として搬入保管乾燥されていた。乾燥が不十分だと、じきに狂いがくる。

彫刻が終わると校合刷が為され、何度か作者の方で校正を繰返す。校正用語は現今のものとかなり共通するが、ケヅル等は活版では使われない。訂正は彫り直したり、入木・埋木・差木等という一種の象嵌法を以て行われた。刊行後の修訂も同じ方法で行われるが、後から挿入した部分はどうしても印面に凹凸が生じたり、大きな版木と小さな挿入部との間で度重なる刷印と乾燥の繰返しに材の収縮率の違いからユガミが出たりして、印刷面に濃淡のムラが生じ易い。匡郭等を継いだ場合はその継目が拡がってくることが多い。しかしこうした事は既に校正段階から行われており、初印本から変らぬこともある。印面のムラはただに修補箇所を示すとは限らない。やはり全て他の印本と精細に比較調査してからでないと修かどうか結論は下せないのである。

こうして二ツ彫りから五ツ彫り、現今で云う再校から馬琴のように五月蝿い仁になると五校くらいまでをとる。従って、

> さて新板物の校合と申ものは甚うるさきものにて工手間人のしらぬ日を費し申候素人作はこの校合別して等閑な
> れども幸にしてよめぬといふ本はなし不佞が作はいかゞの事にやとかくに彫崩され候様に存候そのカケ、ケツ等
> ひとつ〳〵に朱を入れわくの上へ書抜遣し候ても十の物は三つ四つほり直り不申、又二番校合にて右のごとくい
> たし候へば七つの物やうやく五つ計になり申候三番四番とだん〳〵直し候内、板を板すりかたへもち歩行又板木
> 師方へ遣し往来たびかさなり候内新規のカケ出来或はさし木にて直し候処はもろく候故少しさはりてもかけ候三

> ばん四ばんと直し候内最初十の物が七つは直り候へ共又新規のカケ二つ三つ出来或は二ばんにて直り候処も三番直しの節見ればさし木をおしつぶし元とのごとくカケ候て有る処もありわが作を毎日二三べんづゝよみかへし候故果はあき〳〵といたしその本うり出し候比はふり向て見るもいやになり申候此校合のくるしみは新に作り候よりほねをれ候へ共見物は一向しらぬこと也著述は自己一人の手にていたし候故しやすし、はや板下かゝせ候ても他の手にかけ候故誤字落字多く気にいらぬことのみ也それより又板木師の手にかゝりまた彫刻後の直しは一つの点にてもひとつ〳〵に入木さし木をすること故直りかぬるも尤也それを直させふ〳〵とするうち根くらべにてつかれ果且わが作はよめ過候故誤字も落字も見はづしてわが書たるごとくによむ事多し人の作はちよつと見てもあやまりを見つけ候へ共わが作は見つからぬものに御座候、これ等の意味は尚御存じあるまじく哉と存候雪譜は別して丁数もの故只今よりこの校合が頭痛に候さればとて校合しつけぬ未熟の仁には決してたのまれず近来悴に校合のいたし方を見ならはせ二番三番より末は悴に手伝せ候へどもそれ将わが手づから致候様には無之カケはよく直し候へ共或は句読をほりおとせしには心づかず或は誤字を見おとし候事往々有之又不佞が見おとせしを悴が見出し候も有之候とにもかくにも校合はうるさくくるしきものに御座候
>
> （鈴木牧之宛馬琴尺牘）

ということにもなる。

校了となると愈々版刷りである。版面をよく洗い水気を拭い去ったのち手元の高くなった刷台にのせ、刷師が刷毛に墨を含ませ満遍なく版木に塗り（初めに正麩糊など極少量の糊料を塗る場合もある）、霧やドウサを吹きやや湿らせておいた和紙の半乾いたものを版木の上においてバレンでこする。この時辷りをよくするためバレンに麻油をほんの僅かつける。私の見た刷師はバレンで自身の鼻の頭に触れ、その脂で代用していた。チベット等のように現今の謄写版刷

りの回転式ローラーの如きものでこする所もある。

浮世絵の如く彩色の手の込んだものになると、見当という和紙を一定の場所におく仕掛を作り、数種類の色板で各々一枚の和紙の上に重ね刷りしてゆく。色板は初め墨刷した紙に、小さいものから大きいものへ、薄い色から濃い色へという順で重ね刷りされてゆく。これを漢語で套印と云うが、套とは外套のように重ねる意である。

刷られた紙は乾燥の上一枚宛丁合(ちょうあい)をとり一冊分を束ね、俎板の上で定木をあて包丁で小口を断ち、キリで穴をあけ紙縒で仮綴し、その上に表紙をつけて製本する。大きな本屋は版木蔵を持ち自店に刷師や製本師を抱えている。また逆に小冊のものは自店で製本迄行った。出来上ると種本と共に揃えて行事・名主・町年寄・奉行所・聖堂と初めの詮議を受けた所で検閲納本される。これを上本(あげほん)と云い、行事に上本料と白板歩銀（板株登録料）とを納入する。再版の場合は上本不要で、聞済料を納めるのみである。

そして愈々売出しとなる。行事より販売を許可する各地の添章が下附されると黄道吉日を卜し、触れ売り・店売りが始まる。三都を始め諸国書店への卸もある。購入者は読者だけでなく貸本屋もまた大きな得意先であった。新板の発売にはソバを振舞うのが慣例で、作者への稿料も元は当たり振舞と称する御馳走や遊里への招待でお茶を濁す如きであったが、一九・京伝・馬琴等になるとやっと現今の稿料に近い云わば作家生活が営めたようである。

こうして述べてきた整版本のできるまでを扱った戯作に十返舎一九の「的(あたりやした)中地本問屋」があり、青裳堂から編集刊行された市島春城氏「市島春城古書談義」や林若樹「林若樹集」（小説の本になるまで）、毎日新聞社刊諏訪春雄氏「出版事始」（本のできるまで）、「歴史公論」一一三号所収井上隆明氏「近世出版事情」、長澤規矩也氏「和漢書の印刷とその歴史」等に、より詳しい記述が為されているので関心のおありの方はそれらを御覧頂きたい。

套印本

これもかつて「套印本の周辺」として町田市立国際版画美術館の「江戸の華　浮世絵展」に執筆したものから、一部重複を承知で増補引用する。

套印本とは何か

套印本とは聞きなれないことばかもしれない。套は外套の套で重ねる意である。封筒も本来書簡の外側に重ねた封套からきていよう。套印とは異る色で二度以上刷った印刷物を云う。薄墨と濃墨との二度刷には使えるが、同じ二度刷でも匡郭のみを整版で刷り、その用紙に木活字で印刷した場合のように、印刷方が異る時は套印とは呼ばない。

套印の始まり

近時北宋代の遺存と思われる「蚕母」図が温州から発見された（文物一九九五年五月号）が、現存する年紀の明らかな最古の套印本は台湾の国立中央図書館に蔵する元至正六（一三四六）年湖北中興路資福寺刊「金剛般若波羅蜜経〈注〉」で、朱の経文に小字双行の墨注を挟み、扉絵も簡単な朱墨の二色刷が為されている。刷印面から見るに、本書は一版に彫られた版木の匡郭・経文と図の下部に当る部分を朱で刷印し、そのあとで注と扉絵上部の松の部分を墨で刷印するという二度刷の方を用いた如くである（昌彼得氏は墨朱の順とす。また李致忠氏は次に述べる一套であろうと云う）。

唐山では古来経注を朱墨で書分けた写本が存する。現存するものでは敦煌本の老子義疏などが古い例であろうか。これは或いはチベット経が経律に当るカンギュルを朱で、論疏に当るテンギュルを墨で刷印する技法があるのなどとも関係があるかも知れない。

宋代刊本の時代、始め経文と注文とはそれぞれ単行されたが、次第に利便のため合刻されるようになる。すると自ずと一見して経注の別が分るように、注文を一格下げたり小字双行に刻したりする工夫が為された。後に述べる明代の評注本などで評注が色分けされているのは、云ってみれば本に戻った形なのだ。

双印本・一套・朱墨本

一の版木によるこうした色を使い分けての刷印は双印と呼ばれている。また一版中の離れた箇所に異る色をおいて一度に刷る場合を一套と云う。この方法で刷られたものとしては安徽新安に於て刊行された万暦の「程氏墨苑」がよく知られている。日本ではこうした刷り方を「摺抜き」と称し、両者一寸五分以上離れていないと難しいとされる（樋口二葉「浮世絵と版画の研究」）。朱墨本というのも多くそうした方で刷られた書に対しての謂である。

餖板・拱花

錦絵版画のように多数の色板を用いて印刷するのは明後期万暦から崇禎にかけての「十竹斎画譜」「同箋譜」「羅軒変古箋譜」まで待たねばならぬ。これらは色毎に色板を異にし、同色の場合も軽重（濃淡）深浅（明暗・ぼかし）等に応じて別の色板を作った。こうした色板は数十にも及び並べた所は丁度色のついた供物のようであった。そこで、これをその供え物を云う餖飣に因んで餖板と称する。日本の色板は、一枚刷や錦絵版画用に工夫されたので、出来上り寸法も決まっており、各色に一版ずつをあて同じ大きさの版木に鍵（⌐）や引付け（—　—）と云われる見当を刻み、それを目安に料紙を置いて刷出したが、唐山では必ずしもそうではなかったらしい。餖飣の語は細々と沢山並べた小さな供物・供果を云う語で、小さな札の如き部分版木であったようだ。それでは版木に見当はつけにくい。

拱花とは錦絵版画で云う空摺りで、花紋や葉脈、流れる水や空行く雲、鳥虫の羽等の文様に凹凸をつけ、浮出させる効果をあげている。餖板と拱花とは清の康熙の「芥子園画伝」に襲用され唐山色刷本の二大名物となっている。

唐山の色刷方

小野忠重氏によれば、唐山の彩色刷は日本の版木に刻する見当を用いず、版面外の見当で、丁度油印（謄写版印刷）を逆転した刷り方のようである（「浮世絵」「現代版画の技法」に写真あり）。少し間をおいて並べられた二台の机の一台にバインダー・蝶番状のものに挟んだ料紙の束を、また一方の机に版木をおき、その上に隣りの束から料紙を一枚ずつ拉し来って刷り、終れば二机の谷間へ引下す。これをくり返す訳である。その間紙束の厚みが変わるので刷位置の微調整を行う。謄写版印刷の場合ほぼ九〇度にはね上る上段に原紙（原版）があり、刷印すべき料紙が下部に置かれる。それを料紙と版の位置を変え一八〇度展開し器機を二に別けた形となる。謄写版印刷の場合版木に相当する原紙は上部に固定され、下段に料紙を置く位置を定める見当があるが、逆に料紙が固定されているので、版木の位置を決める墨点などの見当があるのだろう。見当のつけ方は日本が版木中心で、唐山は料紙中心と云えるかも知れない。中国伝統工藝全集、張秉陀等「造紙与印刷」によれば、まず料紙を固定し、次で版木を松脂や蜜臘或いは釘などを以て固定するらしい。

唐山の見当

画譜のような細かな色使いが要らない地図や評点本等には、また一種の見当を使っていたのではないかと思われる節がある。本展観にもそうしたものの幾つかを出陳しているので御覧頂きたい。凌蒙初版「荘子（南華経）」や朱墨套印地図を載せる清同治十一（一八七二）年序の「歴代地理沿革図」は、恐らく匡郭線を重ねることによって見当をつけている。「荘子」では各丁の基本である墨刷の匡郭線に、表丁右辺下部と裏丁左辺下部に、日本で云う鍵や引付け同様の標識を朱藍等で重ね、その色板の見当としている。「沿革図」は図の全てに墨と朱の匡郭線が重なり、その微妙なズレが面白い。概して一致するのは少く、ズレている方が多い。印刷する日の湿度等の気象条件や、版木の伸縮、料紙ののびちぢみ等諸々の事情を勘案せねばならず、摺刷は仲々に難しい。

版画の場合この微妙なズレが却って面白味を出すこともあって、定式通りに行かぬことが多い。

套印本のバックグラウンド

唐山で套印本が生まれるその背後には卓越した出版文化の隆盛があった。出版は恐らく隋代には始まっており、唐代にはかなり発達していたと見てよいであろう。現存最古の年紀を持つ大英図書館蔵咸通九（八六八）年の「金剛般若波羅蜜経」にも精巧な扉絵が刻されている。宋代には各地で出版がおこり、南宋には官刻・私刻・坊刻とりまぜ四部にわたるあらゆる分野の書物が刊行された。出版の盛んな幾つかの地域が生まれ、その地域に産する板木や料紙や典拠とした字体などの相違からその地独特の様式・版式を持った書物が作られるようになる。また従事するその地の刻工の手によって、地域としての版式が維持継承され発展する。こうした特徴は例えば「中国版刻図録」が刻地別（年代別併用）の編修となっているので御覧頂きたい。版画も附載されている。

営利書肆の出来

南宋には中央や地方の官衙・寺院・篤志家・有力者の私刻本・蔵板本の他に営利書肆による出版が現われてくる。

始め科挙の挙生用の受験参考書刊行に発したこれら営利書肆は、云ってみれば売れる本に群がることになる。集部の詩文集等から、建安に多い上図下文式の絵入啓蒙書の出版が続いたが、明代後期万暦頃には戯曲や俗小説の絵入本が流行する。これらは見開きや片面の大図となり絵図の比重が増す。この形式は日本の近世小説も同様で仮名草子以来挿絵入が通則であり、現在の新聞小説・週刊誌小説にまで続いている。挿絵は一種時の風俗を描くことが共通する。近世を描く所謂る浮世絵である。唐山ではこうした中に簡単ではあるが、安徽の新安と江蘇の呉興とで彩色刷を用いるものが現われてくる。

閔斉伋・淩蒙初

受験参考書から発した啓蒙書では各人の注釈や評を色を違えて刷出すことが行われた。丁度現今のカラー版の辞書や百科事典・参考書の如く、それらは一見して分りやすく使いやすいものとなる。各人の評釈を蒐輯し、それを色分けして刻した。これら評点本・評注本の出版で名高いのが呉興の閔斉伋と淩蒙初とである。二家は姻戚関係にあり、師弟或いはライバルとして競いあった。こうした刻板の発達の中で生まれたのが餖板・拱花の方なのである。十竹斎の胡氏は新安の生れで金陵（南京）に住った。

唐山の刻工

刻工名の記された唐本の調査から知られる刻工の生態は、大旨以下の如きものであろう。普段は特定の地域に刻工として為事をしており、大蔵経や十三経注疏・廿四史と云った大部の出版が行われるのを耳にするや、その地域に赴いてその地の刻工と共に為事をする。また名工の誉高い人は呼ばれて彫板を行うこともある。云わば原則として、土地と結びつき安住している農民とは違い、基本的には渡り職人なのである。異民族の支配となる元から明への変り目に、日本にやって来た愈良甫や陳孟栄等の刻工が知られている。仏徒は一の宗派として文化圏を作っており、仏人を支える多くの職能集団を伴って行動する。移動の折にはそれら一群の動きとして捉えねばならぬことは勿論だが、刻工は渡り職人ゆえ、為事さえあれば見知らぬ地へも来やすかったであろう。郷貫の地縁と族譜とを芯とした華僑の暮らしが思いうかぶ。

私刻と坊刻

餖板や拱花の彩色刷で名高い十竹斎や芥子園、五色套印本等評点・評注本で著名な閔・凌二氏（家）には共通点がある。所謂る坊刻つまり民間の営利出版業者ではないが、豊富な資金と篤志とを持ち、多くの出版を為した家塾或いは書斎又は工房であることだ。営利業者は売れると分かれば跳びつくが、未だ試行錯誤の段階では多大の資金を要する套印にはすぐには食指を動かさない。世の動向・動きを見極め採算が合うとなれば一挙に殺到する。錦絵版画以前の日本でも寛永の「塵劫記」や「合運図」は作者の吉田光由が角倉素庵の縁戚に当るので、嵯峨本の関係者が恐らくは関わっているであろう。明和前の錦絵版画創立を醸成してゆく江戸の大小暦の一枚刷や狂歌・俳諧の摺物・出版物等の彩色刷は、全て大名や有力武士・富裕層の所謂る好事家・篤志家の連中・連衆によって為されている。狂歌俳諧の絵入本・絵入の刷物は唐山の「八種画譜」等に収められた詩画譜と併行するものと見ることもできよう。出版技術が向上し町版が隆昌となっても色板の作成にはなお一の障害があった。これは恐らくそれらを受容購買する市民層の成立成長と、それを背景とした経済的な採算性で、営利業者の躊躇していたものを、こうした篤志家の資金力と篤志とが打破ったのであろう。美麗な東錦絵の版画は爆発的な人気を博し、採算ベースに合うものとなってゆく。

一座の製作

東錦絵の製作は画家・彫師・摺師の協同作業による力技である。この三者が力を合わせ、プラスアルファがつくと成功作となる。これを背後で差配するのが版元で、云わばコンダクター、或いはマネージャーの役所であろう。こうした協同作業は実は江戸時代文化のお家藝なのだ。連歌や俳諧は本来一座の付合による面白さをねらったもので、決して個人技ではない（絵画の取合せも付合に似た効果がある）。鑑賞するのもまた主に一座の連中である。物語や話も寄席の落語のように足したり引いたりした色々な話があっていい。西鶴の一代男のみが真作であるというのも、実は近代小説とは違ったこの時代の小説観・小説作法に根差している。一種の工房製作なのだ。まして西鶴は俳諧師である。団水や西鷺やそうした助作者を擁する西鶴工房の統率者としての西鶴の作ということになろう（今でも長谷川町子作のサザエさんの新作が放映されている）。浄瑠璃や歌舞伎も段によって作者の異るのは普通で、春水の人情本も為永連の共同製作に近い。こうした一座或いは一連の人々の作り出した作品が江戸期作物の大部分を占めるのではないか。江戸期は各界共にこうした云わば藝能的な要素が強いのである。絵画に於てもそれは恐らく同じであろう。固有名詞がついても必ずしも近代の個と同じとは考えぬ方がよい。個性はむしろ悪であった時代である。逆にこうして画家・彫師・摺師の力が合わさり、版元の差配によって、思いも掛けなかった力が滲み出、生み出されたものが東錦絵の版画ではないか。

藝能としての東錦絵

江戸時代はこうして近代の個性を云う時代と異り、むしろ型・伝統に基づく藝能的な世界であった。役者だけでは成立たぬ歌舞音曲と同じである。それだけに楽屋落や際物の多いこと、戯作文学と相等しい。現在浮世絵が読めなくなっているのはまさにこうした所に縁因があろう。一座の人々が当然心得ているべき約束や作法を今の我々は知らないのである。

地下出版・春画

彩色刷を発達させる一方の引金になったものに春画がある。唐山でも万暦の黄一明刻、新安で刊行された「風流絶暢図」始め、明末には多くの出版が為されたようである。これらは殆どが地下出版で、それだけ逆に高額の資金を投入できたのであろう。日本でも同じことで名家名人による極めて質の高い印刷が為されたが、いかんせんアングラ出版である。人間の通性としてよいことよりも悪いことに、表向きよりも裏向きに力は使われ勝ちのようだ。

浮世絵・都市の生活

明和の鈴木春信の原画による以後の作品が東錦絵と呼ばれている。これに対し京絵・上方絵の名称もあり、京・大坂でも浮世絵は行われていた。浮世とは寛文五（一六六五）年頃刊行の仮名草子、名称もそのままの「浮世物語」（小学館「日本古典文学全集」収）によれば、

世に住めば、なにはにつけて善し悪しを見聞く事、みな面白く、一寸さきは闇なり、なんの糸瓜の皮、思い置きは腹の病、当座当座にやらして、月・雪・花・紅葉にうちむかひ、歌をうたひ酒のみ、浮きに浮いてなぐさみ、手前のすり切りも苦にならず、沈みいらぬこころだての、水に流るる瓢箪のごとくなる、これを浮世と名づくるなり

の意である。まさに近世の都市、市民を背景にした産物であることが分る。浮世絵とはその絵、すなわち都市とそこに棲む人・その生活・感性・時様の風俗・その世界を描くのが基本である。その各種ヴァリエーションだと思えばよ

い。浮世絵はまた大和絵の俳諧化されたものと云えよう。

唐山は宋代から近世と見てよいが、明後期万暦頃はその都市と市民としての体制の最も充実し熾んな（或いは既に熟して崩れかけたと云ってよいかも知れない）時期であった。年画等の都市民としての生活・感性と結びついた彩色刷の大量に出版される時季とも重なる。一方に戯曲・俗小説の挿絵、一方に明代後期には行われていた幾つかの地域を中心とする年画製作（蘇州版画・桃花塢と河北楊柳青とが二大産地として特に著名である）の画題を見ても、日本の浮世絵とほぼ共通する。これら年画には合羽刷（かっぱずり）による彩色や筆彩の施されたものも多い。日本に多く齎され影響を与えたのは長崎貿易と関係の深い蘇州のものであった。画題といい形といい、日本の錦絵版画に最も直接的な影響を与えたのは恐らくこうした一枚刷であろう。

錦絵版画前史

日本にも唐山同様長い版本の歴史があり、同様にまた長い版画の歴史がある。ここにはそうした中から従来餘り触れられずにきた套印本につながりそうな幾つかの例を挙げる。江戸初期には嵯峨本の雲母引き色変り料紙に刷られた多くの作物や、同様に具引き色変り料紙の慶長版「二十四孝」や、江戸版絵入狂歌本三世団十郎追善集「八日目の花」があり、濃淡墨紅草藍で交互に刷られた寛文七（一六六七）年の「新撰御ひいなかた」のような例もある（何れも木村捨三「絵入本一夕話」木村仙秀集五所収）。これらは殆ど彩色刷と変らぬ効果を持つ。唐山の詩箋・画箋も当然影響を与えていよう。逆に墨刷の版本に筆彩を施した丹緑本（たんろく）があり、筆彩の版画や地図は日本の明和以前のもののみならず、蘇州版画にもよく見られる。現在の塗り絵と同じことである。さらに浮世絵では手彩色の丹絵・紅絵・漆絵、色刷で刷出した紅摺絵までできている。こうしたものは版図が拡がり採算がとれれば全て大量生産方式で行うに越したことはないであろう。見当による色板彩色刷の一歩手前まで確実に進んできている。

近世の出版界

近世の出版はそれ以前の寺院出版をうけ、始め京都がリードする。天和から元禄頃には大坂の蔵屋敷等の商工業者を背景とした富裕層に支えられ、西鶴の浮世草子等を出版した大坂が盛え、延享・宝暦頃から出版の主体は東遷して江戸中心となる。東錦絵の創始されたという明和は宝暦に続く時代である。後期寛政頃には御三家の一人尾張家の介入により名古屋も加わり、四都による出版流通体制がとられてゆく。書籍や版画にも唐山同様こうした地域性、地域出版の特徴がみられる。

覆刻

覆刻とはかぶせ彫りのこと、俗に「おっかぶせ」とも云う。版本は版下書きを版木に貼り、それをもとに彫上げるので、云ってみれば全てが元のものの覆刻なのである。一旦刊行されればその版木で刷れるうちはそれを使い、磨滅すれば元の本やその敷写しから再版する。原則として全て覆刻するので、これは決して剽窃や模倣ではなく、最も簡便な本作りの方法だった。現在でも前例やマニュアルがどれほど幅を効かせているか。これは絵も同じである。現今の如く個性や著作権等尊重されない時代のこと、江戸中期本屋や絵草子屋の仲間（組合）ができ板株（板権）が保証されるまで、売れる本にはそれに群がり利を得ようとする覆刻本がまことに多かった（上方では絵草子屋の仲間は結成されるに至らなかった）。版画の場合も一枚刷なので覆刻されやすい。好評を博したものには所謂る偽板も出やすくなる。浮世絵界では、現存するこれらの版画の実物を比較対査し、刊・印・修の実態を見てゆこうとする態度がこれまで比較的希薄であったのではないか。

刊・印・修

版画の場合色板までも含めて全ての版木ができ、刷出されるのを刊と云う。一杯二〇〇枚ほどがほぼ同時期に刷出されると云われている。時期をあけて次ぎに刷られるのが後印で、同じ色板を使ってもやや色の異る場合が多い。また数の多い色板の中には細かな所で省かれたり、色差しが少なくなることもある。雀のいない樹木や影のない人物、髷や顔がすげ変ったり色の減った着物があったりする。これを修と云う。

同版色変り

色差しが不充分であったり効果がなかった場合、或いは目先を変えるべく、同じ色板を使いながら違った色で刷出すことがある。これらは同板ではあるが、色が違えば絵としては全く別の効果を持つ。すなわち全く別の絵になってしまう。これを浮世絵界では多く別版と称しているようだが、この称は板が別の場合に使うべきで、むしろ同版色変りとして区別すべきであろう。ただ同色でも幕末や明治になると化学染料による色料となり、同じ藍でも紅でも色調は以前のものとは大いに異る。しかしそれまでも色変りと云う必要はないであろう。幕末や明治の後印とあれば大方色の豫想はつくからである。

複製性

大量生産の刊本や版画は始めから複製性を前提にしている。ことばを変えて云えば偽物性と云ってもよい。それだけに今述べた刊・印・修を押さえておくことは、それを資料として使う場合の座標上の位置を決めることになる。どの偽物なのかをしっかりと捉えておかねばならない。我々の戸籍に譬えれば、刊は生年月日、印とは小学校入学時や卒業時等その時々の（刷）時点であり、修とは入歯や眼鏡をかけた又それぞれの繕い時点である。これは版画のみでなく画譜や絵手本等特に好評を博したものほど流動の諸相多いので注意を要する。十竹斎や芥子園のものも覆刻や後印が多く複雑で、絵手本として使ったにしても、そのどの版またどの刷を使ったかで全く別種の趣を呈することがある。また絵は藝能或いは能藝であり、型としての前者をもととするのがむしろ原則であることを述べた。近世の画人は名人・上手であって決して現今の藝術家・美術家と同じではない。このことば本来の意味たる術者であったのだ。前者の轍をどう料理するかにむしろ腐心した筈である。典拠は我々が見つけ得ないだけで、必ずや何処かにあるに違いない。

生態系としての絵画

同笵鏡の踏返しも覆刻と同じことである。原初以来我々の物作りは全て前にならい型通りに進んできた。我々が生まれ、死に、次の世代が生まれるのと同じである。生まれ出ずるものはその間幾許かの変異工夫はあろうが、先は大同小異である。それが物作りの生態系なのだ。ＤＮＡ遺伝子による複製も、実はこのプラスとマイナスの、云わば父型と母型、凸版と凹版の型による刷込みと同様のものらしい。

見当の発生

種々の色刷りが行われる中で複雑な東錦絵が成立してゆくのは、主として版木に見当を刻して摺刷する技術が確立したからだとされている。ただこの発生時期や誰の発明であったかは諸説あって一定しない。物が発明される時は、必ず世にそうした空気が醸成されており、それらが複雑にからみ合いながら独りの天才や名人の工夫によって陽の目を見、一の型として定着する。見当のつけ方にも種々のものがあり、それらは例えば小野忠重氏の「現代版画の技法」等に触れられている。唐山と日本とを比べ一云えるのは、職人の作業位置の違いである。これは民俗としての姿勢に関わる問題だが、概して日本人の為事は座位、唐山ではこれを立位で行う。日本の職人が畳に坐って行う彫りや摺りの為事を唐山では机に向い椅子に坐って、或いは立って行う。この為事位置の違いは大きいので、見当のつけ方もそれに応じて変ってくるのではないか。唐山では眠る時でさえもベッドである。

また、日本の場合は色刷の基本となる輪郭線図を墨刷の板で作るのが普通だが、唐山では輪郭線のない没骨の彩色刷が多く、こうしたことも見当のつけ方に影響しているであろう。

見当の周辺

我々の廻りを見ても、ペンキを塗ったり看板を描いたりする前に薄く線を引いて一種の見当としている。大工の墨縄を始め職人に見当はつきものである。絵を描く場合にもそれはデッサンであったり方眼であったりしようが、そうした見当をつけることが多い。歌川派特に亀戸派では人物を描く時方眼を用いて顔と体の対比を出したり、着衣の人物を描く場合も裸体から描き始め着物を着せて行ったと云う（樋口氏前掲書）。現代の書物の版面を決める所謂るトンボや、写真機でファインダーを覗くと撮影範囲を示す鍵枠が見えるが、全て見当の同類であろう。裁縫のしつけ糸やマチ針、チャコ・ヘラによる標も一種の見当であろう。針で穴をあける奈良絵本の針見当についても報告が為されている。

西陣の紋紙

西陣織の紋を織出すには、原図をその四倍の方眼紙上に展開してゆく。これが紋図で、次にこれをもとにした紋紙を作る。紋紙は一色につき一枚ずつで、云ってみれば版画の色板に相当する。赤なら、赤糸で織出す所に穴をあけそのパターンを示す。こうして各色それぞれの紋紙を作り、そのパターンに従って織出してゆく。紋紙は織のパターンを記録したものと云えるから、出来上った織物を見て、そこから逆に復元作成することもできる。この紋紙さえあれば、いつでも同じ織物を織出す（追加織・増刷にあたる）ことができる。他の織屋が売行のよい織物を買込み、織のパターンである紋紙を復元し、同じ織物を織出すことも可能なのである。紋紙は云ってみれば版本や版画の版木に相等しい。増刷もできるし、覆刻、偽版も可能なのである。西陣では江戸期以前から高機組が組織され、紋織が可能であったと見られる（古島敏雄「残るものと亡びゆくものと」に西陣訪問記あり）。友禅等の型染が京都を中心とする上方の合羽刷に影響を与えたであろうとは以前から指摘されているが、西陣のこうした織のパターンとその記録化は何時から始まったものであろうか。寛文の「新選御ひいなかた」等とも結びつき極めて興味深い。因みに蘇州版画で名高い彼地も江南絹織物の一大産地であった。

Column　＊合羽刷＊

合羽刷とは友禅などの捺染の技法が刷印に採入れられたもので、彩色する図形なりに桐油紙の型紙を切抜き、その上から刷毛をはいて色差しをし、型抜きした図形を彩色するもの。単簡な多色刷に用いられた。これは丁度、古活字、木活字がいわば写本と刊本との中間形態であるのと同様、手彩色と色刷との中間形態と云ってよい。

整版から近代活字へ

明治二十年代半から三十年代半の日清・日露の戦役時が、文化の上では近世から近代へ、江戸から明治への展開点であった。明治三十四年には、東京に跣足禁止令が出されている。

明治五年の学制発布により近代理科学を中心とした啓蒙書、教科書類の小冊子が大量に出版される。書物の内容はここでかなり変ったが、古典の類いは未だ前代の版木が残っており、殆どが和紙に後刷された。

しかし明治二、三十年代半で前述した如く、和紙と洋紙との使用量も逆転し、紙型法の確立（経済制）と共に近代の活版印刷全盛の時代となる。これには本木昌造等幕末の技術家たちの力が大きかった。近代活字とその発展については専著も多くあることからここではふれない。

ただ近代活字が定着するに当って、最も大切なことはその増刷システムを為す紙型法の確立である。この紙型については、森鷗外の「灰燼」（「三田文学」明治四十四年十月―大正元年十一月）に、当時の読書界を含めまことに巧に説明した用例があるので引用する。

> 新聞国でない国にも新聞はあるが、どの国の新聞にも講談はない。講談に似たものもない。あれは新聞国にまだ新聞がなかつた昔、貸本屋と云ふものが浅葱の風炉敷に包んで背負つて歩いた書き本と云ふものに書いてあつたもので、その書き本はいつか唐かみや屏風の心に貼られたり、渋紙になつたり、葛籠や下女革包の裏になつたりして、痕形もなくなつた。その後活板が出来てから、活板本になつたのが、今でも新聞国の大道店に出てゐる。新聞はその一冊一銭で買はれるお家騒動を少しづつ切つて、半年も続けて出すのである。それが完結になれば、その迹へすぐに同じ物を発端から出しても好い。結末を読む頃には発端は忘れてゐるから差支ない。万一記憶の善い読者があるのを憚るなら、二つ三つのお家騒動を同じ順序に並べて繰り返せば好い。新聞の編輯を鋏と

糊とでするとは、餘所の国の事で、新聞国では少くも講談欄を塡める時、鋏も糊も不用である。紙型にでも取って置けば、紙型の磨滅せぬ限は、手を懐にして ad infinitum に繰り返して同じ物を載せることが出来る。そしてそれが読む人のためには新しい。新しいとはきのふとけふとが違ふことである。

紙型

日本では明治九年十一月十一日発行の読売新聞に始まると云うが、経済的に採算のとれるまでには時間がかかったであろう。当時は未だ人件費が安く、折角大金をはたいて紙型をとっても、売上げが多くなければむしろ損害を受ける。その兼合、判断が難しかったであろう。明治初期の活版本は再版、第三版…とあっても、それが活字の組換えによる本道の再版や第三版なのか、実は紙型による増刷の第二刷、第三刷…であるのか、仲々に難しい。活字を比べ、紙型による増刷の場合には、とめた釘穴の位置などまで見ながら決めてゆかなければならない。江戸期までに成立した国書は「国書総目録」により所在が知れるが、明治以後成立の国書や明治以降に刊行された書物は所在目録さえも存在しない。持っていそうな図書館・文庫の目録を検索し、捜出して比較しなければならぬ。明治の活版本の著録は実はこうした理由で最も難しい。

今日のようにコンピューターの活躍する時代となると、フロッピーを使ってA5判の本も文庫本もできてしまう。こうした時同じ判型なら第二刷だが、文庫本は単純に初版としていいのだろうか。

実はオフセットの場合にも同様のことが云える。原版から新たに起した版は初版なのか、原版は同じなのだから紙型と同様に見て第二刷とすべきか。刊・印・修ということば自体世間では耳慣れないことばなので、こうしたことは殆ど論議されていないように思う。

税制上の問題や商略など出版者側にも様々言分はあろうが、奥付を正しく記載できないようではまことに困ったものである。ここはひとつ奥付を精確に記すことを組合で唱えてはどうか。

六、図書の調べ方

図書を調べるに当っては、先ず図書館で書物を閲覧しなければならない。

閲覧の心得

閲覧まで　まず各種蔵書目録や国書総目録または各図書館のインターネット・サイトの蔵書検索などで、自分の見たい書物が何処に所蔵されているかを調べ、相手方に見せて貰えるか都合をきく。これは電話よりも、手紙やファックス・メールのような文書の形をとるのが望ましい。返信用の切手や封筒を用意するのがよいが、近頃は自館の印刷された用紙で返信する館も多くなった。

大学図書館など相互利用掛を設け、本人でなくそこから問合せる所が多いが、これは掛員が閲覧する訳でなく、又そうした人たちは却って自ら閲覧する経験に乏しいので、機械的官僚的に処理し勝で、避けるべきである。自ら閲覧したい理由を書き相手方に問合せるのがよい。

閲覧日　こうして閲覧すべき日時が決れば、出掛けて行って閲覧する。ただその日が雨天或いは湿度の高い日の場合、特に貴重書などは閲覧を遠慮した方がよい。館によってそうした日には閲覧を停止する旨、前もって断っている所もあるが、公共図書館の多くはそうしたことはない。空調も完備した大きな建物の中では餘り関係ないように見えるが、雨天の日などは服やズボン・靴・持物などぬれていいて湿気を帯びている。また高湿時には手に汗をかきやすい。そうした場合此方から云出さぬと、相手方からは云にくいものである。荒天の時は成可く閲覧は控え、折角の閲覧日ではあるが、他日を期した方がよい。その旨電話で相手方に通知する。尊経閣文庫は書庫が別棟で、今でも短時間の作業には電気をつけず（昔の図書館には漏電や過熱を慮れ電気を引いていない書庫がある）、館員が懐中電灯を持ち倹飩函に入れて書物を出納する。雨の日は傘を差して丁度出前のような恰好で閲覧室のある棟に運んで来る。建替前の岩瀬文庫は乳母車に乗せ別棟の書庫から図書館内の閲覧室まで出納していた。こうした所では荒天の閲覧は避けたい。

遠方から来て折角の閲覧日を雨でつぶすのはもったいないが、急がば廻れ、次の機会を俟つべきである。どうしてもそうなり勝だが、この日までにこの本を見なければという事態は避けたい。本は餘裕を持ってゆっくり見るべきである。又後の愉しみが残っているのだから。

閲覧時　各館それぞれ閲覧時の注意を貼出したり、印刷した用紙を配ったりしている。それに依ればよいのだが、最大公約数とも云可き幾条かを挙げておく。

・閲覧前には手を洗ってよく拭き、乾燥させておく。入室して消毒機のある館や手を洗うよう要請される館もある。手洗いは閲覧室内にあるのは言語道断で、普通水場は書庫や閲覧室とは離れた所に設けられる。都立中央図書館のように特別文庫室から出て廊下を隔てた所に設けられているのなど、配置としては見せる側にも見る側にも最も具合がよい。通常閲覧室と手洗いとは最も離れた両極にあることが多い。手はよごれたり汗をかいたりするので、こまめに洗い、よく拭う。

テレビ番組などで貴重書を手袋をはめ頁を繰っているシーンをよく見るが、私は餘り感心しない。手術用の薄い手袋ならばよいのかも知れないが、却って手の感覚が薄れ、書物を傷つける虞があるのではないか。近頃はプロ野球も革手袋をはめてバットを振るのが常態だが、落合博満選手や大リーグでもモイゼス・アルー選手のように決して手袋をしない人もいる。すべり止めや痺れを防ぐ目的で革手袋を使うのであろうが、むしろ素手で打つことで体の感覚を生かした正確な打ち方ができるようになる。悪い打ち方をすると手が痺れる。

白手袋白マスクでの貴重書閲覧は如何にも図書に対し気を使っているパフォーマンスではあるが、実状は何うであろうか。ただしホコリや防虫剤に対しアレルギーのある人は、マスクをした方がよい。息はしないに越したことはないのだがそうもいかない。わざわざ本に息を吹きかけたりしなければ、普通の閲覧の体制ではマスクや手袋までする必要はないと思う。米澤図書館の注意書には、はっきりと手袋は本を傷める虞があるのでしないようにと記されている。まさに我意を得たりの思いであった。

ただ丁寧に頁をめくることは勿論である。咳の出る人も本は見ない方がよいが、もし見るのであれば、咳やしわぶきのかからぬようにマスクをつける。電車の中などで咳込んだ人が見ていた新聞や本で口を覆っている様をよく目にするが、閲覧している書物には咳のかからないように気をつける。昔或る展覧会場で、狙っても仲々できないのに発作というのは恐ろしいもので、壁に掛っていた軸に見とれていた御老体が咳込み、思わず飛んだ啖が命中したことがある。重文級の書を見ていた人が、突如その書に墨を塗りたくった例もある。ある筈のないことのおきるのが事故である。

現今では冷暖房が完備し、そういうことも少くなったが、昔は寺社などそうした設備の普及していない所も多かった。寒気の餘り熱心に見ていた宋版にはなをたらした人もいるので、そうした折にはマスクは必需品となる。

・**筆記用具**は鉛筆がよい。印記や書入があれば、赤や青の色鉛筆を使いたくなるが、この場合館員に申し出、使ってよいかどうかを問う。鉛筆はすぐ芯が太くなり、その点シャープペンシルが便利だが、芯が折れて書物ののど部にはさまりやすい。また金属やプラスチックは本を傷める可能性が高いので避けるべきであろう。係員が一見して、シャープペンかボールペンか分らない場合もある。その点鉛筆は木製で、万一本を汚しても消去ることができる。色鉛筆はその点ややおとる。ノートをとる時は、消しかすが出るので、成可く消しゴムは使わない方がよい。何れにせよ、書物を閲覧する心得の第一は、本を汚さぬことと、本を傷つけぬこととである。それに充分に気をつけ、丁寧にゆっくりと頁を繰ってゆけばよい。餘り過保護になりすぎてもいけない。自然の状態に近い形で接し、ただ本を慈むのがよい。

本が閲覧に供された状態のままでお返しできれば最もよい。天気の佳いよく乾燥した日に、全丁をゆっくりと丁寧に見てゆくのは、本にとっても風を通すことになり健康的な作業なのである。

鉛筆のみ使用の館では、出納台に鉛筆削機を備えている所が多いので、それを使う。本を閲覧している机で個人持の削器やナイフで鉛筆を削るのは、本をよごしたり傷つけたりする虞があるのでいけない。

老大家が閲覧に来てやおら万年筆を取出し、手帖にメモを記す図はよく見かける。これは外国からの賓客にも例がある。お客様でもあり、若い人などは仲々注意しにくいが、それとなく気づくようにしむけるべきであろう。

また筆函には筆記具の他に、ナイフ、ハサミ、ホッチキス、クリップ、化学糊、接着剤、セロハンテープ、輪ゴムなど様々の文房具が入っている。ナイフやハサミは本を傷つける。これは閲覧する側でなく、主に保存する側の為事となるが、題簽や附箋がとれている場合、こうした化学糊ではなく、生麩糊或いはせめて大和糊（どちらも薄めたもの）で貼った方がよい。また小冊子をホッチキスやクリップでとめるのも、時間が経てば錆びてくるのでひかえた方がよい。ホッチキスどめの小冊子、パンフレット類はむしろ、それを外し、中性紙の袋やバインダーに入れるなど何らかの方策を講じて保存すべきであろう。輪ゴムでとめてある場合も同じである。輪ゴムは時間が経つと溶けてくる。
破損箇所をセロハンテープで補修するのもよくない。時が経つとはがれ、跡が茶色く変色する。補修用のテープはセロハンテープよりはよいけれども、何分開発されてから未だ十分な時が経っていないので、全幅の信頼をおく訳にいかない。保存については保守的であるに越したことはないのである。この身近な筆函にはこうした様々な危険物が入っていることを知っておきたい。

・物尺は竹製のものがよい。ただ巻物などの長尺は巻尺でないと計測できない。巻尺は布製のものがよいが、端に金属がついている場合が多いから注意を要する。プラスチックはそれほど差があるとは思えないが、寒暖による伸縮が竹より大きいようだ。
また金属製のスケールは書物を傷つける率が高い。巻物などは面倒だが、紙の継目までを計って足してゆく方法もある。糸を持ってゆく手もある。ただこれらの道具で紙を切らないように注意する必要がある。

・表紙裏の反古や刷ヤレが逆字で貼られているような時、小さな手鏡で写すと読易い。また紙の繊維や細かなルビ・送仮名などを見るため倍率の異るルーペを持っていると便利なこともある。これらを使う前には係員に許可を求める。

・頁を繰る時は指にツバをつけたり、髪や皮膚の油をつけたりしないように気をつける。有機分や湿気が残ると本にカビや虫がつきやすくなる。本は平らな机や書見台の上に置き、手で持上げたり宙で見たりしない。
これは洋装本と異り、唐本は薄表紙で用紙も竹紙が多く、持上げるとすぐ腰折れ状態になってしまうからである。

和書や朝鮮本は唐本に比べると堅い表紙がついているけれど、やはり柔である。

頁は平らに置いたままで、印面や字面には成可く手が触れないようにし、丁寧に一枚ずつめくる。栞は洋紙でなく和紙をさいたものを使う。洋紙は強く、指に当ると切れてしまうことさえある。同様にして料紙を切ってしまう。

写真や複写を撮る時、裏うつりがしないように、袋の中に紙を入れる場合があるが、そうした時も、本紙よりやや小振りの柔い和紙を使うべきである。洋紙や藁半紙だと出し入れの際袋の部分が切れてしまうことがある。竹紙の唐本は殊にそうなりやすい。

・休憩や食事で席を離れる時は、書物は閉じて元の状態に戻すこと。私の見た悪い例では、店屋物の食事が届き、二階の閲覧室から下に呼ばれた人が、やおら自分の見ていた箇所を開いたまま逆に伏せ、厚冊の文書が山形に置かれていた。見兼て注意したけれども、そこまではしなくとも中食時本を開いたままで出てゆく人は多い。和紙の栞を挟み、きちんと閉じて退出すべきである。貴重書など係員に一端返した方がよい場合もある。和紙の栞以外の、物尺、スケール、鉛筆など異物を挟むのは論外である。異った紙が挟ったままだと酸化力の違いから、その紙の跡がつくことがある。現代の洋装本に挿入された出版社への葉書や広告を挟んだままにしておくと、その洋紙なりの跡がつくという経験はどなたもお持ちかと思う。

・閲覧時には筆記用具のみを残し、他の不必要なものは机上に置かない。近頃は鞄や袋物は閲覧室に持込めない所が多くなった。試験も机の上にペットボトルを置いて受ける御時世だが、そうしたことは厳禁である。館側が出すお茶は有難いものだが、本とは別の机に出すべきで、弁当やお八つなども同じい。かつて弁当を使いながら貴重書を見ていた猛者がいたそうだが、折角のお茶は見る側も見せる側も注意しないといけない。ターゲット（書物の写真を撮る前に挿入する書誌事項を略記した用紙）などでマジックインキや万年筆を使う時は、本とは別の机で書く。煙草を喫うのも同様である。別室がよい。

・鞄や他の本を当てにして本を置いたり、現代風にイヤホンで音楽を聴きながら閲覧するのもよくない。此頃、ながら族でないと為事のできない人がいるけれども、集中力を欠き、係員の注意など聞えない場合もある。緊急の事態に対応しにくいのだ。

・複写は、必ず自分で原本を閲覧してから依頼する。これは原本を見ることによって書物の状態、書入の有無、墨色などが分るからで、そうしておくと紙焼写真を有効に読めるようになる。また書物の状態によって写真撮影に耐えるかどうかの判断も可能となる。遠隔地に居住している人にとっては仲々難しいことだが、原本を見ずに、殊に相互利用掛を通しての複写注文は避けるべきである。

なお自己撮影をする場合、書物を直に床に置かないように気をつける。

閲覧後　閲覧後は礼状を認める。公共図書館の日常行務の場合そうまでしなくてよかろうが、私的或いはそれに近い場合、人と人との附合として自然なことであろう。

書物は臨床の場、一つの答しかない訳でなく、その場その場の臨機応変の対応が求められる。ただ対するに基本、骨格、最大公約数というものはある。それさえ守って見ていればよいので、成可くそうした骸骨だけを記したつもりである。

閲覧の心得については、管理者側の心得も含め、静嘉堂文庫司書増田はるみ氏の「図書館の出納机より」が「汲古」第八号に掲載されており、ぜひご参看頂きたい。また宮内庁書陵部修補官吉野敏武氏による「貴重史料の閲覧及びオープンスペースでの展示史料の見方と注意点」が「和紙文化研究」第八号に収められている。

図書各部の名称

図書にはその部分部分に特称がつけられている。日本と唐山とで、すなわち和本と唐本とでややその術語を異にする場合もあり、広狭二義を有するものも多い。また現時の術語の使われ方を見ると各人各様で必ずしも同一の理解のもとに使われているとは到底思えないものもある。

ここでは和漢にわたって使われる最も標準的な用語を私の理解の下に記しておく。書物を人体や他の動物のそれに倣って名称をつけている様子が窺われるかと思う。

こうした図書についての術語は長澤規矩也氏「図書学辞典」、川瀬一馬氏「書誌学用語辞典」、岩波書店刊「日本古典籍書誌学辞典」等を参照して頂きたい。

また現在品切のものを含むが、長澤規矩也氏や川瀬一馬氏の書誌学関係の書物が最も参照するに足るであろう。

図書の調べ方

図書を調べるに当っては、その目的や関心の在り方から様々な方法があるであろう。ここでは最も基本となると思われる方法を具体的に述べることとする。

ノートをとる

書物のデータをノートに翻記する場合、行草連綿体の漢字や仮名は正楷体に直して記載する。漢字の新旧別体（略体・俗体・異体など）は成可く原本通りに書移すのがよい。篆隷体はその旨記して正楷体で翻記する。篆体や草体で書かれており、その場で読取れないものはのみをその通りに移しておく。

ノートは次の一から八乃至九の各項目にわたって記載するのが至便である。

一、表紙　まず図書の顔である表紙がどうなっているかを調べる。その際最も大切なことは、表紙が元のままか後補のものかということである。表紙の色や文様等についても記載する。古い色名は現在の色名・色感と異なるものがあるので注意を要する。また現在は色名が細分化され、一対一対応の場合が多いが、古くは一つの基本的な色名がかなり広範囲な色相を帯び、広く使われていることに注意しなければならない。表紙の色は特に大冊の第一冊目など、日に焼けて退色していることがあるから、元の色を保っている冊の表紙を選び、或いは表紙裏の見返部分に折返してある箇所から元の色を判断しなければならぬ場合もある。

見返は四周を全て貼附すると、綴じられていない右側の上下がつれて表紙がめくれあがる。それを防ぐため上下の角（かど）二个所は糊附けされていないので、そこを見ると表紙の元の色が分るのだ。題簽も同様に全面的にべったりと貼られてはいない。しかしそれだけ逆に剥がれやすい。

書物好きの持っていた蔵書には、綴代の脇に差しを宛て、ヘラなどで折目を入れ、書物を開きやすく工夫しているものが多い。

色名をみる場合の参考書には、甲鳥書林から出ている上村六郎・山崎勝弘共編の「日本色名大鑑」が便利である。

本書の初版は色見本に実際の染色によるものが附されているが、戦後の再版本は書型も異り色見本は印刷に変った。「日本色名総鑑」等和田三造氏編述のものもあるが、両書とも現在では手に入りにくいので、小学館から出ている「色の手帖」等で代用するのがよい。古名に迷う時は却って現代の該当する色で示した方がよい場合もある。

表紙の文様についても古来特定の名称があるが、図書の表紙に使われるものはほぼ決まっており、各種の文様辞典や、国文学研究資料館の調査研究報告に、各解題から集成された文様集が連載されているのが参考となる。

本邦現存の未刊稿本類には本文共紙の仮綴本も多く、近世の写本類には渋引の刷毛目表紙が多い。図書の形態と機能にも触れたが、我国の刊本では丹表紙・栗皮表紙・柴色表紙・香色表紙・黄表紙、縹色表紙（紺色表紙を含む）、黒表紙等が代表的な色で、文様では空押にした卍つなぎ（紗綾型表紙）や唐草、宝尽し、網目、布目等が代表的なものである。空押文様のあるものを総称して**行成表紙**と云う。

表紙の色と文様とを調べたあとで縦横の寸法を測る。しかしこれとてどの場所の縦と横とを計るか、各人一様でないのがその実態ではないかと思う。綴じ目の書背の部分は**包角**（角裂）があったり、綴じのためにやや圧縮されており、**小口**（切口を云う語で、粘葉や綴葉、洋装本では上下左辺。ただし袋綴では上下と右辺の書背となる）や袋綴の場合の折山部分と少しく異ることがある。此処もめくれていたり破損したりして原型を留めぬこともあるが、原則としては書物の左辺の縦と上小口の横とを計ることに決めておいた方がよい。夫々が各々の書の違う部分を任意に計測していたのでは基準としての計測の意味がない。

次には表紙に書かれている題名等を調べる。題名は直接表紙に書かれているかそれとも**題簽**に書かれているか、刊本であれば印刷されているのか、墨書なのか。表紙に直接書かれている場合は打付書という。ただし、打付書とはもと手紙で拝啓・前略・冠省等の前置きの語なく、直ちに内容に入る場合を云う語である。同様に表紙に直接刷られている場合を刷付け外題と云うが、例は少い。草双紙等には表紙に直接彩色の絵を印刷したものがあり、絵表紙と呼ばれる。

題名の書かれる位置も重要である。中央にあるのか、左肩にあるのか。例えば二条家では物語は中央に題名を書き、本文は表丁から始め、和歌は左肩に題名を書き、本文は裏丁から始めるのが流儀であった。版本の場合にもそれを襲ったものがあり、それによって本文の系統が知られる場合もある。枡形本などは構成上、書名が中央にある方が美しく見える。

表紙に書かれた題名を**外題**と云い、これも表紙と同様、元からのものか後から書かれたのかが重要となる。題簽は剥れ易く古い版本には殆ど元題簽は遺っていない。名古屋・真福寺蔵の北宋版「雙金」、我国では天文五（一五三六）年刊「八十一難経」の題簽が最も古い残存例であろうか（長澤規矩也氏、川瀬一馬氏）。静嘉堂文庫にある古活字版の「日本書紀」の題簽は司書の飯田良平氏の手により、覆表紙の上から題簽部分が覗けるように配慮されている。江戸初のものでもそれほどに遺りにくいのである。

書名は現今の洋装本では内題のないものが多く、扉や表紙の題名を著録するのが普通である。現代であれば活版で印刷された表紙がとれるということは殆ど考えられまいが、古書では題簽が剥れやすい。物の本では本文巻頭に正式の題名が記されるのが普通である。しかし国書の特に小説草紙類では物の本と違って内題のないものが多い。草双紙等はむしろ外題を著録した方が詳しい場合が殆どである。しかし草双紙は、所蔵者の意識が玩具消耗品に親いので、扱いが物の本と違い、なかなか外題の完存しているものがないのである。一旦題簽が剥れてしまうと何という書名の本か分らないことが多い。

こうした書物が販売業者の手に入ると、表紙が欠けていては価格も安いので、取りおいた他の表紙をつけて売出したりする。赤本が青本に化けたりということがでてくる。もっともこれは必ずしも、販売業者だけでなく、出版者が求版した時、装いを改め売出そうとして行う場合もある。

そこで近代の活版以前の書物では本文巻頭の**内題**を優先し、次には序目や跋、尾題版心等の残存しやすい箇所のものを次善として書名を著録するのである。

内題以外を書名として採用した場合には、それが何処に記された書名なのかを注記しておくとよい。

題簽の他に、**目録外題**と云って、辞書や類書、大冊の史書等に、その冊に収める目録を刻したものが貼られていることがある。所蔵者が便宜のため、直接記した場合もある。

また蔵書印、蔵書票や所蔵者の墨書、函架符号等を記したものもあるので、図書の伝流上大切な要素であるこれらを記載してゆく。後（裏）表紙についても同じである。

版本の場合、題簽が剥落し、そのあとに所蔵者が題名を記したものがある。これは参考にこそなれ書名としては採用できない。

版本の題簽の文字が磨れている場合、書写されたものか刻されたものか見分にくいことがあるから注意を要する。刻された題名が薄れ、その上を筆でなぞったものなど特に分りにくい。また蛍光灯の下では見分けにくい。

表紙を調べる時、一所に装訂法を見ておくとよい。線装以外の装訂の時は注記する必要がある。

線装は和本唐本とも、四个所に穴をあけて綴じた四針眼訂法が多い。唐本では明朝綴とも云い、四个所の穴は等間隔でなく上下が広く中央が狭く、綴糸は細い二本の素糸で綴じられているものが多い。書脳の部分に上下更に一个所宛穴をあけ、やや装飾的な綴じ方をしているものを康熙綴と云う。和本は四个所等間隔で、唐本よりはやや太い色糸一本で綴じる。

朝鮮本は出版点数が増え、従って残存量も増した十六世紀頃から大型のものが多くなり、針穴も五个所（五針眼訂法）、凧糸のような太い糸で綴じられており、赤い糸を使うこともある。朝鮮綴とも云う。

書型によって綴じ穴の数の異るものがあるが、先の例に準じて幾針眼訂法と呼べばよい。その他唐本は和本に比べ書型がやや縦長である。長澤規矩也氏は清代になると薄表紙になるが、宋代には表紙は厚く書口（小口）を下にして排架されたことを述べておられる。

朝鮮本は厚い丁子染めの香色又は黄色表紙のものが多く、我国の江戸期刊本は形態・版式の上では、むしろ唐本よりも朝鮮本に近い。但し五山版が多く本文のみならず形態の上でも宋元明版を踏襲したように、江戸前期には縦長の形態までをも襲った覆明刊本が屢々見られる。これは承応刊本に最も特徴的である。

個人の漢詩文集等には明治期までこうした形態の書が見られ、**唐本仕立**、清朝仕立等と称する。紙も唐紙に倣った和唐紙刷りのものがある。

辞書等大量な内容を引易さの便宜のため成可く冊数を押えたい時、現今ではインディアンペーパーを使うが、同じように古書では薄様紙に刷ったものがある。これを**薄様刷**と云い、表紙には絹表紙等を用いたものが多い。冊数が少くてすむ一種の特製本である。このように料紙と表紙と綴じ方、装訂とは連動する。唐本が段々と薄表紙になるのも、料紙が南宋建刊本以降、南方産の薄い竹紙（筍や若竹の繊維から作る）を使った書物に変ってきたからであろう。上製本には絹表紙をつける場合もある。

表紙の色や図書の大きさと本文内容との関係は既に触れたので再述しない。ただ単に表紙が存するのでは決してなく、本文内容や本の大きさと全て関係を持っているのだということだけを強調しておきたい。また著編者や出版者、出版地による、時代・版式を含めての流行や好みがあり、この表紙ならこの著者、この出版者、この時期と云った傾向が窺われるものも多い。

装訂については何処までを改装というべきかが問題となる。巻子本を帖装に改めた場合や表紙を補った場合などははっきりしているが、線装本の綴糸が切れ、綴糸のみを改めた時など難しい。しかし糸が新しければ全くの原装とは云えないこともまた事実である。古くに改装されたものは迷うことが多い。

図書を保存する場合、成可く本体には修補の手を加えず原装のままを護るようにすべきことは云うまでもない。保存のための帙や虫損直しのための補修や裏打ちから、糊が乾かず却って虫を呼んでしまった例も多い。糊をなめるのは紙魚やゴキブリだが、紙の繊維を喰って穴をあけるのはデスウォッチビートルズ（死番虫）の幼虫で、書物の虫害はこれが最も大きい。もっとも紙自体も流し漉以降、ネリとして糊料が入っている。図書の保存には細心の注意を払っても払い過ぎるということはない。

江戸の初めには表紙屋のつけた表紙の、左辺に押界のついているものが見られる。これを**押八双**（押発装）と云い、その書物の刊印年をほぼ特定することができる。これも、巻子本の八双（押え竹）の伝統、名残りであろう。

また奈良絵本には絵や文章をかくための見当として針穴をあけたものがあり、こうした穴を針見当と称する。

二、見返　次に表紙の裏側を見る。ここを見返、唐山では**封面**と云う。写本の場合には目録や覚等の書かれていることもあるが、まず餘り問題はない。刊本では刊記の代りに、この場所に出版年や著者名・書名・出版者等の刻されているものがあるので、それらを調査する。また紙は貴重品であり、刷り反古や書き反古を表紙に用いたり表紙の裏貼りとして補強の具に使ったりしていることがあるので注意を要する。江戸初期の刊本には古活字版の零葉や刷り反古が使われていることがあり、これらを調査された渡辺守邦氏の国文学研究資料館紀要掲載の報文等がある。

現今の洋装本のように、見返でなく**扉**、唐山で云う**書扉**にこうした刻記が為されているものもある。清後期から民国にかけての唐本では、この書扉の裏側に我国で云う奥付にあたる記載が為されていることが多い。洋書の所謂るタイトルページに当るもので、現今の洋装本の目録法ではこの書名を著録するようだが、古書では普通見返や扉は著者の手を経ず、出版者が勝手に作るもので、書名著録の第一の拠り所とはしにくい。

見返には本屋の版株が確立するようになると、海賊山賊版を防ぐために「千里必究」や**魁星像**の刻されたり押されたりしているものがあるが、その効き目のほどは知らない。

唐山では明版にこうした魁星像は見られるが、宋元版の表紙や見返の現存するものは少く、その起源は分らない。ただ恐らくは封面自体南宋の営利出版出現以後のものではあろう。先にも述べたが、この見返や奥付は日本では版株が確立した江戸中期以後のもので、江戸初前期刊本に見られるものは殆どが中期以降の後印本と見てよい。

見返や扉を刷った、草双紙等では絵表紙と同じに刷った**書袋**（俗に袋）に包んで販売されたものがあり、この書袋が折込まれ書物の袋綴じの内側に挟込まれていることがある。こうしたものは袋付きと表示しておく。

唐本ではまま封面や書扉を薄様で包んだものが存する。藍刷など色墨で刷ったものに多いように思うが、書肆による刊行時からのものか所蔵者・愛書家の仕業か判然しない。或いは表紙などと共に後人の手になるものであろうか。

三、前付　本文に入る前の序や目録・凡例・口絵・著者の伝記紹介・解題（提要）等を云う。これらを見ればその図書の大凡の内容や著者の人物についてが知られる。そうした箇所をざっと読みながらノートに摘記してゆく。刊記のないものは序や跋文にある年紀が参考となる。大抵は書物が成立し刊行されるに際して序跋ができるからである。ただし本の成立時の序跋で、刊行時のものでない場合もあるから注意を要する。

或る県の図書館の目録カードで宋淳熙序刊本が餘りに多く、出納して貰った所、和刻本の宋の朱熹の序の年紀を採用したものであった。これは極端な例であるが、写本の本奥書か書写奥書か、刊本の原刊記か現刊記か、また成立時を示す年紀か刊行時なのか分りにくいものは多い。書式・版式・用紙・墨色・図書全体の醸し出す気から判断する必要がある。

刊記がなく、序跋から勘案しその出版年を記載する場合には、某年序（跋）刊とする。同様に某年序（跋）写と云うことも云えるが、餘り使われないようである。

内題下に著者の署名のない場合も序跋から知れることがある。

序跋は後印本によっては取捨されたり、綴じの順序が異ったりする。甚だしい場合は後付であったものが前付になり、また逆になることもある。それによって刷次の推測できる場合がある。

刊行後に序が届いて後刷からつけ加えた場合もある。刊年を勘えるに当って最も難しいのは刊記または見返にある年紀と序跋の年記の合わない時であるが、一、二年後の序跋の場合は、大抵は彫りに手間どり刊記として刻された豫定を過ぎて発行された場合が多いようである。こうしたものは、例えば文化三年刊とするより、文化四年序刊とした方が、刊行の実態に近いように思う。ただこうした場合、刊記や奥付のついていない書物と見なされるおそれもあり、それと区別するためには、文化三年刊とし、四年の序があることを注記するのがよいかも知れない。現今の図書出版も大方は出版豫定より遅れるものである。豫算措置によって発行される書物には、その豫算年度上の日付を記すが実際は遅れて発行されるものも多い。逆に売行を示すため架空の増刷の日付を記したものもある。例えば会津八一の「南京新唱」は初版でありながら、第三版の奥付を持つ。これは版元の春陽堂が、当時無名であった著者の始めての歌集の売行きに危虞を持ち、とった行動であった。刊記や奥付とはそうしたものなのである。丁度我々が今日は青い服を着ていたが、次の日は赤い服を着ていたというような、一種の標(しるし)なのだ。しかしその標を持った図書という点で一つの指標になる。

他人の序跋は大方、原稿や校正刷等を見て書かれるが、文中ではっきり今次の書物が出版されたことを述べてあるものはこの限りでない。この場合序文が増修されたという扱いになる。

序はもとその書物の次序・経緯を識し巻末におかれたもの。後代前付となるに及んで、後序の如き屋上屋を架することばが生れた。

四、本文巻頭　次に本文の巻頭がどうなっているかを調べる。普通**内題**という正式の題名があり、その下か次行に著者名のあることが多い。しかしそれはいわば正式な物の本の場合であって、江戸の小説等にはそうしたもののないこともまた多い。

国書では古く巻物であった時の名残りで、序や目録の前に書名があり、本文に接続しているものもあり、こうした場合は序題や目録題は内題に準じるものと見てよい。

唐本では木簡を束ねた簡策の首二簡に**大題**（書名）と**小題**（篇名）とを記し、そのため後の巻子本では首二行を空白とし、古体を存する書では小題が首行の上方に、大題がその下にあると云う。仏教経典や宋刊本の史書等にこうした例は多い。

書名は内題と云えども各巻同じでない。それらをどう扱うかが問題となる。例えば老子は巻上は老子道経、巻下は老子徳経で合せて老子道徳経二巻と著録する。国書でも和漢三才図会は巻一は和漢三才図会抄とある。唐山明末の本末書・類書等各巻書名の異るものは珍しくない。古書の書名は現今の洋装本と違い、序跋・目録・凡例・版心・巻末にある尾題等と内題とは必ずしも一致しないのが普通である。巻一の内題を原則とし他を参勘して、著録者の補助記号である〔　〕をつけるなどし最もよい書名を求めるべきである。内題以外から採用した場合は、その書名の記されている部分を著録者の注記符号である（　）に入れて表示するのがよい。又別書名として注記するのもよい。

こうして各巻の巻頭の記載を調べてゆく。巻数表示も単純にゆかぬことが多い。冊を分っても丁付が通しであったり、内題がない時は不分巻或いは一巻と考え、巻数表示は省く。本文は通し丁で分巻せず、題簽に「上」「下」等とあるものは、上冊・下冊の表示と見、これも二巻とはしない。

上・下の二巻本の場合には、中もある三巻本の欠本かどうか注意を要することもある。巻の幾の上・中・下等更に細分されているものは巻の幾とあるその巻数で留める。

また本文巻頭の巻数と版心の巻数と異り、別丁になっている場合等は、「版心作幾巻」等として注記する必要もある。二十巻を五巻宛四冊に分け、題簽に巻一（一―四）などと刻されている場合、本文を優先する。講義や注釈書に、原典の巻数表記しかなく困る場合がある。これに前述のような題簽がついていれば、四巻と著録してよかろう。図書著録の場は臨床の場なので、杓子定規に対応せず、融通を以て臨機応変にのぞむべきである。

書名は特に唐本の注釈書等の場合、例えば論語を書名とし魏何晏集解として著者事項を立てることもできるが、論語〔集解〕を書名とし、魏何晏として著者を立てる方法もある。注釈の多いこうした古典では、むしろ後者の方が一見して分り易い。また何晏集解と記されていても、経文のみで注釈のないものがあり、こうしたものを単経本と云うが、その本文の系統が分るので、（集解本）或いは（単経集解本）等と注記しておくと便利である。

何れにしてもノートをとる場合、他の著録者の著録したものと比較対照できるような形で記録しておくことが最も肝要な点である。

著者名は唐山人の場合、姓と諱（本名）を採用する。ただし本名は忌み名の通り餘り名告らず、号や字だけしか記載されていないことが多い。その時は辞典等の工具書で調べ、〔 〕で補記し諱をのせる。日本人の場合、儒者など号は音読すればよいが、諱はどう訓むか分らないことが多い。また江戸の作者など本名では誰か分らぬのが普通である。〔 〕で補記しながら号や筆名で著録するのがよいと思う。その上で書物に記載されている名前を（ ）に入れて注記しておく。昔の人は沢山の名前を持ち、成長に従って変えたりもしているので名前一つを確定するのも容易でない。物の本以外の戯作的なものには名告らず、楽屋おち・判じ物の如く、戯名やハンコの印文や序跋中の変名から判じなければならぬことも多い。

名前は本貫（本籍地）、号、姓、名、字の順で記されるのが普通だが、往々にしてその何れかが省略される。

著者事項のうち、注は日本では原の書物の意を柔らげ、解釈し補うものという意識が強い。それに対し唐山では一個の著述として考えられている。そこに論語〔集解〕と云った書き方・著録を可能にする要素が存する。疏とは注の注。

なお以前は著者と目されていたが、その後の研究の進展から実作者でないことがはっきりした場合も、長年の慣習とそのテクストが分明になるという利点とから、その人物を著者名として採用することがある。ただそうした時著者名に**旧題**と冠すことが多い。日本では**伝**と冠せる。これは伝承筆者の場合も同じで、伝某筆或いは伝某写の如くに記す。営利書肆が売らんかなの姿勢で烏有の著者や著名人の名を拉し来ることがあり、そうした場合、**題**某、その著者が著述に関っていないことが明白ならば**偽題**某の如くに著録する。現今の書物の監修者などにもこうした例は見られよう。

また漢籍で、巻頭や巻末に編纂・校定・刊行などに関与した官吏が、その役職と人名とを列記したものがあり、これを**官衙**（かんがん）（列衙）と称する。仏教経典の場合は**訳場列位**と云う。

五、書式・版式　次には本文の書式或いは版式を調べる。款式等とも云う。

写本の場合であれば、半葉の行数とその字数とを調べる。連綿体の和書の平仮名交り文は一定の字数では書かれないので字数を数える必要はない。漢籍の場合には、精写本等行字数の一定した下敷を使って書くので、ほぼ行字数の揃っていることが多い。紙面に枠のない**無辺無界**の場合は、本文第一行の字面の高さを測っておく。この書式（款式）と**字面高さ**とが、影写本か転写本かを調べる際の基礎（資料（データ））となる。

第一行が詞書等で途中で終っている場合は最初の完全なる行の高さを測ればよい。

草稿本や寄合書や粗写本では途中から行字数や高さが変ってくることがあるが、それは写本の常であるので餘り気にしなくてよい。むしろ最初から最後まで一定した丁寧な写本の方が珍しいのである。そうしたものは精写本と云えよう。

折目の部分や綴じ目の**書脳**（俗に云うのど）の部分に丁付等の書かれている場合もあるから注意を要する。

また墨筆で辺欄や界線を引いたものもある。古写経等には金界・銀界、へらで押しただけの押界（白界―白界は胡粉などで罫を引いた場合にも云う）、折界等のものもある。唐本には朱や藍、緑等の色で辺欄を施したものもあり、それぞれ朱（藍・緑）糸欄鈔（抄）本と呼ばれる。ごく普通の墨筆によるものは**烏糸欄**である。

匡郭と**界線**の刻された印刷罫紙を使った場合もあり、これらは次に述べる刊本の版式と同様に処理するのがよい。

唐鈔本で云う紅格鈔本・藍格鈔本等は行格を紅や藍で印刷した罫紙を用いた鈔本である。しかしこれらは印刷罫紙のみでなく筆で引かれた界線の場合にも云うようである。とも角使われている罫紙が刻されたものか書かれたものかが分ればよい。

　刊本の場合、写本の辺欄に当るものを**匡郭**と云う。この囲みのないのが**無辺**、単線で囲まれたものを**単辺**、双線で囲まれたものを**双辺**（丁寧に四周双辺という場合もある）、左右が双線で上下が単線になっているのを**左右双辺**という。これは多くの場合太い線と細い線とが組合わされているので我国では子持枠とも云う。この逆に上下が双線で左右が単辺になっていれば上下双辺であるが、こうした類いは巻子や帖装の仏教経典を除けば殆どない。龍文や竹、巻物等を刻した**飾枠**もある。この匡郭内に界線がなければ**無界**、あれば**有界**で、その行数と字数とを数え、単辺無界一〇行二四字等と表記する。行字詰を**行格**或いは行款という。漢籍等では注が小字双行に刻されていることがあるので、注小字双行等と注記する。殆どが経文の大字と注文の小字の字詰は等しいが、異る時はその字数を記す。この版式の記述は、写本で影写・転写の別を調べる基礎となったのと同様、覆刻か翻刻かを見る時の第一の資料となる。これによって大捉みに同版か別版かの見当がつき、比べるべき資料の存在を浮彫りにする。

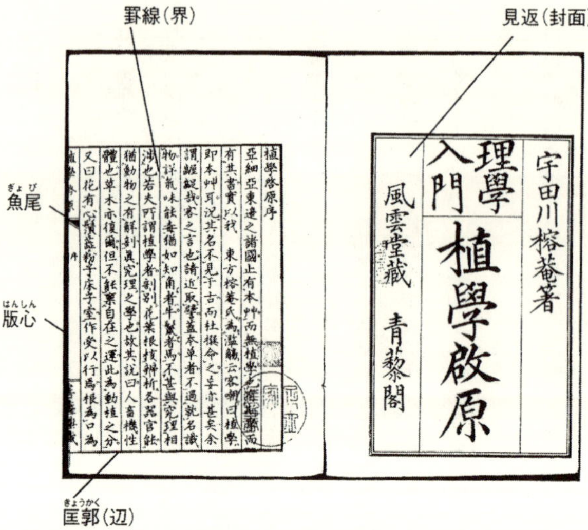

　また儒者の注釈書等で本文から一字下げて解文を記すことがあり、そうした場合には解文低一格等と記す。格とは一字分、一コマのことで、現今印刷所で云う全角、一角アキ等の角は格の宛字である。

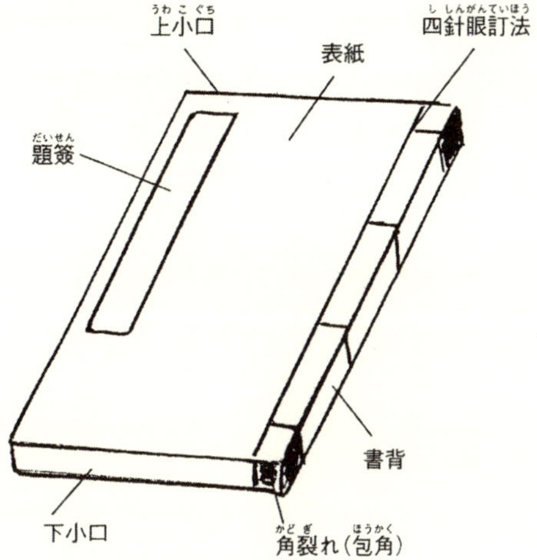

皇朝の上を一字分空けたり、皇朝や敬意を表すべき人名を本文より一字分上げていることもあり、これらを空格、抬頭と云う。文書学では空格を欠字と称するが、これは字が欠け落ちたものと混同する虞があり使わぬ方がよかろう。

序でながら現今の校正刷で、活字のない時に黒い四角が入っており、俗に下駄を履いているというが、古書では**墨格**或いは墨丁と云う。こうした箇所は彫刻段階では字が分らず不明であったものが、後に判明し修刻されることがあるから、そうした箇所が見つかればノートにメモしておくとよい。

巻末に載る広告書目中の墨格も後のものには新刊書名が刻されていることがあり、印刷の先後が知れることが多い。

匡郭の上にもう一段、辺の載っているものがある。俗に棚と云い、上層、上眉等とも云う。標注や首書等が為されており、首書本では場合によって書脳側にまではみ出していることがある。そうした場合には匡郭を計測する時、内題側と上部の内法を計り、上層の高さと内側の匡郭との差（巾）を注記しておけばよい。

極く普通の上層を持つものは本文部に当る下層の縦横を記し、上層高幾と付記すればよい。あくまで本文部が基準となる。ただ標注や便覧の如き付録的なものでなく、上下が同等の意味を持って合刻された明末清初にかけての科挙の受験参考書の類いはこの限りでない。匡郭全体の縦横を測り、うち上段幾等と記載する。こうしたものは俗に二段本三段本という。四段本もある。唐山では**高頭講章本**とも云い、宋末から建安麻沙鎮で盛んであった挙生用の**纂図互**

註本や重言重意本のより崩れた型であろう。纂図互註本とは図を以て分り易く古典の注解を為したもの。重言重意とは同じ意味のことばを他の古典から引いてきたり、同じ用例が他の古典の何処に使われているかを記して参考に便ならしめたもののことである。

匡郭の寸法は本文第一丁の内題側と上部の縦横（内法）を計ればよいのだが、これも匡郭が薄れていたりかけていたりしてなかなか思う場所が計れないことが多い。しかし表紙の計測でも述べたように、一定の場所を計る習慣をつけておかないと比較の対照としては十分なものにならない。なお唐山では外法で計ると云うが、その実態を私は知らない。現今の解題類に依ると内法を記しているように見える。

匡郭を測って数ミリの差があるからと云って、別版であると決めつける訳にはゆかない。版木は生き物であり、いくら乾燥させたとは云っても、木材であるから、冬場と夏場とで伸縮率も異り、まして墨をつけたり乾かしたり、また洗ったりするので初印と後印とで常に一定の大きさである訳ではない。

また用紙自体も湿度により伸び縮みし、刷る前にはきりを吹いたりドーサを引いたりし墨ののりをよくするのでその加減によって伸縮する。紙を漉いた日の天候によっても左右される。また虫喰い、虫損直し、修補裏打などされたものは原形をとどめない場合がある。

こうした個々の條件から同版本でも数ミリの違いは生れてくるのである。匡郭の数ミリの違いよりは刻されている字様の違いそのものを見極めるべきである。

それには前述したように、彫師の癖の現われやすいレンガの四つの点や糸偏の三つの点、刻された字体のツケとトメの特徴等をよく窺うことである。形が違っていても、それは版木の痩せやカケであることもあり注意を要する。我々も毎日同じ服を着、同じ髪型をしている訳ではない。版木とてそれは同じことなのである。

上層の逆に下部に設けられたものは脚欄又は欄脚と云う。下層とはまず云わない。欄上に辺を設けず刻された標注や筆での書き入れは層上・眉上の書き入れであるが、上層と層上、上眉と眉上ではまことに紛らわしい。辺線の有無は匡郭寸法を記す時にはっきりするので、線のある場合もない場合もどちらの語を使っても紛れることはないと思う。むしろ使い分けない方がよい。

匡郭は漢籍と異り、和書の古典にはないものが多い。これは無辺無界で書写されていたもとの写本の形をそのままに襲ったもの。然るに漢籍和刻本が多く刊行されるに及んで、漢籍の版式が人々の目に触れ、認識され、和書にも取入れられたものかと思う。

現在の袋綴じの折目の部分にある、線に囲まれた部分を**版心**と云う。唐山の蝴蝶装本の場合、文字通り料紙の中央にき、この裏側が糊で貼合された訳である。我国では俗に柱と云い、この部分に記された書名が**版心題**、**柱題**である。外題の剥落した草双紙等、この部分から書名を採るより仕方のないものもある。首尾を欠いた欠本の場合も同じである。

版心が幾つかに分画されている場合、版心を象の鼻に見立て、上部を**上象鼻**、下部を**下象鼻**、中央部分を**中縫**と云う。中縫はまた広義には版心の意に使われることもある。新聞紙中央の折目をも云う。

分画は単線や複線のこともあるが魚の尾のような**魚尾**によって区切られることが多い。燕の尾羽にも似るので燕尾とも云う。中が白抜きのものが白魚尾で、明の嘉靖期や我国のものでは山崎闇斎学派の崎門のものにまま見られる。陽刻のままのものは黒魚尾と云う。黒魚尾中に花模様を白く抜いたものがあり、花魚尾、花口魚尾、花紋魚尾等と云われる。朝鮮本やそれを真似たと思われる我国の寛永を中心とする江戸の初期から前期にかけての刊本に多い。上方にあるのが上魚尾、下方にあるのが下魚尾であるが、特大の朝鮮本等魚尾が三つ以上ある場合がある。朝鮮本には魚尾中や次に述べる黒口部に陰刻で刻工名を刻している場合もある。

上象鼻や下象鼻が白いままのものを**白口**、黒く彫残してあるのが**黒口**で、その大きさにより大黒口・粗黒口・小黒口・線黒口等と云う。

宋版等では版心の中央が切れてしまい線黒口なのか白口なのか迷うことがある。黒口は必ずしも上象鼻下象鼻共でなく、上象鼻のみ或いは下象鼻のみの場合も共に黒口と称して差支えない。ただより精確に記したければ、版心下部黒口等と表記すればよい。

この版心特に魚尾は、谷折の胡蝶装の場合も山折の線装の場合も、料紙を折る目安、一種の見当となっている。

版心には宋元版等には彫刻した刻工の名を刻してあることがあり、無刊記本の刊行時の識別に有力な材料となる。ただし一字名の場合や日本等では刻工が代々前名を襲う場合もあり、注意を要する。**刻工名**も果して一人の刻工の名を刻んだのか、或いは一種工房の責任者の名なのか不確定要素も多い。白口部に陽刻で刻んだものが多いが、黒口部に陰刻で刻んだものもある。またこの黒口部と魚尾とが接続した黒口魚尾と云うべきものもある。

刻工の為事は版木構成上、表二丁裏二丁の四丁、或いは表裏二丁ほどの分担となることが多く、これが修刻葉を判断する材料となる場合がある。

大部の書では巻頭・巻末に文様的なものを刻し、一種標目としたものもある。逆に巻頭・巻末のみ刻記せず、巻が変ったことを目立たせている場合もある。写本の場合、巻の変わる箇所の折山上部を朱等の色筆で塗抹し標式とすることがある。

宋版等には小題を匡郭外（左上が多い）に丁度角力番付の張出しのようにして刻したものがあり、**耳格**（耳）と呼ばれ、そこに記されたものを耳題と云う。蝴蝶装の場合には最も見易い位置になる。下部にある耳は下耳と云う。

こうしたものは、現在の洋装本の各頁に記載されている標目や頁建に淵源してゆく。

また宋元版には版心上方に数字が刻されていることがある。これは経文等の本文である大字と注釈の小字を何字彫ったかを示すものだとされ、**大小字数**と呼ばれるが、実際何の数字を示すのかはよく分らない。

唐山の刻工はほぼ幾つかの中心地を根城に為事をしているが、大蔵経のような大部な出版や官刻の経史子集の大出版等には各地からかなり狩出されたようである。こうした一種の渡り職人であったことが、後に国乱を避け、僧と共に渡海して我国に訪着し刻書を拡める誘因ともなっていよう。

刻工名が刻されている場合は成可くそれらを克明に拾ってゆく。その際最も難しいのはその葉が原刻か補刻かと云うことである。更にその葉全体が覆刻による補刻である場合、その刻工名は果して元のままなのか、或いは新しく補刻を行った刻工のものなのかと云う問題がある。どうもその両様があるらしいのである。

大冊のもので基準となる実存した宋元版のない場合には、補刻なのか補配なのか見当のつかないことが多い。

宋元版で版木が明の国子監に伝存し、補刻して刷出したものなど、補刻年や補刻者が版心に刻されているものがあるから、大冊の書物でも一丁一丁丁寧に拾ってゆかないといけない。そして丁数を数えてゆく。落丁や欠丁があれば注記する。丁数の員数を増やすため「幾の幾」等として何丁か飛ばす場合があり、それを**飛（跳）び丁**という。各巻全て廿一から卅一へと跳んでいるようなものさえある。またよく使う人やジャンルもある。挿絵入の版本等ではその部分だけ「又幾」等として重複表示している場合もある。絵の部分だけ刷りが悪くなって省いたものもあり、そうした書物では丁付は揃っているので注意を要する。これも増修に対して一種の減修である。これは字彫り師と絵彫り師は別で、恐らく別工房で作られた故であろう。草双紙などの地本にはそうしたことはない。

版心の黒口部を削ったり、丁付だけを直した**修**もある。匡郭が切れ、これを継いだ修もあるが、匡郭のみの場合はわざわざ修と云うには及ぶまい。但し匡郭を全て削去した場合は版式の違いに結びつき、修と云ってよい。

版心には刻工名等の他、蔵版者の家塾名や堂号・斎号等を記していることもあり、著者や版下を書いた弟子の使用罫紙をそのまま版下として刻しているものもあるから、刊行者や著者に関わる事項についての情報量も多いのである。

なお匡郭が表丁と裏丁に連続せず半葉で完結している場合がある。また連続はしているが、版心部の界線のない場合もある。版心部に縦界のないものの匡郭の横巾は表裏を合わせた寸法とする。それらには版心はないが、表と裏をつなぐ線や書名・丁数等が刻されているものと全く無いものとがある。版心のないものには、丁付が書脳部（のど）に刻されているものが多い。これは綴じられ隠されていることが多いので注意を要する。

無辺無界の印本は写本と同じように、完存する本文第一行の印面の高さを計測しておく。

次には本文の在り様、表記法を見てゆく。漢文か国文か。漢文であれば白文か、句点や訓点送仮名はどうか、音訓合符・圏点等種々の符号のあるものはそれらも記しておく。国文であれば漢字片仮名交りか平仮名書きか、朱引・書入れはあるか、そうしたことを本文を一葉宛めくりながら見てゆき、印面のカケた所や浮いた所、墨格等があれば、必要箇所と共に書き抜いておく。そうしたメモだけでも他の印本と比べる時、役に立つのである。

印面が一様でなく、濃く出ていたり浮いた感じのする箇所は、後の入木による修訂であることもある。これは大きな版木に部分的に小さな版木を埋め、彫易さを主として単簡なもので補うので、度重なる印刷の途次大きな版木との収縮率の違いから、またどうしても接いだ部分であるので水分を含み、その部分だけ版木にズレが生じ、高さも違うので印面の濃淡を生むのである。しかしこうした入木・埋木による直しは既に校正時から行われているので、全て修とは云えない。初刻初印本と比べ、始めて修かどうかが分るのである。

白文に書入れられた訓点・送仮名・連合符など奇麗に為されていると、刻されたものか書写されたものか分りにくい。また江戸前期までの資料には角筆による書入れの存するものがある。これは電灯の光を斜から当て、角筆部分の影を読むと気づきやすい。

写本特に自筆稿本等ではその訂正の仕方を見てゆく。墨での塗抹か胡粉を塗って直しているか、また切貼りかなどである。書入れや付箋・不審紙についても見てゆく。こうした写本の具体的な実態から、自筆本と見做すべきか転写本と見るべきかも判断する。その著者の自筆としてはっきりと認められるものがあれば、それと比べて見るのは勿論である。

宋版等には避諱**欠筆**と云い、皇帝の諱に当る文字やその同音の文字を避け、「御名」と記したり、末画を欠いたりする場合がある。これは朝鮮本にもあり、高麗版大蔵経の初刻本は太祖王建の諱である建の字を欠筆している。和刻本も宋版を覆刻した「孝経」等に見られる。序でに云えば巻末の榱斎校語で、後、欠筆の理由が判明し解説を修補改訂している。欠筆は国書にも僅に見られ、末画を欠いた近世木活字本もまま存する。近代の鉛活字にもごく稀に見られるが、これはむしろ一種の略体と云うべきかも知れない。

唐山ではこの避諱欠筆は既に唐代から清代まで見られる。宋元版については一時この欠筆を調べることによって刊年が知られるのではないかと考えられたが、刻工名に比べると刊年を勘える決め手としては弱い。それは必ずしも厳格に行われてはおらず、また覆刻や補刻と欠筆との実態がはっきりしないからである。もっとも刻工名についてもそれは云えることである。しかし刻工名と印面とを比較しながら見てゆけば、刻工名の方がまだしも刊年の根拠たりうるようである。ただ欠筆によってもほぼ刊刻の上限は辿れるし、また当代の「御名」等とある時はかなり時代を限定することができるので、これもノートしておくとよい。避諱欠筆される文字の一覧は、例えば長澤規矩也氏「図書学辞典」等に載っているのでそうしたものを使うとよい。刻工名表も長澤氏のものを始め、阿部隆一氏のもの、静嘉堂文庫蔵本のもの等利用できよう。また台湾などからも出版されている。

巻末には**経注字数**と云い、経文や注文の総字数を記した場合がある。これも木簡の遺制である。

六、尾題　巻頭の内題に対し、巻末にあるのが尾題である。各巻末にある場合が多いが、最終巻のみのこともある。また本文のあとに後付があり、その末に尾題があることもある。本文が最終行まできている時にはその下に小さく署されている場合もある。本文が前葉で終り一丁に尾題のみが刻されているものは、よく後印本では省かれることがあるから注意を要する。これによって用紙を一丁節約したので、これもまた一種の**修**と云える。このように一行はみ出したり、尾題と刊記のみであったりという丁は省かれたり刊記を他に移したりして手を加えることがよくある。

また版木を二軒で分割所有している相版の場合、巻頭或いは巻末は所謂る**留板**（とめいた）、重要部分なので、一所に所有していることは少い。往々他肆の持っているその箇所を秘密裡に刻し、全巻として刷出す違法の挙に出ることがあった。こうして巻頭や巻末の一丁だけが異っている版が出来することになる。

尾題も内題と同じく必ずしも全てが同題である訳ではない。ただ一般に我国の書物は唐本や朝鮮本に比べれば、匡郭の大きさや版心また内題や尾題も整然とよく揃っていると云える。唐本や朝鮮本では活字本を除けば匡郭・版心等まことに不揃いである。それは料紙や刻字体にも云えることで、餘りに不揃いなので補刻ではないかと疑いたくなる場合もある。もっとも事実補刻であることもある。

こうした感性は一種伝統なのか、今のオリンピックのまことに整然とした面白くない日本の行進を思わしめるものがある。

また内題下の題署と同様、巻末に校訂者や画工・傭書（版下書）者・刻工名（彫刻者）など記されている場合がある。

外題、序跋題、内題、版心題、尾題は区々であってなかなか一致しないことは既に述べた。

七、後付　附録、跋、あとがき、後人の識語等本文の後に記されているのが後付であり、前付と同じように調べればよい。ただし後人の識語は一種の書入れと見做すべきもので、その書物自体に属するものではない。唐山ではこれを題跋と称し、一種の解題、評論として、名家のそれは特に珍重される。

奥書の詳細なものや刊語と云われる刊刻の次第をやや詳しく記したものなど後付とすべきか次の刊記とすべきか問題となるが、刊記と見做すべきであろうか。

八、刊記　刊行または印行の年月日や刊行者名を記したものが刊記である。唐山では牌記（はいき）と云う。それが枠の中に記されていれば**木記**、その枠が蓮の台の中に挟込まれているのを**蓮牌（台）木記**と云う。仏教経典の他、明版やその覆刻本に多い。また鼎の中に記されているものは鼎型木記と云う。求版等の記載があり、初刊本ではなく後刷であることがはっきりしていても印記とは云わず刊記と云う。印記と云えば蔵書印の記文を指す。

この刊記が本文と別葉になっているものを**奥付**と云い、後表紙の見返につけられていることが多い。しかしこれは必ずしも後表紙見返でなくとも、本文と別丁ならば奥付としてよいのである。この奥付自体が覆刻されていることがあるので注意を要する。

本文葉に刊記が刻入せられていれば、その版木と書肆とは連動せざるを得ない。求版すれば刊記を削去し、自らの名を入木する。奥付の場合は必ずしも版木と連動せずとも作成できる。すなわち売捌きの書肆が自らの奥付を流用することが可能なのである。ただし刊記の場合も、ハンコという便利な代物がある。敦賀屋久兵衛や杉田勘兵衛の印本など、どうもハンコで捺しているのではないか。木記の枠が書物の匡郭に架っているものがまま見られる。

本文は表丁で終り、裏丁には刊記のみのことがあるが、それは奥付と称するよりは刊記と云った方がよかろう。刊記は原則として本文末或いは後付の末にあるが、唐本等では序末や巻一末等本文途中の巻末の空格内に刻入されているものもあるから注意を要する。そうした底本を覆刻した和刻本でそれを踏襲したものもある。唐本では必ずしも全巻の末にあるとは限らない。むしろ巻末に刊記のあるものは少いと云ってよい。

また既に述べてきたように、見返や扉や版心等にも刊記に準ずる、或いは刊記そのものと見てよいものがあるから油断できない。

書肆の他に、見返や版心、奥付などに蔵版者の記載や印の捺されたものがある。個人の自費出版である蔵版本か、営利書肆の手になる坊刻本かの判断はなかなかに難しい。蔵版本の場合、本来は版木を私に蔵している筈だが、個人の学者などではそれは現実には不可能で、効き目である巻頭や巻末の部分だけを留板として私蔵し、他は製作発売を任せた書肆に預けてある場合が多い。さらにはその全てを委託していることも屢々であったろう。刷りの殆ど変わらない蔵版本と市販本とが両つながら通行している例はまことに多い。そうしたものは「何某蔵版（何某印）」或いは「何某印（何某蔵版）」の如く著録する。

刊記や奥付は刊・印・修の所で述べたように、もとのものか求版入木によって改めたものか等を、同書名の書を比較検討し、刷印の次序を追って決定してゆかねばならない。同版か異版か、同版ならばどちらが先でどういう順序に並べたらよいか、異版や覆刻であればどちらが元（先）か等を比較検討し、発刊・印刷の次第を明かにするのである。そうした作業が、文化史的にその書が何う受容されたかの最も基本的な資料となる。

書物のこうした伝存状況、遺存情況から我々は文化史の一端を構築することができるであろう。また連名の刊記や奥付では三都の販売流通業者を並べた場合もあり、出版者としてどの書肆を採るべきか迷うことがある。見返等では先に記述された本屋、奥付等では後に記された本屋を主とするのが原則だが、この原則は必ずしも守られていない。三名連記の時は中央が主であったり、本支店関係では本店を最も先に記したりもしている。著者の居住地の本屋が主体であることも多い。刻記の下に印を捺してあるものが主体だとも云うし、それは販売者の印であるとも云い、なかなかに難しい。そうした様々の條件を勘案した上で、最も妥当と思われる本屋を挙げるより方法はない。普通出版者が二人迄は著録し、三人以上の時は主体と思われる一人に代表させ某等とするが、中村幸彦氏も云われるように某等三人或いは某等何肆とすればより深切かも知れない。

　各人が勝手に書肆名を著録しては、他の目録と比較する上で甚だ具合が悪い。奥付の場合原則として最終行の書肆を採って代表させるべきであろう。ただ連名のうちに、一軒だけ地名や住所があったり、版（板）や製本所など特記事項が記されている時はその限りではない。広告書目（書肆の蔵版目録）が載る場合も同様であろう。

　奥付に同格で多数の書肆の並ぶ場合は最後と最初の二軒を採り、他幾肆或いは某某等幾肆などとするのがよい。もし一軒のみを記載するのであれば、最後尾の書肆で代表させるのを原則とする（連名の書肆については、例えば長谷川強氏「刊記書肆連名考」長澤先生古稀記念図書学論集のち近世文学考所収などがある）。

　書肆名を見るには井上隆明氏の「近世書林版元総覧」や矢島玄亮氏の「徳川時代出版者出版物集覧」井上和雄氏の「慶長以来書賈集覧」等があるが版元総覧を除き、現在では品切となっている。ただし辞書と同じで、その記載が全てであると思ってはいけない。

　刊・印・修を調べるには国書であれば岩波の「国書総目録」「古典籍総合目録」により、その書の同書名のもので刊・印年のより古いもの或いは覆刻や異版の可能性もあるので同年紀のものと比較すればよい。序でにそれ以後の年紀のものとも比べれば、その書の形態書誌学的な追跡は終了となる。しかし云うは易く行うは難い。

岩波の国書総目録は比較を行わぬ各地の図書目録から、実査せずに机上で編修した目録であるから、刊印年については全くあてにならず、単なる所在目録として使うべきものである。また編修の方針がそうなのだからないものねだりをしても駄目で、所在目録として見た場合、たいへん便利で有意義な工具書である。漢籍についてはこうした所在目録さえもできていない。

刊記や奥付の信憑性については、長澤規矩也氏に図録を伴い実物に則した解説があるから御覧頂きたい（図書学参考図録等）。

この奥付は板株の保護の過程でできた日本独特のものであることは前に触れたが、それが伝統的に今日に遺存し現在の奥付となっている。近頃では物価の高騰により増刷の際、前の定価を上げざるを得ないので、奥付を記さず函やカバーの部分に記入されているものがあるが、図書館等では保管整理上の理由から函やカバーは廃棄してしまう所があり、後になると出版事項が分らなくなってしまう場合も生じる。図書館界や出版界ではことほど左様に刊・印・修や出版事項は冷遇されているのだ。現在のように出版点数や出版部数も増え、新書のように度々増刷を重ねるものこそ正確に刊・印・修を著録しておかぬと後生を惑わすことになる。

某年刊某年印というただ一行の記載でたいへんな労力が救われるのである。

序でながら現今の図書の奥付で、この刊と印とを正確に記載してある出版社はごく少い。紙型によった増刷は全て後刷で、第二刷・第三刷等と云う。紙型が破損し、活字を組み変えたり、新しく版を起したりした場合が第二版（再版）なのである。

蛇足ながら現在の書物の奥付にはまた某年某月某日印刷、某年某月某日発行と記したものがある。これは検閲制度があった折の書物の奥付の伝統或いは名残りであって現在では必要でない。発行日だけでよい筈なのである。

裏表紙見返（奥付）左下端の剥がれた折返し部分には、よくその書を取扱った書肆の印や古書肆の符丁が記されており、販売経路を辿ることができる。達磨屋吾一や弘文荘反町茂雄氏などは、云わばそうした陰の存在だった取扱書肆の姿を表に出したものだとも云えよう。

刊記に充当すべきものとして、浮世絵や草紙類の改印（あらため）、商票の類があり、それらを調べるには、例えば石井研堂「増訂改版錦絵の改印の考証」（芸艸堂）、浜田義一郎「板元別年代順黄表紙絵題簽集」（ゆまに書房）等の専著がある。

写本の場合には書写年月日を記した奥書が刊記と同様な役を果している。しかし前にも述べたように、この奥書が書写当時の奥書かそれとも元奥書か、全体の書式・書体・墨色・料紙・装訂等を勘案して見極める必要がある。また特に古写本や古刊本、名高い書物や名家の筆跡等には、こうした奥書や刊記を妄補し骨董的な価値を附加しようとする者があるから注意する必要がある。

奥書は必ずしも本文末にのみある訳ではなく、各巻末に記されていることがあり、それらを全て記載しておくとよい。

九、注記　こうして表紙から裏表紙まで一部の書の全てを調べた上で、その書のみの注記、いわば特記事項があれば記しておく。例えば**蔵書印**や**書入れ**の有無や伝流の経過等判明しておればそうしたものを記しておく。

他に比べるべき図書の所在やその書についての解題や参考書があれば、それ等を記しておくのもよいであろう。

蔵書印を調べるには小野則秋氏「日本蔵書印考」「日本蔵書印譜」、三村竹清（たけせい）氏「蔵書印譜」や朝倉治彦氏「蔵書名

印譜」、渡辺守邦・島原泰雄氏「蔵書印提要」渡辺守邦・後藤憲二氏「新編蔵書印譜」中野三敏氏「近代蔵書印譜」等の参考書がある。

料紙については楮紙以外、装訂については線装本以外を注記しておく。

なお書物には虫喰い穴をかがったり（虫損直し）、裏打ちしたり、襯紙（入紙）を入れたりする修補が為されていることがある。こうしたものも略記しておく。

宋元版など貴重書の修補裏打ちの際、頁をめくる時紙面（印面）に手が触れぬよう、料紙の上下に襯紙をはみ出して装うことがある。そうした場合、それだけでは紙面の厚みが異り凹凸ができるので、厚みを均らすため、上下のはみ出した部分に、さらに横長に截った襯紙をはさむ丁寧な装法がある。これを**金鑲玉**と呼ぶ。鑲はもと鋳型に流し込む意。そこから転じて、縁（欠けた所）を補う、修補する、はめ込むなどの意を持ったことばである。

こうして一点の書物の形態学的なノートがとり終る。

それが終った所でノートの首行に、その書物の最も単簡明瞭な解題と云える目録を記述しておく。

図書は全て一点ごとに違うものである。丁度臨床医が患者に向うような気持で、一点の図書と向き合うことが肝要である。患者の持つ情報を引き出すも引き出さぬも臨床医の自由でありまた腕でもある。

本書では一般的なモデルとして、何んな種類のものにも応用できるようにその基本を述べたまでである。これを基に各種の図書に応用適応して頂きたい。

Column　＊文政七（一八二四）年二月補刻の奥付＊

「文政七甲申年二月補刻／江都　日本橋南壱丁目　須原屋茂兵衛／大坂　心斎橋通安堂寺町　秋田屋太右衛門」と刻する、

全く個別に見える奥付が、寛保二（一七四二）年八月刊「新校正華先生中蔵経」、寛延四（一七五一）年六月刊「〔閩書〕南産志」に用いられている例がある。私は両者共に修はないと見ている。これらは五台山の高知県立牧野植物園牧野文庫に両つながら存する。この奥付は天明六（一七八六）年に八尾版を覆刻した「史記評林」の後印本にも襲用せられている。こうして奥付は盛んに使い廻される。

コンピューターが発達した現在では、この奥付や表紙模様をコンピューターに記憶させ、索引機能を使って同一奥付、同一表紙の一覧を作ることができるであろう。さすれば同一奥付の使い廻しや作者・版元による指向の一端が窺えよう。ただそれとてもデータを精確にとることが必須となる。

まとめ

ここまで縷々述べてきてお気附きの通り、図書は一種、対の姿をとっている。表紙に対して後（裏）表紙があり、見返しに対して奥付があり、前付に対して後付がある。内題に対しては尾題があり、その真中に版式があるという構造になる。丁度流線型となっている。前から順次調べてゆくのだが、最期にはこれらを対応させながら見てゆくことが肝要である。

また各項目のうち、ないものは書かないというのが大切である。無情報というのは実に大切でありがたい情報なのだ。もし後に見直した時見落しでもあって不安だと思うなら×印をつけてもよい。

終りにこうしたノート・カードの歴史に少し触れておこう。題跋や解題を書いていた人々はその人なりのノート・記載方法を既に恐らく持っていた筈である。

しかしこれを組織的に或いは論理・科学的に行おうとしたのは朝鮮本の黒田亮氏あたりが早いのではないかと思う。黒田氏はもともと社会心理学の専攻で、朝鮮に赴任し、やや悶々の中に雅馴な趣きを持つ朝鮮本に親しむようになる。

これをやや組織的・科学的に調べようと調査カードを使った。その写真が「朝鮮旧書考」に掲げられている。国文では恐らく横山重氏あたりが早いかと思う。氏は共同で室町期から江戸期にかけての説経・古浄瑠璃、室町物語等の組織的な調査と解題を附した翻字集成とを企てられた。組織・共同で行う以上、一定のルールが要る。そのためにどうしても調査カードが必要だったのである。

漢籍では長澤規矩也氏が、和刻本の図書カードの表にはその書物の目録を著録し、裏に書誌事項を略記されていた。このカードを常に携行し、地方の図書館の書目を作成されていたのである。

この図書カードは、例えば博物館などで資料が納入された時の資料台帳カードなどに当るものである。実測・計測し、三角投影法で図を描き、写真を撮り、名称や使用地、製作・使用年代などを記録してゆくあのカードである。医院のカルテに准えてもよい。図書館では目録のみで終ってしまうことも多く、博物館に比べ、概して資料化が進んでいないように思う。その目録も精確であればよいのだが、現在の目録法では最終印年のみで、刊年は記載しなくてよいことになっている。また新刊納入業者のカードをそのまま使い、図書館員は目録著録とはすっかり無沙汰をきめこんでいる所も多い。コンピューターと情報とに振廻され、基礎が蔑ろにされている感が深い。

また現在は、カードではなくコンピューターに入力し、それを持歩いて目録を著録している仁が多い。しかし医者が患者を診ずに、専らコンピューターのみを診て診察しているように、その人たちは実際の本を見ず、コンピューターの画面計りを見て、目録を著録している。くり返すけれども、図書は一点一点が夫々異り、その本は他の本ではないのだ。

恣意的印刷年表

		686	天武14　写本「金剛場陀羅尼経」
		764	天平宝字8　百万塔陀羅尼
暦	唐太和9	(835)	
金剛般若波羅蜜経	咸通9	868	
暦書	乾符4	877	
具注暦	中和2	882	
		(1009)	寛弘6　法華経千部
毛詩正義・礼記正義	高麗靖宗3	1037	
		1088	寛治2　成唯識論
		1216	建保4　往生要集（1210　承元4）
		1247	宝治1　三経義疏
		1253	建長5　三教指帰
		1275	建治1　梵網経古迹記（科分）
		1283	弘安6　伝心法要
		1321	元亨1　黒谷上人語灯録
		(1322)	元亨2　古文尚書孔子伝
		1325	正中2　寒山詩
		1332	元弘2　平仮名暦
金剛般若波羅蜜経〔注〕	元至正6	1346	
		1359	延文4　詩法源流
		1364	正平19　論語〔集解〕
		1365	貞治4　仮名法語
		1368	応安元　妙法蓮華経（附訓）
白雲和尚抄緑仏祖直指心体要節	高麗宣光7	1377	
		(1480)	文明12　大学章句
		1524	大永4　御成敗式目
		1528	大永8　医書大全
		1590	天正18　節用集
		1591	天正19　サントスの御作業の内抜書
		(1593)	文禄2　古文孝経
		1605	慶長10　サクラメント提要
		1608	慶長13　古文真宝後集
		1610	慶長15　こんてむつすむんち

書誌学
- 校勘学
- 形態学
  - 刊・印・修⊕⊖
  - 形（本の大いさ・表紙の色・版式）
  - 表記
    - 漢文
    - 片カナ
    - 平かな

保存形態	増加方	装着方
巻く（横）	継ぐ（量）	貼る
重ねる（縦）	折る（数）（畳む）	綴じる（中心横）
		束ねる

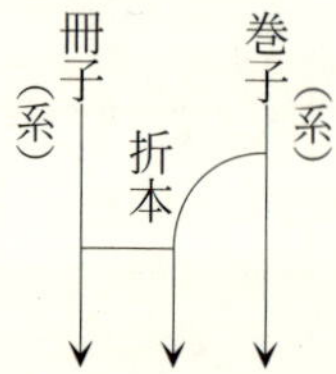

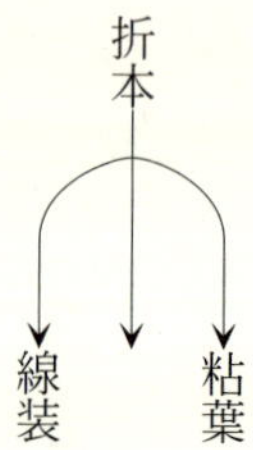

図版篇

一　**覆刻**　嘉永二（一八四九）年三月刊、旧題漢孔安国伝　太宰春台音「〔古文〕孝経」

刊年や刊行者まで、そのままかぶせ彫りにしたもの。第五行「死生」の生の字の角度や「盡」の字を比べて頂きたい。筆のツケやトメ、糸偏の三つの点やレンガの四ツ点などに彫師の特徴が出やすい。

刊記までそのままの覆刻は、江戸初期、書肆の出版形態の未だ確立していなかった時期と、幕末から明治初年の統制の乱れた時期とに多い。Aには「東都」を「東京」と改めた明治印本、奥付を改めた明治九（一八七六）年二月印本がある。なお本書には同刊記の覆刻本がもう一版（計三版）知られる。享保十七（一七三二）年十一月刊行の孝経は、嵩山房により、本版以前宝暦十一（一七六一）年五月、安永七（一七七八）年一月、寛政元（一七九一）年三月、同六（一七九四）年十一月、文化四（一八〇七）年三月、文政二（一八一九）年十二月の六度にわたって刊行されている。本文を覆刻し、片山兼山の標注を附した版や、藩校の教科書の底本ともなり、江戸中期以降の孝経で最も流布した。（B同覆刻本）

二　**覆刻**　明暦三（一六五七）年一月刊、元董鼎撰　杠宗之首書「孝経大義」

江戸初前期には元の董鼎の「孝経大義」がよく読まれ、「明暦三丁酉（一六五七）年／正月吉旦／　板行」の刊記を持つ杠宗之首書本が四版（覆刻関係）ある。図には四版中の三版を掲載。首書の部分をよく比べて頂きたい。

原刻本は京の中野道伴刊行で、著者名などに修をくり返し、天明八（一七八八）年以後大坂、京と印行者をかえ幕末まで刷られる。Bの「一條通鏡石町　本屋長兵衛」は入木で後印。B2は又後印で時代も経ち、「正月吉旦」のみを残して削去、そののち京、大坂と印行者をかえ明治まで刷られる。首書最終行「歴」の广ダレに注意。Cは第三の版、天明八（一七八八）年十一月印本の後刷で、これも江戸の嵩山房に求版され、明治まで刷られた。首書最終行「部」の欠けに注意。他の一版は流伝極めて少い。（B・C共同覆刻本）

三　**覆刻**　寛永七（一六三〇）年五月刊、清原宣賢講「中庸章句〔抄〕」

本図の他もう一版あると思われる。それには入木による「寛永九壬申初秋吉日新刊」の刊年と、押捺された「江戸本町三町目　枚田勘兵衛尉開板（枚田以下双辺木記）」の刊記がある（刊年のみの印本あり）。刊年のあとに「徳田八郎兵衛尉開板」と入木をした後印本もある（柳田征司氏「抄物の整版から」成簣堂文庫セミナーなど）。

「大学章句〔抄〕」は「寛永庚午仲夏月中道舎重刊」の刊記を持つ四版があり（覆刻の関係）、後印本では刊記の箇所が刷られずに印行されている。この四版は長澤規矩也氏「図書学参考図録」の第二輯に影印されている。

（B同覆刻本）

四　**覆刻**　天和二（一六八二）年七月刊、釈天隠龍澤「新刊錦繍段」

これも、刊記までの覆刻の例。巻末「丙子」の振仮名「ゴ」が「シ」と改刻されている。康正に丙午の年なく、丙子（ヘイシ）が正しい。右頁に題された「魚」「冬」の陰刻箇所などかなり異っている。（B同覆刻本）

五　**覆刻**　嘉永三（一八五〇）年十月刊、高井蘭山撰葛飾北斎画「絵本孝経」

覆刻の例。併せて幕末の諸国売捌書肆の載る奥付を示した。幕末から明治初・前期にかけては、城下や寺町のこうした売捌書肆連名の数丁にわたって記されている奥付をよく見る。

彫師の江川仙太郎は、木村嘉平と並ぶ江戸の名工。両者とも代々襲名されている。

覆刻本は普通後版が細かな摸様など省略し、簡略粗放な図柄となることが多いが、本図は孝字の線刻など逆に増えている。画中のキャプションを見ると、違いがよく分ろう。（B元治元〈一八六四〉年冬刊、同覆刻本）

六　**刷付外題**　弘化三（一八四六）年十二月跋刊、釈宗淵一桂校「孝経」単経御注本

表紙に直に印刷された場合を刷付外題と云う。題簽形式で印刷されていれば刷付題簽。本書はくるみ表紙（包み表紙）の**包背装**。綴代部分が縦に線が入っているが、当時の本好きは物差しをあて、ヘラなどで本が開きやすいように筋目、折り目を入れることが多かった。その線がはっきりと現われている。外題は隷書体。唐山では楷書体以前、篆書体や隷書体が正式の字体であり、その名残りとして、本文が楷書体であっても、題名や序文を篆体或いは隷体で記す場合があった。和刻本漢籍もそれを踏襲したものがある。

草双紙などには絵を印刷した（刷付表紙）ものもあり、上中下の表紙絵を併せると一枚の続き絵となる工夫をこらしている。一七・二〇・二一も参照。

七　**類似**　文化五（一八〇八）年一月刊、菅原為徳校「孝経御註」

釈一桂の前記「孝経」は跋に、「菅原前大納言観光君ノ御本ニ就テ本文ヲ抄出シテ相伝ル所ノ音訓ヲ加フ」とあるように、本版に依拠した出板。ただし全くの覆刻ではなく、行数も異り注文もないが、字体は類似する。こうした行字数を違え、糊とはさみで切貼した出版も数多い。

枠に囲まれた刊記を**木記**と云う。本版はその木記に菅原家の蔵版であることが示され、「五條菅公定本」と刻された見返を持つものもある。

八　**覆刻　妄補**　慶長十四（一六〇九）年九月刊（古活）、魏何晏「論語（集解）」

慶長十四年九月の洛汭宗与開板の刊記を有するものと、その覆刻本。覆刻本は全て同版。例えば巻頭第三行の小字双行部第一字「子」の第一画の欠け具合に注目。また右頁序末後第一行の界線上部に存する欠けや巻末後第二・三行界線の切れ目の一致に注意。巻末第二行の界線が点線状となっているのは、刊記を削去した傷か、或いは刊記妄補時に界線も繕ったものか。こうした箇所から印刷の先後が知れることがある。底本と同じく慶長十四年九月の洛汭宗甚三板の刊記は或いは妄補して、原本めかしたものか。友伝刊とあるのは恐らく刻工（古活字製作者）であろう。この原本は所謂る要法寺版で、古活字説や古活字と整版の交った乱れ版説など様々に議論されていたが、古活字と見てよかろう。切貼による訂正やインテルの残っている箇所がまま見られる。Bには巻末に市野迷庵の文化五（一八〇八）年冬の校合識語がある。この書は迷庵から渋江抽斎・横山由清・林泰輔等に逓蔵された。

Aは平戸藩儒も勤めた楠本碩水の旧蔵。（B・C・D同覆刻本　E又刊記妄補本カ）

九　**覆刻**　元禄八（一六八五）年五月刊、伊藤仁斎「語孟字義」

これも刊年までの覆刻本。仁斎は京の人で、古義堂で帷を下した。生前の出版はなく、全て死後に息東涯等の編纂の手を経、古義堂蔵版書として出版され、現在も版木が天理図書館古義堂文庫に遺されている。

本書は江戸での出版、それも「書肆」とあるのみの何か訳ありの刊記である。それもその筈、次項の古義堂出版に先立って、遠く離れた武蔵での古義堂の許可を得ぬ贋刻本。よって書肆名を明らかにできない。そのまた海賊版まで出ている。この海賊版後印本の奥付にも、京都の書肆のないことに注意。

こうしたことによっても、仁斎の書物の当時の需要が知られる。蘐園（けんえん）の荻生徂徠にもそうした書物が多い。

（B同覆刻本）

一〇　**正版**　宝永二（一七〇六）年十一月刊、伊藤仁斎「語孟字義」

これは古義堂の正式の版。跋文に刊行までのいきさつが記されている。本版は息東涯による度々の修訂が施され、本図は逓修本。逓修の実態は例えば岩波書店刊の思想大系本などで知られる。

宋の陳淳の性理学用語の定義集である「性理字義」に倣った、論語・孟子の古義学用語定義集・古義学術語集と云うべきものである。

一一　**修　蔵版印**　元文四（一七三九）年刊、伊藤東涯「大学定本釈義」

古義堂の蔵版印を捺し、此印のないものは贋刻本である旨を記す。跋末の撰者題記に修訂を施し、体裁を整えた。修印本は「文泉堂」（林権兵衛）を削去し、「奎文館」（瀬尾源兵衛）と入木、そのためこの三字がやや左によっている。古義堂の蔵版本はこの二肆の他、玉樹堂唐本屋吉左衛門、文泉堂林芳兵衛からの印行が多い。

Bの巻末には「長」「善」など伊藤家の印と、奎文館の発行となっているにもかかわらず、「文泉堂記」「林権之印」が捺されている。或いは売捌き書肆として関与していたものか。（B修印本）

一二　**無許可版**（寛延元（一七四八）年春序）刊、荻生徂徠「中庸注解」

これは蘐園の著者荻生徂徠の許可を得ぬ贋刻本。恐らく宝暦三（一七五三）年三月に刊行された大学解・中庸解（学庸解、四八参照）に先立って無許可で刊行されたものと思われる。**蓮牌木記**の「百部焼板」は活字本ではないのに、何か思わせぶり。ただ「広運堂蔵」とあるのも、前図「語孟字義」贋刻本の「江戸　書肆」と相通ずるようだ。果して運は開けたのだろうか。本書も「大学注解」と合せ、学庸注解として刊行されている。

一三　**修**　寛永六（一六二九）年十二月刊、釈覚明「三教指帰注」

一三A3右頁末「狺」の誤刻を、寛永十一（一六三四）年十二月の印本で「猜」と正している。十一年印本は前半を欠くが、一三A1左頁小字後四行の「伏犠民」の誤刻も、正保二（一六四五）年四月印本では「伏犠氏」と正される。細かなことだが、一三A2左頁末の「区」の振仮名、「チマヲ」も「チマタヲ」と訂されている。三書ともに存するものでは図一三C3の左頁匡郭に欠けが見え、やや刷り疲れている。

巻末に底本（そこぼん）注記があり、本能寺内の有力書肆石黒勝太夫の刊行になる。この人はただ本能寺内などとあるものの刊行にも携っていたかと思われる。

細かく見てゆくと、実はこうした修刻はかなり多い。段落を示す**花口**（**紋**）**魚尾**は本文中の標識として使われた場合、**墨蓋子**（ぼくがいし）と呼ぶ。（B寛永十一年十二月修印本　C正保二年四月印本）

一四　**修**　文化十一（一八一四）年刊、東條一堂増攷「孝経〈鄭氏解補証〉」

逓修の例。右頁第四―六行を比べて見て頂きたい。本書も後に嵩山房に求版される。逓修本は入木での刻入箇所の匡郭に欠けが目立つ。左頁の□は**白匡**と云い、不明の文字、欠佚部分、場合によっては伏字などを示す。黒く彫残したものは**墨格**・墨丁（墨釘）・墨等と云う。後に文字が解り、刻入されていることがあるので、こうした箇所が見つかれば、ノートに記録しておくとよい。Cには書入が標記されている。天地の書入は、修補時に切断されやすいので、注意する必要がある。著者の東條一堂は結婚式場として有名な東條会館の祖。（B修印本　C逓修本）

一五　**墨格**　文化九（一八一二）年五月序刊、高橋女護嶋「中庸証」

巻末の広告書目から印刷の先後が分る例。後印本は「証拠学著述録」の墨格部分が修刻の上、一丁増補されている。

女護嶋は八丈島の出、よってその別称である「女護が嶋」を号とした。巻末の広告書目を勘案することにより、刊印年の記載のない書物でもその印刷時季をほぼ特定できる場合がある。（B後印本）

参考までに序にも年紀のない「孝経証」の蔵板書目を掲げる。墨格が多くなり「経元捜義」中の「経籍の護」の誤刻を「語」と訂し、その字の入木によって浮いていることが分る。書目も段々と増えている。

蔵書目は同著者、同塾内に属する学人の著作、書物本体と同類の書を一覧形式にして載せる場合が多い。数丁にわたるものも多々ある。

一六　**修**　文政九（一八二六）年刊、津阪東陽「孝経〔発揮〕」

本書は全て「耳」の最終画のハネを削り取り、毋を「母」と修刻している他、序に一个所標注が加刻されている。津藩校有造館の教科書で、現代の、手偏ははね、木偏ははねないという、小学校のがちがち教育の先例を見る思いがする。藩版や家塾本は誤刻は沽券にかかわり、自費出版でもあるので、改めやすい。

見返に「三重県蔵版」と入木するのは明治印本で、版木が藩校から県にわたったもの。こうした例は藩校の出版物では各地に見られる。後印本の奥付は、蔵版者に対し「製本所」或いは「製本発売所」とはっきりとうたった例。

D見返は表紙裏貼りの刷反古、刷ヤレの例で、次の銅版本の表紙裏にも見られる。本文末の数字は**経注字数**と云い、経文や注文の字数を示す。ここでは経文のみの員数を記している。なお、或る図書館に見返の「文政」の部分が切れており、「三重県蔵版」とある所から、明治丙戌と見、明治十九年刊本という烏有の書の著録されている例がある。説明を試みたけれども合点がいかないようであった。（B修印本　C・D共明治後印本）

一七　**銅版**　明治十六（一八八三）年八月刊、津阪東陽「孝経〔発揮〕」

有造館の版本（修印本）を銅版で翻印したもの。有造館の版本は明治三十（一八九七）年十月の関西図書株式会社印本もあるから、同時期に二版行われていたのであろう。梅楓交枝軒は新潟の人なので、関西の版本と関東の銅版と云う構図ででもあろうか。新潟は江戸期から書肆に交流や人材があり、近代に至っても伝統的に書肆、古書業界に拡く人材を提供している。

一七2は表紙裏の刷反古で、これは整版。「東都書林」とあることに注意。

表紙には厚みを出すため、刷反古・書反古を貼込んだり、ワタを入れたりした。また女人の髪毛が漉込まれたものもある。一種の増量材なのだ。髪は表紙に使われるのみでなく、人形の頭やカモジにも用いられ、髪結床、床屋を廻って、髪を採める商売が存在した。

一八　**修**　文政二（一八一九）年四月序刊、栗原柳葊「柳葊随筆」

右頁小字の第一・二行を改める。修印本では改刻した際の匡郭の切れ目と第二・第三行の間のアキに注目。こうした箇所は修印本を見ておかしいと気づく場合があるが、初刻本と比べて、初めて修と云える。校正時に既に入木によって校正が為されており、浮いている箇所も校正時のそれで、修とは云えないことがあるからである。

修印本は前付の次序が異り、**墨格**部分が彫直されている。前付や後付の次序から印刷の先後の分ることがある。刊行者の銭屋惣四郎は、現在も京都で営業する老舗竹苞楼佐々木（鵜鶘）惣四郎である。（B修印本）

一九　**修**　寛文十三（一六七三）年刊、安東省庵「愚得集」

刊行者は同じだが、序の部分が修刻されている。初印本は単辺、修印本は双辺で覆刻ではなく、行格・字様共全く異る。巻頭や巻末の版木は版木蔵の端に置かれることが多く、刷見本などで使われたり、合版の場合、隠密裡に他肆によって改刻されたりするので、異る場合がままある。また最終丁が尾題や刊記のみの時も、それらを前丁にくりあげ、一丁或いは半丁を節約することも屢々である。叢書や唐本などの大部な書ではこうした操作も費用のうちで莫迦にならない。（B修印本）

二〇　**修**　文化六（一八〇九）年跋刊、菱川秦嶺「正名緒言」

Bは見返に「嘉永己酉重刻」とあり、奥付にも「嘉永二己酉年正月再刻」とあって、いかにもかぶせ彫りによる覆刻本のようだが、附録の最終丁のみ同版。よって嘉永二（一八四九）年の修印本である。匡郭第一行下端の微妙な切れや第六行上部のへこみ具合も同じい。普通は尾の一丁のみ修と云う例が多いものだが、これは逆。こうした例に焼版になった「六国史」がある。例えば「日本文徳天皇実録」では刊記に天明八（一七八八）年に版木が焼失し寛政八（一七九六）年新彫した旨記されているが、巻末の三丁は幸に焼残った寛文版の版木を使っている。これなど三丁ばかりなら新刻して印面を揃えればよいと思うのに、玄人である営利出版業者はそうしない。使えるものは使えなくなるまで使い切るのである。（B嘉永二年一月修印本）

二一　**修**　天明元（一七八一）年五月刊、上河淇水撰　下河辺拾水画「孝経童子訓」

拾水画ではどの図でも、聴衆や習い手が、必ずしも同一方向を向いていないことに注意。

巻末の年表ではAが天明八（一七八八）まで加刻。寛政改元（一七八九）は書入れ。Bは寛政正月改元以下も年紀のみ加刻されている。便覧や武鑑、年表形式の記載を含むものにはこうした例が多い。

嘉永六（一八五三）年九月再板の奥付をもつものは、松川半山が新たに描いた図を載せ、一見別版のように見えるが、多くの丁は同版。行草体の仮名書は同異の判定が仲々むつかしい。（A天明八年修印本　B寛政一年以後逓修本　C嘉永六年九月又修本）

二二　**修　覆刻**　天保十（一八〇九）年夏序刊、山本蕉逸「童子通」

初学便覧としてよく用いられた本。初刻は三家邨学究の蔵版本。ただし「古事記」の撰者等に誤りがあり、初学便覧として致命的なので、天保十五（一八一四）年四月印本では古事記の割注以下が改刻された。**墨格**は削去され、序の花押も改められている。

明治十三（一八八〇）年四月刊本は修印本の覆刻。明治新政府の布告により、原版主、翻刻人（恐らく出版人）、売弘人を正しく記す。末には東京の売捌方が名を連ねる。（B天保十五年四月修印本　C明治印本　D明治十三年四月刊、修印本ノ覆刻）

二三　**修**　清同治六（一八六七）年十一月刊、清姚際恒

「詩経通論」

著者名と校者名とを誤る。これは太だ具合が悪いので、活字を朱印で押捺し訂正した。本書は整版本であるが、木活字本ではこうした訂正が多い。誤植箇所を切貼や胡粉で塗抹し、その上に押捺・書写したり、眉上に標記する場合が多い。巻末に正誤表を載せることもある。

二三1右頁は書扉裏丁の刊記で、唐本の刊記は清代以降この位置にあることが多い。明後末期は封面（見返）にあるのが普通である。そういう意味では洋書の所謂るタイトルページに近く、刊記が巻末にある日本の書物は、むしろ特殊であると云える。本邦では、恐らく写本奥書の伝統の力が働いているのだろう。江戸期には刊本の奥付も奥書と称している。こうした所にも、写本に重きをおく日本の特徴が窺えるように思う。

現在は再販制のもと費用の高騰を考え、奥付を附さず、カバーや函にのみ記載されている場合があり、図書館などではカバーや函を捨て、本体だけを収蔵する所があるので、出版事項が不明となる書物が簇出する。なお本書を出版した**書局**とは、清末曾国藩の建議により各地に作られた半官半民の出版社で、教科書的な出版を安価に行った。

二四　**改題**　元禄八（一六九五）年一月刊、伊藤宜謙

「和漢初学便蒙」

「和漢初学便蒙」の題名を、有名な「下学集」にあやかり、「和漢新撰下学集」と改めたもの。版心は面倒なので、削去したままとなっている。元禄八から正徳四（一七一四）まではおよそ十九年。元禄本も大坂の書肆が削去されており、後印で原刻ではあるまい。改題本は「外題換え」と慣称されるが、題簽記載の外題のみを改めた場合もあり、混乱を生ずる。外題換えの語は成可く使わない方がよい。

売行きのよいものは、その題名を変える必要はないので、改題された書物はむしろ売れなかったことを証明しているようなものである。書名・装いを改め二度のお勤

めをする。別書を装ったものの、この三本脚の烏（二四A3B3）に見覚えがあった。（B正徳四年一月修印本）

二五　**改題**　文政三（一八二〇）年四月刊、河崎敬軒「驥蝱（きぼう）日記」

内題と共に見返も「黄葉夕陽村舎紀行」と改め、刊年も「天保庚子新鐫」と唱うが、実は「驥蝱日記」の焼直し。驥蝱は駿馬につくアブで、つまらないものの謂。随筆によくある鶏肋（けいろく）集などと同断。ペダンティックで小難しい書名を改め、人口に膾炙した菅茶山の黄葉夕陽村舎を採用した売らん哉の姿勢の見える作物である。（B天保十一年五月修印本）

二六　**後印**　寛文二（一六六二）年一月刊、寛延二（一七四九）年一月印、「朱子家訓私抄」

双辺木記の「寛文」の文を削去し、「延」と入木、書肆名中の「八尾勘」を削去し、「岡宇」と入木している。書肆はこうした最低限の直しでお茶を濁す場合が多い。こうした処置からも、云わば刊記のいい加減さが分る。後印本は寛延二年一月とそう遠くは離れていないであろうが、必ず寛延二年一月であったとも云えない。刊記や奥付は標式、一種の着物で、それを纏っていた時季と見るべきものである。印面を見ると入木した部分は、濃く出ていたり、逆に薄かったり、浮いていたり、他の字面と比べ向きが傾いたりしている。これは版木の高さが揃っていないことによる。

入木をする場合、そばの文字や界線に削去した痕跡の切れ目の生ずることが多い。寛延の寛の末画も幾らか切取られてしまったようである。

二七　**活字本**　〔江戸前期〕刊、舎人親王等「日本書紀神代」

山鹿素行による所謂る津軽版の木活字本。裏うつりしているので、却って何如にコマが揃い、同じ字配りになっているかが分る。

活字版の特徴は字が交差せず、コマの高低にやや差があるので、印面に濃淡ができ、一コマずつ植字してゆくので、書かれた文字を底本として彫刻した整版本と異り、やや右や左に傾きぎくしゃくしていることであるが、活字本を覆刻した整版本もあるので油断はできない。特に無辺無界の連続活字を使った連綿体の仮名書は判断のむつかしいことがある。最も確かなのは版心の魚尾などのコメモノや、キズや特徴のある文字に注目し、それを追跡することだ。活字本は組んでは崩し、そのコマを使って又組んでという工程の繰返しなので、傷のついた文字も必ず重複して使われるからである。

二八　**校正刷**　漢高誘注　清畢沅校　塩田屯点「呂氏春秋」

点校者の塩田屯は福山藩の人、太田全斎の甥に当り、狩谷棭斎とも交りがあった。本書は「阿部備中守様」「上」などとある文書を翻して印刷した校正刷。これは恐らく文化三（一八〇六）—五年、七—十四（一八一七）年にかけ寺社奉行であった福山藩主阿部正精宛の寺社からの上書の、表書の文字の少い部分を校正刷に流用したものかと思われる。

紙が貴重であった時代、文書を再利用した刷本に、大部な官衙の出版の多かった宋元版の**公牘紙印本**（例えば静嘉堂文庫蔵「欧公本末」など）が知られている。また故人の追福追善のため、消息に経文を刷印した**消息経**がある。紙背に書写された**紙背文書・紙背書**の類も多い。

二九　**校正刷**　桃白鹿「荀子遺秉（いへい）」

寛政十二（一八〇〇）年一月の奥付や見返が備わり、一見同版本のように見えるが、後者は全て標記校正のままに改刻されており、最終の校正刷かも知れない。或いは初印の著者**手訂本**か。本書には他に別筆の「彦博按」などとした墨筆標記が為されており、これは京都で帷を下した豬飼敬所のものである。桃白鹿は東京大学史料編纂所長も勤められた歴史家桃裕行氏の先。桃家には歴代の稿本や蔵書類が遺存している。

見返には**魁星像**が見える。魁星とはもと、北斗の第一から四星までの枡型部分を云い、科挙受験の際、これを奉じて神とし、文運を祈った。また科挙第一位の状元及第者をも云う。その縁起を祝ぎ、書物見返によく捺されており、様々なヴァリエーションが存する。江戸期の北静廬の随筆「梅園日記」にも言及がある。図柄は鬼が升（斗）を持って、鼈（スッポン・大亀）の上に乗り、北斗七星が上空にあしらわれたものが基本で、鬼と斗（マス）、北斗七星とで魁星をあらわし、地は大亀の上に乗っているという唐山の世界観を表現している。また龍・麒麟・鯉・白馬・鳳・寿老人・文昌帝など瑞章に乗ったりそれらが描かれたりしたものもある。中野三敏氏の「書誌学談義　江戸の板本」等に幾つかの典型例を図版として載せている。（B寛政十二年一月刊本）

三〇　**魁星像**　弘化三（一八四六）年冬跋写、随朝若水点標「学記漢鄭氏註唐孔穎達疏」（版下稿本）

魁星像は刊本にのみ捺された訳ではない。写本、これは版下稿本の例。時代も下降し、雲型と星とに単純化されている。写本では、例えば天理図書館蔵の五老井許六筆「六玉河画賛」（天理ギャラリー一二八回展「俳諧絵画の美」に図版あり）劈頭にも捺されている。

三一　**魁星像**　文化十二（一八一五）年十月刊、長谷川勝山「唐宋詩辨」

これは押捺された魁星像ではなく、見返全体をフルに使った画像。文言と云い、蓮牌に記された連と云い、何れ明版をもとにしたものであろう。図柄は鬼と斗と星と鰲龍と馴染みのもの。オールスターキャストがちりばめられており、中野三敏氏「江戸の板本」の扉に採用されている。

三二　**魁星像**　明和八（一七七一）年十一月刊、皆川淇園「淇園詩話」

これは魁星像が**書袋**（袋）に捺された例。袋は見返と同じに刷られている場合が多い。見返の地はピンクで、後印本。刷りは或いは明治に入っているかも知れない。

三三　**校正刷**　明劉宗周撰　清洪正治編　谷三山点「蕺山（しゅうざん）先生人譜」

細かく朱で校正が為されている。三三2の左右の濃淡が違うのは右頁が朱刷のため。校正刷や初印は唐山ではよく朱や靛（あい）で印刷されたらしい。朱刷だと墨筆で校正できるということもあるのかも知れない。唐山では御製の序や勅諭を朱で刷印したり、封面を朱や藍で刷ったものがある。日本では京の柳枝軒茨城多左衛門が享保頃、唐山を真似た藍刷や茶刷の見返をよく使っている。

三四　**自訂本**　〔江戸前期〕刊、山崎闇斎「沖漠無朕説」

編者山崎闇斎の朱墨訂正書入と思われる。第二行小字注記上部を胡粉で塗抹し、墨筆で訂正されている。第三行傍書は朱筆。後印本は墨訂の如くに改刻されている。

三五　**本の擬態**　寛政九（一七九七）年三月刊、石川雅望訓解「孝経」

本書は石川雅望の作、耕書堂蔦屋重三郎の刊行で、作者と書肆に馴染んだ中本の草双紙の形態（外題「国字／傍訓／俚語／略解／孝経平仮名附」）と香色表紙半紙本の漢籍国字解の形態（外題「孝経／平かな附／講釈入」）の、二種の形で出版されている。

時好に叶ったものと見え、文化六（一八〇九）年三月に耕書堂より覆刻され、のち慶元堂和泉屋庄次郎、最後は「孝経」と「唐詩選」の版木を買集めそのシェアのかなりの部分を占有した嵩山房小林新兵衛に求版される。耕書堂・慶元堂の両肆とも中本・半紙本の二系態での印行が為されており、二疋の鰌を狙って、云わば「形も求版された」ことが分る。

表紙の商標は耕書堂の蔦のマークから慶元堂のもの、また嵩山房小林新兵衛の「小」へと変り、求版本では、一所に求版されなかったと見え、巻末の二書の弘めが削去されている。

見返図には北斗星らしきものが見え、こうした所にまで魁星像が影響を及ぼしていることが察せられる。

三五参考は香色表紙、半紙本の漢籍国字解の例として

「古文孝経国字解」を並べた。（B文化六年三月刊覆刻本　C慶元堂後印本　D嵩山房後印本）

三六　**本の形と文体**　寛永二十（一六四三）年十二月跋刊、「料理物語」

寛永二十年跋刊本は大本、正保四（一六四七）年四月刊本は一廻り小さな半紙本、寛文四（一六六四）年七月江戸の松会衛より刊行されたのはもう一廻り小さな中本。中本は大本のほぼ半截の大きさである。本の大きさに連動した文字遣い、特に漢字とその振仮名に注意してほしい。またゆったりとした書き振りから、いかにコンパクトに詰込んでゆくかにも目を注いでほしい。こうした体裁・書き振りは本の売値にも直接する。

初刻本は刷題簽を持つものによると「料理秘伝抄」、松会衛版は「え入料理ひてん」とあり、題名も内題・外題ともそのままに踏襲されたようである。作者は当時流行の仮名書・仮名草子として世に出さんとし、出版書肆は中世以来の能藝書・秘伝書として売ろうとした様子が垣間見られる。（B正保四年四月刊本　C寛文四年七月刊本）

三七　一代男の**上方版**と**江戸版**　天和二（一六八二）年八月刊、〔井原西鶴〕「好色一代男」

上方版の大本で漢字の多い版式から、江戸版では半紙本で漢字を少くし、より読みやすい形に変っている。絵の品格も異り、上方の女は手を合せ見ないでくれと拝んでいるのに、江戸の女は見てくれと頼んでいる。万事上方版はゆったりと大仰に作られており、こうした本作りは当然価格面にはねかえる。当時上方と江戸との文化力・教養力・経済力の違いがこうした所にも窺える。（B貞享一年三月江戸版）

三八　**和本と唐本**　書物ハ三九・四二ト同

唐本は和本に比べやや縦長。ただし和本にも唐本仕立の縦長の形態をとるものがある。綴じ糸は細く無染色で二本。和本はやや太目の色系で一本。四つの綴じ穴の中央二穴が狭く、和本は四つの穴がほぼ等間隔で並ぶ。

朝鮮本は十六世紀頃から大型本が多くなり（要するに出版、残存量が増えたのである）、五穴で、綴じ糸は凧糸のように太く一本。赤糸で綴じられることも多い。表紙は丁子の黄染、空押の卍つなぎが典型。

三九　**書入本**　寛延三（一七五〇）年三月刊、服部南郭「大東世語」

蔵版者［斎宮（いつきのみや）］静斎の蔵書印が押捺され、書入れが見られる。静斎が師南郭の作物を蔵版刊行し、その所蔵本に書入れを施したものであろう。

秋田藩校明道館の蔵書印も押捺されている。

蔵書印の捺されている位置から、所蔵者の所蔵順が辿れることが多い。蔵書印の形や大きさにもよるが、普通題署の下部から上部へ、次いで匡郭外の眉上へという順序となる。

四〇　**題簽の位置と文頭**　正保四（一六四七）年三月刊、「二十一代集」

（B）寛文十一（一六七一）年十一月刊、「伊勢物語」

二條家などの家伝では、和歌の書題（題簽）は左肩、物語は中央。巻頭の書出しは和歌が裏丁から、物語は表丁からというきまりがあった。こうした諸種の書き方は各種の書札礼などにも見える。

四一　**題簽**　清乾隆三十七（一七七二）年九月序刊、清汪梧鳳「詩学女為」

題簽の刷られた一葉が挟込まれている。題簽は全冊分が一枚の版木で刷られ、切分けて表紙屋が各冊の表紙に貼る。ただ唐本の場合明末以降薄表紙の仮装に近い形態で出版されたものの如くで、愛書家が頁を切離しつつ、自分用の表紙をつけて愛蔵する仏蘭西本に親かったようである。本例などは所蔵者によって題簽が貼付される以前の姿を示す例ではないか。題簽紙が切離されず、挟込まれたり貼付されたりしている例は内閣文庫にも見える。

本題簽は第一から第四までの四冊分と、その四冊を収める帙に貼附する一枚分とからなる。

四一2は唐本の表紙裏貼りに用いられた刷反古の例。

四二　**封面**　明万暦四十一（一六一三）年一月跋刊、明李攀龍「唐詩選」

藍刷の封面。初期の魁星像が備り、売価の「毎部紋銀伍銭」が押捺されるので掲載した。和書ではこうした明版の封面を真似、京の柳枝軒茨城多左衛門方道が、茶刷や藍刷の見返を多用している。享保頃に多い。封面は唐山では宋版から見られ、例えば「静嘉堂文庫蔵宋元版図録」中に、元版のものではあるが、「増修互註礼部韻略」等のものが掲げられている。和書でも唐本を覆刻した五山版「碧巌録」などに見られるが、宋版の原装本は皆無に近く、その実態は分りにくい。しかし何れ営利出版成立後のことではあろう。

本邦では本屋仲間が確立した江戸中期以降のようで、江戸初前期の刊本に見返が貼られている場合、中期以後の後印本であることが多い。奥付も同様である。刊記はそれ以前より存する。

本版の字体はやや縦長で、横画が細く縦画が太い典型的な字様で、後の所謂明朝体活字のもとになった。宋元版の、云わば筆写された正楷体の文字から、明代嘉靖以降、こうした明朝風の刻書体が段々と成立してくる。これは大部の出版をこなすため、**刻工**が工房による大量生産方式となり、版木の木目にそった横画だけを彫り、次の仁は逆目の縦画だけを彫りと云ったように、流れ作業方式に変ってきたからである。

四三　**刊記**　寛文三（一六六三）年一月印、宋朱熹「易経集註」

刊記が奥でなく、前付首巻末にある例。匡郭上下に切れ目があり、入木であろうが、現在までのところ初印本は知られていない。

日本では刊記が見返や奥以外の書物の途中にあるのは珍しいが、唐山では封面・書扉の他、前付末や首巻末にあることが多く、各巻末のアキに刻入せられている場合もある。竹紙の唐本では裏丁を切り取り、明代の覆刻による刊記を佚して、もとの宋元版と見せたり、逆に刊記を影抄して覆刻本を元の宋元版と化したりしたものが少くない。巧妙に作られ、裏打ちなどされていると仲々に見つけにくい場合がある。なお表紙には**目録外題**が貼られている。

四四　**板木支配**　天保十二（一八四一）年十一月序刊、砂川由信「大学序次考異」

初印本は撰者の蔵版で、製作・販売に携った赤松九兵衛は、はっきりと「板木支配」と記されている。修印本ではただ「書林」とある。広告中の「八篇論文」も「八篇読本」と改刻されている。なお広告書目中の「近刻」の文字を削去した後印本もある。

本書をも含め、この人の著作は修刻箇所が極めて多い。

（B修印本）

参考は同人の嘉永七（一八五四）年閏七月刊「大学〔章句講本〕」のもの。はじめ序次考異同様「版元　淡路津名郡下物部村　砂川順助／版木支配　大阪高麗橋壱丁目　赤松九兵衛」の刊記があるが、後印、後修本では図の如くに変っている。なお奥に四国、九州、三都の弘通売捌書肆が並ぶ。

四五　**弘通書肆**　享和三（一八〇三）年九月刊、小田穀山「駿府詩選」

製作に与った書肆は普通「弘通書肆」として記載される。これは編者小田穀山の蔵板本で、書肆にただ「弘」とある例。

四六　**濯板**　元文元（一七三六）年夏序刊、明治三（一八七〇）年七月印、荻生徂徠「徂徠集」

求板（版）の表記は多いが、版木を洗って刷直した「濯板」をうたうのは珍しい。本書の寛政三年六月印本には「求版」とある。見返と奥付とで、南紀の无尤堂中井源吉と大阪の文金堂森本太助の書かれている位置に注意してほしい。本来なら奥付では逆になるべきもの。しかしこうした例は甚だ多い。ここは前の和歌山の蔵版者

中井孫九郎にひかれたものかも知れない。また、この中井孫九郎と書林　中井源吉との関係が気になる。（B寛政三年六月印本）

四七　**洗版**　文化七（一八一〇）年春刊、天保二（一八三一）年十一月印、元干済・蔡正孫「精選唐宋千家聯珠詩格」

これは洗版で、前図と併せると洗濯。何れにせよ版木を求版して刷直す場合、奇麗に化粧直しをしてから行ったであろう。「洗版」や「濯板」はそれを強調したもの。「補刻」とある場合も、奥付を流用したものがかなりあり、必ずしも信憑性は高くない。

四八　**見返と奥付の書肆の位置**　宝暦三（一七八三）年三月刊、荻生徂徠「学庸解」

これは見返の玉海堂と奥付の藤木久市、群玉堂と松本新六とが正格で刻入されている例。見返・巻頭にあっては前者を、奥付・巻末にあっては後者を尊重する慣いによる。但し、こうした習慣は忘れられ、往々にして奥付や巻末でも前者を優位とする風が生じている。また本支店関係の書肆は本店が先にき、支店や出店は後塵を拝することが多かった。

四九　**蒙御免**　文政六（一八二三）年三月序刊、大田錦城撰　荒井晴湖校「梧窓漫筆」

見返や題簽に「官許」の文字はよく見るが、これは「蒙御免」とある珍しい例。恐らく角力の番付などの影響であろう。本書には一行の文字数をかえた別版が存する。見返・奥付とも律義に記され、初刻本も、製本所とある和泉屋金右衛門が他の発兌書肆より晴湖と関係が深く、製作の実務を行っているのであろう。再刻本では始め三都（Bと同奥付）、次いで名古屋が入り四都の販売体制となるが、見返は発兌書肆を玉巌堂とし、同肆の広告書目がつけられ、玉巌堂が主体であることは動かない。最終的には「和泉屋金右衛門版」と版の字が刻される。荒井晴湖より減価償却された版木が譲られたものであろ

う。（B後印本　C再刻後印本　D又後印本）

五〇　**御免**　文化十一（一八一四）年六月刊、服部南郭講　林元圭録「唐詩選国字解」

これは刊記に「御免」とある例。初版の天明二年（一七八二）一月刊本作成のため、二年前の安永九年（一七八〇）に許可（官許）を受けた旨の記載であろう。免許の記載は、明治初期の刊本の奥付に多い。この年紀は序刊や跋刊と同様、その実際の刊行時期よりやや溯るものと見た方がよい。

五一　**竣工日数**　寛政九（一七九七）年三月刊、宋朱熹「朱文公童蒙須知」

これは珍しく見返に、寛政八年十一月に彫師に渡し、翌る年の三月に工を終えたと記す。序一丁と本文十丁ほどの小冊。七行十三字に刻されている。校正などもあるが、正月を挟んだとは云え工期はやや長いようだ。

五二　**各様の書物**　寛政六（一七九四）年十二月跋刊、岡田新川「常語藪」

これは上紙摺、薄用摺、お好み次第に需要に応ずる旨の広告の例。こうした例は既に高野板の出版目録からも知られる。表紙や装訂も、読者の好みによって仕立かえる場合があり、特に趣味的な好事本にはそうした例が多い。現今の愛蔵限定版と普及版との関係にも親い。

機能を生かすため、書物の形・大きさを変えることもあり、これは一種、書物のジャンルへの挑戦でもある。

五三　**地方板**　安政四（一八八七）年一月刊、水井勝山「疑字貫双」

下野の水井勝山、恐らく武八郎その人の蔵板本。橡木の堀越青志の筆耕版下で、同地出身で江戸に出、彫師となったと思われる岡田常吉の彫りに係る。そうした関係性が窺われ、裏表紙見返の落書が亦泣かせる。地方板の臭を強くもった本。

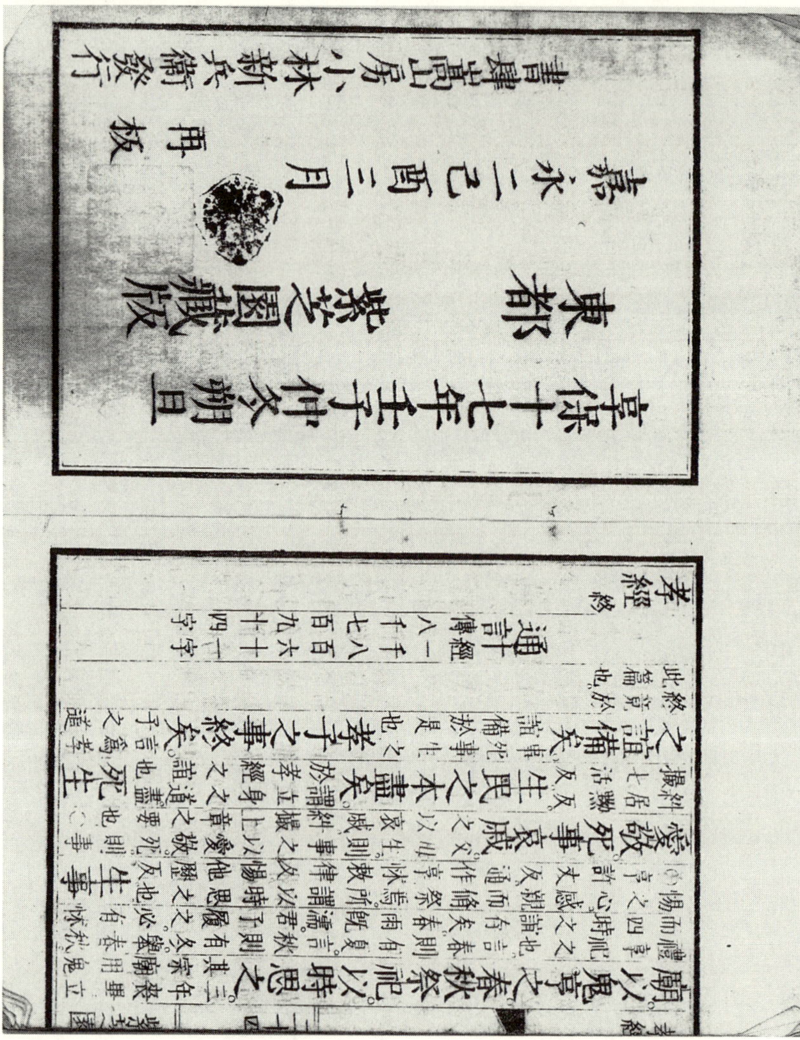

一A　孝経　旧題漢孔安国伝　太宰〔春台〕(純)　音　嘉永二年三月〔江戸〕嵩山房小林新兵衛刊　大一

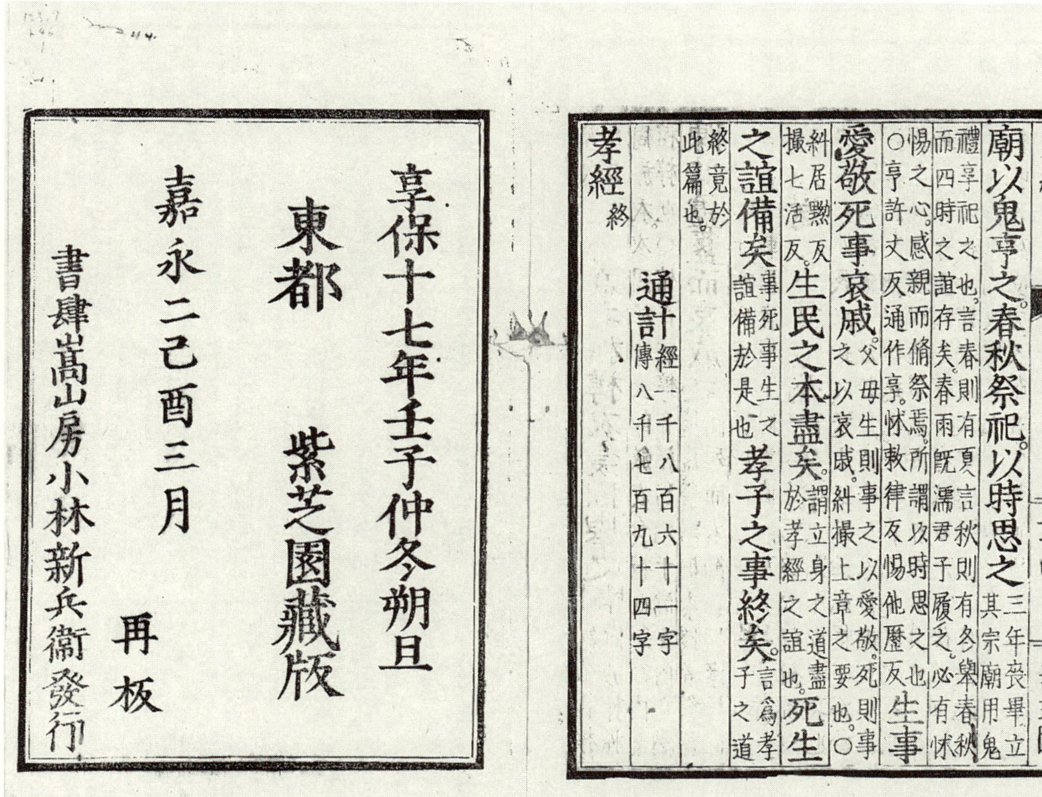

廟以鬼享之。春秋祭祀。以時思之三年喪畢立其宗廟用鬼禮享祀之也。言春則有夏。言秋則有冬。舉春秋而四時之誼存矣。春雨既濡君子履之。必有怵惕之心。感親而脩祭焉。所謂以時思之也○享許丈反通作享。怵敕律反惕他歷反生事愛敬。死事哀戚。父母生則事之以愛敬。死則事之以哀戚。糾撮上章之要也。○糾居黝反撮七活反生民之本盡矣。謂立身之道盡於孝經之誼也。死生之誼備矣。事生事死之誼備於是也孝子之事終矣。言爲孝子之道終竟於此篇也。

孝經　終

通計　經一千八百六十一字　傳八千七百九十四字

享保十七年壬子仲冬朔旦

東都　紫芝園藏版

嘉永二己酉三月　再板

書肆嵩山房小林新兵衛發行

一B　同　嘉永刊（覆同前）大一

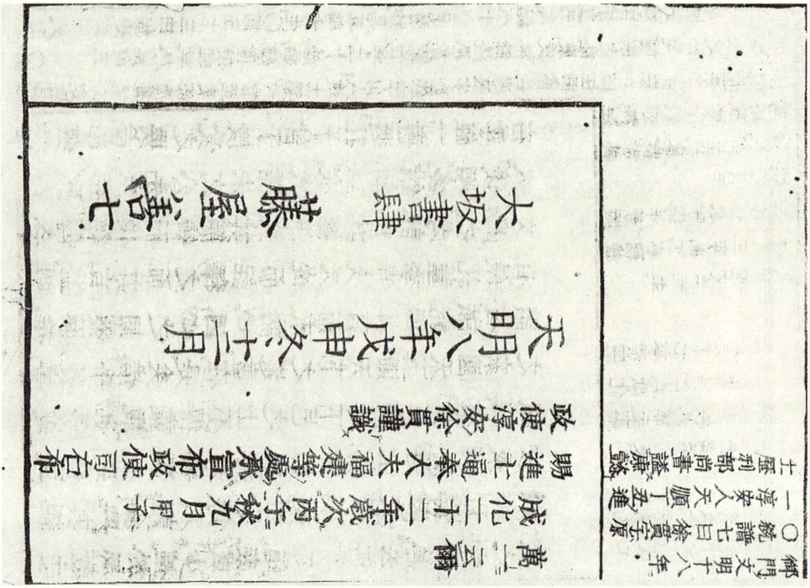

二A2　又　天明八年二月大坂藤屋善七印　大一

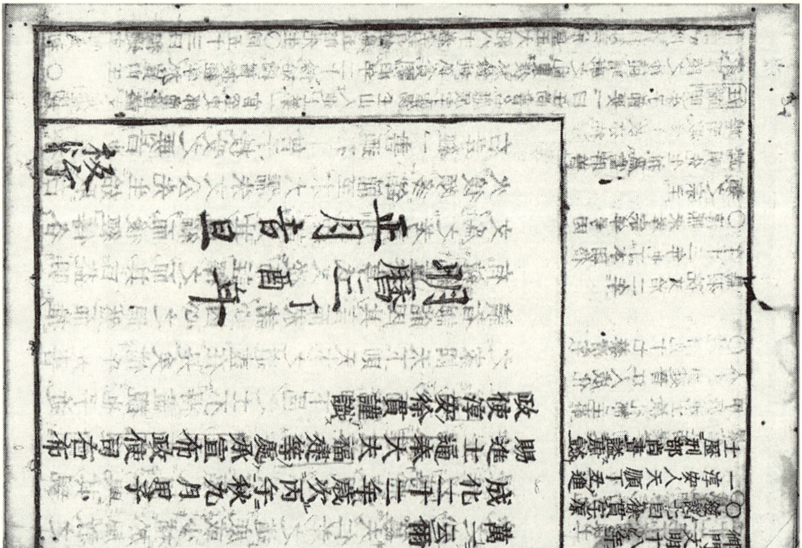

二A1　孝経大義　宋朱〔熹〕刊誤　元董鼎注〔江宗之〕首書　明暦三年一月刊　通修　大一

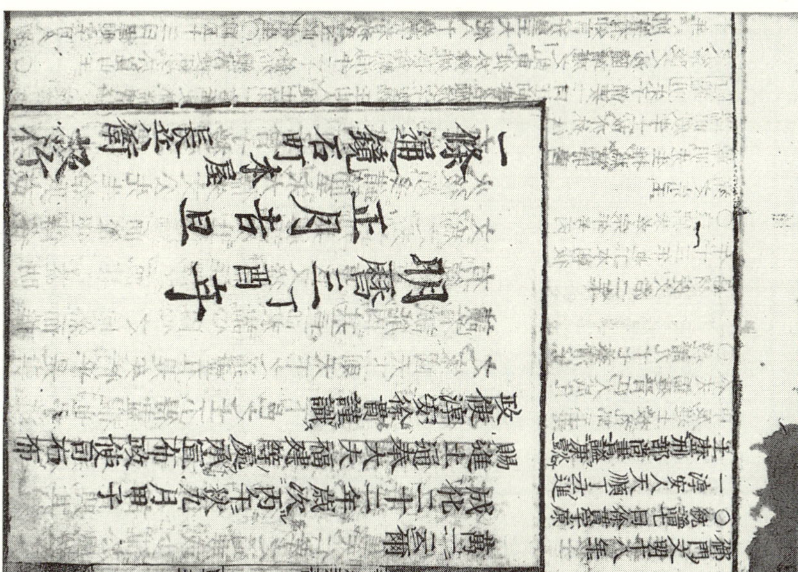

二B1　同
明暦刊（覆同前）
京本屋長兵衛後印
大一

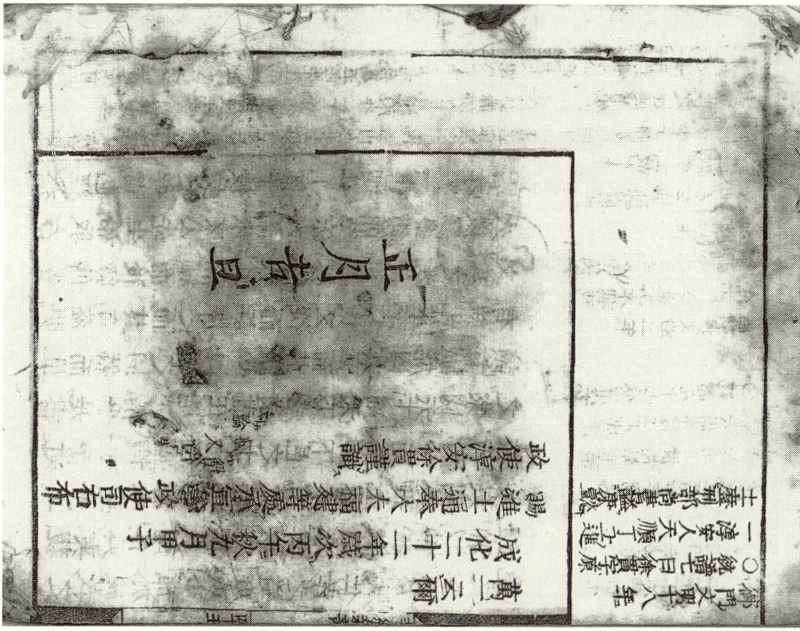

二B2　又
後印
大一

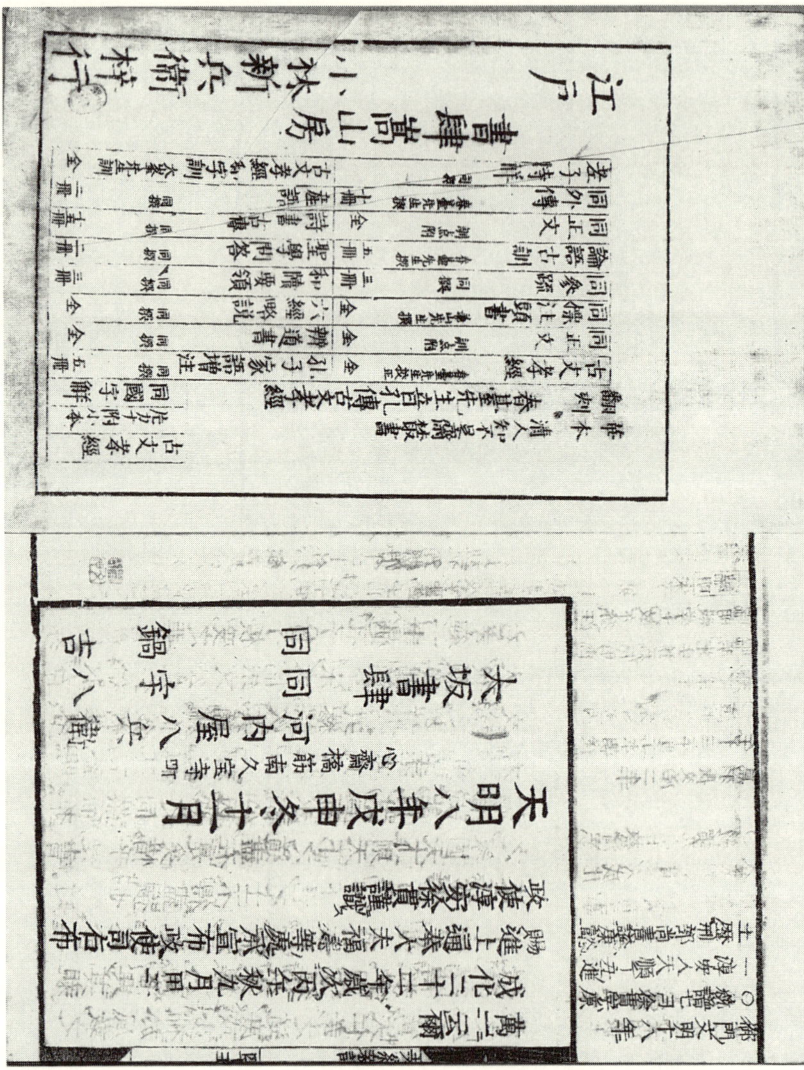

二C1　同　大一　明暦刊（覆刻）　天明八年十一月印　江戸嵩山房小林新兵衛後印

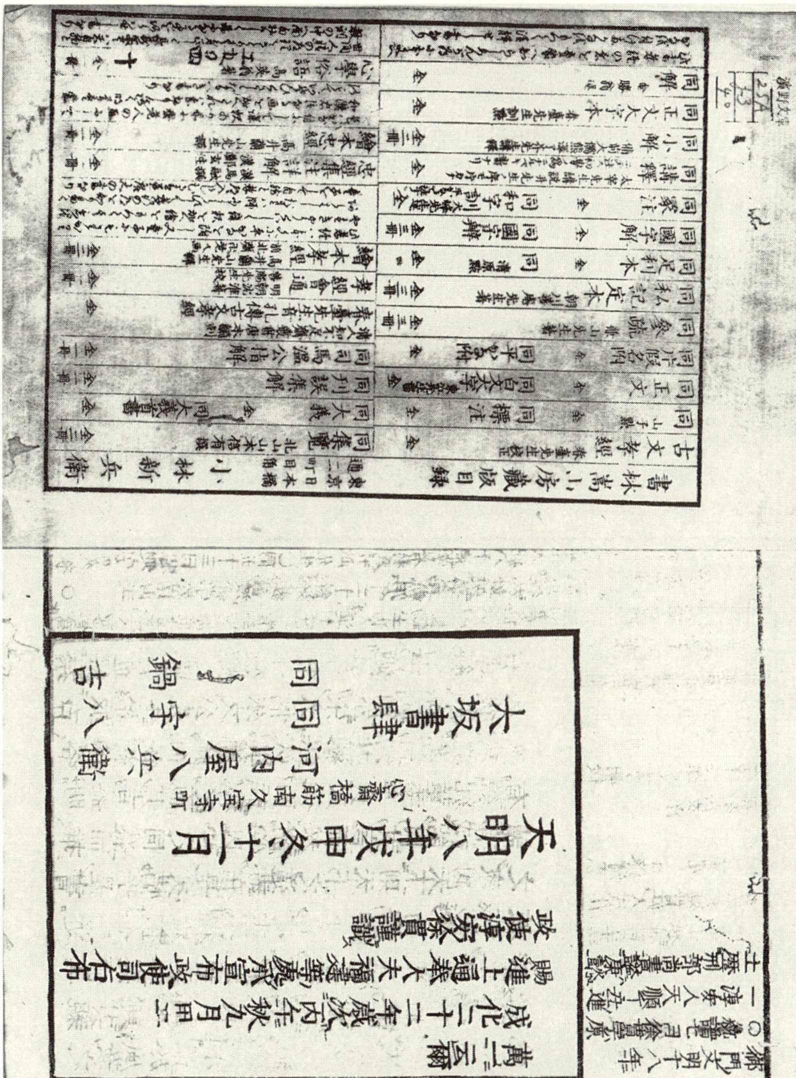
天明八年戊申冬十一月

大坂書肆

書林　嵩山房蔵版目録

二C2　又　東京嵩山房小林新兵衛明治印　大一

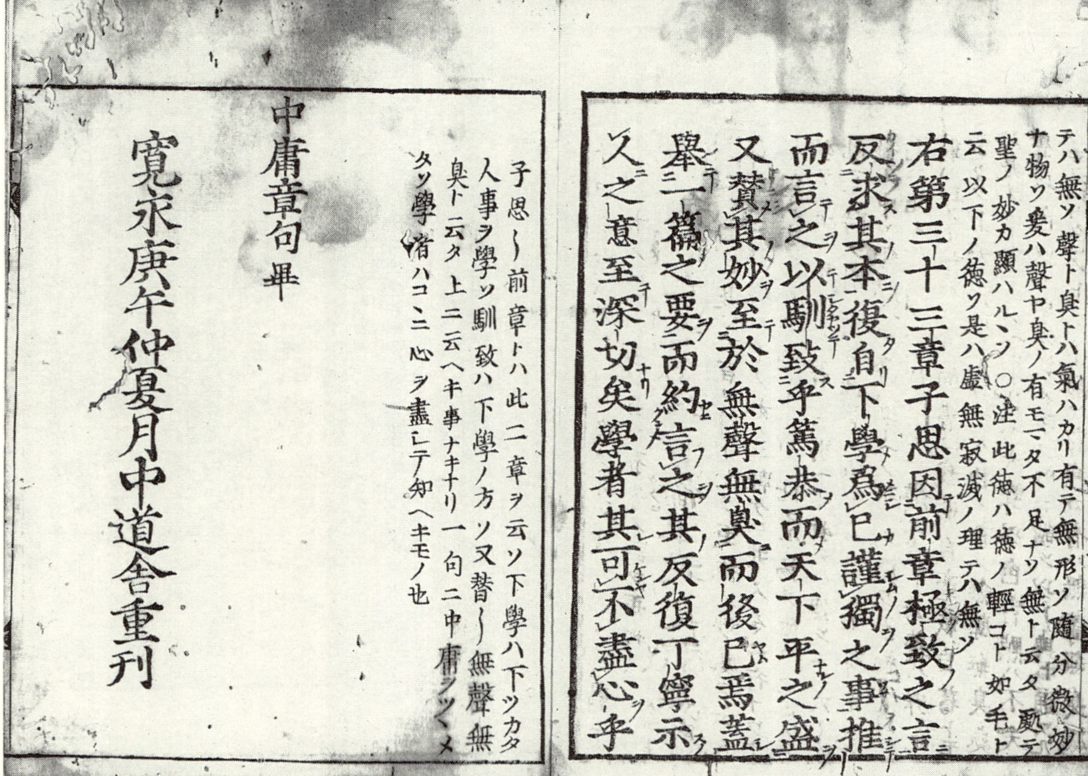
テハ無ソ聲ト臭トハ氣ハカリ有テ無形ソ随分微妙
ナ物ソ変ハ聲ヤ臭ノ有モマタ不足ナソ無ト云タ處テ
聖ノ妙カ顯ハルヽソ○注此德ハ德ノ輕コト如毛ト
云以下ノ德ソ是ハ盡無家滅ノ理テハ無ソ
右第三十三章子思因前章極致之言
反求其本復自下學為己謹獨之事推
而言之以馴致乎篤恭而天下平之盛
又贊其妙至於無聲無臭而後已焉蓋
擧一篇之要而約言之其反復丁寧示
人之意至深切矣學者其可不盡心乎

中庸抄下　四十六

中庸章句畢

子思ノ前章トハ此二章ヲ云ソ下學ハ下ツカタ
人事ヲ學ソ馴致ハ下學ノ方ソ又替ノ無聲無
臭ト云タ上ニ云ヘキ事ナキナリ一句ニ中庸ヲツヽメ
タツ學者ハコヽニ心ヲ盡シテ知ヘキモノ也

寛永庚午仲夏月中道舎重刊

三A　中庸〔章句鈔〕　清原宣賢　寛永七年五月中道舎刊　大二

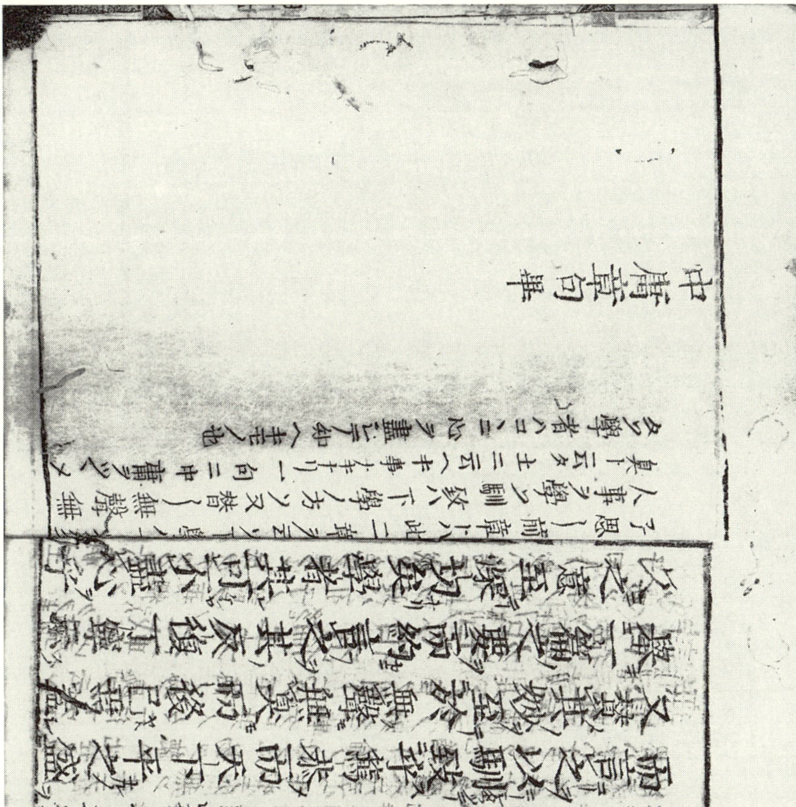
中庸章句畢

三B　同　寛永刊〈覆同前〉〔後印〕大二

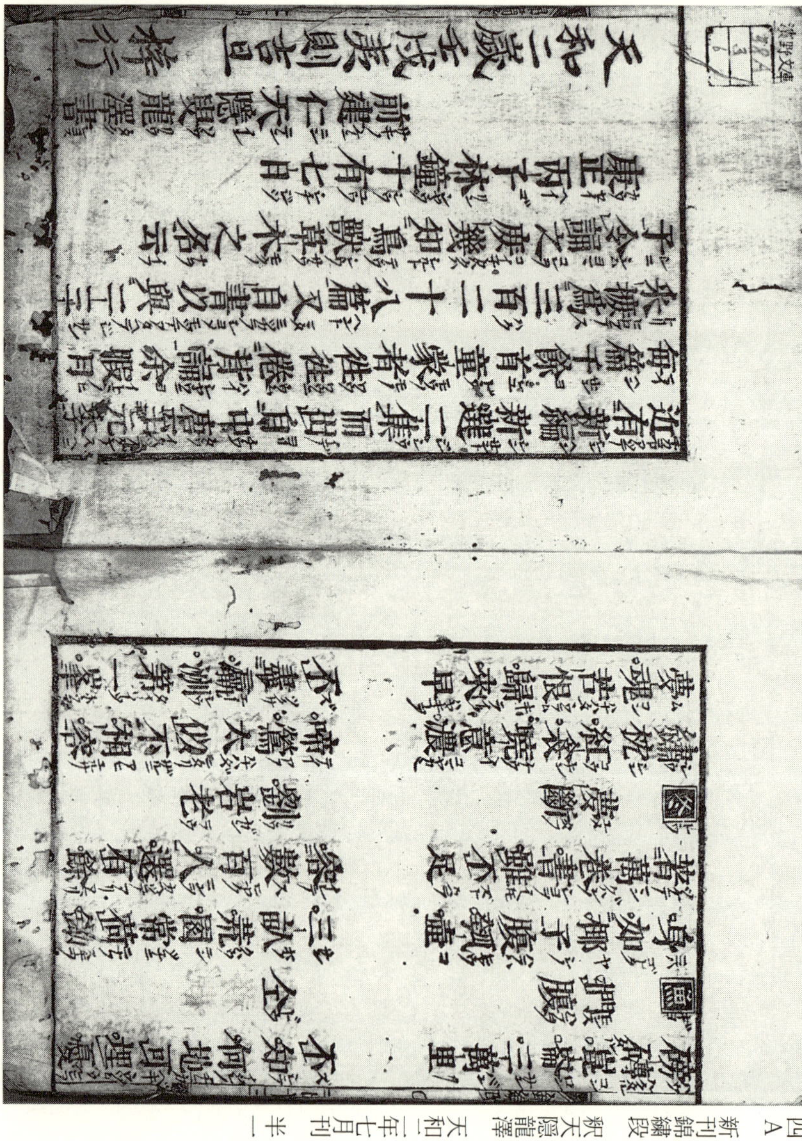

四A
新刊錦繡段
釈天隠龍澤
天和二年七月刊
半一

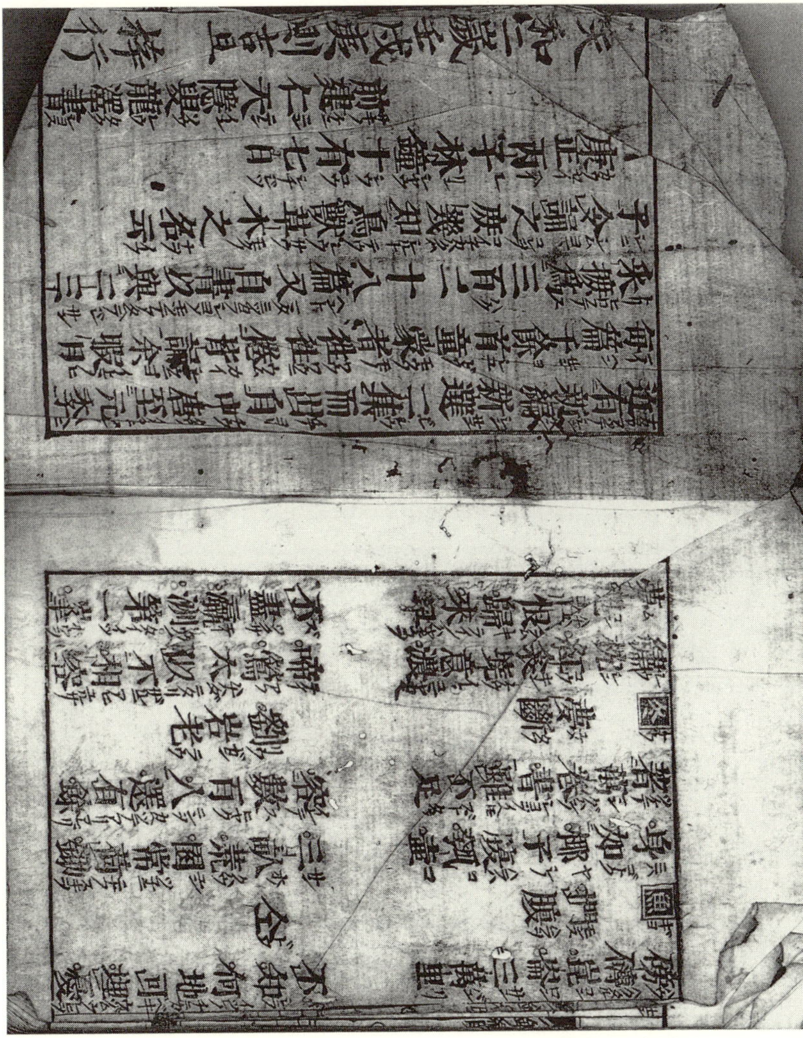

四B　同　天和刊（覆同前）半一

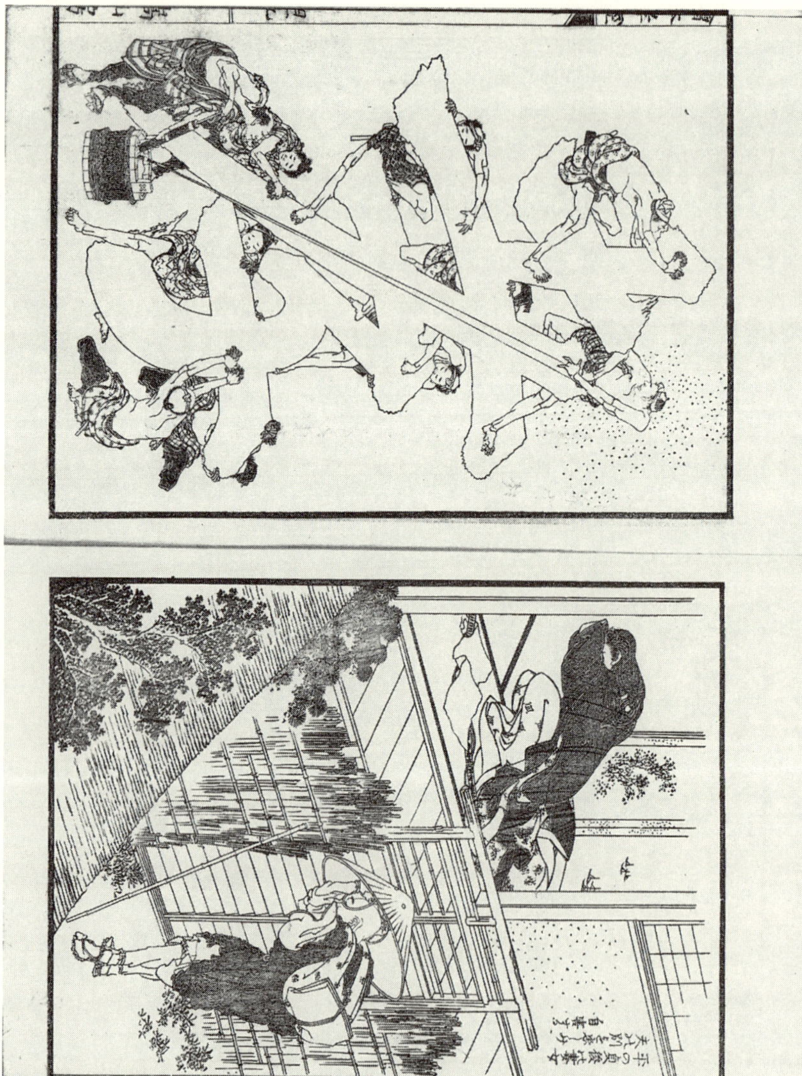

五A1　絵本孝経　高井蘭山撰　葛飾北斎画　嘉永三年一〇月江戸嵩山房須原屋新兵衛刊　半二

五B1　同　元治一年冬江戸書山房須原屋新兵衛刊（覆同前）　半二

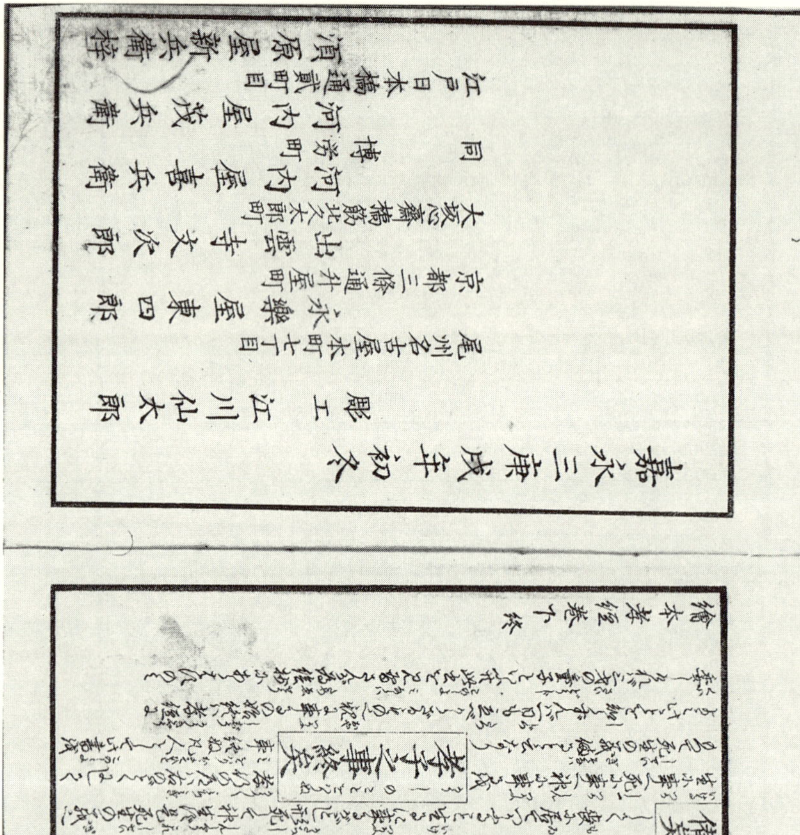
祀以時思之

生事愛敬死事哀戚生民之本盡矣死生之誼備矣

孝子之事終矣

繪本孝經巻下 終

嘉永三庚戌年初冬

彫工 江川仙太郎

尾州名古屋本町七丁目 永樂屋東四郎
京都三條通升屋町 出雲寺文次郎
大坂心齋橋筋北久太郎町 河内屋喜兵衛
同 博労町 河内屋茂兵衛
江戸日本橋通貳町目 須原屋新兵衛梓

五A2

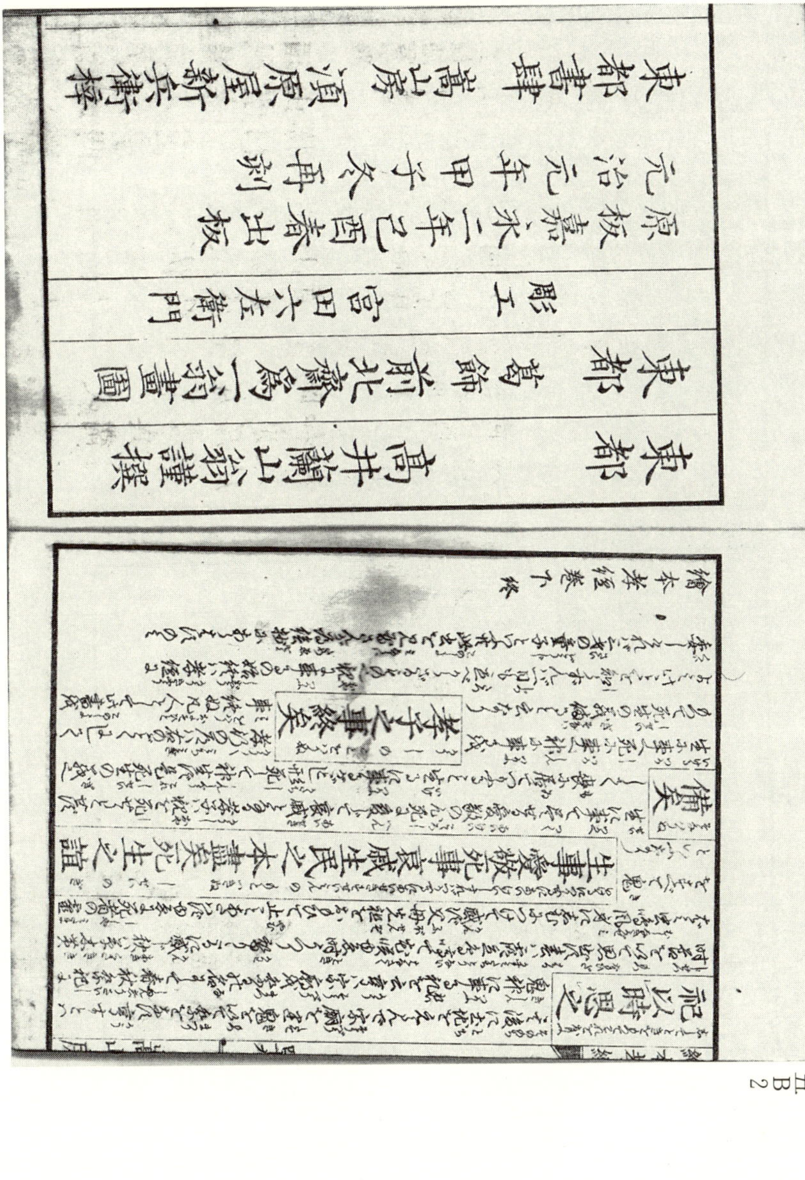
東都 高井蘭山翁謹撰
東都 葛飾前北斎為一翁畫圖
彫工 宮田六左衛門
原板 嘉永二年己酉春出板
元治元年甲子冬再刻
東都書肆 青山房 須原屋新兵衛梓
祀以時思之
生事愛敬死事哀戚生民之本盡矣死生之誼
備矣
孝子之事終矣
備本孝経巻下終

五B2

京都書肆

三條通富小路 須原屋平左衛門

同 升屋町 出雲寺文治郎

寺町通松原下ル 勝村治右衛門

江都書肆

日本橋通南一丁目 須原屋茂兵衛

同 二丁目 山城屋佐兵衛

同 四丁目 須原屋佐助

淺草茅町二丁目 須原屋伊八

芝神明前 岡田屋嘉七

同 所 和泉屋吉兵衛

横山町四丁目 和泉屋金右衛門

大坂書肆

心齋橋通北久太郎町 河内屋喜兵衛

同 南一丁目 敦賀屋九兵衛

同 博勞町 河内屋茂兵衛

同 安堂寺町 秋田屋太右衛門

尾州書肆

名古屋本町 永樂屋東四郎

越後書肆

水原 小田島儀兵衛

三條 扇屋七右衛門

長岡 中村屋作平

信州書肆

善光寺 小升屋喜太郎

野州書肆

宇都宮 荒物屋伊右衛門

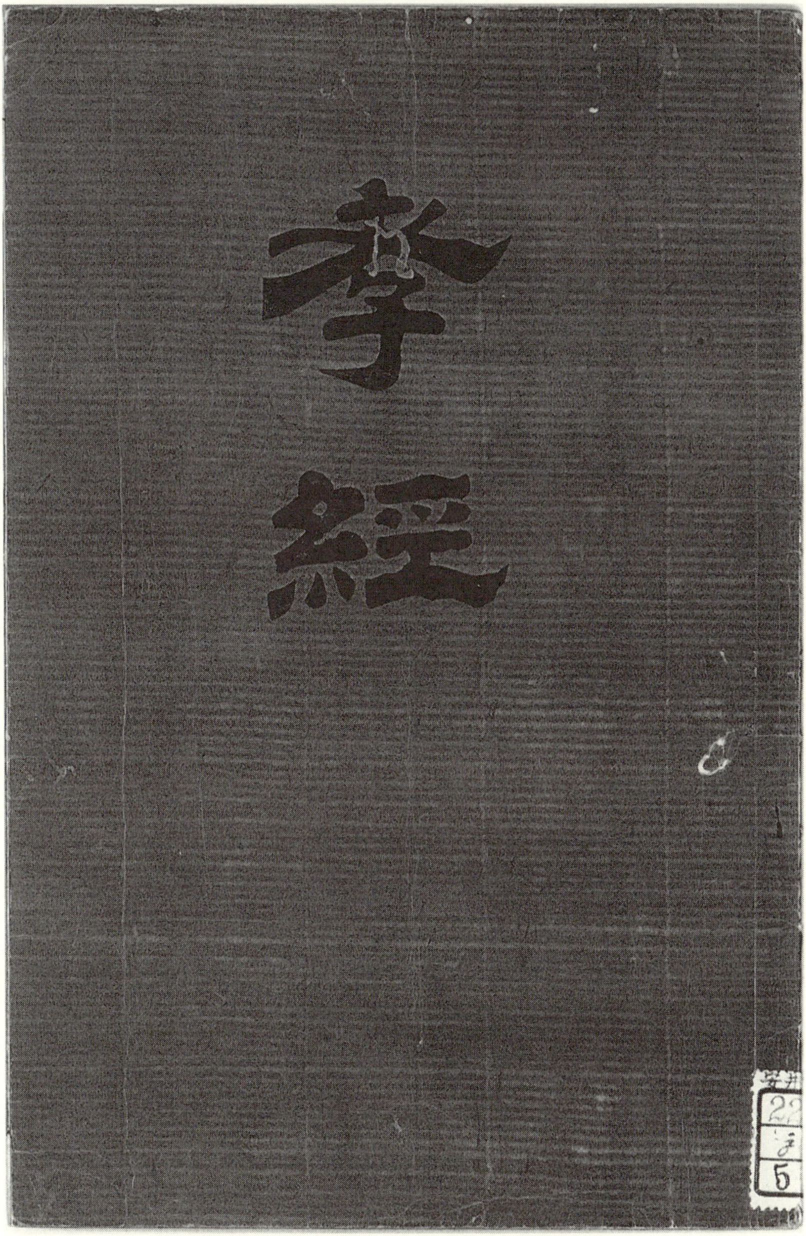

六（七A）　孝経（御注本）釈宗淵一桂校　弘化三年一二月跋刊　大一（包背装）

御註孝經序

左散騎常侍兼麗正殿修國史上柱國

武強縣開國公臣元行冲奉　勅撰

太唐受命百有四年。皇帝君臨之十載也。赫

矣皇業。康哉帝道。萬方宅心。四隩來塈。握黄

炎堯禹之契。欽日月星辰之序。提衡而運陰

陽。法鎔而張禮樂。車服必軌。聲明備度。所以

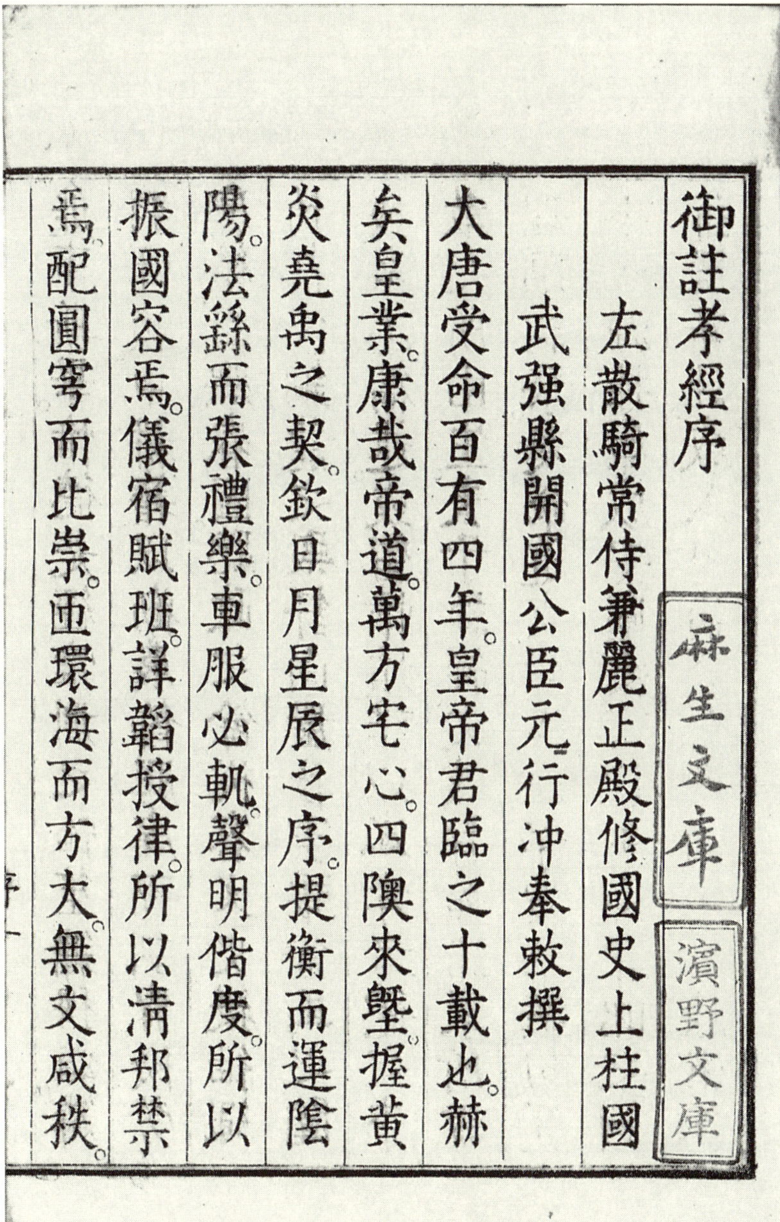
御註孝經序
左散騎常侍兼麗正殿修國史上柱國
武强縣開國公臣元行冲奉敕撰
大唐受命百有四年皇帝君臨之十載也赫
矣皇業康哉帝道萬方宅心四隩來塈握黃
炎堯禹之契欽日月星辰之序提衡而運陰
陽法縣而張禮樂車服必軌聲明偕度所以
振國容焉儀宿賦班詳韜授律所以清邦禁
焉配圓穹而比崇亟環海而方大無文咸秩

七Ｂ1　孝経御註　唐玄宗撰　菅原為徳校　文化五年一月菅〔原〕家蔵版〔京堺屋伊兵衛信成印行〕　大一

七A2

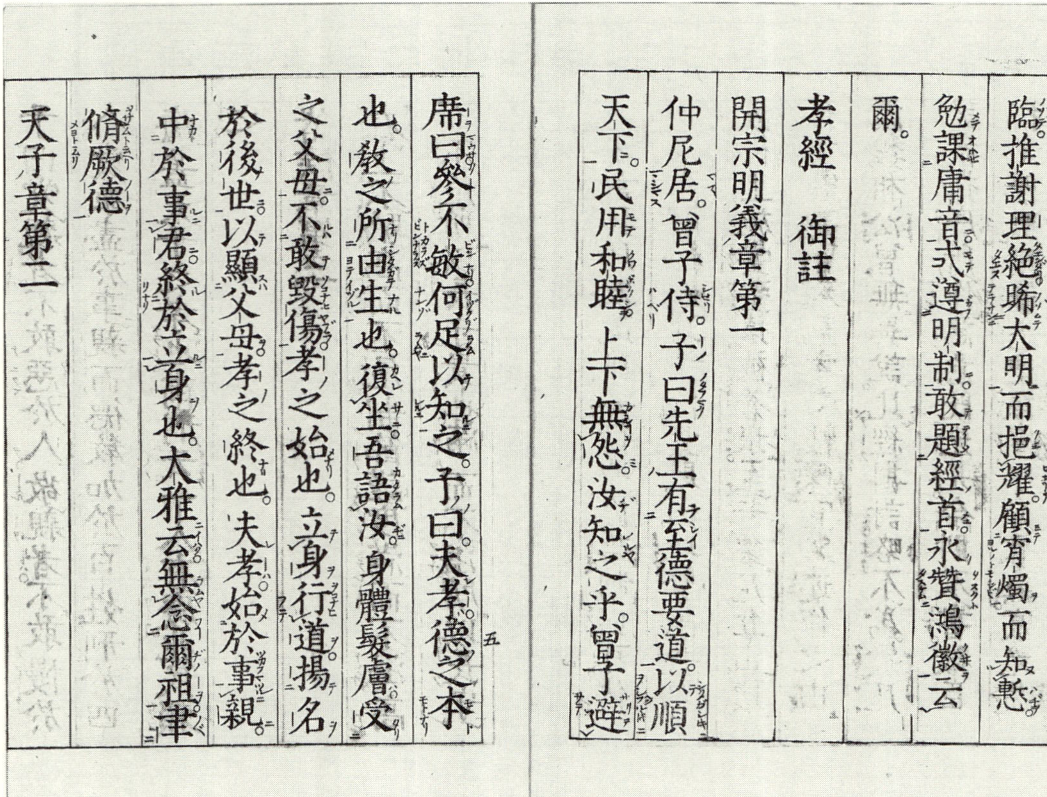
臨。推謝理絶睎大明、而挹耀。顧宵燭而知慙
勉課庸音、式遵明制。敢題經首。永賛鴻徽云
爾。
孝經　御註
開宗明義章第一
仲尼居。曾子侍。子曰先王有至徳要道。以順
天下。民用和睦。上下無怨。汝知之乎。曾子避
席曰參不敏何足以知之。子曰夫孝徳之本
也。教之所由生也。復坐吾語汝。身體髪膚受
之父母。不敢毀傷孝之始也。立身行道揚名
於後世以顯父母孝之終也。夫孝始於事親。
中於事君終於立身也。大雅云無念爾祖聿
脩厥徳
天子章第二
五

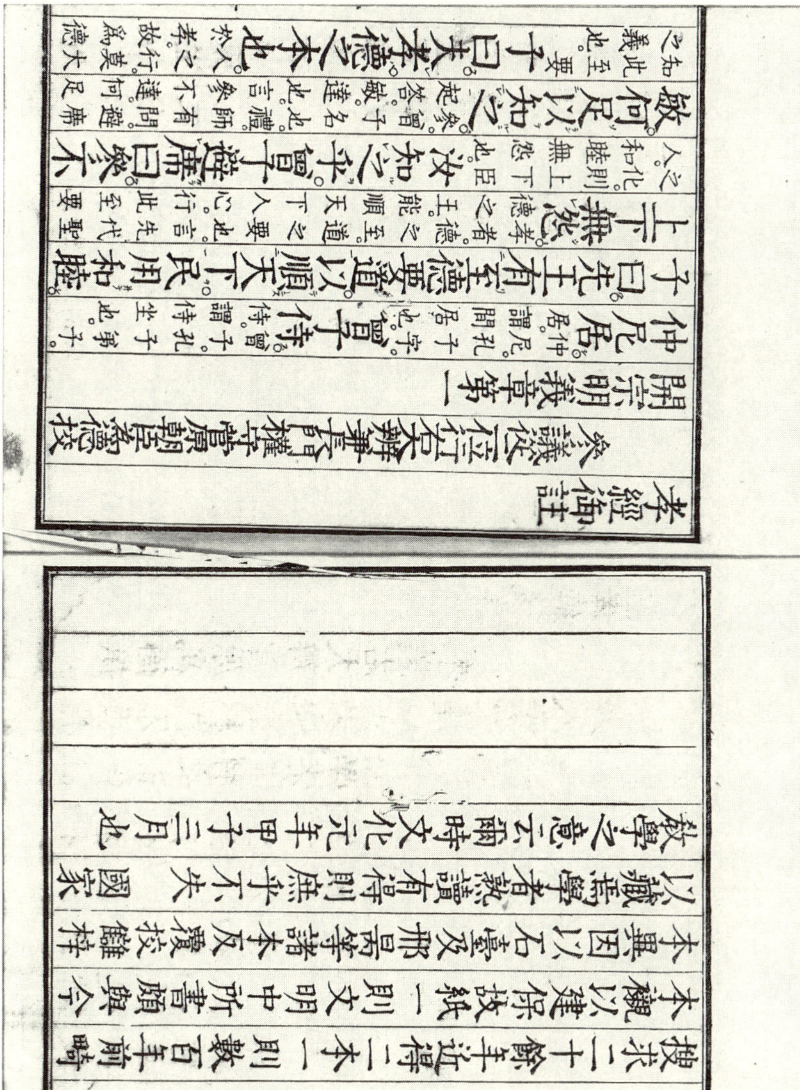
搜求二十餘年近得二本一則數百年前畸
本襯以建保故紙一則文明中所書頗與今
本異因以石臺及邢昺等諸本反覆挍讎梓
以藏焉學者熟讀有得則庶乎不失　國家
敎學之意云爾時文化元年甲子三月也

孝經御注
參議從三位行右大辨兼長門權守菅原朝臣爲德挍
開宗明義章第一
仲尼居。仲尼。孔子字。居。謂閒居也。曾子侍。曾子。孔子弟子。侍。謂侍坐也。
子曰。先王有至德要道。以順天下。民用和睦。
上下無怨。孝者。德之至。道之要也。言先代聖德之王。能順天下人心。行此至要之化。則上下臣人。和睦無怨也。汝知之乎。曾子避席曰。參不
敏。何足以知之。參。曾子名也。禮。師有問。避席起答。敏。達也。言參不達。何足以知此至要之義也。
子曰。夫孝。德之本也。人之行。莫大於孝。故爲德

七B2

凡ソ孝經ノ世ニ傳ヘ習フトコロ二アリ古文ト御注トシ御注ニテ文二ツ開元本天寶本ナリ開元ハ元行沖ノ序アリ天寶ハ御製ノ序アルヲ云ナリ謹テ案スルニ天平寶字元年詔シテ天下ノ家コトニ孝經ヲ藏メ誦習セシメ後ニ又貞觀二年ニ詔シテ開元御注ノ本ヲ行ハセ下ヘ分シヨリ已來世々明經ニツヽシニ随ヒ上下ノ初學先ツ孝經ヨリ讀ミ始ム蓋シ孝ハ德ノ本教ノ由テ生スル所ナレハ尤ヘシ孝經論語毛詩尚書礼記周易左傳ト次第シテ授ケ習フ事ナリ然ルニ近世或ヒハ初心ノ者ニマツ孝經ヲ受授フスシテ大学中庸ヲ習ハスルハ宋朝ニ至リ四書ヲ定メシヨリ以後ノ事ニテ古ヘノ式ニハ非ス大学中庸ハ別行ノ本ヲ用ヰスシテ礼記ノ中ニテ習讀ムヘキ勿論ナリサテ當初二季釋奠ノ講書ニモ件ノ七經ヲ用ヰサセ給ヒシトソ聞ユルヤ須ク謹テ菅原家大納言勸光君ノ本ニ就テ本文ヲ抄出シテ相傳ル所ノ音訓ヲ加ヘ敢テ一点モ私ヲイレス但シ御注ノ説ヲ存シナカラ注字ヲ除ク嗚呼ノ業ニ似タレトモ唐ノ開成石經ノ正實本ノ例ニ傚フナリ是レカツテ識者ニ呈セムトニハアラス纔カニ膝下ニ養フ童蒙ノ求メニ應スルノミ弘化三年臘月　桑門一桂記

七B3

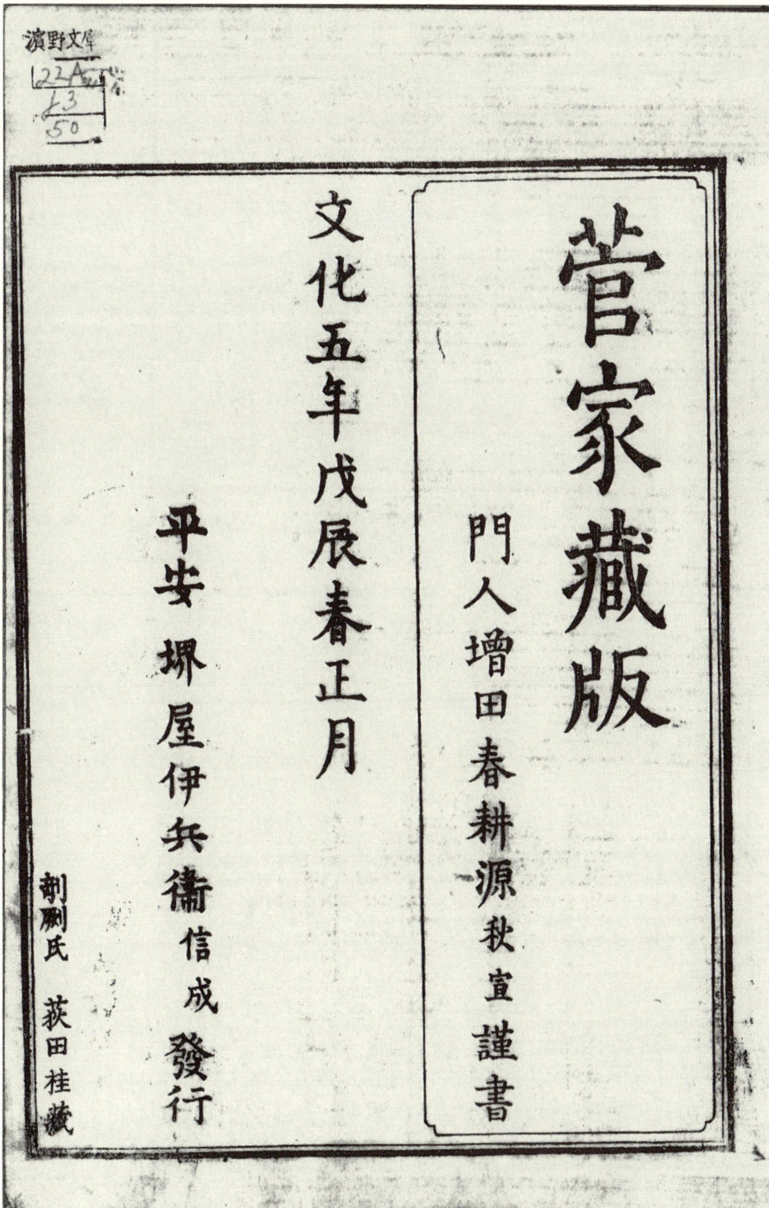

菅家藏版

門人増田春耕源秋宣謹書

文化五年戊辰春正月

平安　堺屋伊兵衛信成發行

剞劂氏　荻田桂藏

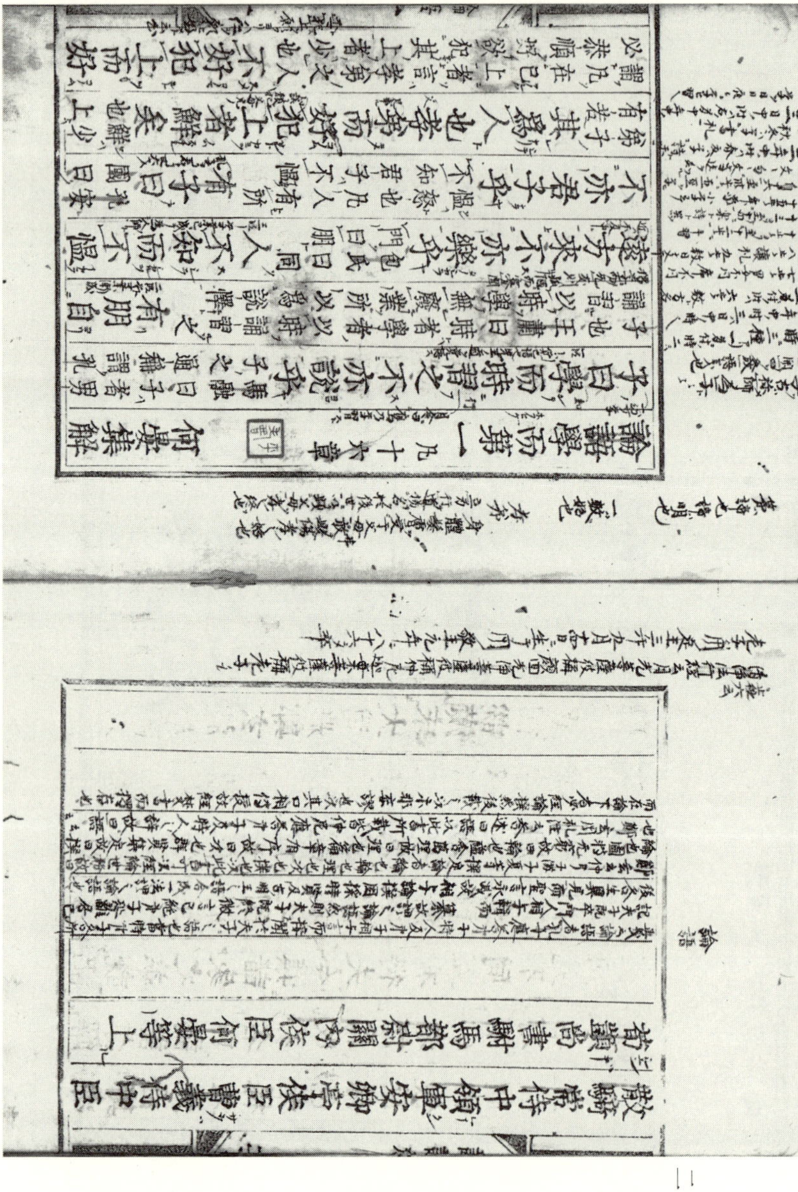

八A1　論語〔集解〕一〇巻　魏何晏　慶長四年九月宗与刊　古活　特大　二

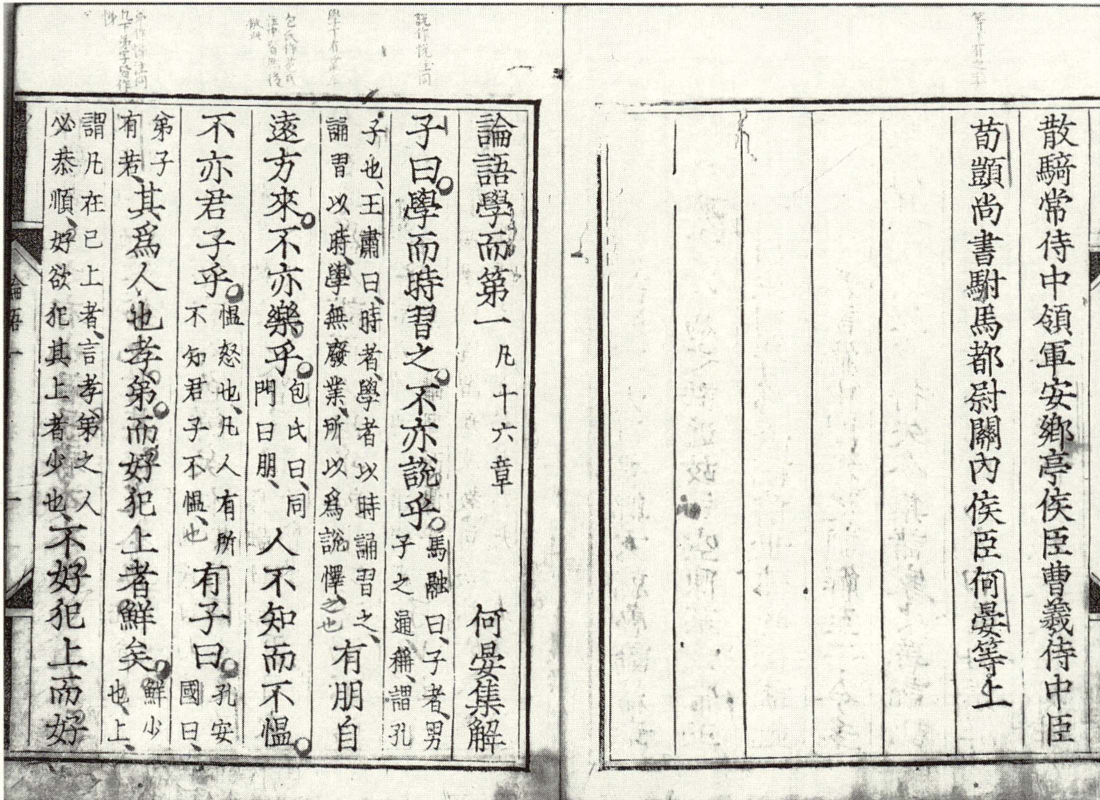
散騎常侍中領軍安鄉亭侯臣曹羲侍中臣
荀顗尚書駙馬都尉關內侯臣何晏等上

論語學而第一　凡十六章　何晏集解
子曰學而時習之不亦說乎　馬融曰子者男子之通稱謂孔子也王肅曰時者學者以時誦習之誦習以時學無廢業所以為說懌之也
有朋自遠方來不亦樂乎　包氏曰同門曰朋
人不知而不慍不亦君子乎　慍怒也凡人有所不知君子不慍也
有子曰　孔安國曰弟子有若
其為人也孝弟而好犯上者鮮矣　鮮少也上謂凡在己上者言孝弟之人必恭順好欲犯其上者少也
不好犯上而好

八B1　同　江戸初刊（覆同前）文化五年冬市野迷庵書入　大二

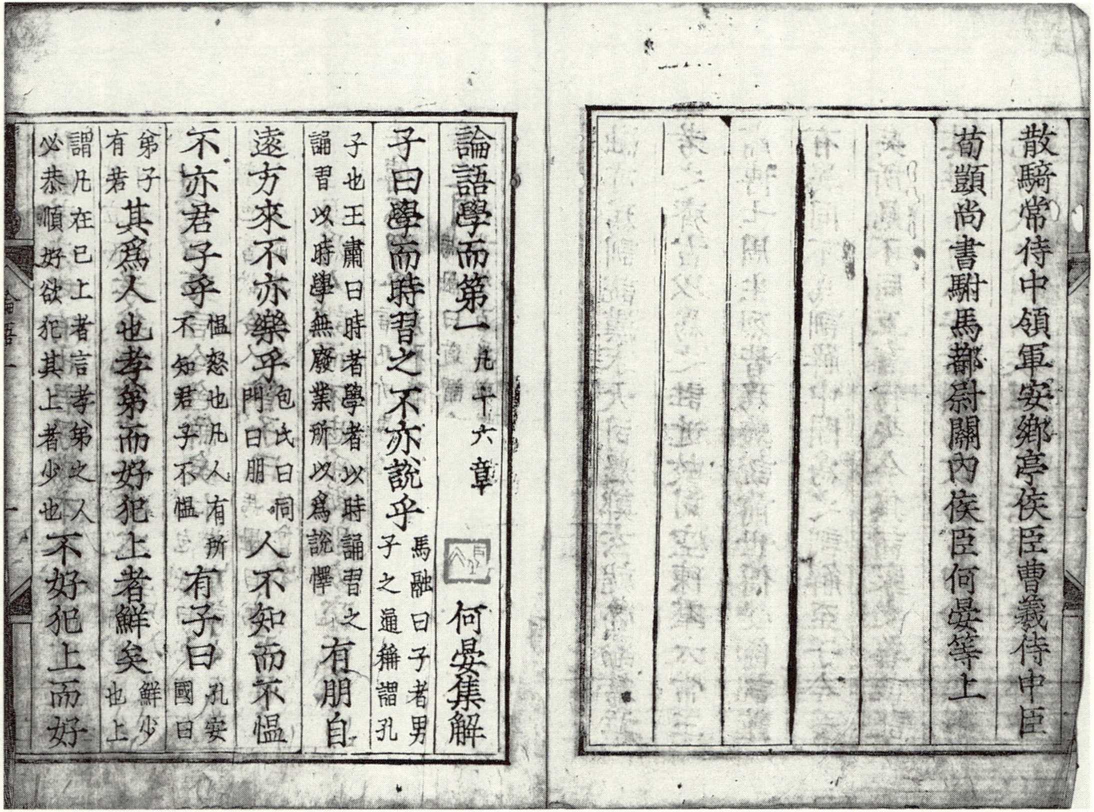

散騎常侍中領軍安鄉亭侯臣曹羲侍中臣
荀顗尚書駙馬都尉關內侯臣何晏等上

論語學而第一 凡十六章 何晏集解

子曰學而時習之不亦說乎 馬融曰子者男子之通稱謂孔子也王肅曰時者學者以時誦習之誦習以時學無廢業所以為說懌 有朋自遠方來不亦樂乎 包氏曰同門曰朋 人不知而不慍不亦君子乎 慍怒也凡人有所不知君子不慍

有子曰 孔安國曰弟子有若 其為人也孝弟而好犯上者鮮矣 鮮少也上謂凡在已上者言孝弟之人必恭順好欲犯其上者少也 不好犯上而好

八C1 又 大二

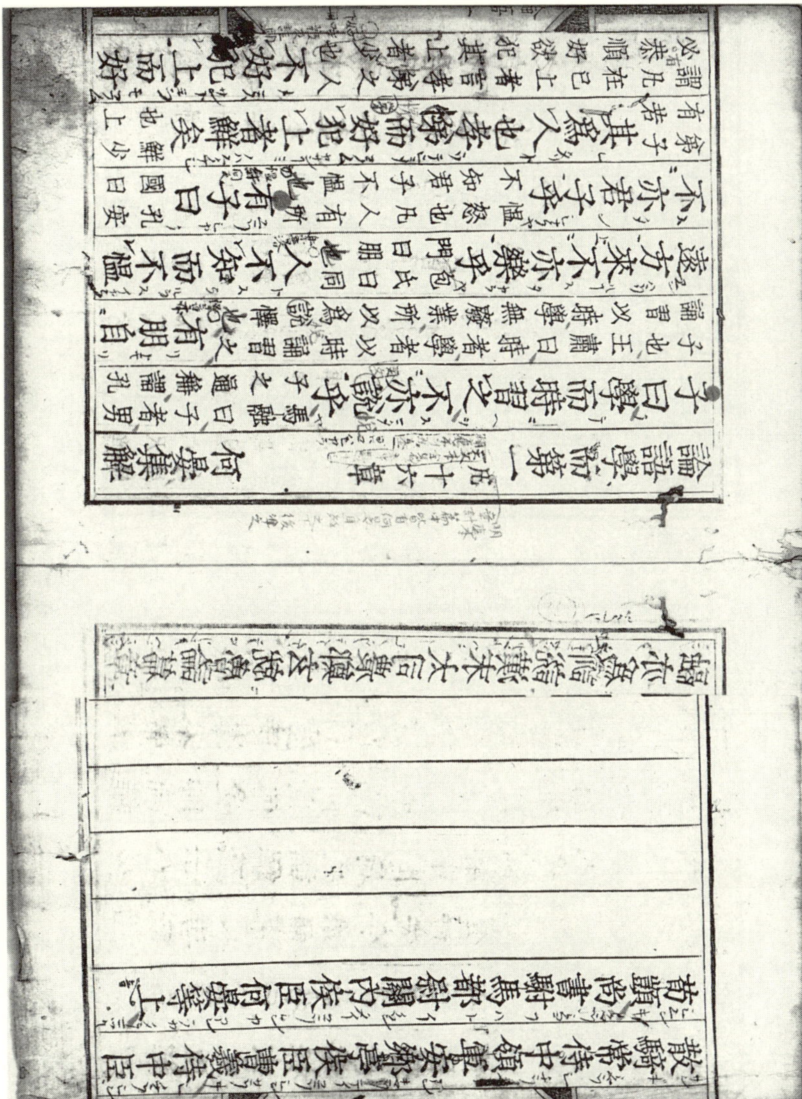
論語學而第一　凡十六章　何晏集解

子曰學而時習之不亦說乎　馬融曰子者男子之通稱謂孔子也王肅曰時者學者以時誦習之誦習以時學無廢業所以爲說懌

有朋自遠方來不亦樂乎　包氏曰同門曰朋也

人不知而不慍不亦君子乎　慍怒也凡人有所不知君子不慍也

有子曰　孔安國曰弟子有若　其爲人也孝弟而好犯上者鮮矣　鮮少也上謂凡在己上者言孝弟之人必恭順好欲犯其上者少也

不好犯上而好

散騎常侍中領軍安鄕亭侯臣曹羲　侍中臣荀顗　尚書駙馬都尉關內侯臣何晏等上

八D1　文大二

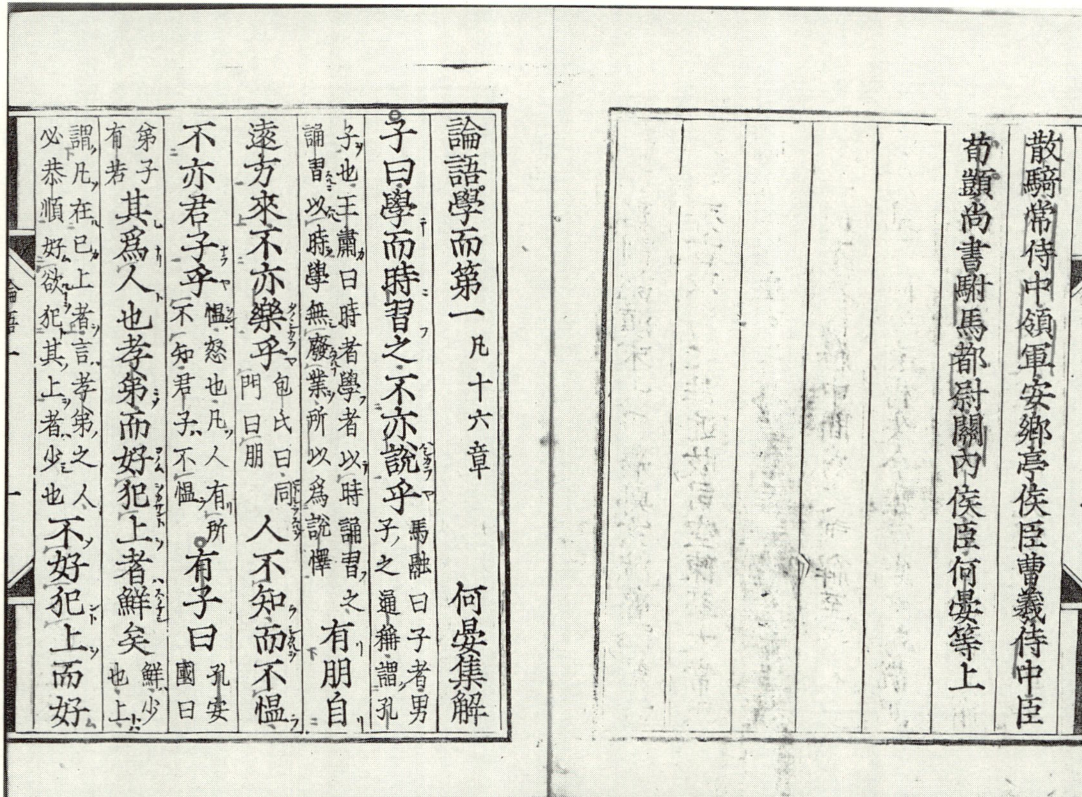

散騎常侍中領軍安郷亭侯臣曹羲侍中臣
荀顗尚書駙馬都尉關内侯臣何晏等上

論語學而第一　凡十六章　何晏集解
子曰學而時習之不亦説乎　馬融曰子者男子之通稱謂孔子也王肅曰時者學者以時誦習之誦習以時學無廢業所以爲説懌
有朋自遠方來不亦樂乎　包氏曰同門曰朋
人不知而不慍不亦君子乎　慍怒也凡人有所不知君子不慍
有子曰　孔安國曰弟子有若
其爲人也孝弟而好犯上者鮮矣　鮮少也上謂凡在己上者言孝弟之人必恭順好欲犯其上者少也
不好犯上而好

八E1　又　刊記妄補カ　大二

八B2

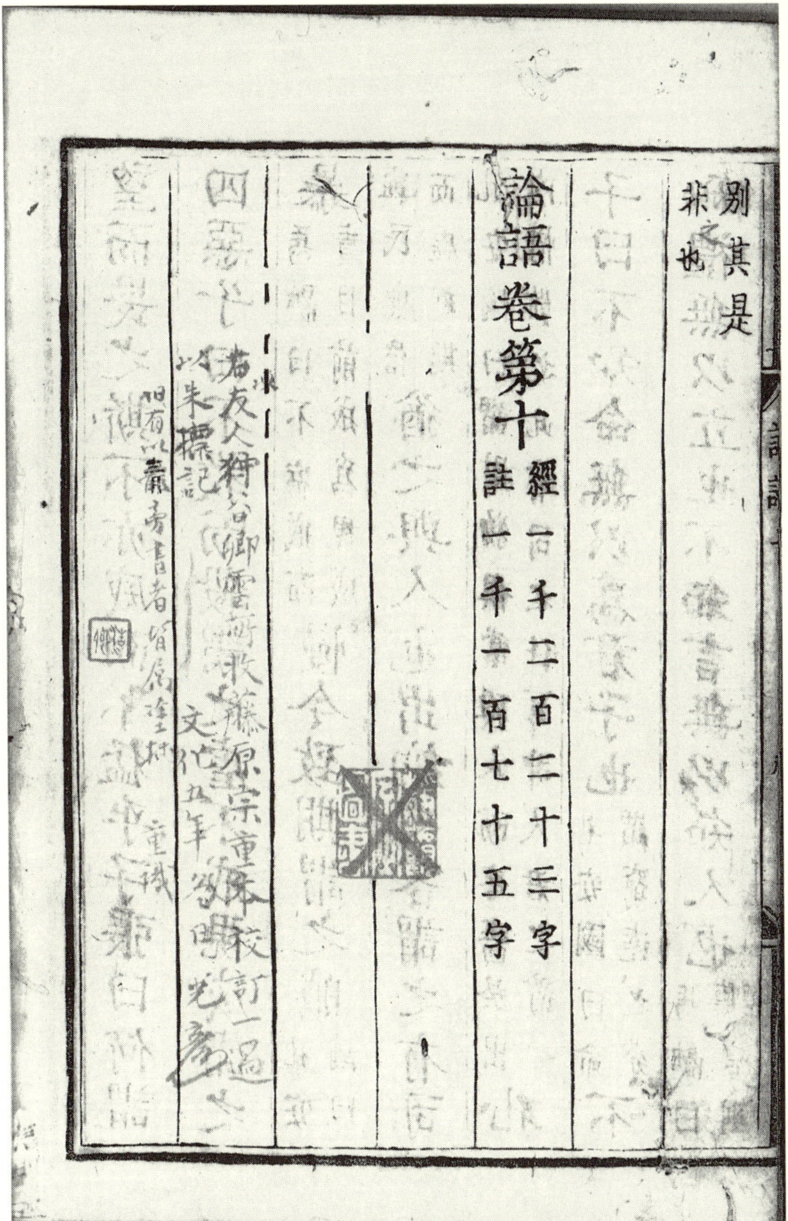
別其是非之也

論語卷第十　經一千二百二十三字　註一千一百七十五字

右友人狩谷卿雲所收藤原宗重本校訂一過
以朱標記
文化五年

別其是非也

論語卷第十　經一千二百三十三字　註一千一百七十五字

友傳刊

慶長十四年己酉九月日　洛納宗與開板

八E2

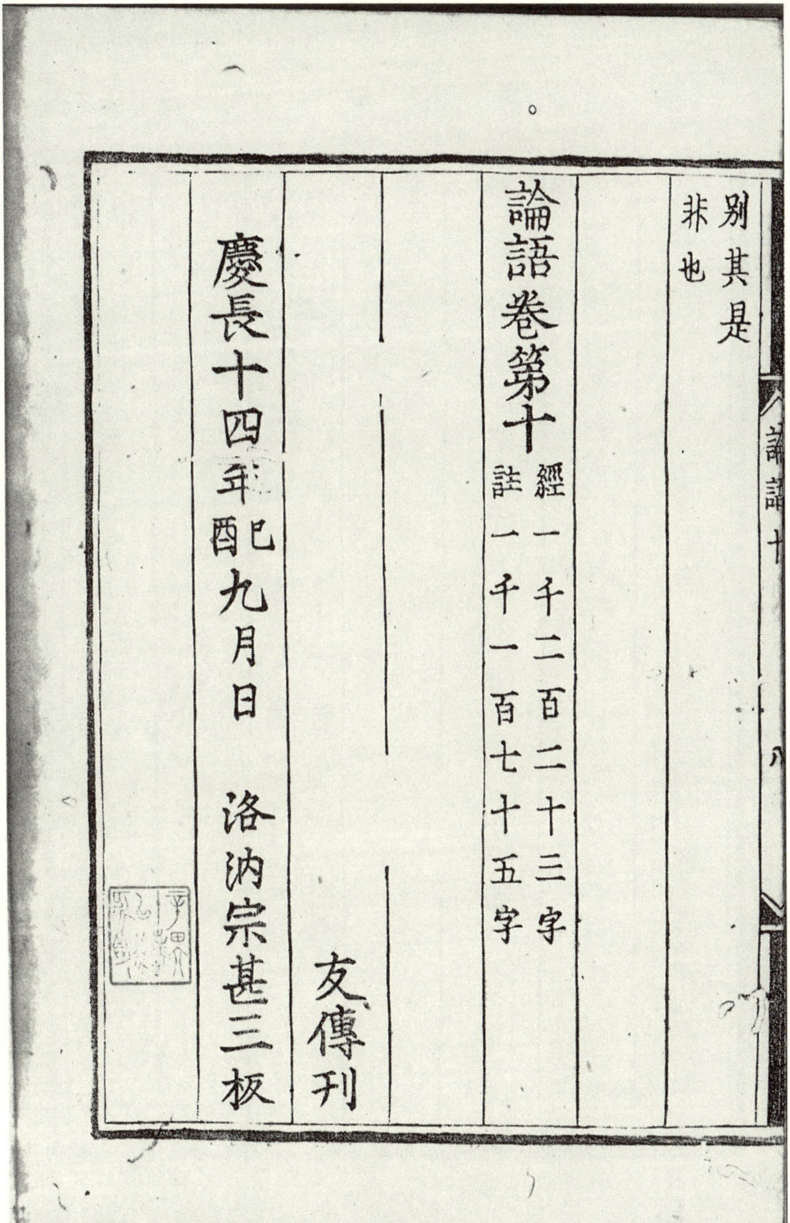
別其是非也

論語卷第十　經一千二百二十三字　註一千一百七十五字

友傳刊

慶長十四年己酉九月日　洛汭宗甚三板

八C2

別其是非也以立也不知言無以知人也

子曰不知命無以為君子也

論語卷第十

經一千三百二十三字

註一千一百七十五字

八D2

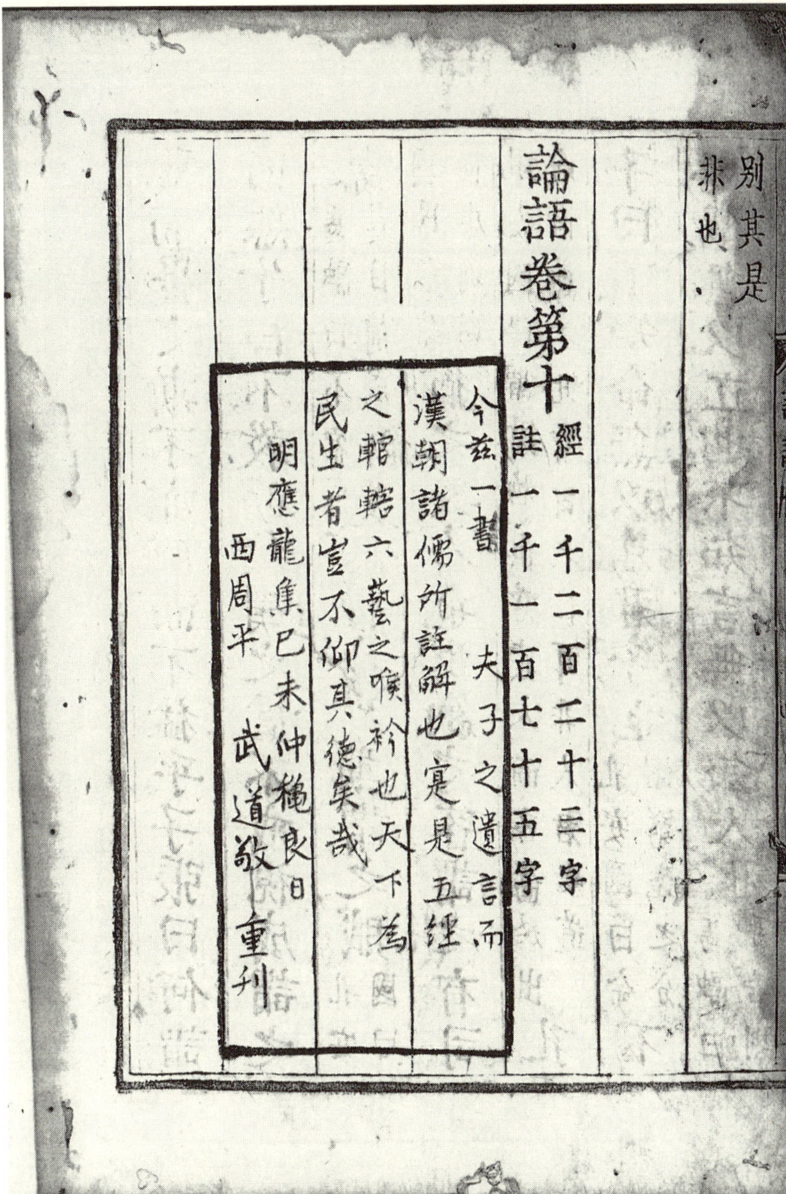

別其是
非也。

論語卷第十
經一千二百二十三字
註一千一百七十五字

今茲一書　夫子之遺言而
漢朝諸儒所註解也寔是五經
之輨轄六藝之喉衿也天下為
民生者豈不仰其德矣哉
明應龍集己未仲穐良日
西周平　武道敬　重刊

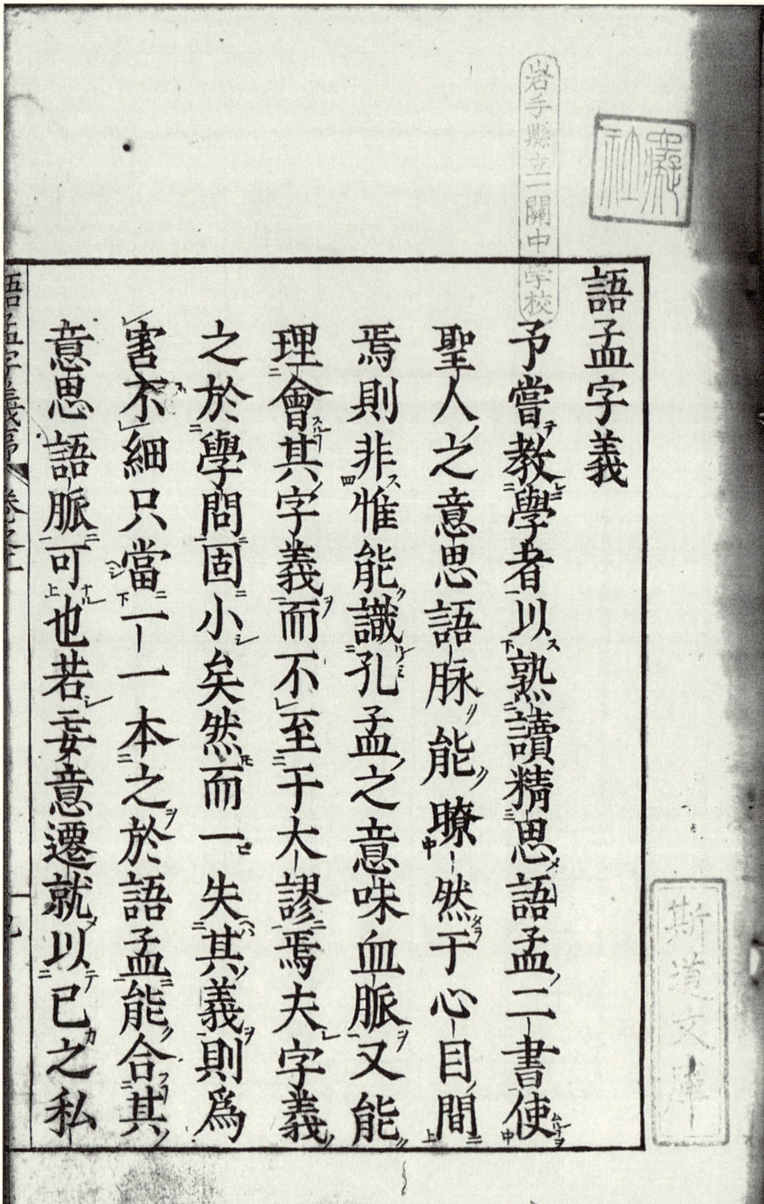

語孟字義
予嘗教學者以熟讀精思語孟二書使
聖人之意思語脉能瞭然于心目間
焉則非惟能識孔孟之意味血脈又能
理會其字義而不至于大謬焉夫字義
之於學問固小矣然而一失其義則為
害不細只當一一本之於語孟能合其
意思語脈可也若妄意遷就以已之私

九A1　語孟字義二巻　伊藤仁斎（維楨）元禄八年五月刊　大二

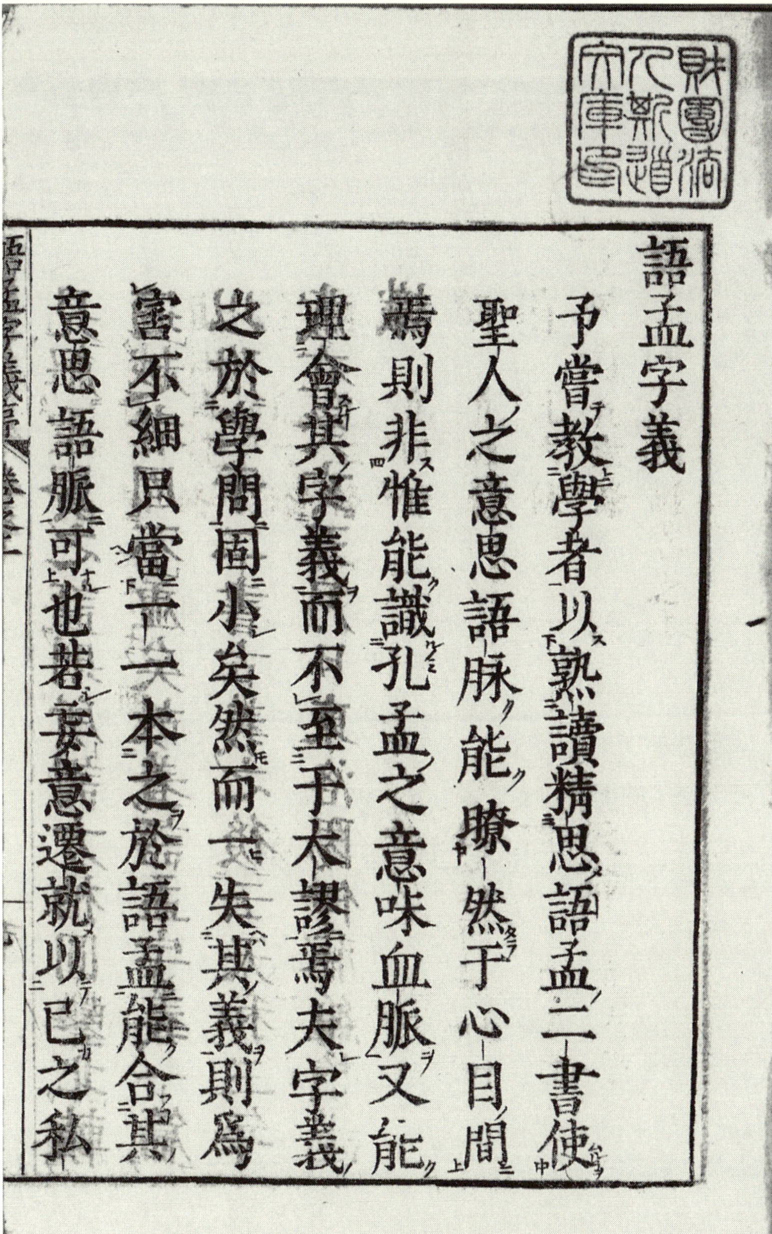

語孟字義

予嘗教學者以熟讀精思語孟二書使聖人之意思語脉能瞭然于心目間焉則非惟能識孔孟之意味血脈又能理會其字義而不至于大謬焉夫字義之於學問固小矣然而一失其義則爲害不細只當一一本之於語孟能合其意思語脈可也若妄意遷就以已之私

語孟字義 卷之上

九B1 同 元禄刊（覆同前）大阪堺屋定七・江戸須原屋茂兵衛等二都七肆後印 大二

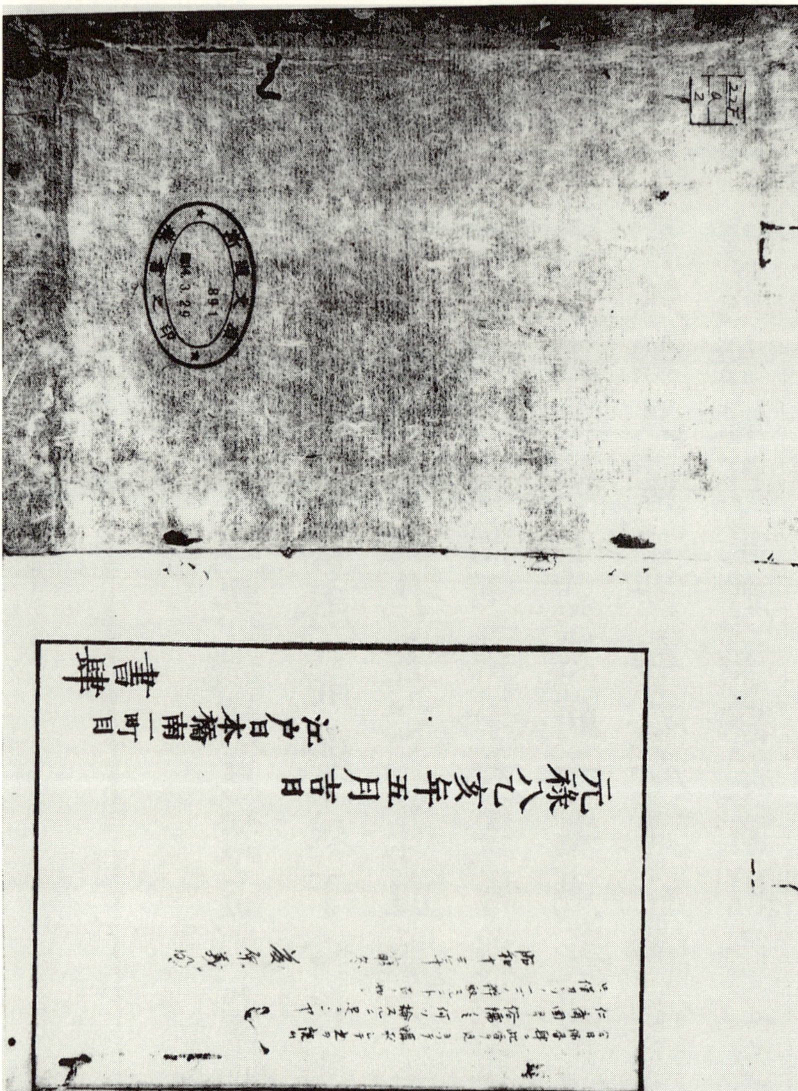
元祿八乙亥年五月吉日
江戸日本橋南一町目
書肆

九
A
2

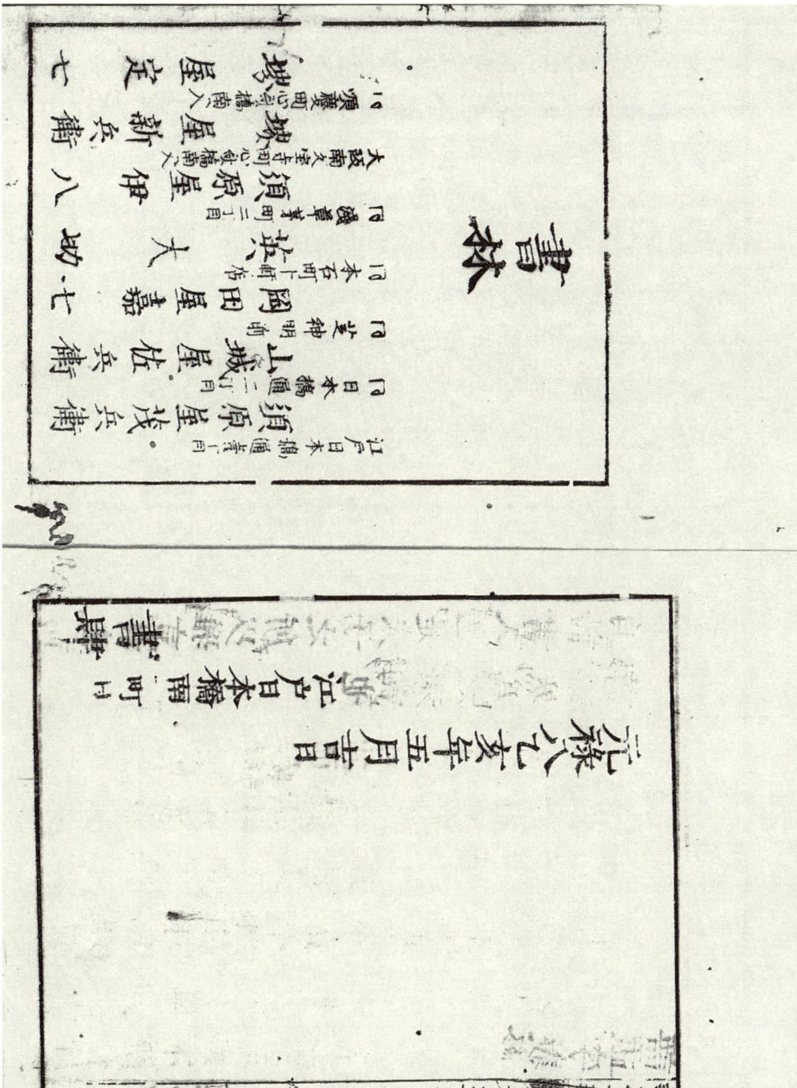

元禄八乙亥年五月吉日
江戸日本橋南一町目
書肆

書林
江戸日本橋通壹丁目　須原屋茂兵衛
同日本橋通二丁目　山城屋佐兵衛
同芝神明前　岡田屋嘉七
同本石町十軒店　英大助
同浅草茅町二丁目　須原屋伊八
大阪南久宝寺町心斎橋南エ入　堺屋新兵衛
同順慶町心斎橋南エ入　堺屋定七

九B2

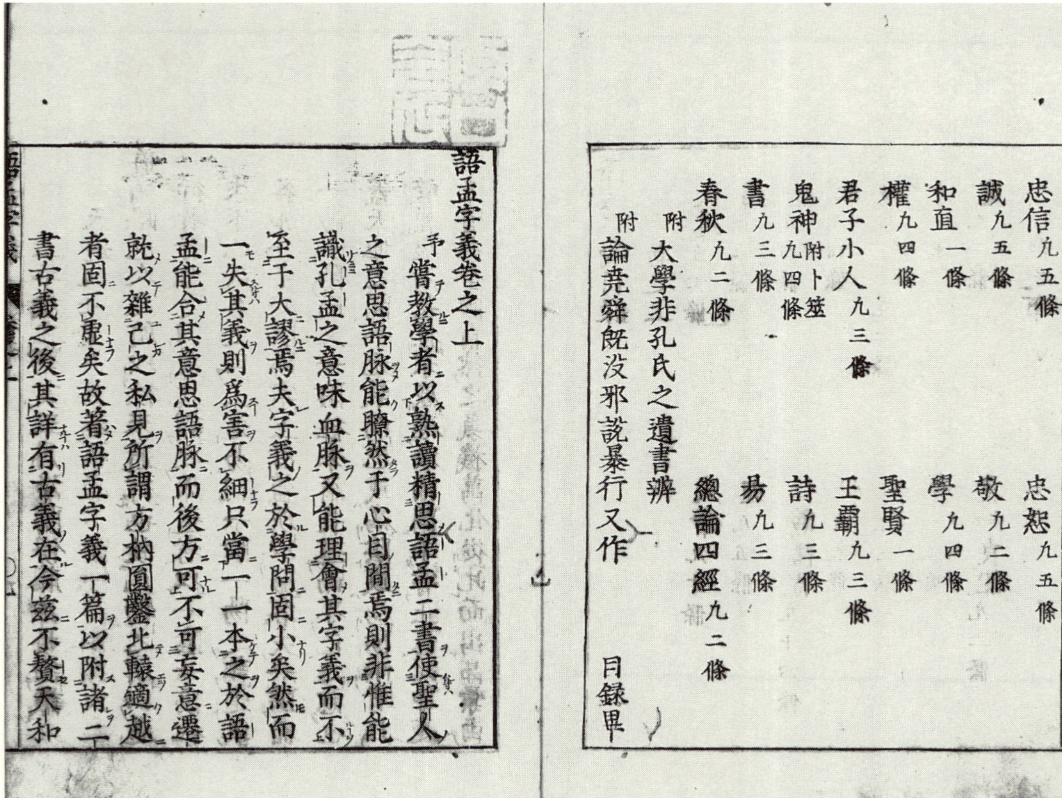

忠信九五條　忠恕九五條
誠九五條　敬九二條
和直一條　學九四條
權九四條　聖賢一條
君子小人九三條　王霸九三條
鬼神九四條附卜筮　詩九三條
書九三條　易九三條
春秋九二條　總論四經九二條
附大學非孔氏之遺書辨
附論堯舜既沒邪説暴行又作
目録畢

語孟字義卷之上
予嘗教學者以熟讀精思語孟二書使聖人之意思語脉能瞭然于心目間焉則非惟能識孔孟之意味血脉又能理會其字義而不至于大謬焉夫字義之於學問固小矣然而一失其義則爲害不細只當一一本之於語孟能合其意思語脉而後方可不可妄意遷就以雜己之私見所謂方枘圓鑿北轅適越者固不鹿矣故著語孟字義一篇以附諸二書古義之後其詳有古義在今茲不贅天和

一〇1　同　二巻　宝永二年十一月跋刊　大二

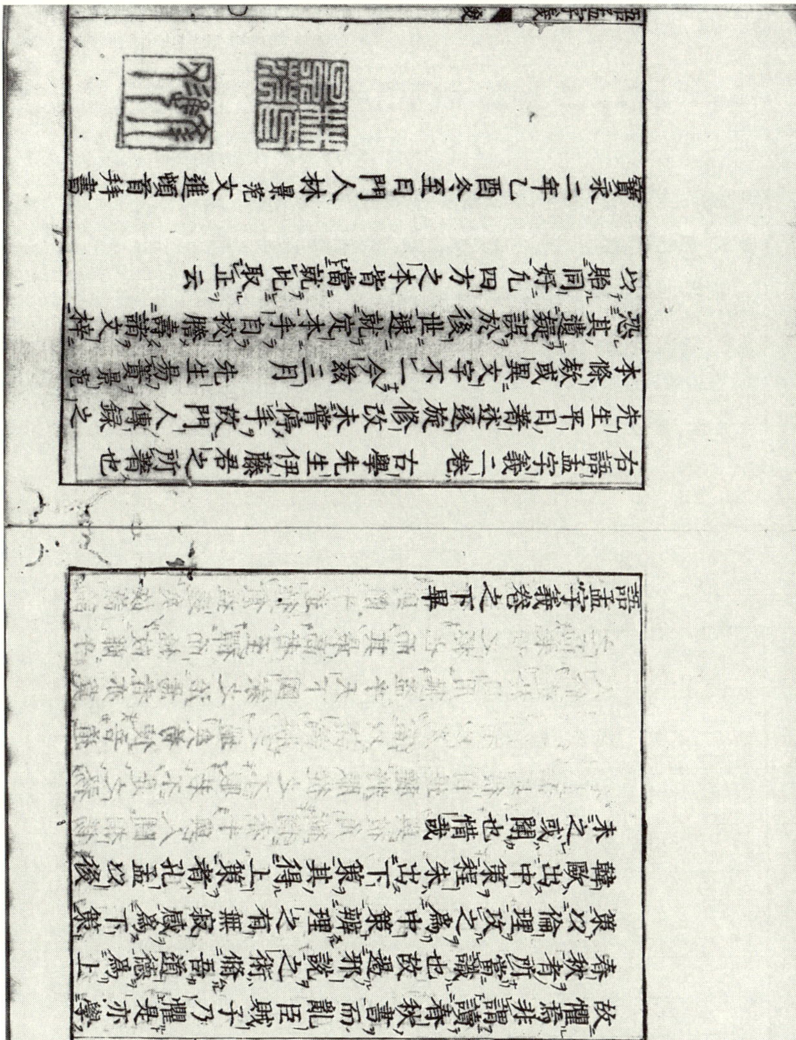
故懼爲非謂讀春秋書而亂臣賊子乃懼是亦學
春秋者所當識也故遏邪説之術脩吾道德爲上
策以倫理攻之爲中策辨理之有無寂感爲下策
韓歐出中策程朱出下策其得上策者孔孟以後
未之或聞也惜哉

語孟字義卷之下畢

右語孟字義二卷　古學先生伊藤君之所著也
先生平日著述逐旋修改未嘗停手故門人傳録之
本條欵或異文字不一今茲三月　先生易簀景范
恐其遺疑誤於後世速就定本手自校謄壽諸文梓
以貽同好凢四方之本皆當就此取正云
寶永二年乙酉冬至日門人林景范文進頓首拜書

一〇2

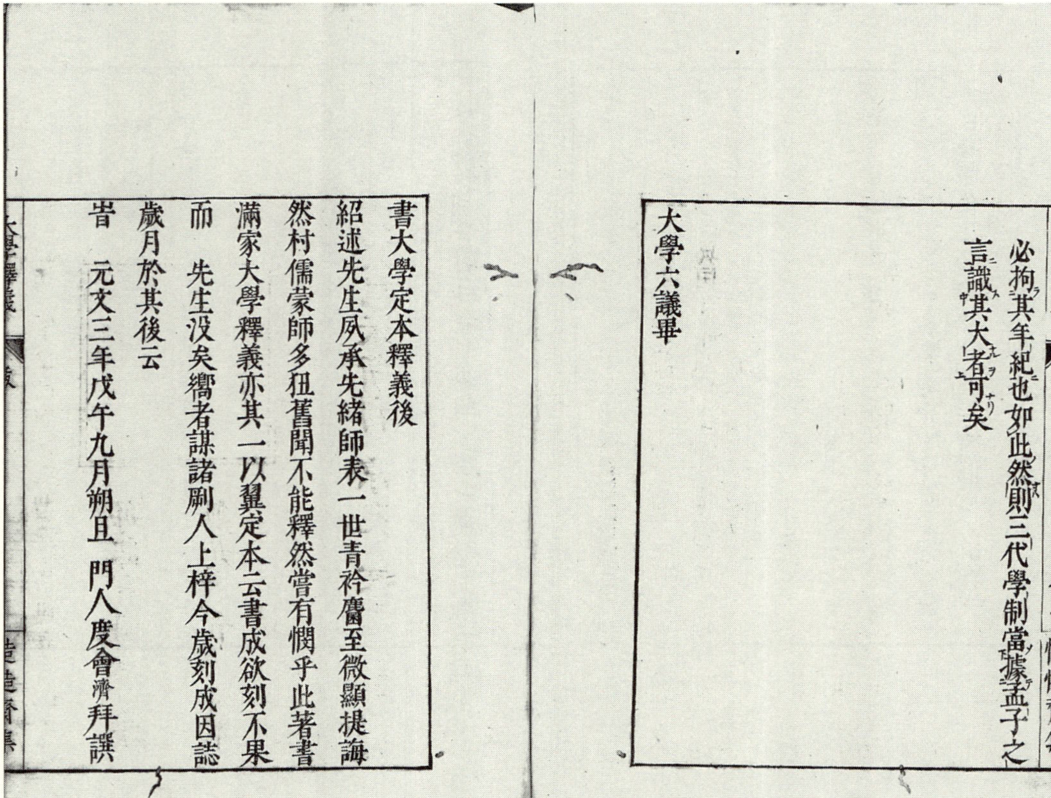
必拘其年紀也如此然則三代學制當據孟子之
言識其大者可矣

大學六議畢

書大學定本釋義後
紹述先生夙承先緒師表一世青衿嚮至微顯提誨
然村儒蒙師多狃舊聞不能釋然嘗有憫乎此著書
滿家大學釋義亦其一以翼定本云書成欲刻不果
而　先生没矣嚮者謀諸剛人上梓今歲刻成因誌
歲月於其後云
旹　元文三年戊午九月朔旦　門人度會齊拜譔

一一A1　大学定本釈義附大学六議　伊藤〔東涯〕（長胤）元文四年京古義堂蔵
板（京文泉堂印行）　大二

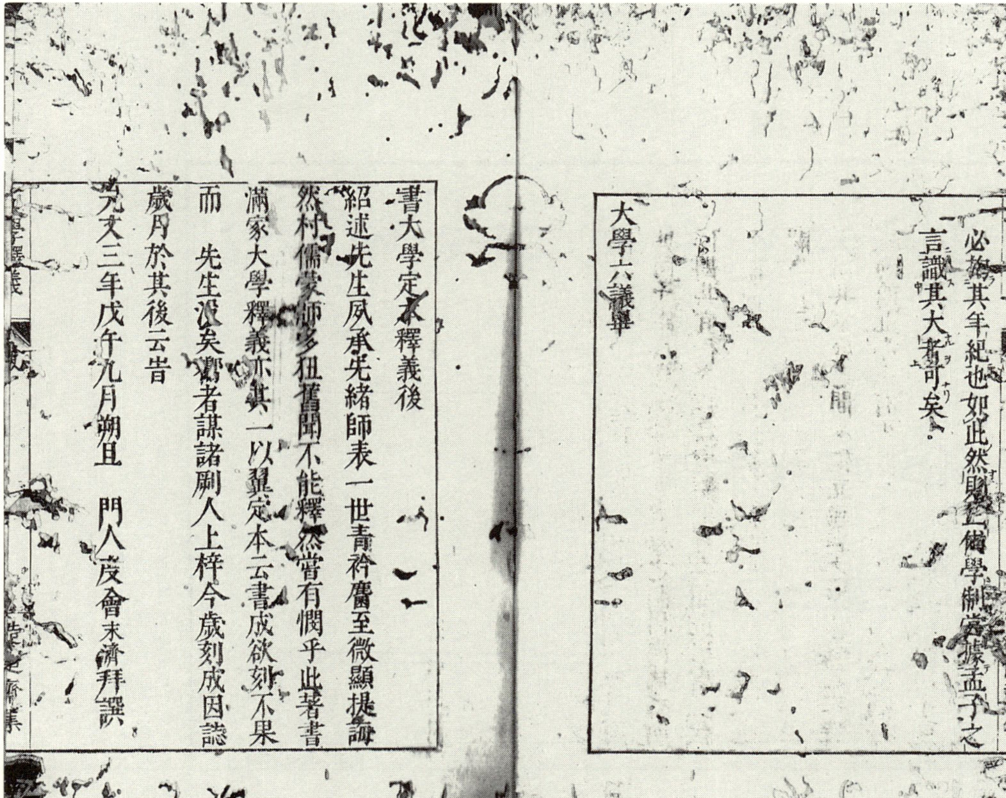

必爲其年紀也如此然則上備學制寫據孟子之
言識其大者可矣。

大學六議畢

書大學定本釋義後
紹述先生夙承先緒師表一世青衿膺至微顯提誨
然村儒蒙師多狃舊聞不能釋然嘗有憫乎此著書
滿家大學釋義亦其一以釐定本云書成欲刻不果
而　先生沒矣嚮者謀諸剞人上梓今歳刻成因誌
歳月於其後云旹
元文三年戊午九月朔旦　門人度會末濟拜譔

一一B1　又修（京奎文館印行）　大二

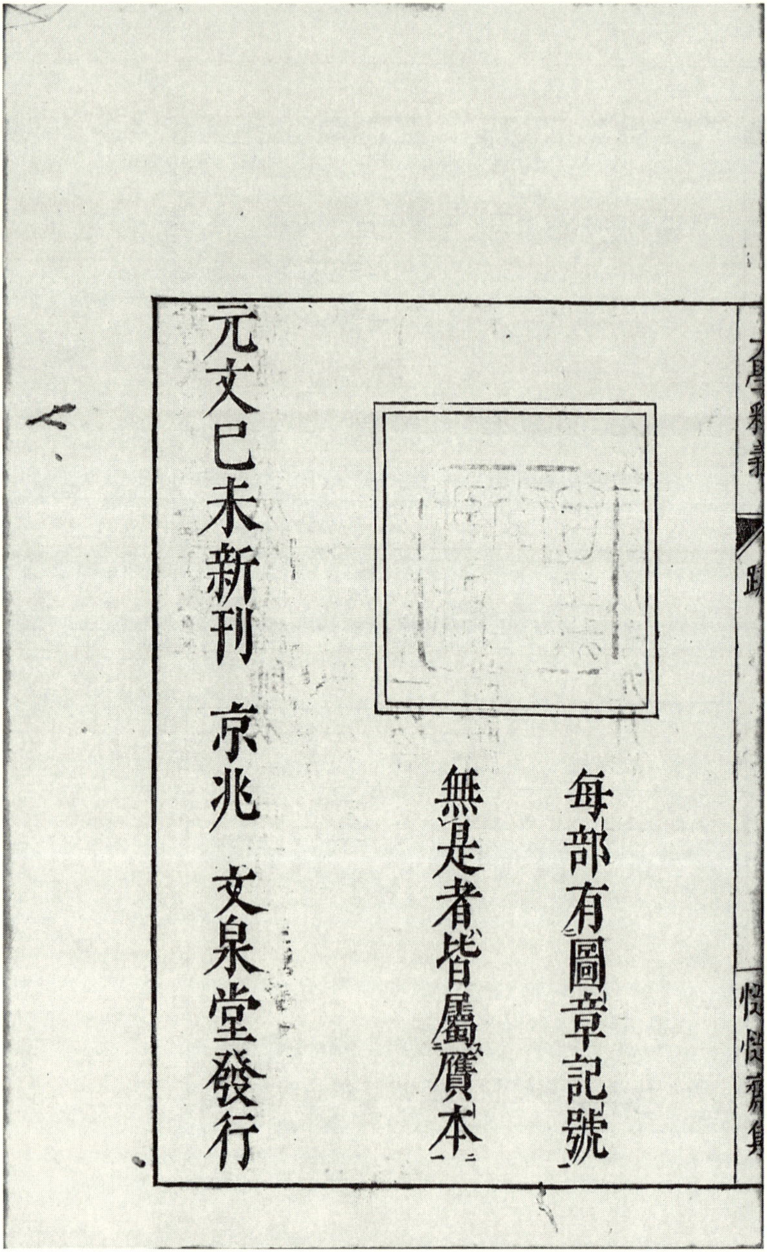

每部有圖章記號
無是者皆屬贋本

元文己未新刊　京兆　文泉堂發行

一一B2

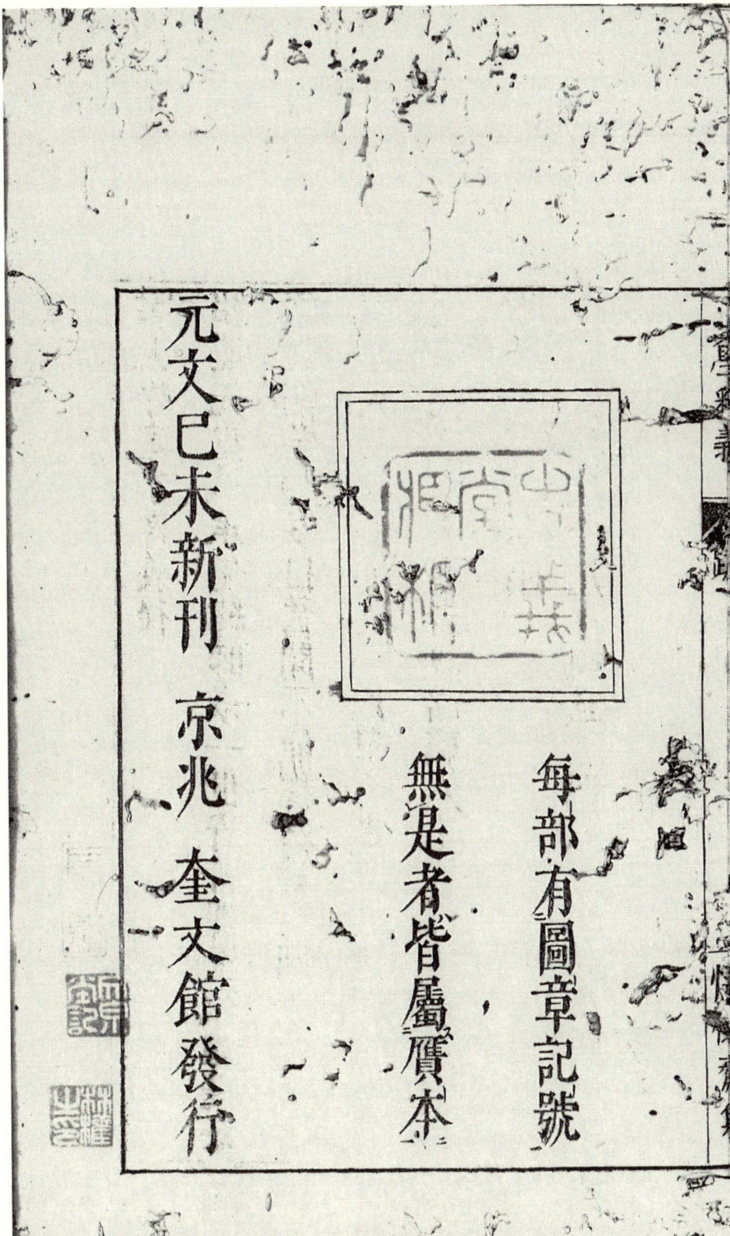

毎部有圖章記號
無是者皆屬贋本

元文已未新刊　京兆　奎文館發行

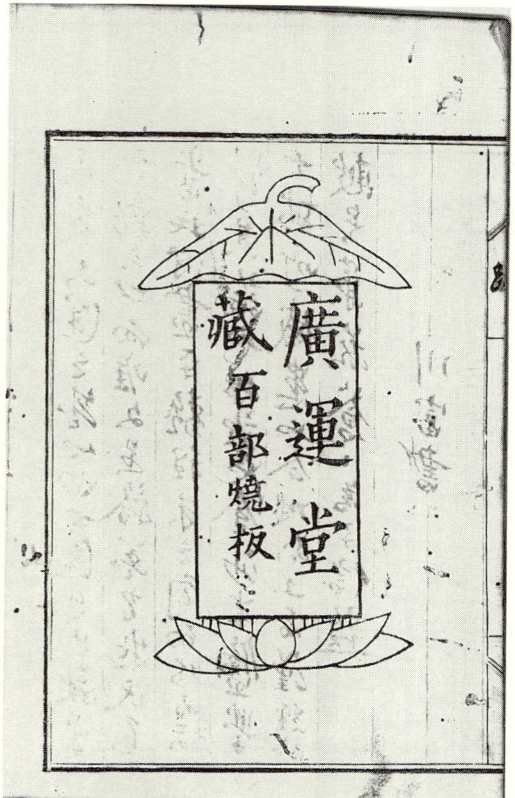

二二3

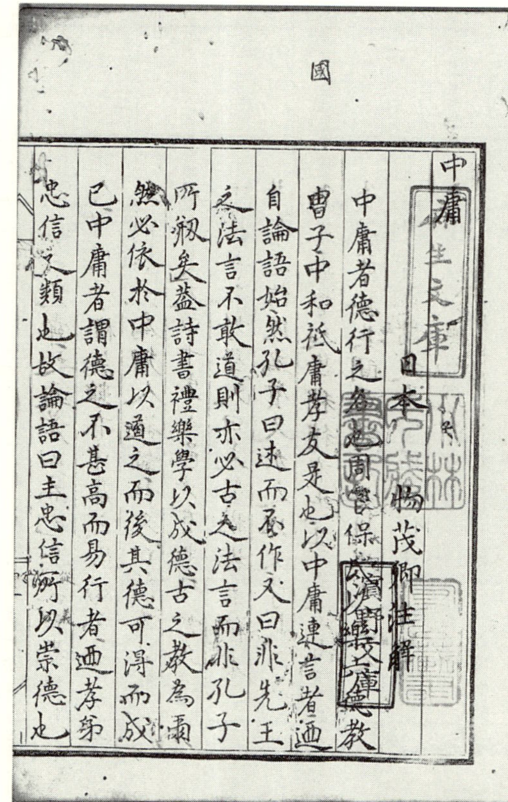

二二1　中庸〔注解〕〔荻生徂徠〕〔物茂卿〕〔寛延一年春序〕広運堂刊　大二

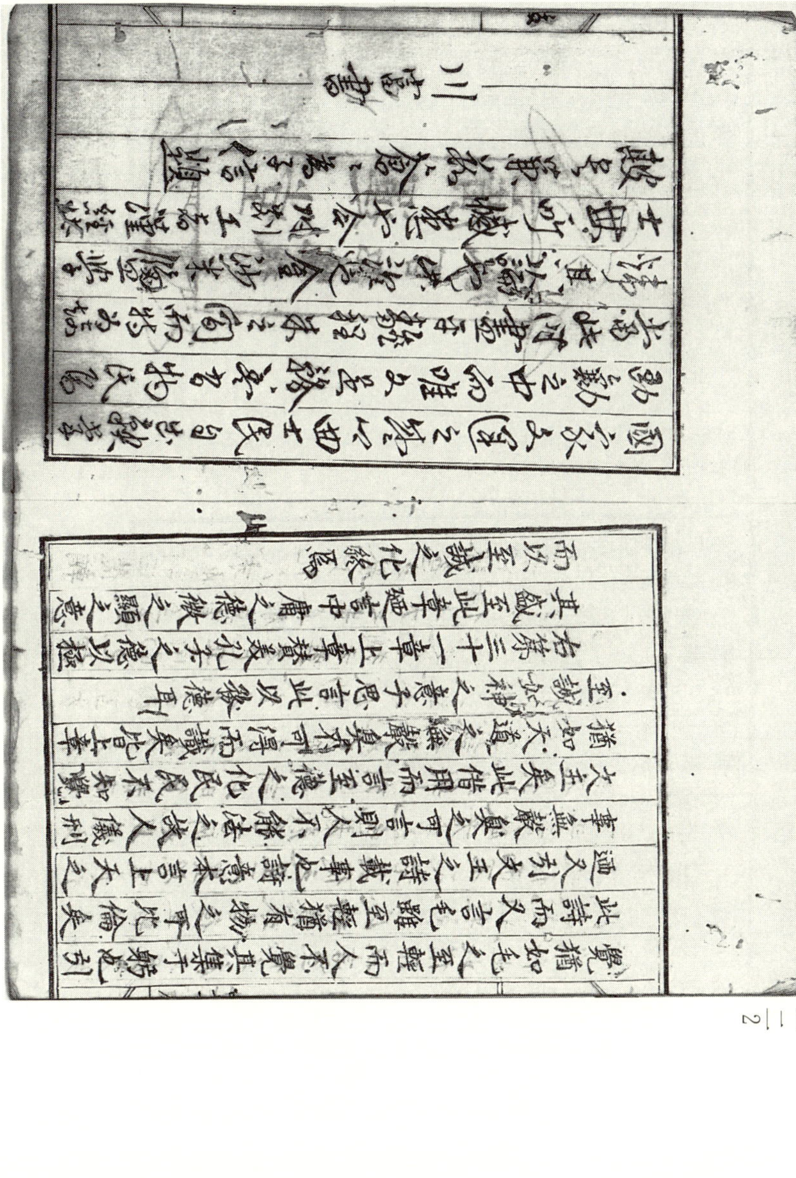

覺猶如毛之至輕而人不覺其集于躬也引
此詩而又言毛雖至輕猶有物之可比倫矣
迺又引文王之詩載事也詩意本言上天之
事無聲臭之可言則人不能法之故人儀刑
文王矣此借用而言至德之化民民不知覺
猶如天道之無聲臭不可得而識矣皆上章
・至誠如神之意子思言此以務德耳
右第三十一章上章贊美孔子之德以極
其盛至此章迺言中庸之德微之顯之意
而以至誠之化終焉

[illegible]

川富書

一二―2

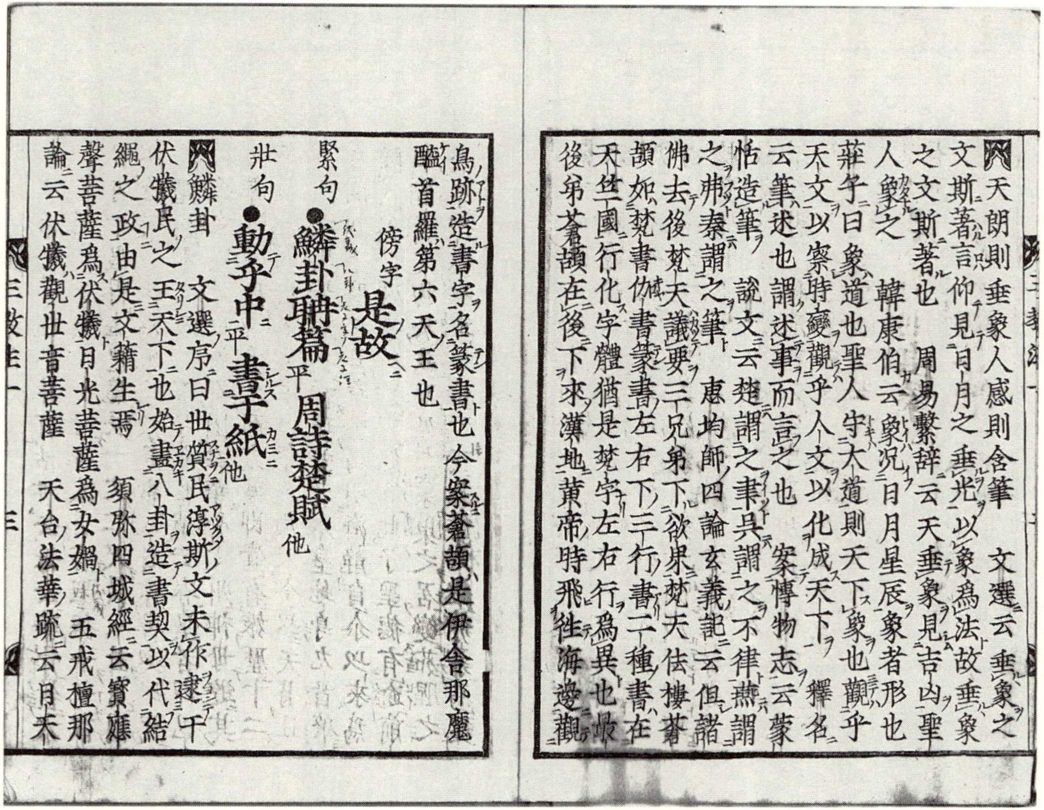
天朗則垂象人感則含筆　文選云垂象之文斯著言仰見日月之垂光以象為法故垂象之文斯著也　周易繫辞云天垂象見吉凶聖人象之　韓康伯云象況日月星辰象者形也　荘子曰象道也聖人守大道則天下象也觀乎天文以察時變觀乎人文以化成天下　釋名云筆述也謂述事而言之也　案博物志云蒙恬造筆　説文云楚謂之聿呉謂之不律燕謂之弗秦謂之筆　恵均師四論玄義記云但諸佛去後梵天議要三兄弟下欲求梵天佉樓蒼頡姉梵書佉書蒼書左右下三行書二種書在天竺國行化宇體猶是梵字左右行為異也後弟蒼頡在後下来漢地黄帝時飛往海邊觀鳥跡造書字名篆書也今案蒼頡是伊舎那魔醯首羅第六天王也

傍字　是故

緊句　●鱗卦聃篇　周詩楚賦

壯句　●動乎中　書乎紙

鱗卦　文選序曰世質民淳斯文未作逮乎伏羲氏之王天下也始畫八卦造書契以代結繩之政由是文籍生焉　須弥四域經云寶應聲菩薩為伏羲日光菩薩為女媧　五戒檀那論云伏羲觀世音菩薩　天台法華疏云月天

一三A1　三教指帰注三巻　釈覚明　寛永六年一二月京石黒勝太夫刊　大七

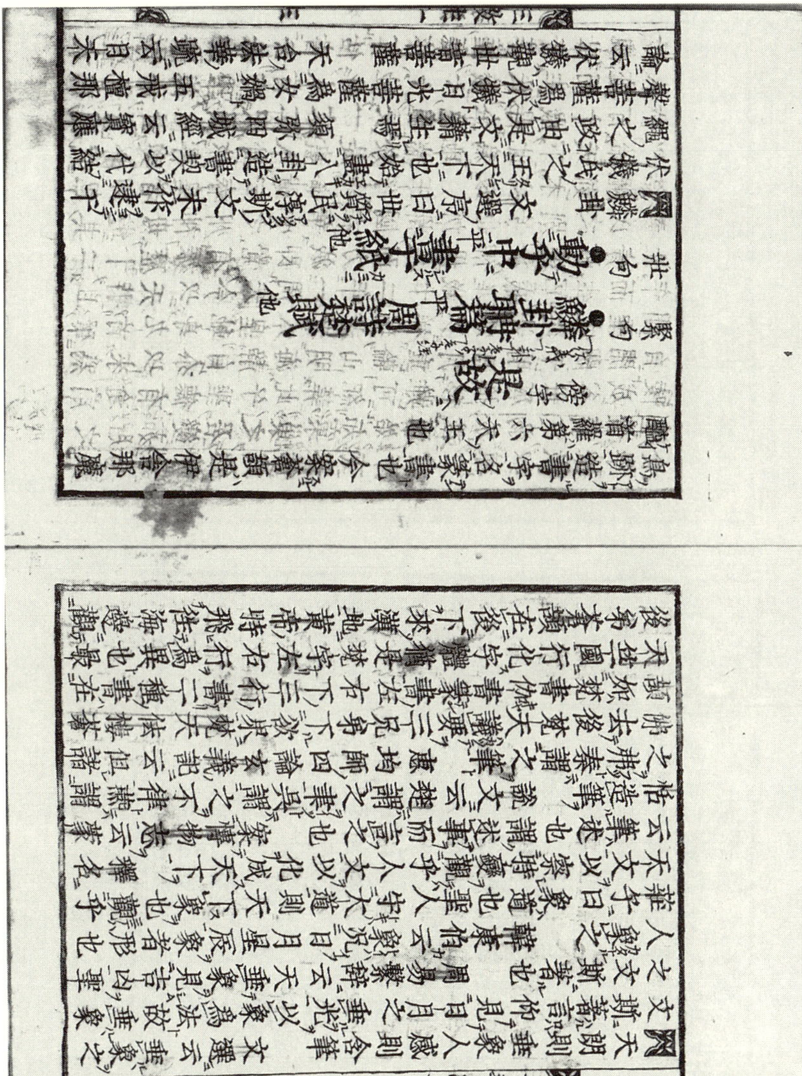

一三C1　又

正保二年四月〔京〕前川茂右衛門尉印

大七

一三A2

則第五爲正中人也以下即六七八也以上四三
二也　注　王肅曰上謂上智之人所知也上智
所知謂聖人之道可教顏閔也注兩舉中人以
其可上可下也若分九品則第六以上可以語
上第四以下不可語上今但應云中人以上可
以語上以下不可語上而復云中人以下是再
舉中人也所以尓者明中人之大分有可上可
下也若中之上可以語上中人之下不可語上
故再言中人也　又一云中人若遇善引則可
上若遇惡人則可下故再舉中人明可上可下
也　刑昺論語疏云子曰中人以上可以語上
也中人以下不可以語上也○　正義曰此章
言授學之法當稱其才識也語謂告語上謂上

知之所知也人之才識凡有九等謂上上中
上下中上中中中下下上下中下下也上上則
聖人也下下則愚人也皆不可移也其上中以
下下中以上是可教之人也中人謂第五中中
之人也以上謂上中上下中上之人也以其才
識優長故可以告語上智之所知也中人以下
謂中下下上下中之人也以其才識暗劣故不
可以告語上知之所知也此應云中人以上可
以語上以下不可以語上而繁文兩舉中人者
以其中人可上可下故也言此中人若才性稍
優則可以語上戈性稍劣則不可以語上是其
可上可下也

狂拈別區遠隔世里　不調聲

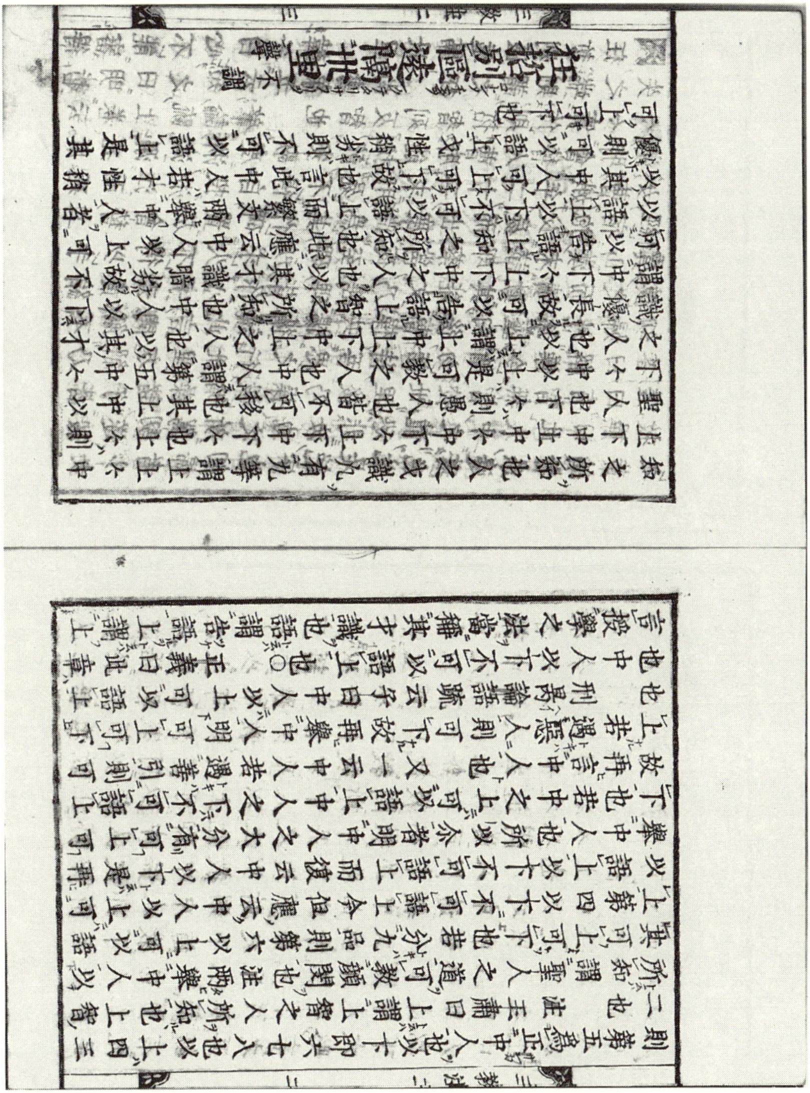

一三〇2

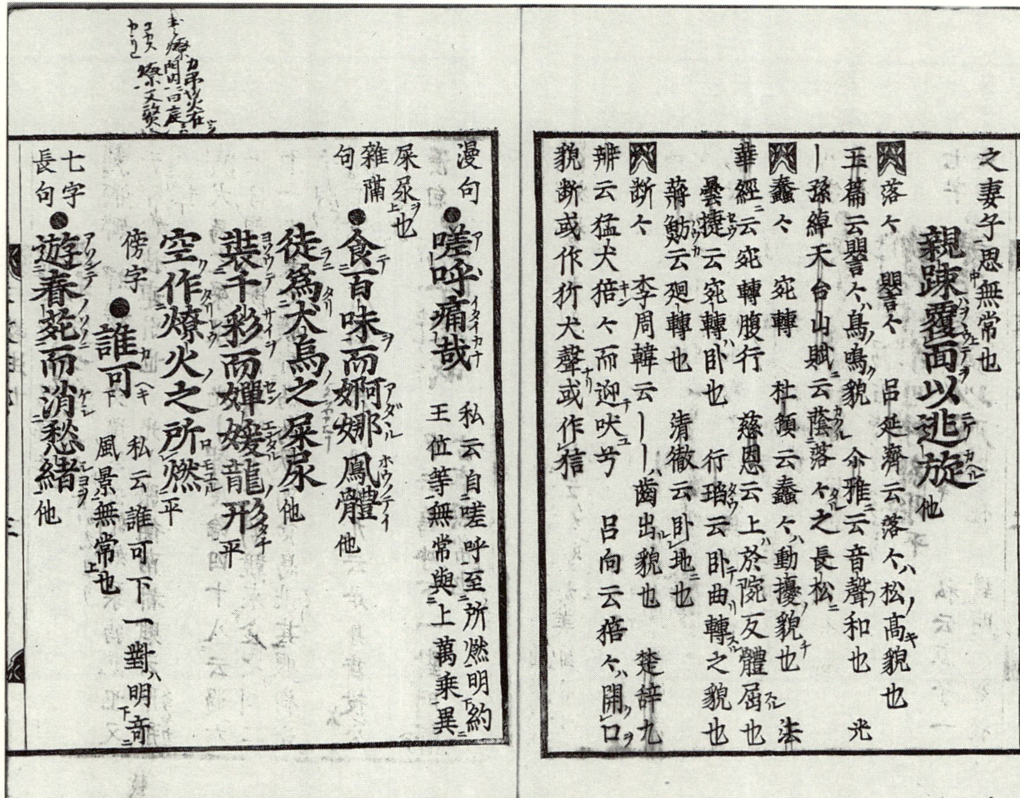

之妻子恩無常也
親踈覆面以逃旋　他
落々　嚶々　呂延濟云落々松高貌也
玉篇云嚶々鳥鳴貌　尒雅云音聲和也　光
丨孫綽天台山賦云蔭落々之長松
蠢々　宛轉　杜預云蠢々動擾貌也　法
華經云宛轉腹行　慈恩云上於院反體屈也
曇捷云宛轉卧也　行瑫云卧曲轉之貌也
薜勳云廻轉也　清徹云卧地也
斷々　李周韓云丨丨齒出貌也　楚辞九
辨云猛犬狺々而迎吠兮　呂向云狺々開口
貌斷或作犾犬聲或作狺

漫句　●嗟呼痛哉　私云自嗟呼至所燃明約
屎屎上也　王位等無常與上萬乘異
雜隋句　●食百味而婀娜鳳體　他
徒爲犬烏之屎尿　他
裴千彩而嬋媛龍形　平
空作燎火之所燃　平
傍字　●誰可　私云誰可下一對明竒
風景無常也
七字長句　●遊春苑而消愁緒　他

一三A3

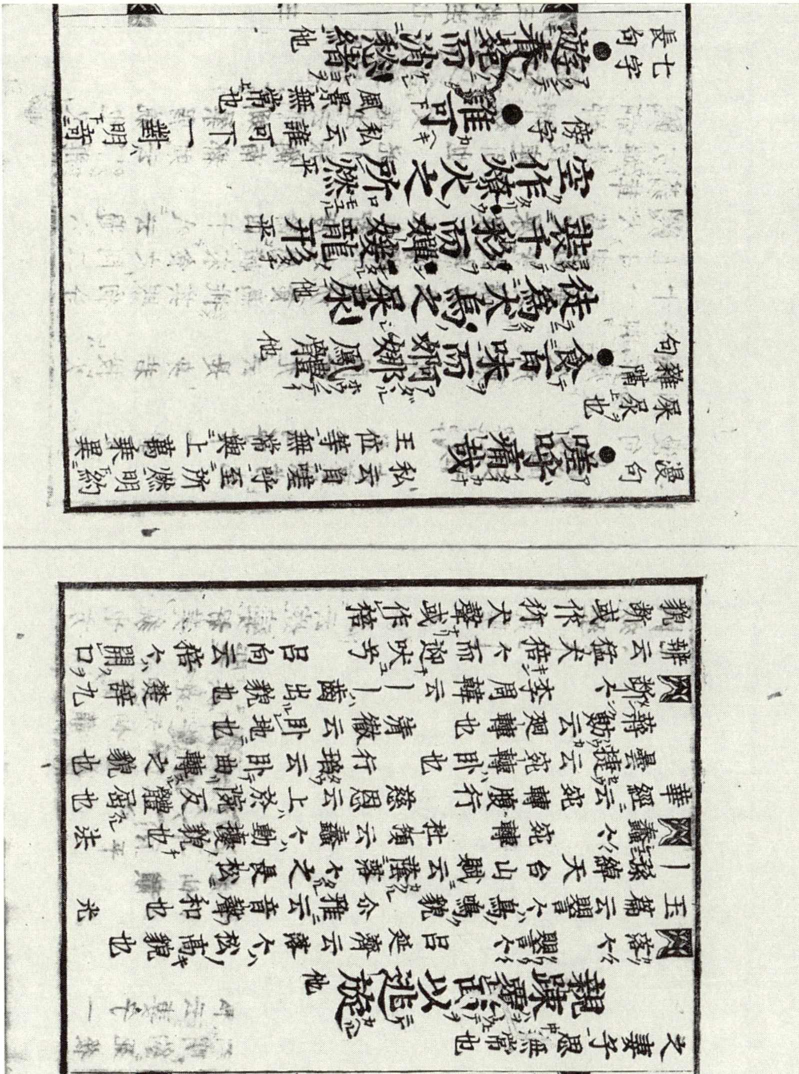

一三B1　又　存巻下　寛永二年三月修　大三

一三C3

之妻子恩無常也
親疎覆面以逃旋　他
〓落々　呂延濟云落々松高貌也　光
王簫云嚳々　嚳々鳥鳴貌　尓雅云音聲和也
丨孫綽天台山賦云蔭落々之長松
〓蠢々　宛轉　杜預云蠢々動擾貌也　法
華經云宛轉腹行　慈恩云上於院反體屈也
曇捷云宛轉臥也　清徹云臥地也
薜勲云廻轉也　行瑫云臥曲轉之貌也
〓斷々　李周翰云丨丨齒出貌也　楚辭九
辨云猛犬狺々而迎吠兮　呂向云狺々開口
貌斷或作犴犬聲或作狺

漫句　●嗟呼痛哉　私云自嗟呼至所燃明約
屎　屎上也　王位等無常與上萬乗果
雜句　●食百味而婀娜鳳體　他
徒為犬鳥之屎屎　他
裴千彩而嬋娟龍形　平
空作燎火之所燃　平
傍字　●誰可　私云誰可下一對明寄
風景無常也
七字長句　●遊春苑而消愁緒　他

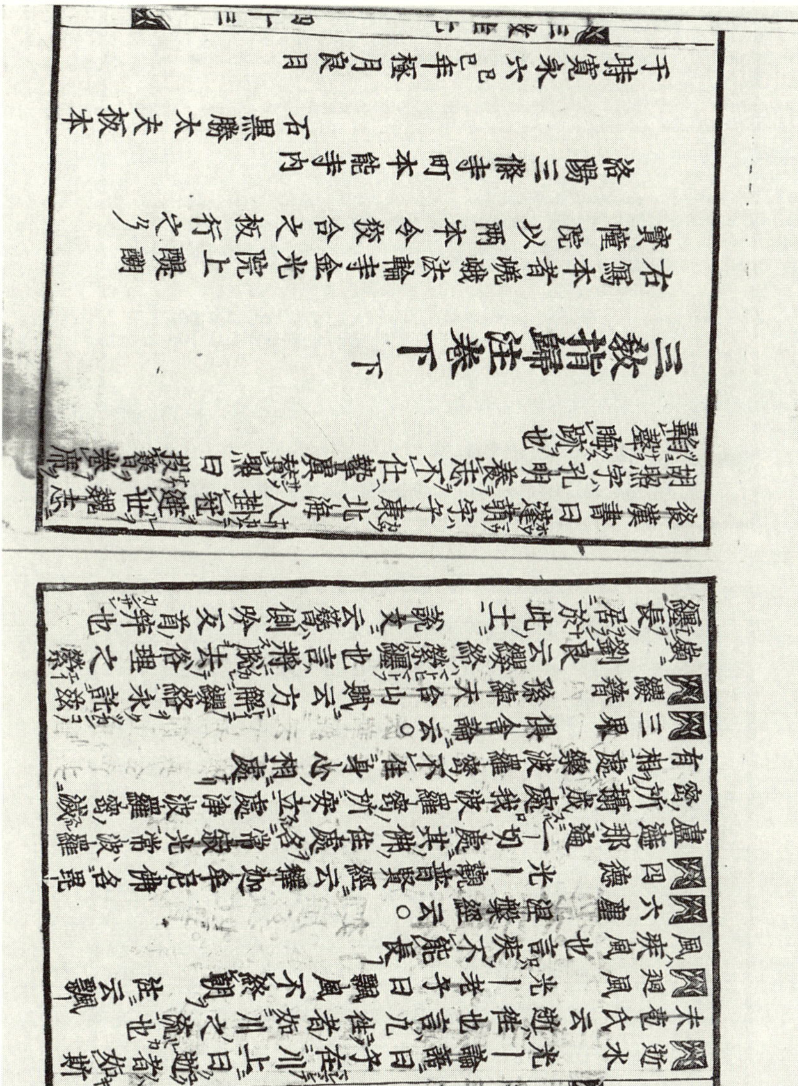

〔內〕遊水　光一論語曰子在川上曰逝者如斯
夫竜氏云逝往也言凡往者如川之流也
〔內〕廻風　光一老子曰飄風不終朝　注云飄
風疾風也言疾不能長
〔內〕六塵　涅槃經云。
〔內〕四德　光一觀普賢經云釋迦牟尼佛名毘
盧遮那遍一切處其佛住處名常寂光常波羅
蜜所攝成處我波羅蜜所安立處淨波羅蜜滅
有相處樂波羅蜜不住身心相處
〔內〕三界　倶舎論云。
〔內〕纓簪　孫綽天台山賦云方解纓絡永託茲
嶺劉良云纓絡縈纏也言將脱去俗理之縈
纏長居於此土　說文云簪側吟反首笄也

後漢書曰逢萌字子康北海人掛冠避世魏志
胡昭字孔明養志不仕摯虞賛曰投簪卷帶
韜聲晦跡也

三教指歸注巻下　下

右寫本者嵯峨法輪寺金光院上醍醐
寶幢院以兩本令校合之板行之

洛陽三條寺町本能寺内
石黒勝太夫板本

于時寛永六己巳年極月良日

一三A
4

〔注〕逝水光 下論語曰子在川上曰逝者如斯夫范氏云逝往也言凡往者如川之流也

〔注〕廻風光 老子曰飄風不終朝 注云飄風疾風也言疾不能長

〔注〕六塵 涅槃經云。

〔注〕四德光 觀普賢經云釋迦牟尼佛名毘盧遮那遍一切處其佛住處名常寂光常波羅密所攝成處我波羅密所安立處淨波羅密滅有相處樂波羅密不住身心相處

〔注〕三界 倶舍論云。

〔注〕纓簪 孫綽天台山賦云方解纓絡永託茲嶺 劉良云纓絡榮纏也言將脱去俗理之榮纏長居於此土 說文云簪側吟反首笄也

後漢書曰逢萌字子康北海人掛冠避世 魏志胡昭字孔明養志不仕 摯虞贊曰 投簪卷帶韜聲晦跡也

三教指歸注卷下 下

右寫本者嵯峨法輪寺金光院上醍醐寶幢院以兩本令校合之板行之

于時寛永十一甲戌年極月良日

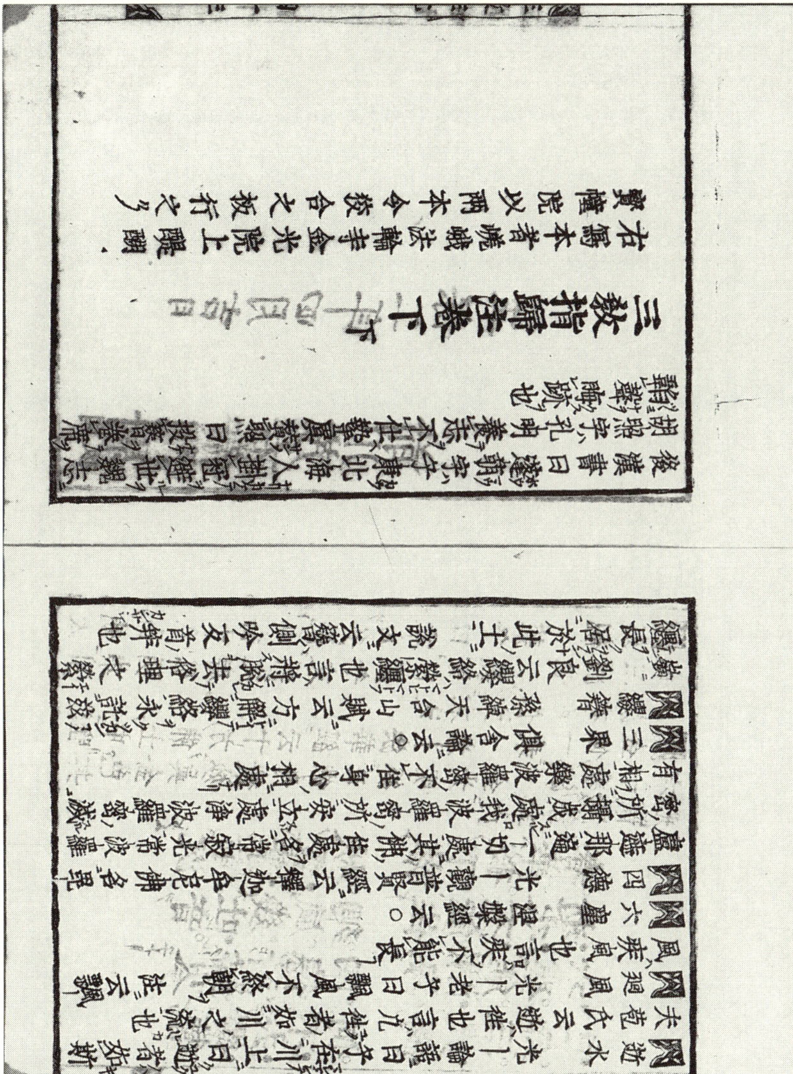

遊水　光ー論語曰子在川上曰逝者如斯
夫苞氏云逝往也言凡往者如川之流也
廻風　光ー老子曰飄風不終朝注云飄
風疾風也言疾不能長
六塵　涅槃經云○
四徳　光ー觀普賢經云釋迦牟尼佛名毘
盧遮那遍一切處其佛住處名常寂光常波羅
蜜所攝成處我波羅蜜所安立處淨波羅蜜滅
有相處樂波羅蜜不住身心相處
三果　倶舎論云○
纓簪　孫綽天台山賦云方解纓絡永託茲
嶺注劉良云纓絡縈纏也言將脱去俗理之縈
纏長居於此土
說文云簪側吟反首笄也

後漢書曰逢萌字子康北海人掛冠避世魏志
胡照字孔明養志不仕鑿壞贊照曰投簪巻席
韜聲晦跡也

三教指歸注巻下

右寫本者嵯峨法輪寺金光院上醍醐
寶幢院以兩本令挍合之板行之ｿ

一三C4

一三C5

三教法七　四十三

三教指歸

正保二年四月吉日

前川茂右衛門尉開板

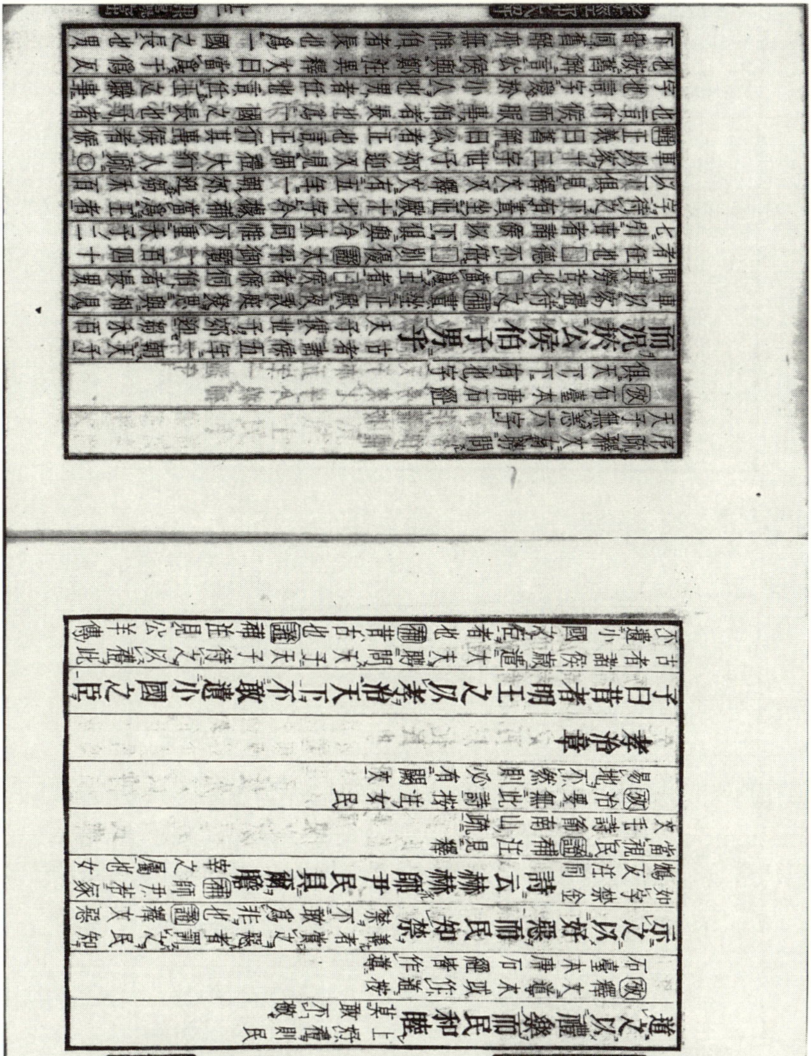
道之以禮樂而民和睦
示之以好惡而民知禁
詩云赫赫師尹民具爾瞻
孝治章
子曰昔者明王之以孝治天下不敢遺小國之臣
而況於公侯伯子男乎

一四A
孝経
一　〔鄭氏解補証〕
東條一堂（弘）
増攷
文化二年
蝶贏窟蔵板
大

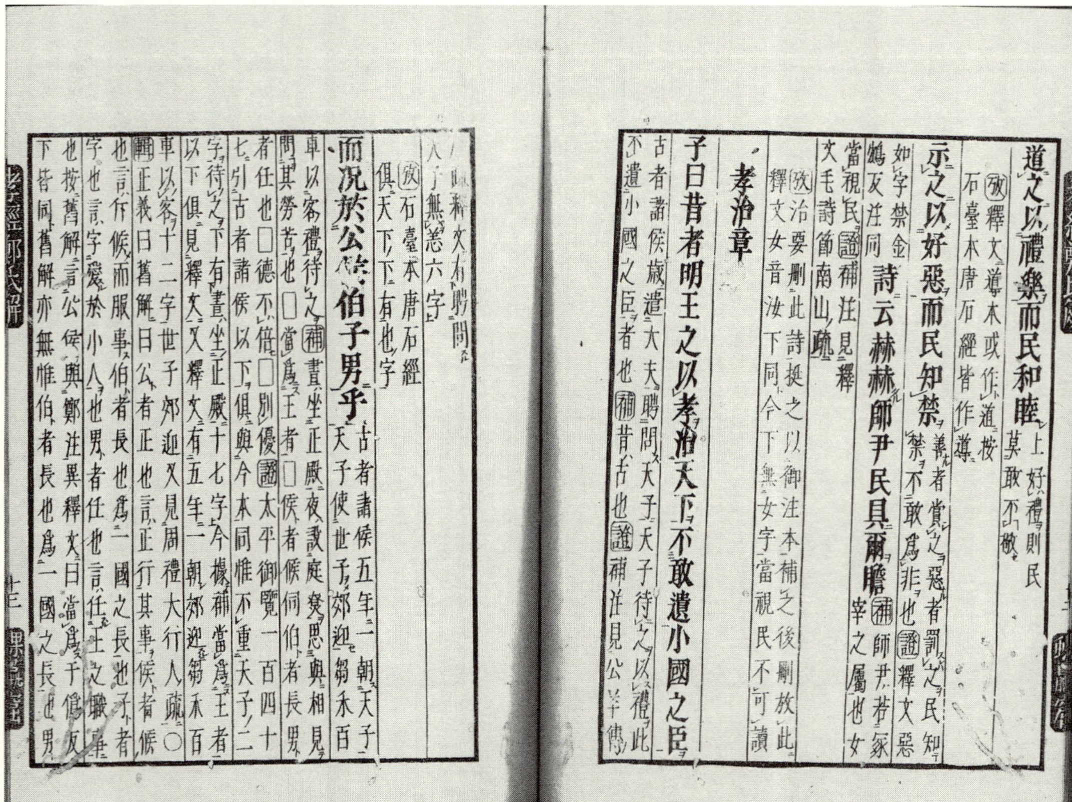

道之以禮樂而民和睦上好禮則民莫敢不敬

攷釋文導本或作道按石臺本唐石經皆作導

示之以好惡而民知禁善者賞之惡者罰之民知禁不敢為非也證釋文惡如字禁金鴆反注同

詩云赫赫師尹民具爾瞻補師尹若冢宰之屬也女當視民證補注見釋文毛詩節南山疏

攷治要刪此詩援之以御注本補之後刪放此釋文女音汝下同今下無女字當視民不可讀

孝治章

子曰昔者明王之以孝治天下不敢遺小國之臣古者諸侯歲遣大夫聘問天子天子待之以禮此不遺小國之臣者也補昔古也證補注見公羊傳

入臣釋文有聘問入子無恙六字

攷石臺本唐石經俱天下下有也字

而況於公侯伯子男乎古者諸侯五年一朝天子天子使世子郊迎芻禾百車以客禮待之補晝坐正殿夜設庭燎思與相見問其勞苦也□當為王者□侯者候伺伯者長男者任也□德不倍□則優證太平御覽一百四十七引古者諸侯以下俱與今本同惟不重天子二字待之下有晝坐正殿十七字今據補當為王者以下俱見釋文又釋文有五年一朝郊迎芻禾百車以客十二字世子郊迎又見周禮大行人疏○疏正義曰舊解曰公者正也言正行其事侯者候也言候伺而服事伯者長也為一國之長也子者字也言字愛於小人也男者任也言任王之職事也按舊解言公侯與鄭注異釋文曰當為子億反下皆同舊解亦無惟伯者長也為一國之長也男

一四B 又修大一

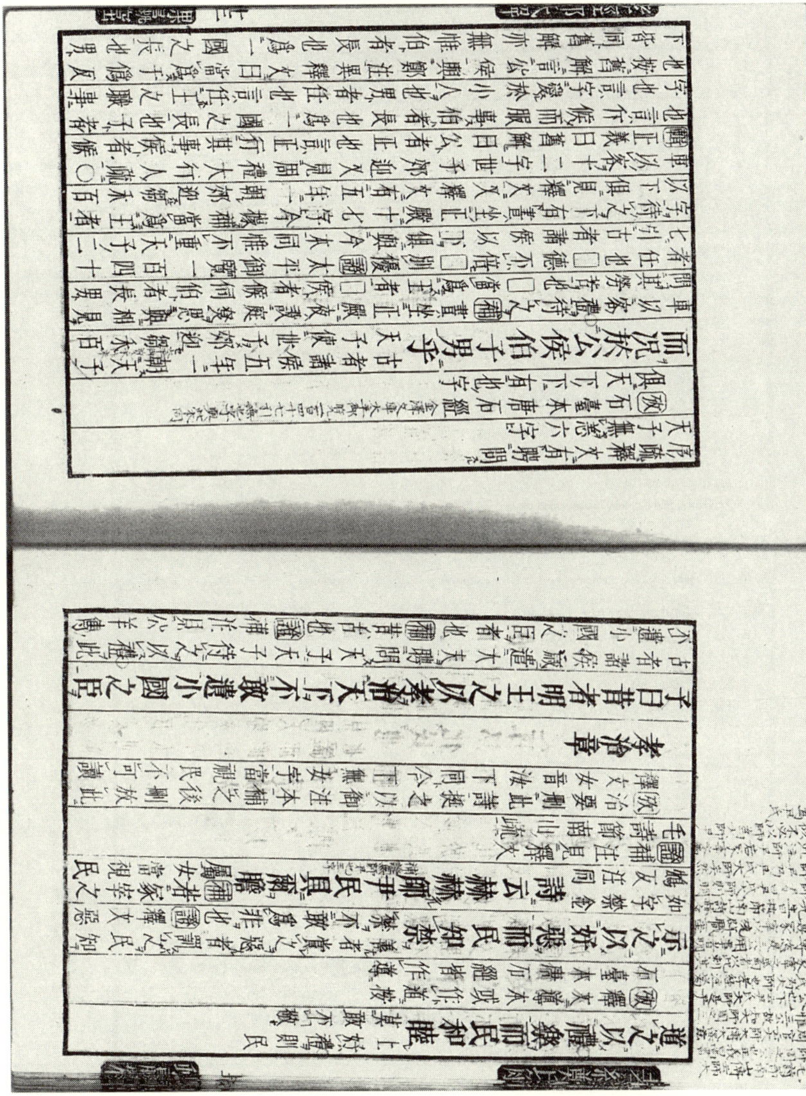

一四C　又　通修　大一

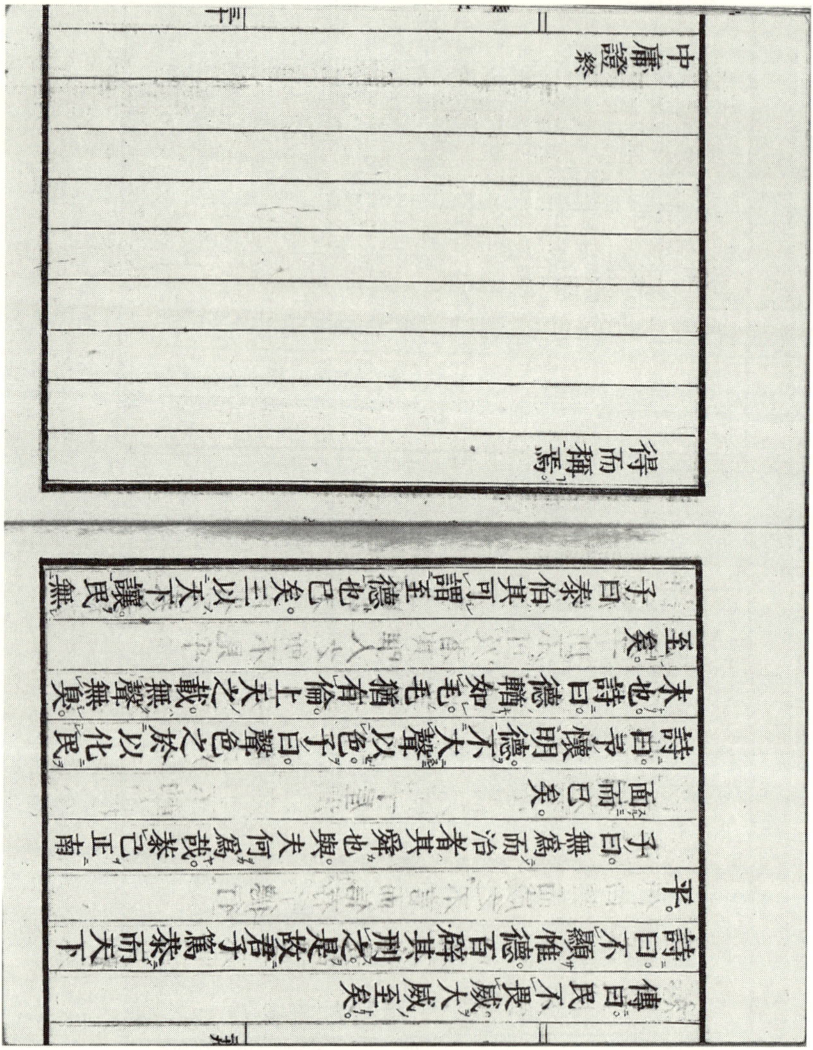
傳曰民不畏威大威至矣

詩曰不顯惟徳百辟其刑之是故君子篤恭而天下
平

子曰無為而治者其舜也與夫何為哉恭己正南
面而已矣

詩曰予懷明徳不大聲以色子曰聲色之於以化民
末也詩曰徳輶如毛毛猶有倫上天之載無聲無臭
至矣

子曰泰伯其可謂至徳也已矣三以天下讓民無
得而稱焉

中庸證終

一五A1　中庸証　高橋女護嶋〔敏慎〕　文化九年五月序刊　大一

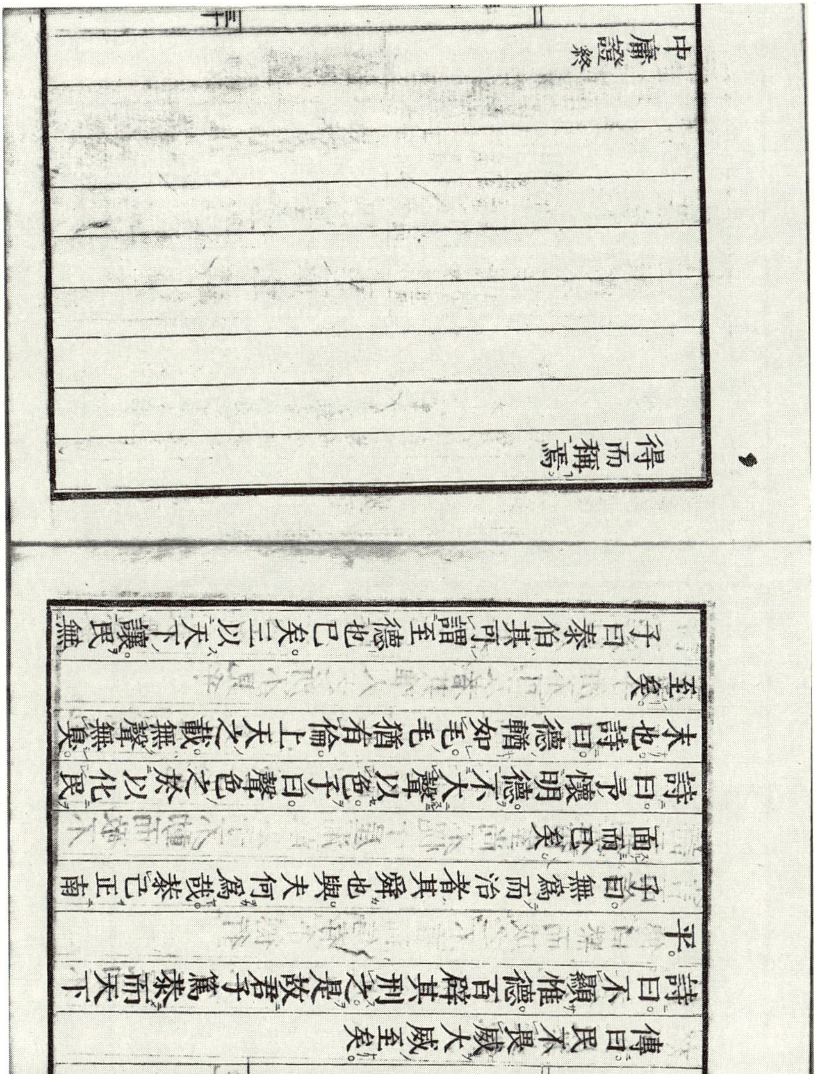
傳曰民不畏威大威至矣
詩曰不顯惟德百辟其刑之是故君子篤恭而天下
平矣
子曰無為而治者其舜也與夫何為哉恭己正南
面而已矣
詩曰予懷明德不大聲以色子曰聲色之於以化民
末也詩曰德輶如毛毛猶有倫上天之載無聲無臭
至矣
子曰泰伯其可謂至德也已矣三以天下讓民無
得而稱焉

中庸證終

一五B1　又　後印　大一

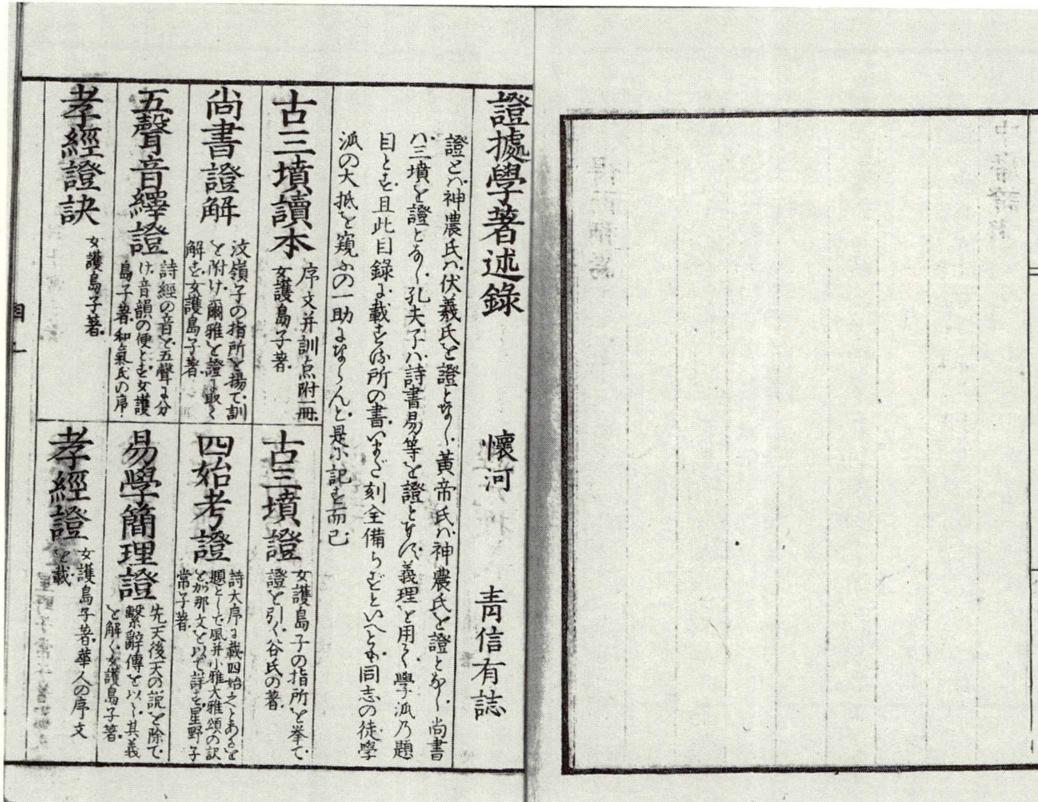

證據學著述錄

懷河　青信有誌

證とハ神農氏ハ伏義氏と證とな〜黄帝氏ハ神農氏と證とな〜尚書ハ三墳と證とな〜孔夫子ハ詩書易等と證となし義理と用ふ學派乃題目とをし且此目錄ふ載をふ所の書ハすぐ刻全備らずといへとも同志の徒學派の大抵を窺ふの一助ふならんと是ふ記を而已

古三墳讀本　序文并訓点附一冊　女護島子著

尚書證解　汶嶺子の指所を揚て訓と附け爾雅と證に取く解を女護島子著

五聲音繹證　詩經の音と五聲ふ分け音韻の便ともを女護島子著和氣氏の序

孝經證訣　女護島子著

古三墳證　女護島子の指所と挙て證と引く谷氏の著

四始考證　詩大序ふ載四始之とあるを題とし〜て風并小雅大雅頌の訳とか那文と以て詳を星野子常子著

易學簡理證　先天後天の説を除て繫辭傳を以て其義と解く女護島子著

孝經證　女護島子著華人の序文と載

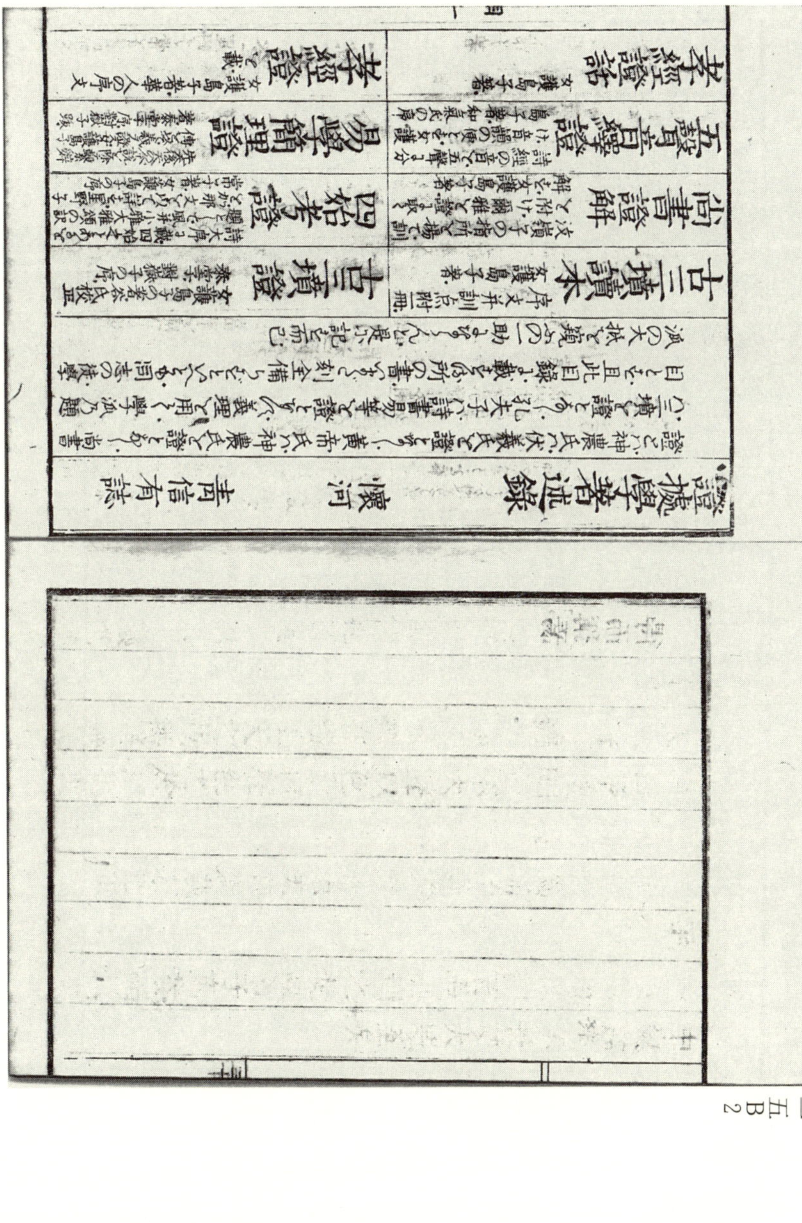

一五B2

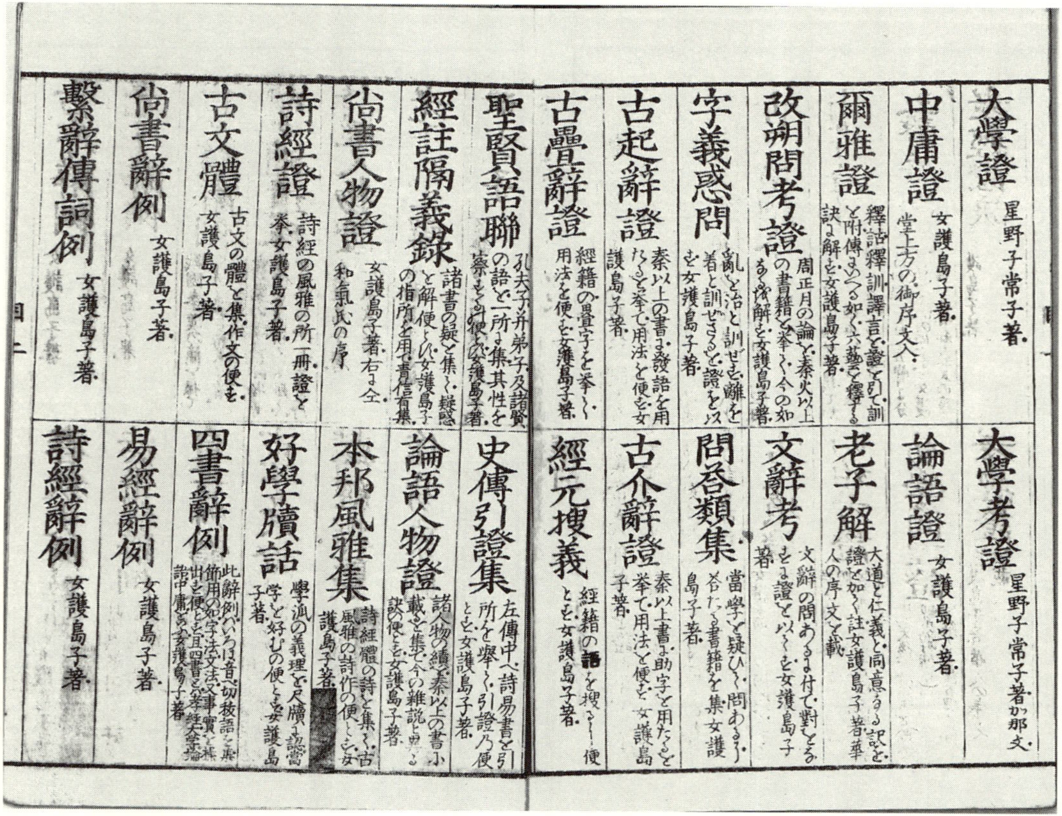
大學證 星野子常子著
中庸證 女護島子著
堂上方の御序文入
爾雅證 釋詁釋訓釋言を證を引て訓と附傳まてる如く六藝を釋する訣を解を女護島子著
改朔問考證 周正月の論を秦火以上の書籍を挙て今の如きを成解を女護島子著
字義惑問 亂と治と訓ぜと離を著と訓ぜざると證を以を女護島子著
古起辭證 秦以上の書に發語を用たるを挙て用法を便とを女護島子著
古疊辭證 經籍の疊字を挙て用法を便とを女護島子著
聖賢語聯 孔夫子并弟子及諸賢の語と一所に集其性を察をるの便を女護島子著
經註隔義錄 諸書の疑を集て疑惑を解便とを女護島子の指所を用て書信有集
尚書人物證 女護島子著右と仝 和氣氏の序
詩經證 詩經の風雅の所一冊證と参女護島子著
古文體 古文の體を集作文の便を 女護島子著
尚書辭例 女護島子著
繫辭傳詞例 女護島子著
大學考證 星野子常子著か那文
論語證 女護島子著
老子解 大道と仁義と同意なる訳を證と如く註女護島子著華人の序文を載
文辭考 文辭の問あるに付て對とるをと證を以てを女護島子著
問答類集 當學を疑ひて問あるの答たる書籍を集女護島子著
古介辭證 秦以上書に助字を用たるを挙て用法を便とを女護島子著
經元搜義 經籍の語を捜るの便とを女護島子著
史傳引證集 左傳中へ詩易書を引所を擧て引證乃便とを女護島子著
論語人物證 諸人物の續を秦以上の書小載を集て今の雜說と異る訣の便とを女護島子著
本邦風雅集 詩經體の詩を集て古風雅の詩作の便とを女護島子著
好學牘話 學流の義理を尺牘に認當学を好むの便とを女護島子著
四書辭例 此辭例いろは音切拔語を集節用の如字法文法文事實を挙出を便とを且四書をを挙經大全論語中庸をを女護島子著
易經辭例 女護島子著
詩經辭例 女護島子著

一五A3

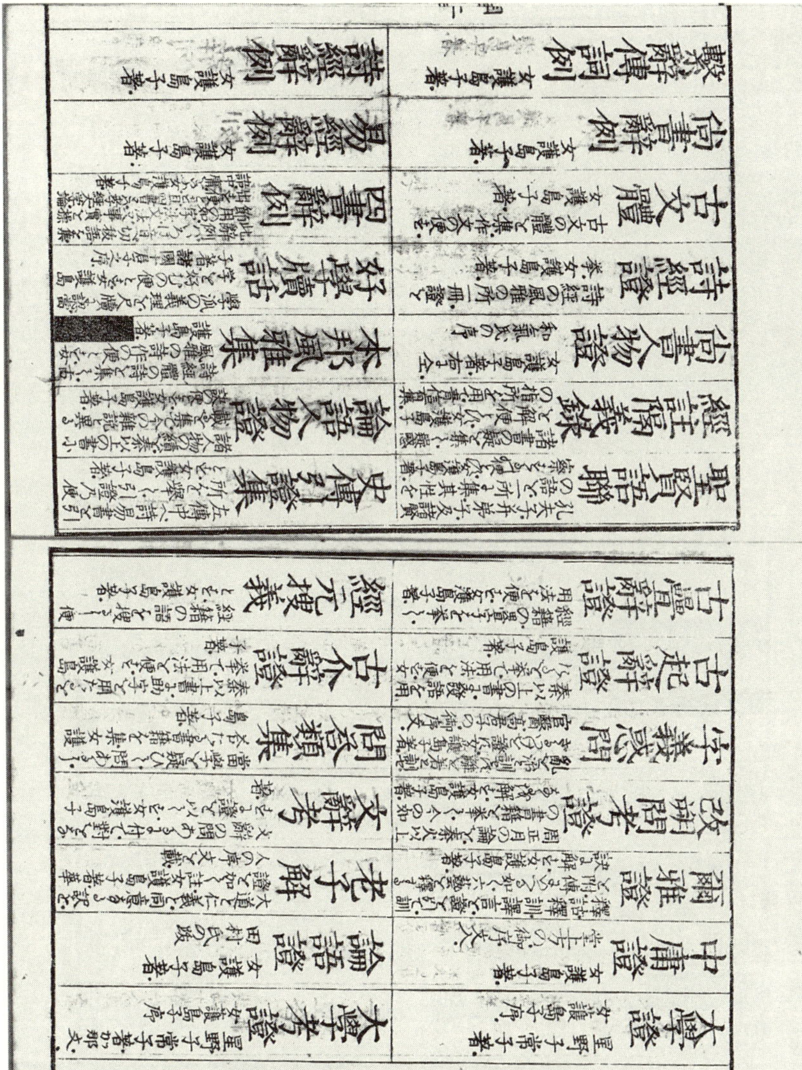

大學證　星野子常子著　女護島子序

中庸證　女護島子著　堂上方の御序文入

爾雅證　釋詁釋訓釋言と證とりて訓と附傳まてゐる如く六藝と釋する訣よ解をと女護島子著

改朔問考證　周正月の論と秦以以上の書籍と挙して今の如あと以解を女護島子著

字義惑問　亂と治と訓しに離と者と訓きるつけと證に女護島子著　官醫高君子の御序文

古起辭證　秦以上の書よ發語を用たると挙て用法を便をと女護島子著

古疊辭證　經籍の疊字を挙て用法を便をと女護島子著

大學考證　星野子常子著かな那文　女護島子序

論語證　女護島子著　田村氏の跋

老子解　大道と仁義と同意なる訳と證と如く註女護島子著　華人の序文と載

文辭考　文辭の問あるよ付て對とるをよ證と以てと女護島子著

問荅類集　當學と疑ひて問あるよ荅たる書籍を集女護島子著

古介辭證　秦以上書よ助字を用たるを挙て用法と便をと女護島子著

經元捜義　經籍の語を捜さくて便とをと女護島子著

聖賢語聯　孔夫子并弟子及諸賢の語と一所よ集其性を察もると便とと女護島子著

經註傍義錄　諸書の疑を集てく疑惑と解便とし女護島子の指所を用て青信有集

尚書人物證　女護島子著　有子全　和氣氏の序

詩經證　詩經の風雅の所一冊證と挙女護島子著

古文體　古文の體と集作文の便をと　女護島子著

尚書辭例　女護島子著

繫辭傳詞例　女護島子著

史傳引證集　左傳中へ詩易書と引所を挙てく引證乃便とと女護島子著

論語人物證　諸人物の績を秦以上の書小載をを集て今の雜説と異る説の便をと女護島子著

本邦風雅集　詩經體の詩と集て古風雅の詩作の便とを女護島子著[redacted]

好學牘話　學派の義理を尺牘て認當学と好むの便とを女護島子著　諸國子君子之序

四書辭例　此辭例いろは音へ切枝語を集節用の如字法文法又事實と操出す便と足四書を参考と編　諸中庸より女護島子著

易經辭例　女護島子著

詩經辭例　女護島子著

一五B3

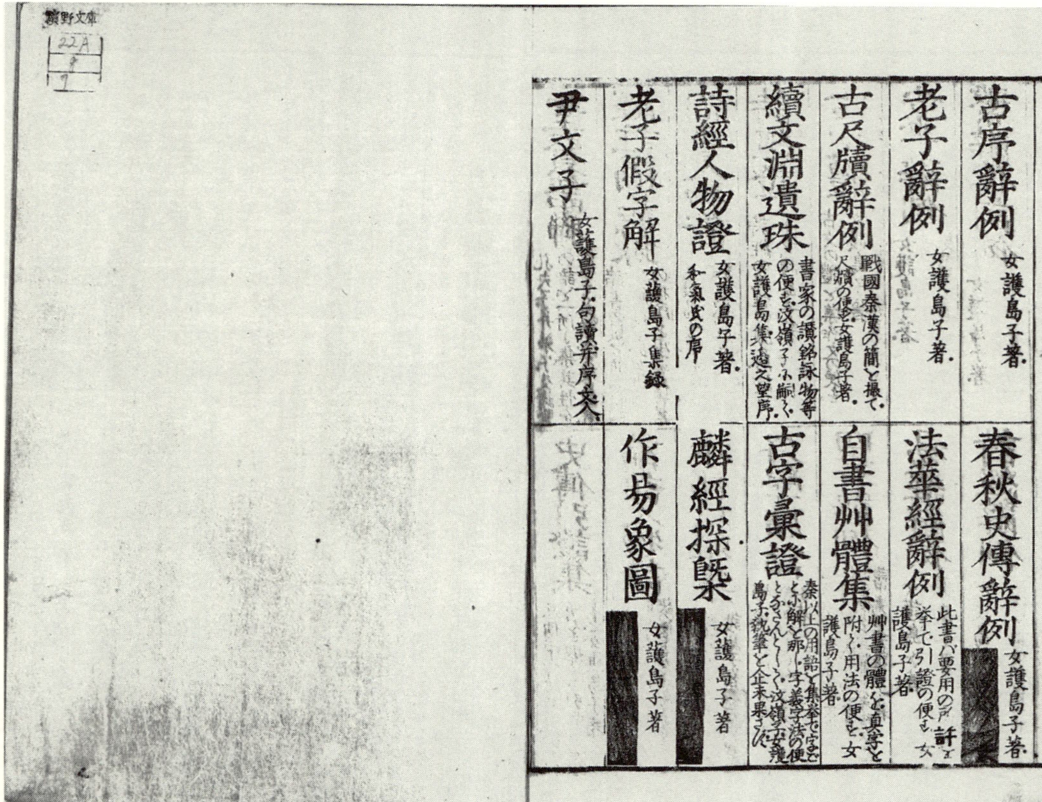

鷲野文庫 22A
古序辭例 女護島子著
老子辭例 女護島子著
古尺牘辭例 戰國秦漢の簡と撮て尺牘の便とす 女護島子著
續文淵遺珠 書家の讀銘詠物等の便とす汶嶺子ふ嗣ぐ 女護島集 遠之望序
詩經人物證 女護島子著 和氣貞の序
老子假字解 女護島子集録
尹文子 女護島子句讀并序 文
春秋史傳辭例 [redacted] 女護島子著
法華經辭例 此書ハ要用の序許を挙て引證の便とす 女護島子著
自書艸體集 艸書の體ふ真字を附く用法の便とす 女護島子著
古字彙證 秦以上の用語を集挙て字義字法の便とす 汶嶺子女護島子執筆と企未果さん
麟經探賾 [redacted] 女護島子著
作易象圖 [redacted] 女護島子著

一五A 4

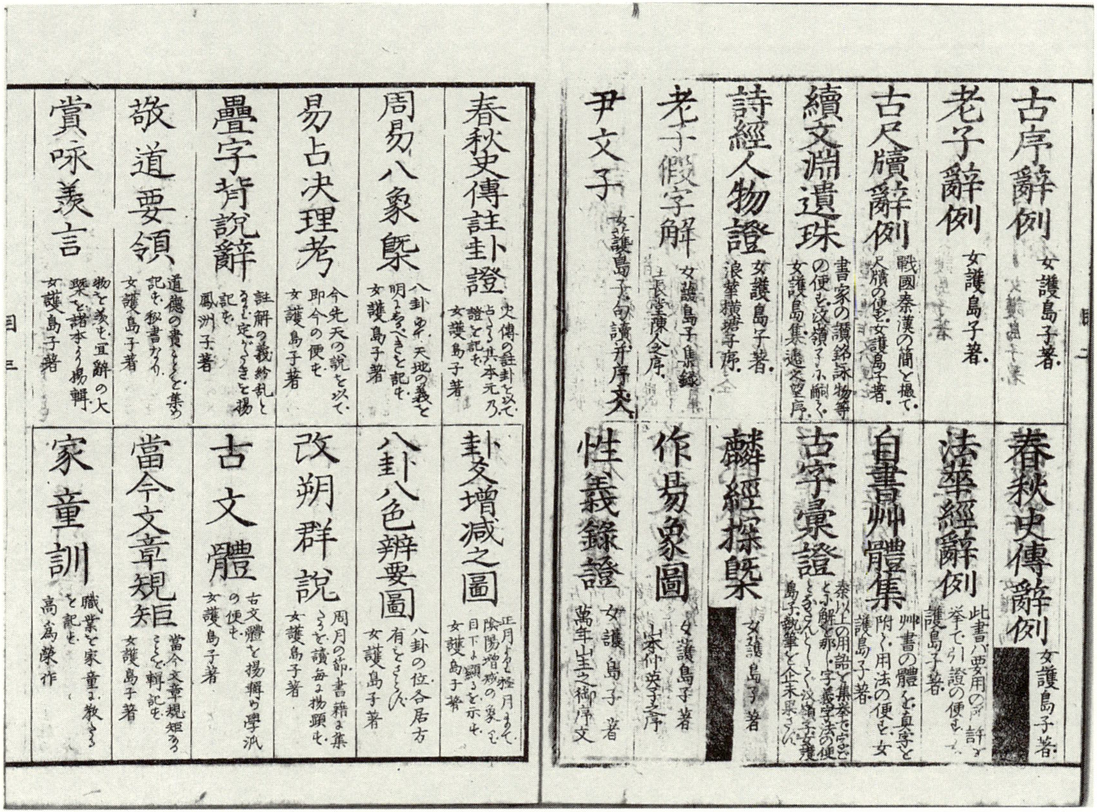
古序辭例 女護島子著

老子辭例 女護島子著

古尺牘辭例 戰國秦漢の簡と擧て尺牘の便とす 女護島子著

續文淵遺珠 書家の讃銘詠物等の便を改讀すに備ふ 女護島集 遠文堂序

詩經人物證 女護島子著 浪華攅塘子序

老子假字解 女護島子集録 長堂康人全序

尹文子 女護島子句讀并序文

春秋史傳辭例 [redacted] 女護島子著 此書ハ要用の所詳ゞ擧て引讀の便とす

法華經辭例 護島子著

自書艸體集 艸書の體を眞等と附して用法の便とす 女護島子著

古字彙證 秦以上の用語を集擧して字義字法の便とふ解を新しくとも改易を女護島子執筆と企未果さん

麟經採槩 [redacted] 女護島子著

作易象圖 女護島子著 山本仲英子序

性義錄證 女護島子著 萬年山主之御序文

春秋史傳註卦卜證 史傳の註卦を以て占ふ共本元乃證と記す 女護島子著

周易八象槩 八卦の象天地の義を明らかにすべきを記す 女護島子著

易占決理考 今先天の説を以て即今の便とす 女護島子著

疊字肯說辭 註解の義紛乱とならざるべき定を揚記す 鳳洲子著

敬道要領 道徳の貴ぶべきと集め記す秘書なり 女護島子著

賞咏羨言 物を羨む宜辭の大槩を諸本より撮輯 女護島子著

卦爻增減之圖 正月より臘月まで陰陽增減の象を目下に顯すを示す 女護島子著

八卦八色辨要圖 八卦の位合居方有とさとらく 女護島子著

改朔群說 周月の節書籍を集ろを讀毎に揚顕す 女護島子著

古文體 古文體を揚輯め學汎の便とす 女護島子著

當今文章規矩 當今文章規矩あるべきと輯記す 女護島子著

家童訓 職業と家童に教ゆるを記す 高爲榮作

一五B4

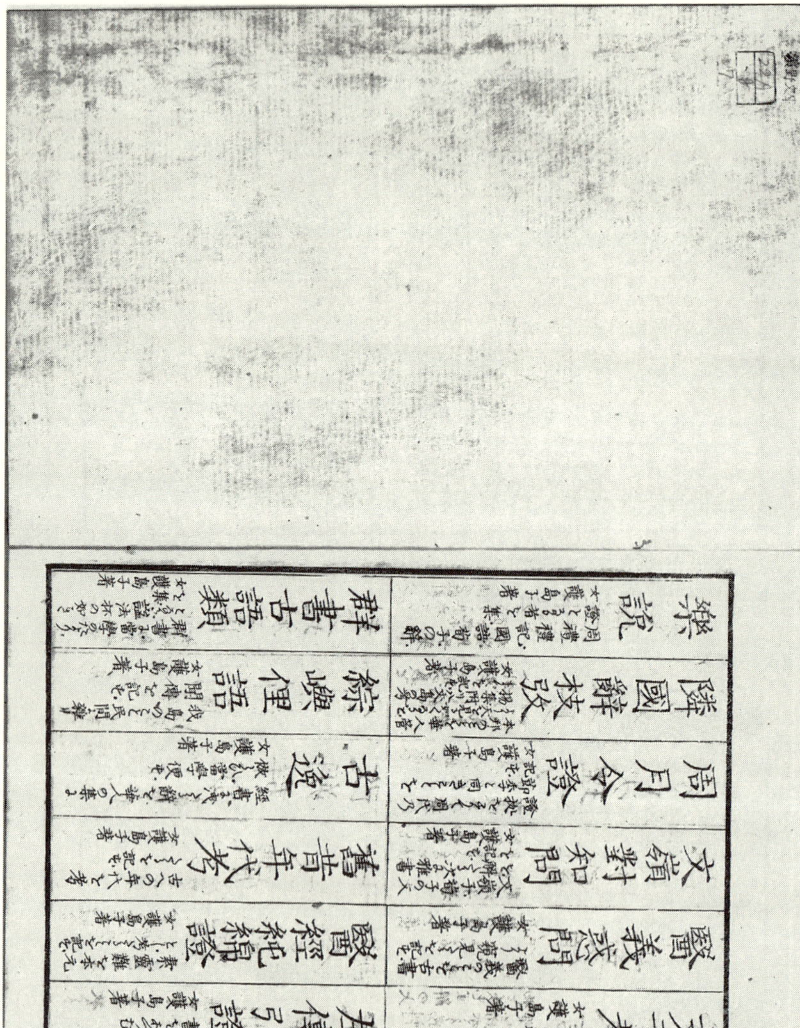

支干考　十二支十干の本元なることをさとあ辨ひ　女護島子著

醫義惑問　醫義のことを古書より窺見ることを記せ　女護島子著

文嶺對知問　文嶺子荀子の文を解きる次に雅書を記せ　女護島子著

周月令證　證拠をとりて周氏乃節季と同きことを記せ　女護島子著

隣國辭枝攷　本邦のことを華人著より見る所くるを揚集附り文島の号まで記せ　女護島子著

樂說　周禮禮記國語荀子の辭證とある者を集　女護島子著

左傳引證　古へ證拠揚る諸の書をあつむ　女護島子著

醫經純綿證　素靈難を本元とし考ることを記せ　女護島子著

舊昔年代考　古への年代を考ることを記せ　女護島子著

古逸　經書に洩る辭を華人の集に徴し當學の便せ　女護島子著

綜嶼俚語　我島のこと民間に雜り聞傳を記せ　女護島子著

群書古語類　群書に當學のたよりとなる諡法杯の如きを集　女護島子著

一五B5

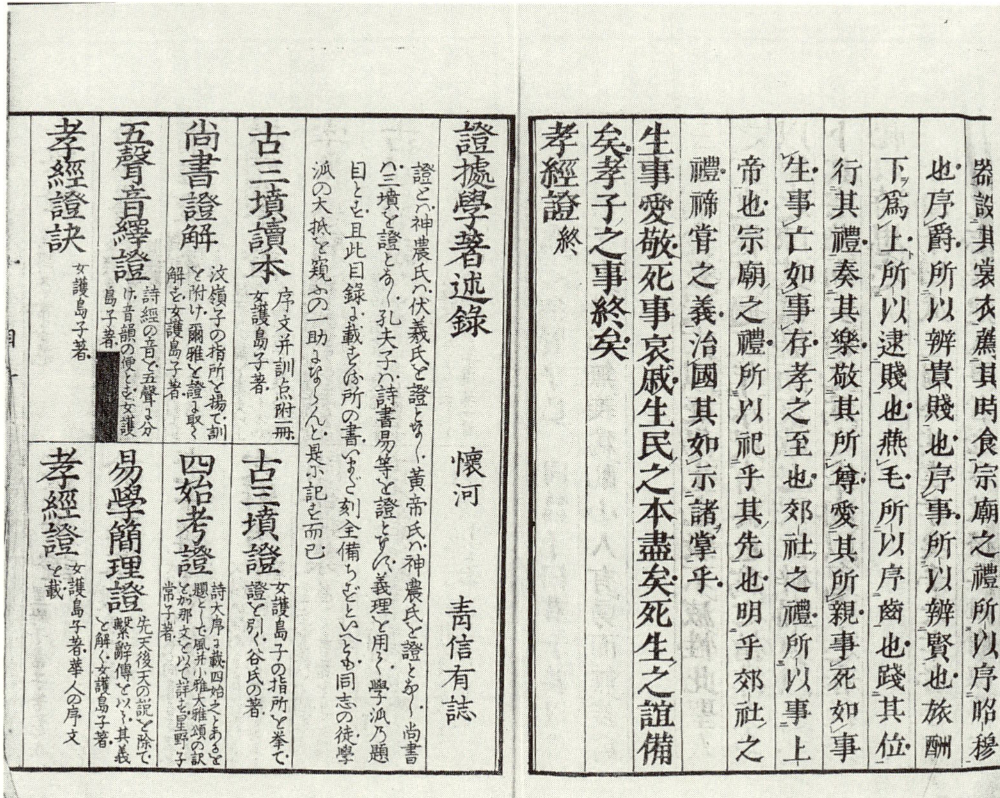

器設其裳衣薦其時食宗廟之禮所以序昭穆
也序爵所以辨貴賤也序事所以辨賢也旅酬
下爲上所以逮賤也燕毛所以序齒也踐其位
行其禮奏其樂敬其所尊愛其所親事死如事
生事亡如事存孝之至也郊社之禮所以事上
帝也宗廟之禮所以祀乎其先也明乎郊社之
禮禘嘗之義治國其如示諸掌乎
生事愛敬死事哀戚生民之本盡矣死生之誼備
矣孝子之事終矣
孝經證終

證據學著述録

懷河　青信有誌

證とハ神農氏ハ伏羲氏を證となし黄帝氏ハ神農氏を證となし尚書ハ三墳を證となし孔夫子ハ詩書易等を證とす人ハ義理を用ゆ學派乃題目とも且此目録に載る所の書ハすぐに刻全備ちむといへとも同志の徒學派の大抵を窺ふの一助ともならんと是を記す而已

古三墳讀本　序文并訓点附一冊　女護島子著

尚書證解　汶嶺子の指所を揚て訓を附け爾雅を證に取り解を女護島子著

五聲音韻證　詩經の音を五聲に分け音韻の便とす女護[redacted]島子著

孝經證訣　女護島子著

古三墳證　女護島子の指所を挙て證を引く谷氏の著

四始考證　詩大序に載四始之あるを題として風并小雅大雅頌の訳を分ち文を以て詳にす星野子常子著

易學簡理證　先天後天の説を除て繫辭傳を以て其義を解く女護島子著

孝經證　女護島子著華人の序文を載

一五参考1　孝経証　高〔橋〕女護島（閔慎）刊　大一

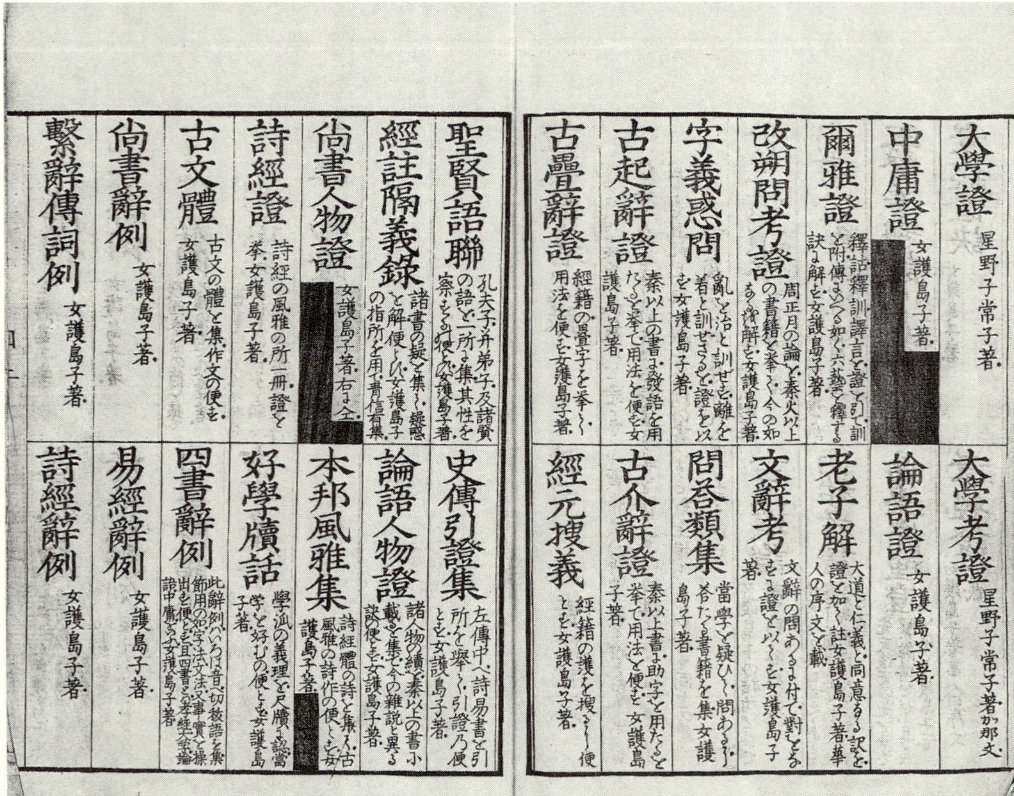

大學證 星野子常子著

中庸證 女護島子著 [redacted]

爾雅證 釋詁釋訓譯言を證て引て訓と附傳まての如く六藝を釋する訣よ解を女護島子著

改朔問考證 周正月の論と秦火以上の書籍を挙く今の如きまて解を女護島子著

字義惑問 亂と治と訓せ占離を着と訓せさると證を以を女護島子著

古起辭證 秦以上の書よ發語を用たると挙て用法と便を女護島子著

古疊辭證 經籍の疊字を挙く用法を便を女護島子著

大學考證 星野子常子著か那文

論語證 女護島子著

老子解 大道と仁義と同意なる訳を證と加く註女護島子著華人の序文を載

文辭考 文辭の問あるよ付て對とるをよ證を以くを女護島子著

問答類集 當學と疑ひく問あるを答たく書籍を集女護島子著

古介辭證 秦以上書よ助字を用たるを挙て用法と便を 女護島子著

經元捜義 經籍の議を捜るく便とを女護島子著

聖賢語聯 孔夫子并弟子及諸賢の語を一所よ集其性を察もる便を女護島子著

經註隔義録 諸書の疑を集く疑惑と解便よ以女護島子の指所を用て書信有集

尚書人物證 [redacted] 女護島子著右子仝

詩經證 詩經の風雅の所一冊證と挙女護島子著

古文體 古文の體と集作文の便を 女護島子著

尚書辭例 女護島子著

繫辭傳詞例 女護島子著

史傳引證集 左傳中へ詩易書を引所を挙く引證乃便とを女護島子著

論語人物證 諸人物の續を秦以上の書小載を集て今の雜説と異る説の便とを女護島子著

本邦風雅集 詩經體の詩と集く古風雅の詩作の便とを女[redacted]護島子著

好學牘話 學派の義理を尺牘よ認當学と好む便とを女護島子著

四書辭例 此辭例いろは音へ切数語を集節用の如字法文法以事實と操出を便とを且四書と孝經宗論語中庸ある女護島子著

易經辭例 女護島子著

詩經辭例 女護島子著

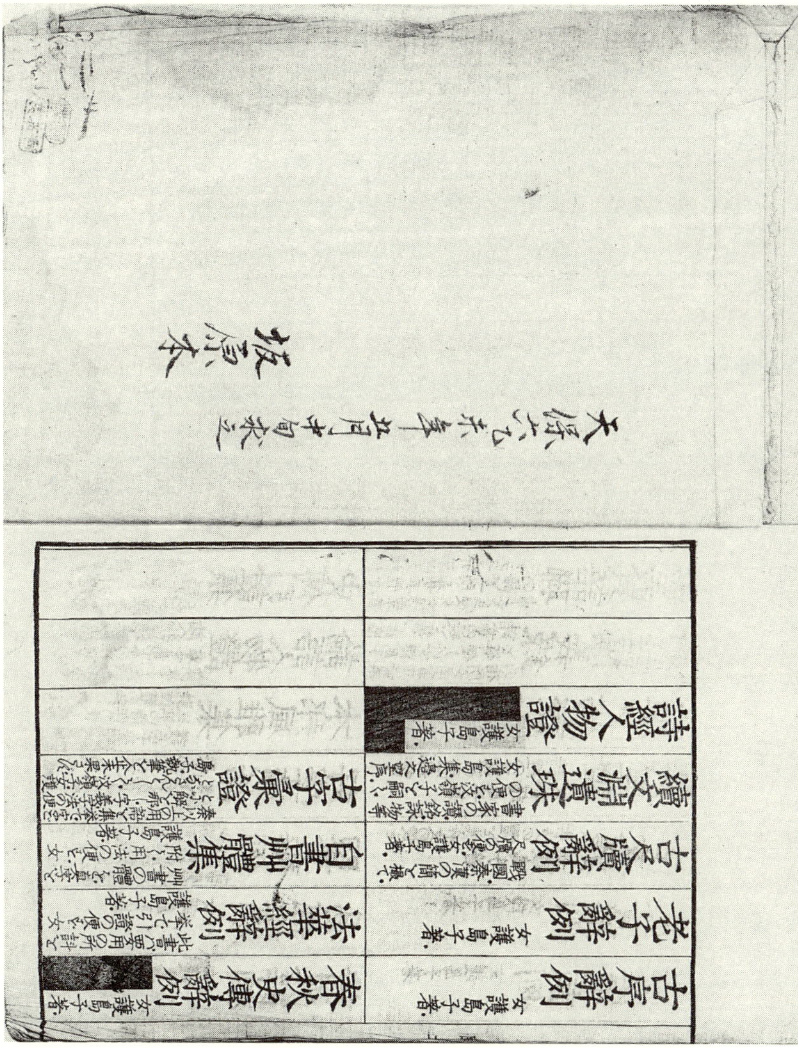

一五　参考3

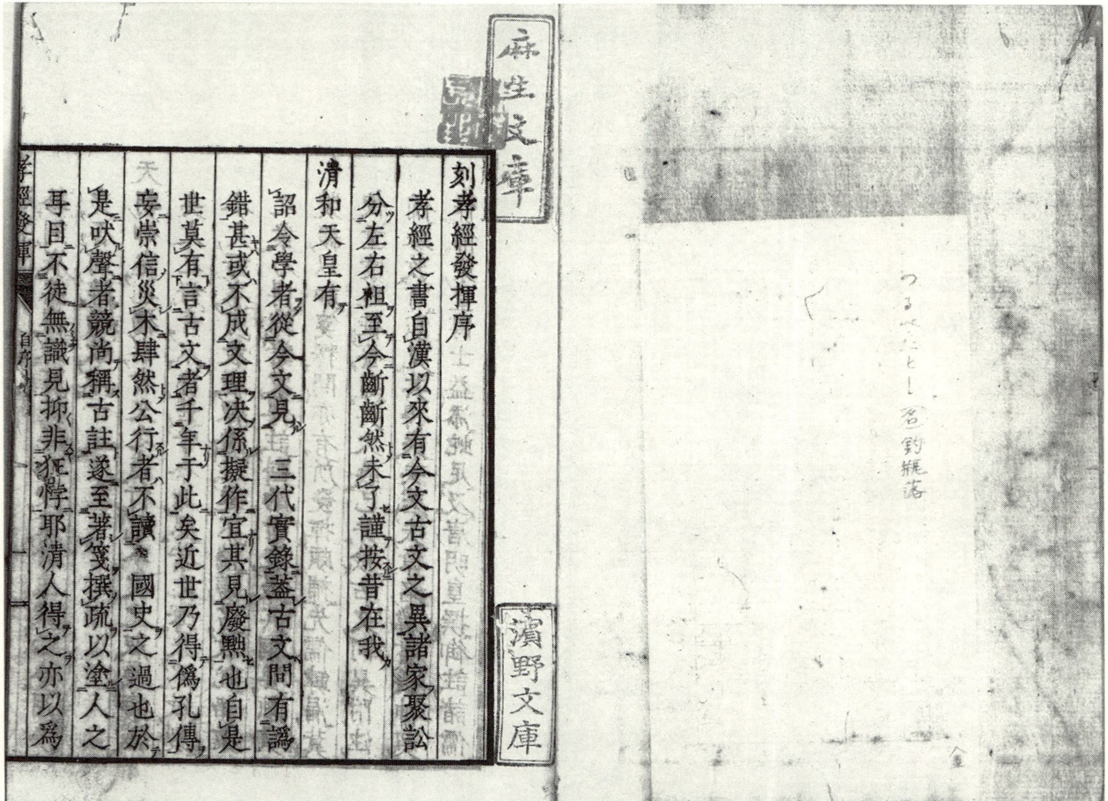
刻孝經發揮序
孝經之書自漢以來有今文古文之異諸家聚訟
分左右袒至今斷斷然未了謹按昔在我
清和天皇有
詔令學者從今文見三代實錄蓋古文間有譌
錯甚或不成文理決係擬作宜其見廢黜也自是
世莫有言古文者千年于此矣近世乃得僞孔傳
妄崇信焉不肆然公行者不讀國史之過也於
是吠聲者競尚稱古註遂至著箋撰疏以塗人之
耳目不徒無識見抑非狂悖耶清人得之亦以爲
孝經發揮 自序 一

一六Ａ１　孝経〔発揮〕　津阪〔東陽〕（孝綽）　文政九年津有造館蔵版　大一

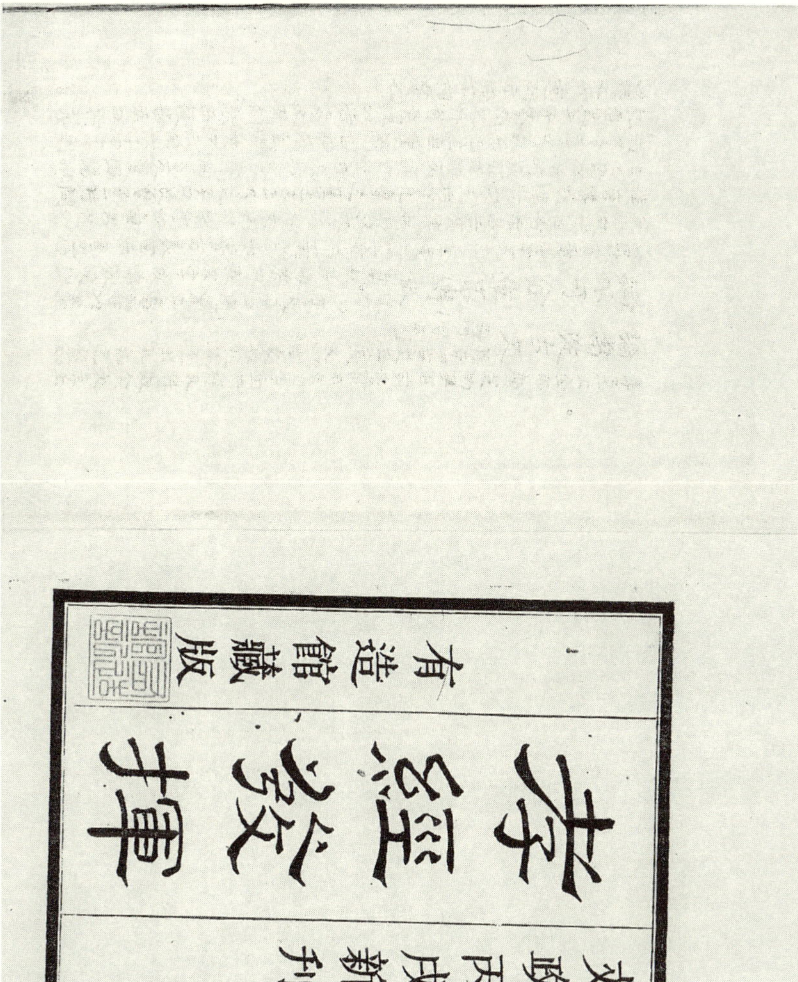

一六B1
又
修大二

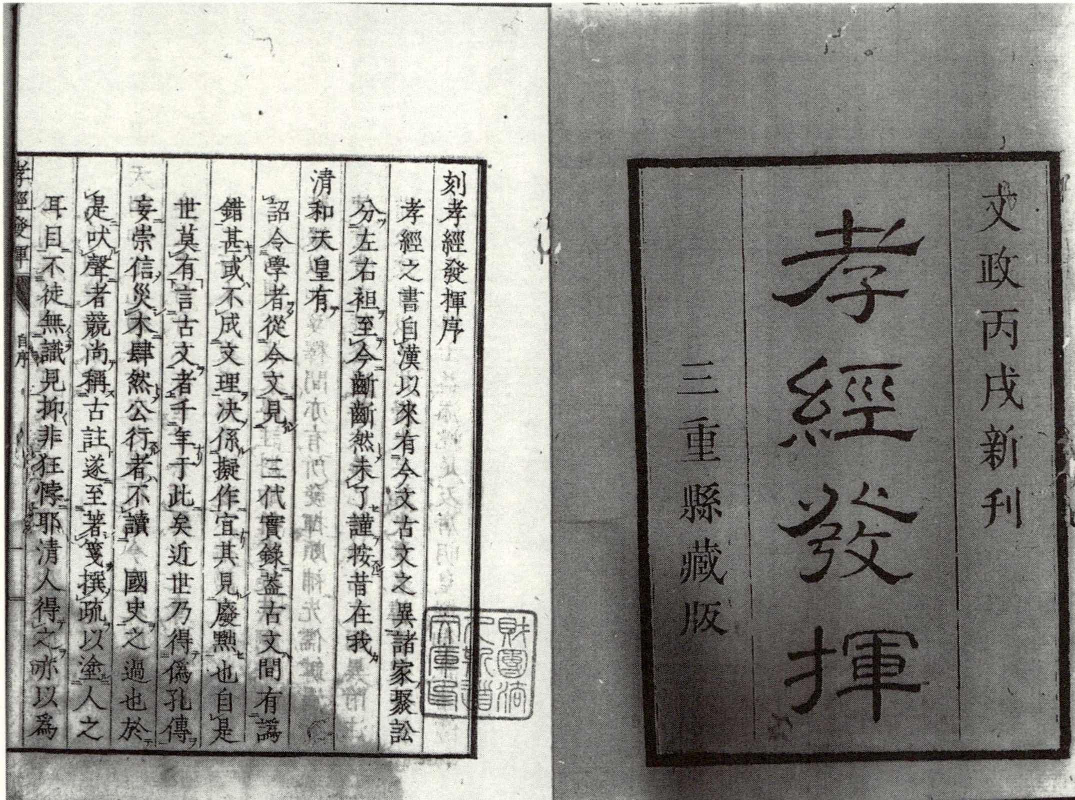

一六C1　又　三重県蔵版（津木村光綱印行）　大一

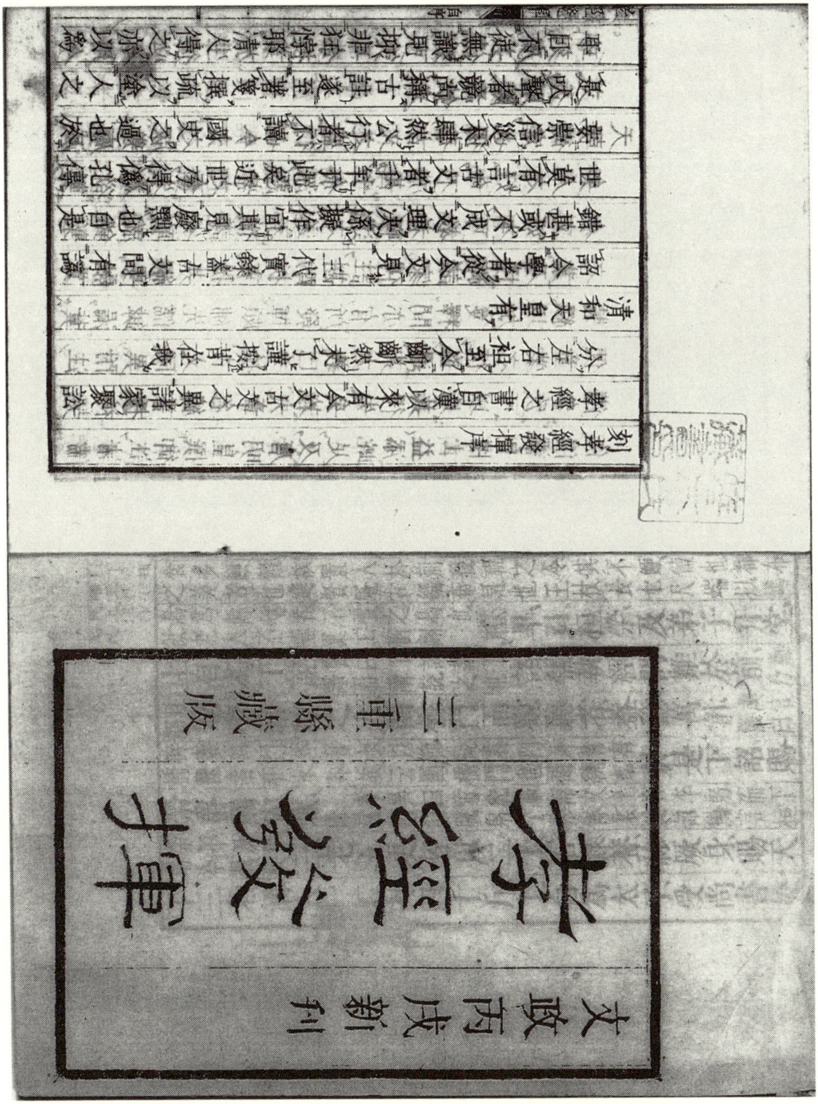
文政丙戌新刊
孝經發揮
三重縣藏版
刻孝經發揮序

一六D1　又　同上　大一

呪也先王脩已以治人德教既行風俗自化則人和協而親睦互相敬讓撫愛故尊卑上下各得其所舉無所怨是即順天下之效孟子所謂人倫明於上而小民親於下人人親其親長其長而天下平矣蓋人之怨每生於不和苟不和不已則長慢少傲而天倫廢矣出則上陵下犯而世道亂矣故爲君常思安人是先王之志也此經主意專爲治國家者立言明政治之本源述君道之至要故先發端如此也

汝知之乎 夫子引而不發重其事也 曾子避席曰參不敏何足以知之 避席謂離席而起參所金反曾子自稱其名敏音憫不敏遲鈍也禮尊者有問則避席而起答讓而對也古文之下有乎字 辭 子曰夫孝德之本也教之所由生也 至此方言出孝字人子善養老爲孝故文從老從子給侍膝下之象其義可見已夫德之本所以爲至德教之所以爲要道也蓋孝者五倫之本百行之基人之修德必自孝始有子所謂孝弟爲仁之本本立而道生凡人倫之教皆由此而行善事父母致孝而兄弟鬩墻者未之有也既友于兄弟則其於親戚朋友未嘗不厚也是以凡教人必從孝入教字所以從孝也故以是事君則忠以是事長則順以是治家則和以是莅民則愛一孝立而萬善從豈非至德要道哉德本教生三語乃一篇之綱領諸章反覆推明其義以見德之可以生教教之必本於德也此與中庸首說性道教孟子開口便道性善其揆一也夫人之脩德行道皆由於天降之民衷秉彝之恒性聖人不故設教而彊之但率人以爲教因其素所有而道之則其何難行之有哉是學道之要旨入德之先務也 復坐吾語汝 坐語並去聲復還也復坐還位而坐也語告也孝道廣大非一言可盡故令復坐而告之也

身體髮膚受之父母不敢毀傷 父母全而生之子當全而歸之蓋父母所生耳目口鼻四肢百體無不備而人子自奉不慎虧損爲畸人以辱親之枝則父母之痛爲何如哉樂正子春下堂傷足所以數月不出猶有憂色也且人子之生也三年然後免於父母之懷長我育我顧我復我出入腹我哀哀劬勞靡依弗屆日夜愛護之愼如捧璧擎珠唯恐或毀傷若有疾至求以身代以養以

孝經發揮 二

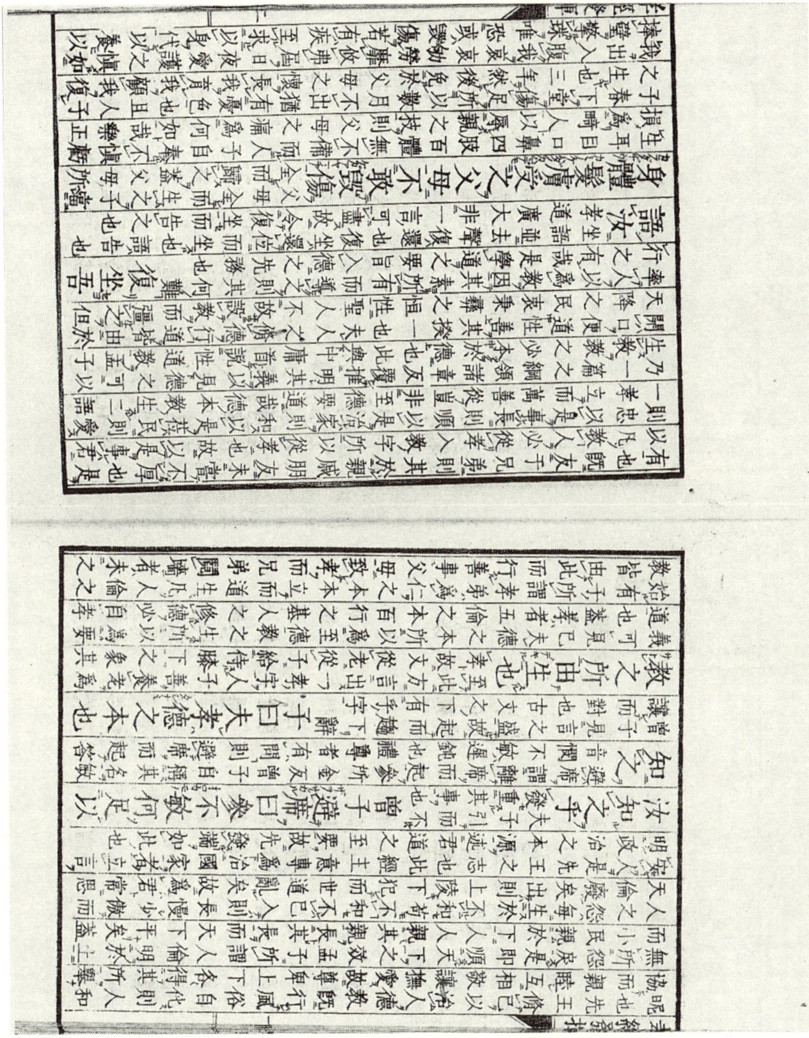

一六B 2

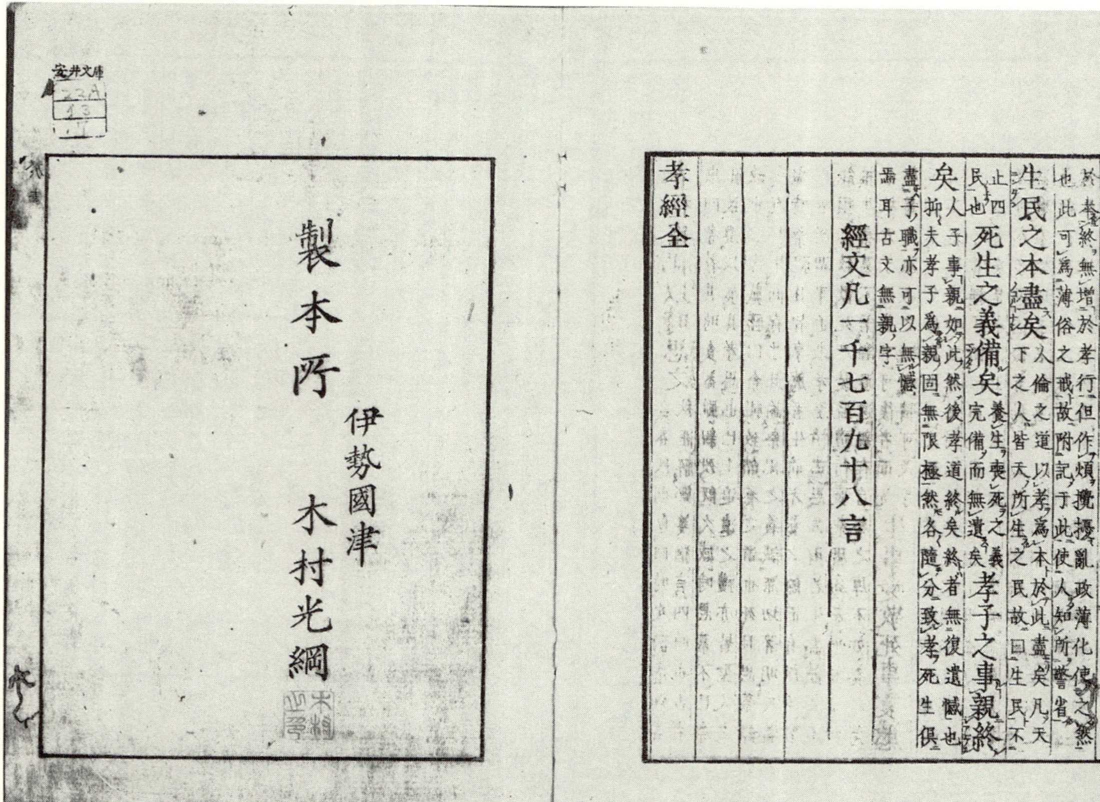

製本所

伊勢國津 木村光綱

孝經發揮

於孝終無増於孝行但作煩擾亂政薄化使之然也此可為薄俗之戒故附記于此使人知所警省

生民之本盡矣人倫之道以孝為本於此盡矣凡天下之人皆天所生之民故曰生民不止四民也死生之義備矣養生喪死之義完備而無遺矣孝子之事親終矣人子事親如此然後孝道終矣終者無復遺憾也抑夫孝子為親固無限極然各隨分致孝死生俱盡孝職亦可以無憾焉耳古文無親字

經文凡一千七百九十八言

孝經全

一六C2

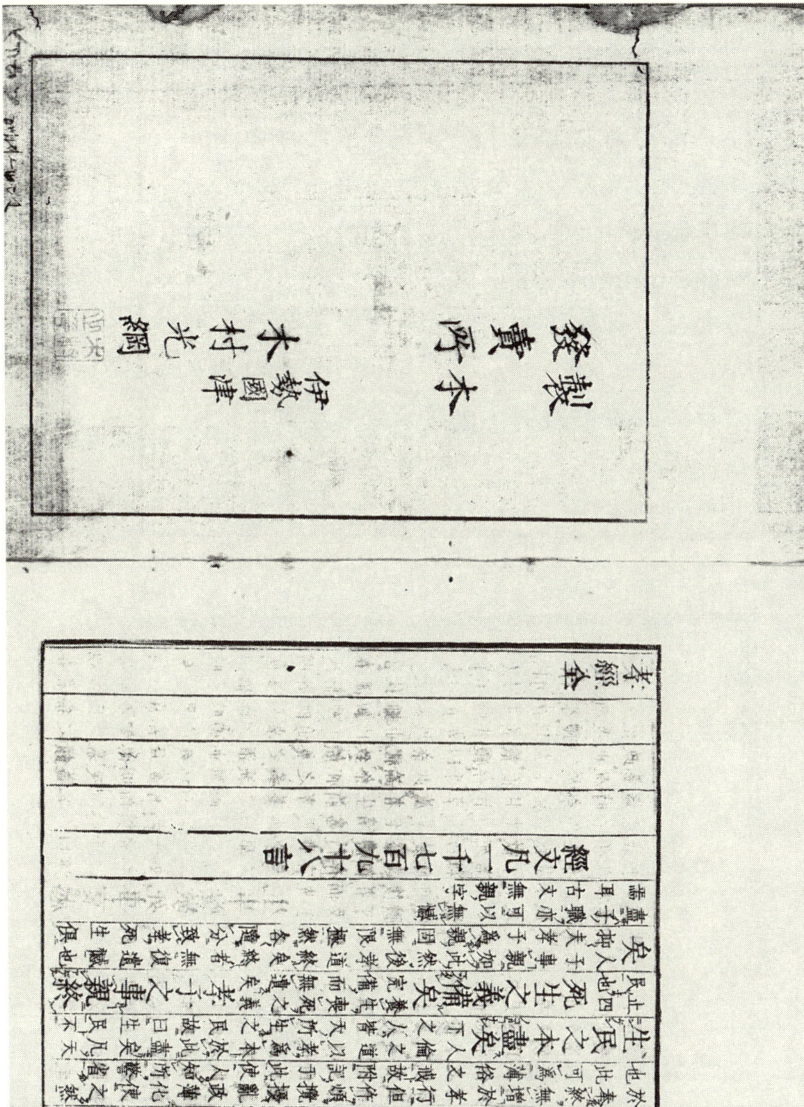

一六D2

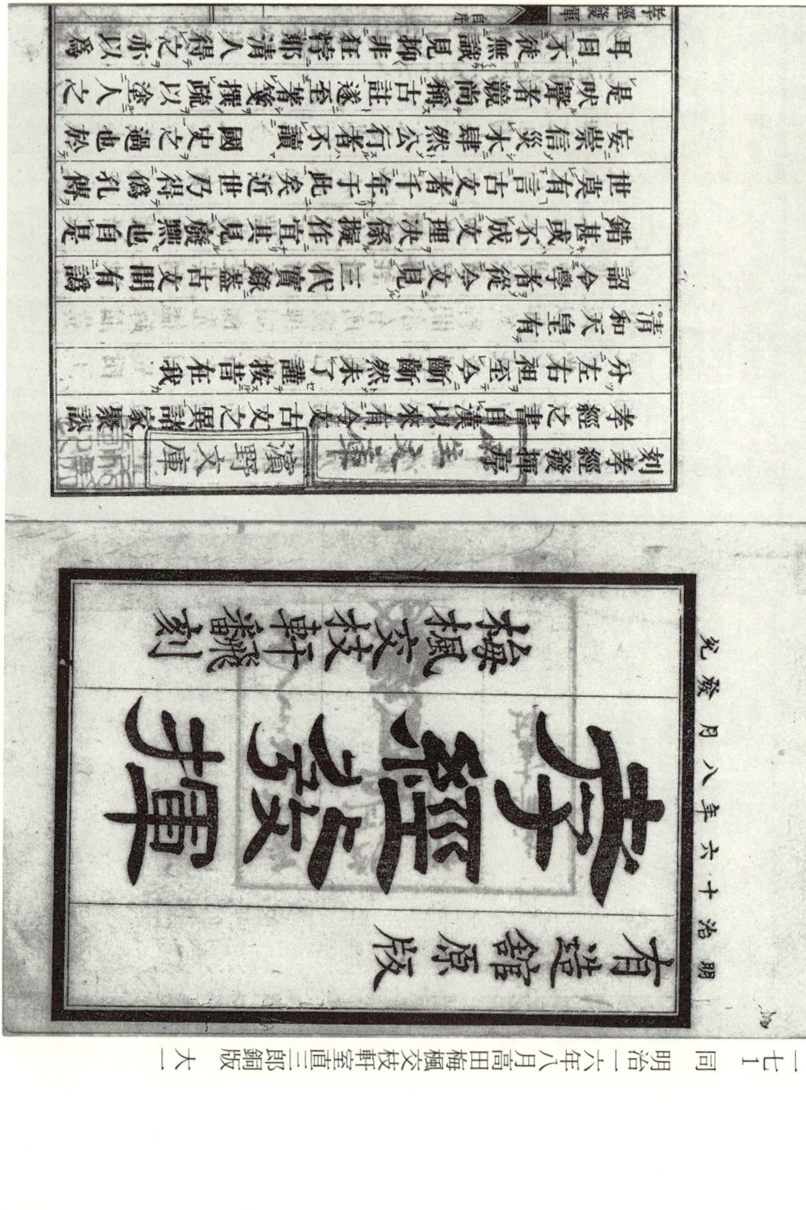

一七一　同　明治一六年八月高田梅楓文枝軒室直三郎銅版　大一

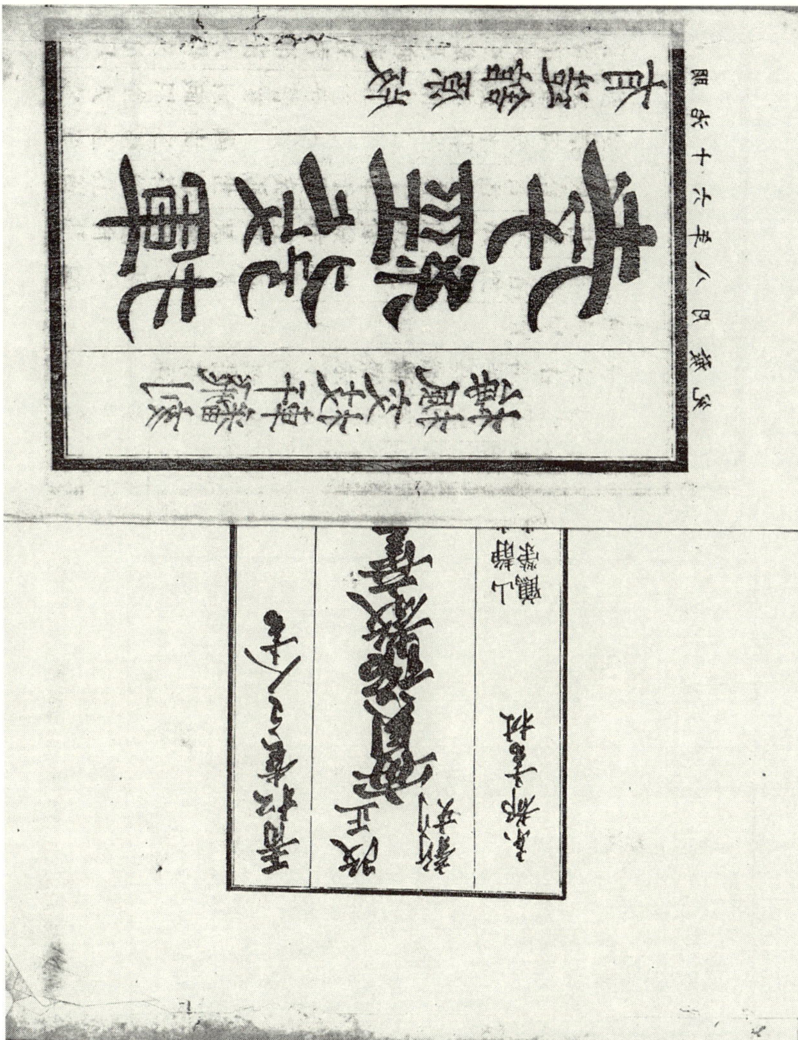

一七 2

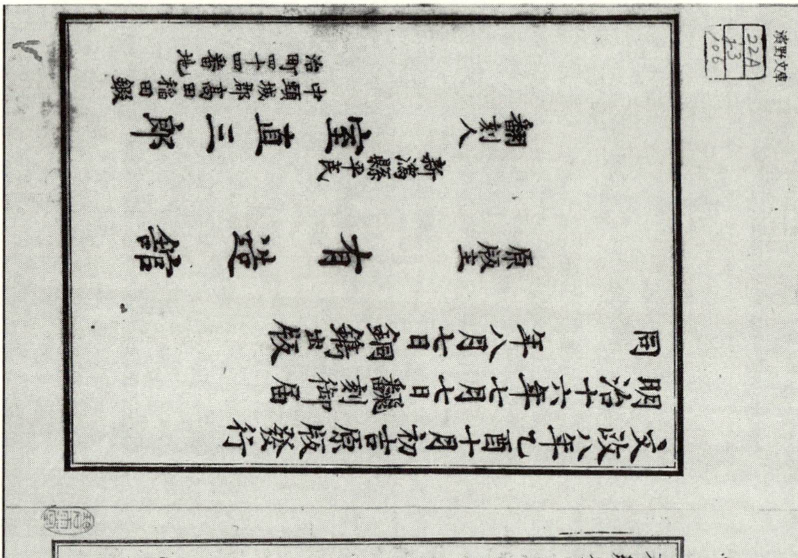
於奉終無增於孝行但作煩攪擾亂政薄化使之然
也此可爲薄俗之戒故附記于此使人知所警省
生民之本盡矣人倫之道以孝爲本於此盡矣凡天
下之人皆天所生之民故曰生民不
止四民也死生之義備矣養生喪死之義
完備而無遺矣孝子之事親終
矣人子事親如此然後孝道終矣終者無復遺憾也
抑夫孝子爲親固無限極然各隨分致孝死生倶
盡子職亦可以無憾
焉耳古文無親字

經文凡一千七百九十八言

孝經全

文政八年乙酉十月初吉原版發行
明治十六年七月七日飜刻御届
同　年八月七日銅鐫出版
原版主　有造館
飜刻人　新潟縣平民　室直三郎
中頸城郡高田稲田鍛冶町四十四番地

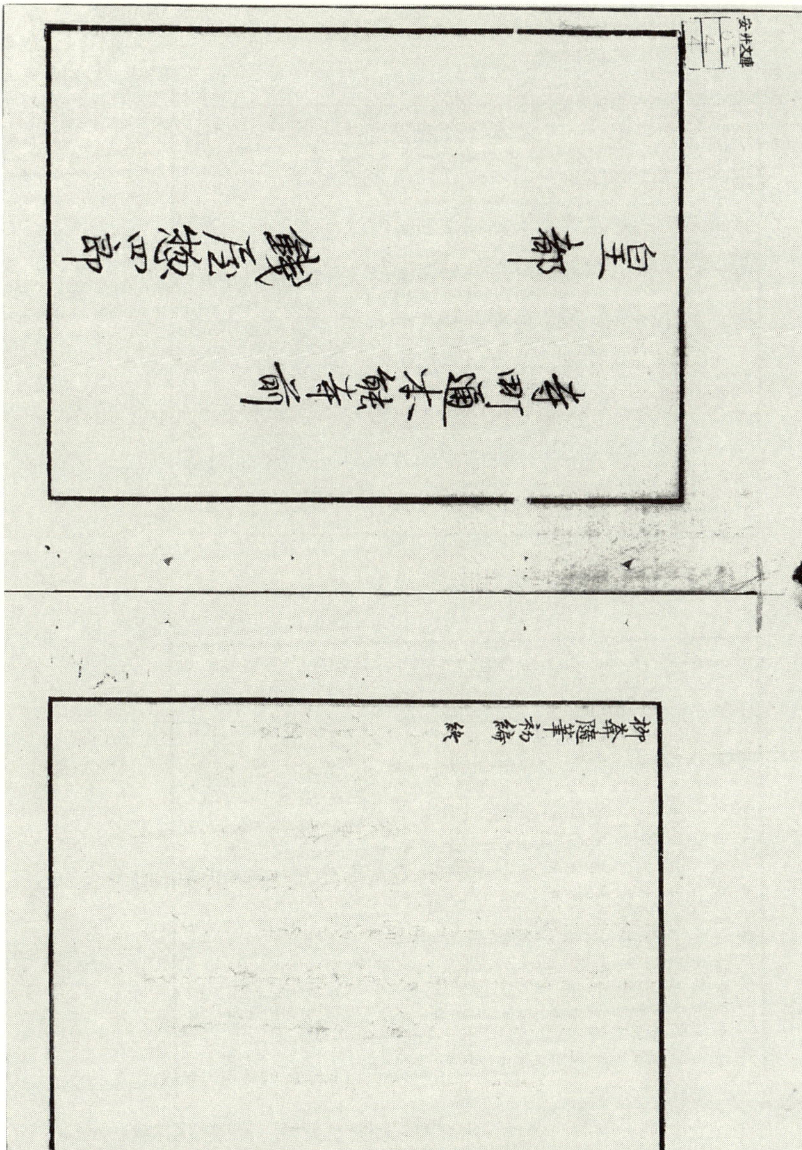
安井文庫

柳斎随筆初編　終

皇都　寺町通本能寺前
錢屋惣四郎

一八B3

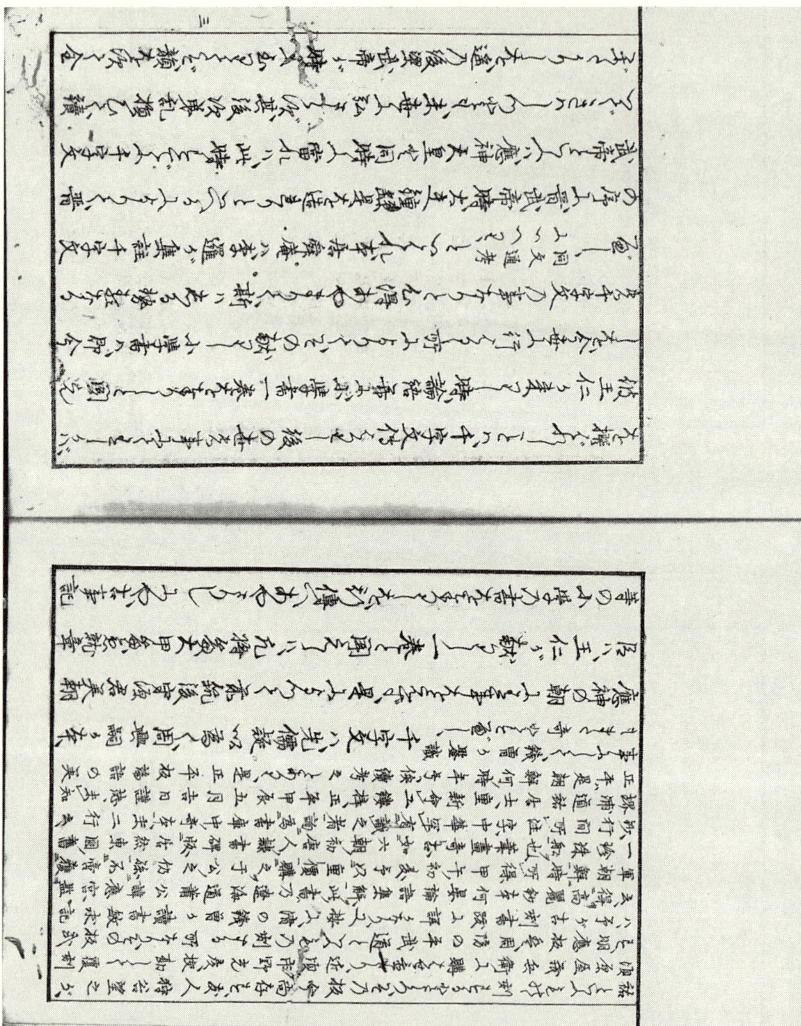

一八A1
柳亭随筆初編
〔栗原〕柳亭（源信充）
文政二年四月序刊
大一

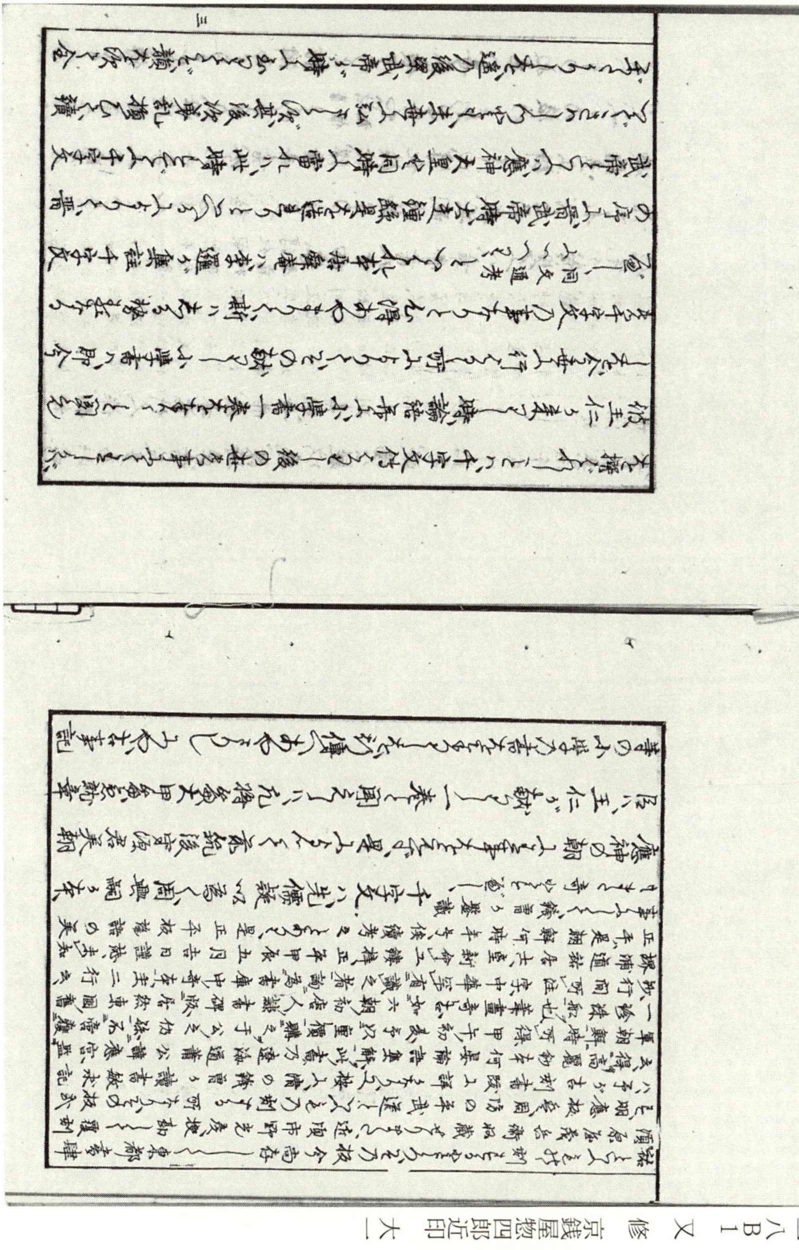

一八 B1 又
修
京銭屋惣四郎近印
大二

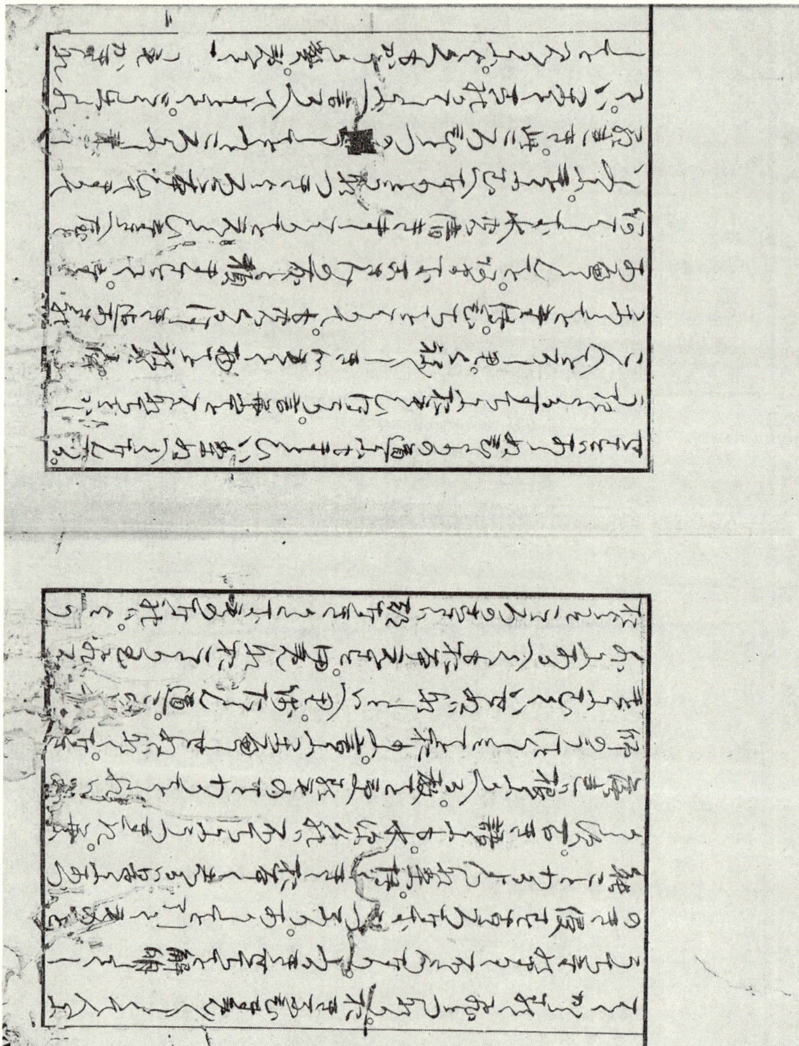

一八A2

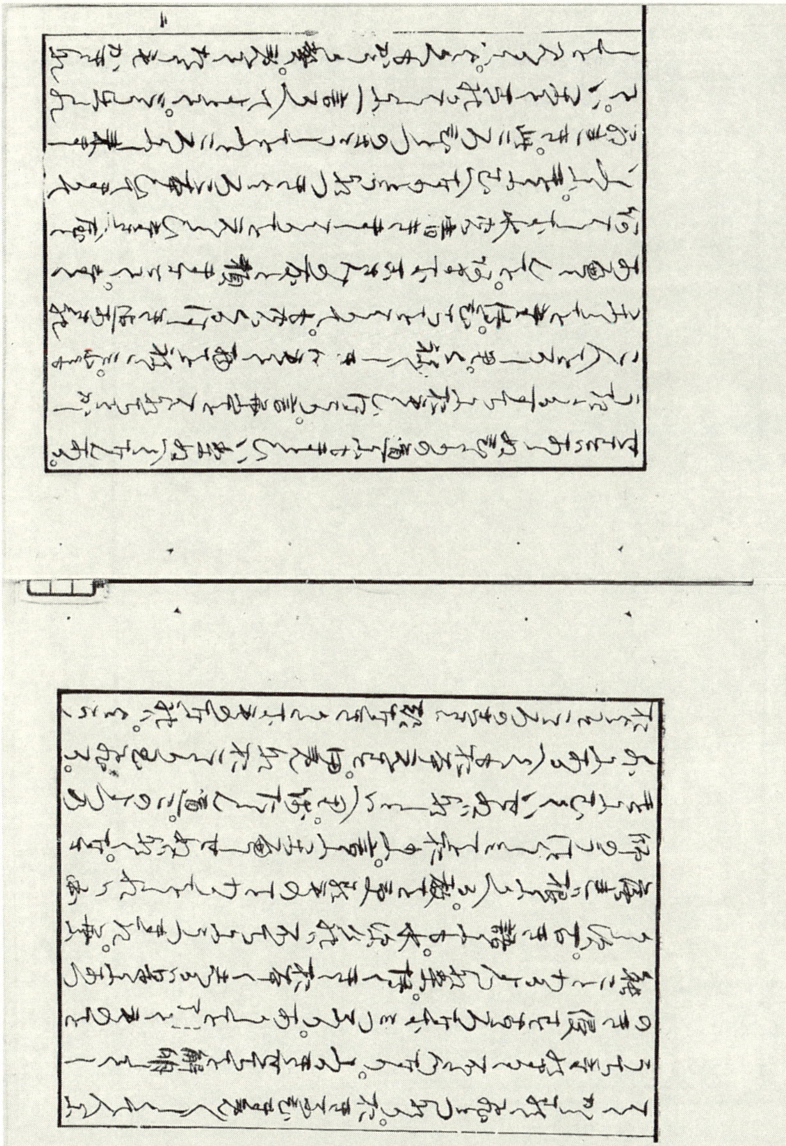

一八B2

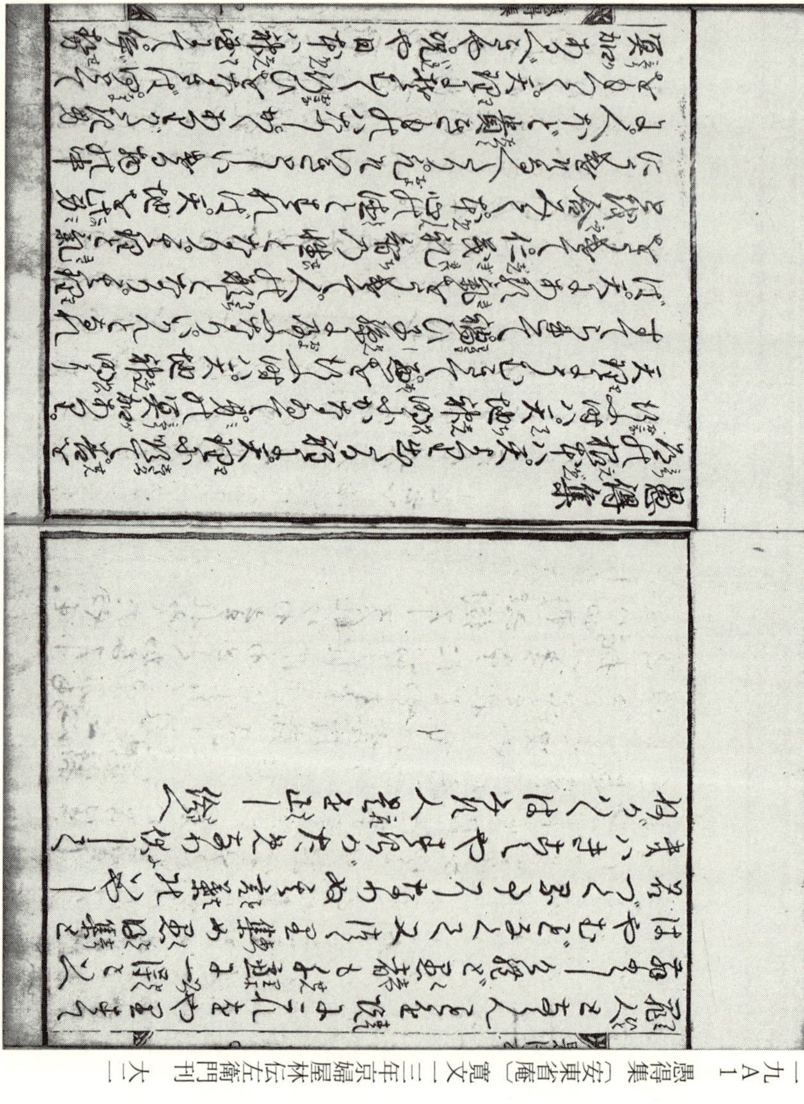

一九A1　愚得集〔安東省庵〕寛文一二年京婦屋林伝左衛門刊　大二

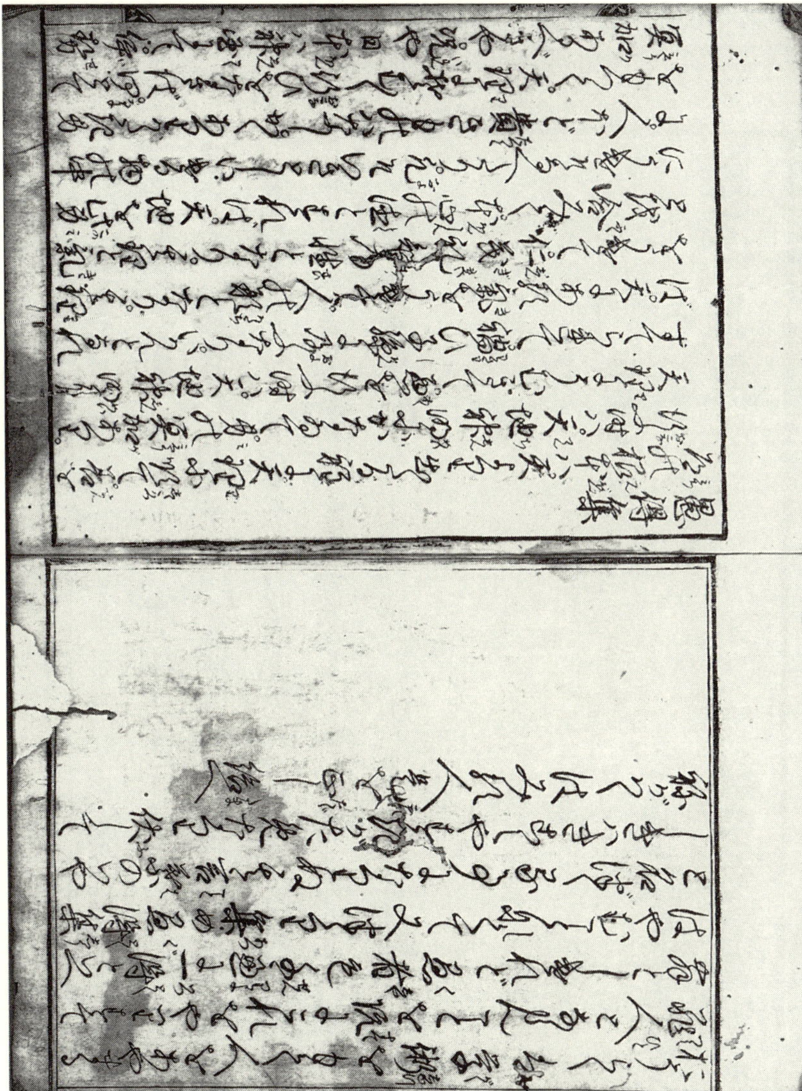

一九B1　又　修大二

なるところハ一のことなる類によ。嗜て後ハ多欲の
まよひあり。よく貪欲をくだし。
はらく吾分を着られよ。生まつきされたるおそれバ。
嗜をひらくるものなく。氣質を変化するもの
もなくて。終にまよひせらく書をあらハす。大言ふ
悠と云のれなるところへ。悠をゆるへ給へ。

愚得集終

寛文十三 癸丑歳
三條菱屋町 梅屋
林傳左衛門板行

一九B2

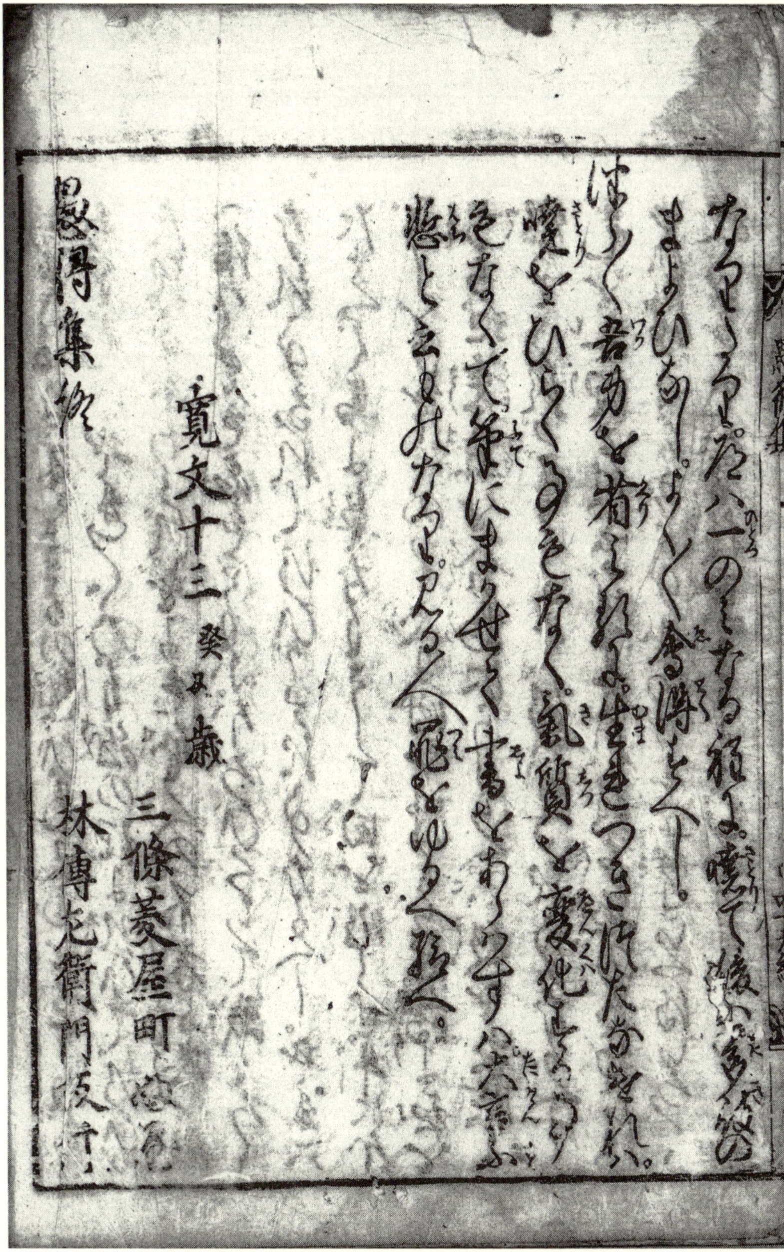
悟得集終

寛文十三 癸丑歳

三條菱屋町

林傳左衛門板行

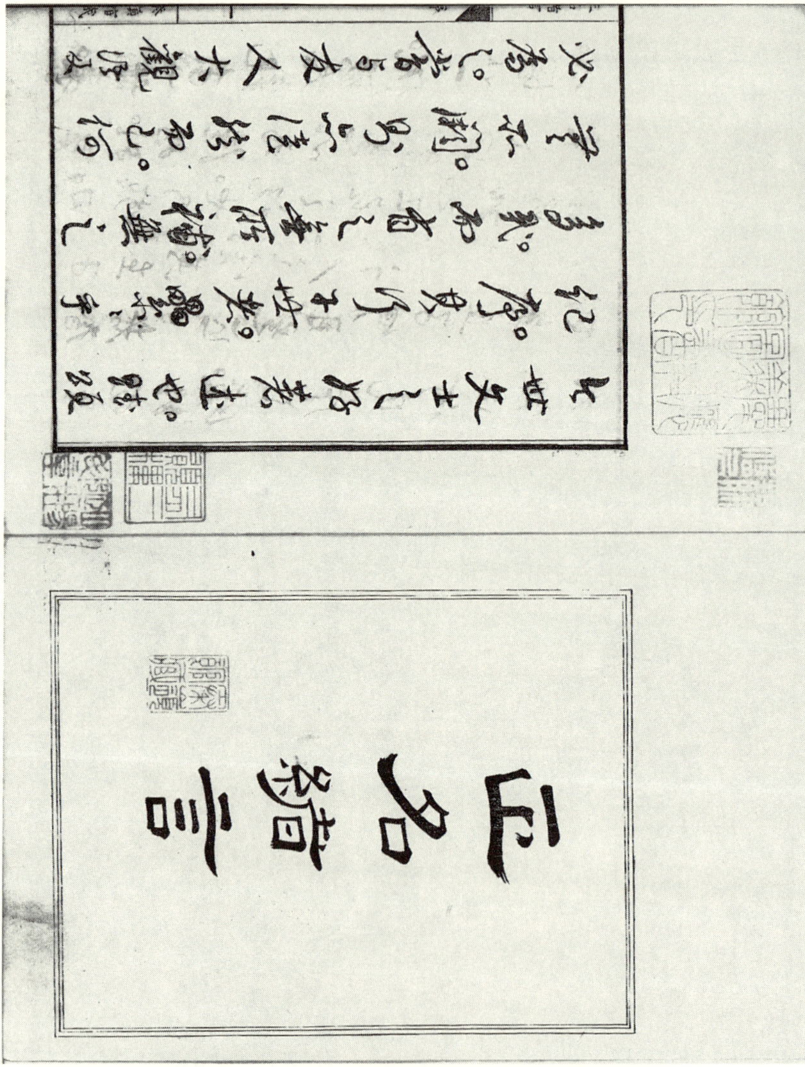

二〇A1　正名緒言二巻　菱〔川秦嶺〕（寅）　文化六年跋秦嶺館蔵板　大二

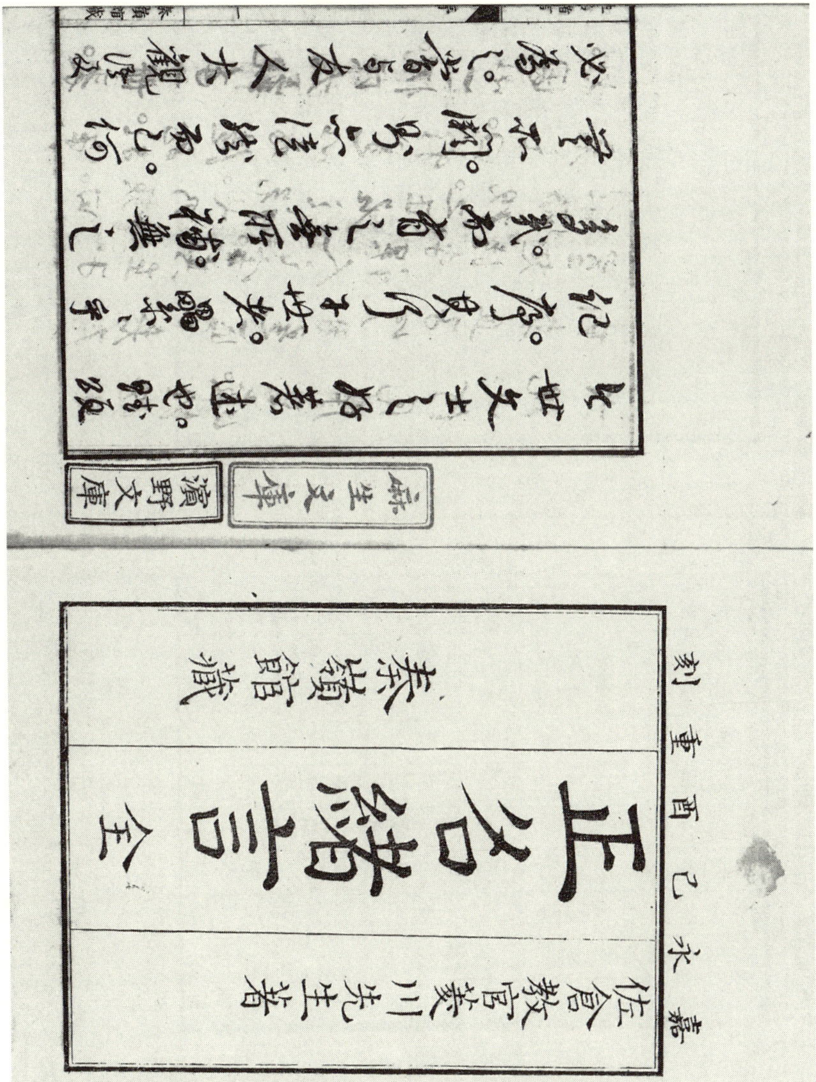

二〇B1　又
嘉永二年二月修
（江戸和泉屋善兵衛印行）
大二

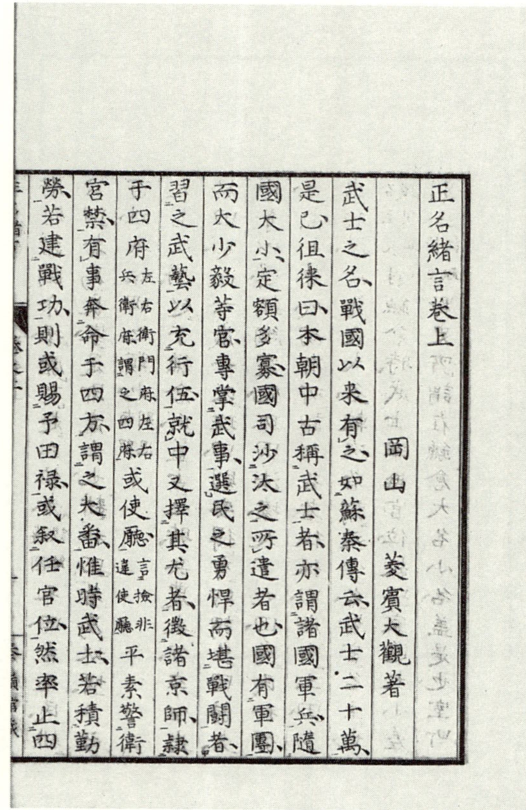
正名緒言卷上

岡山　菱賓大觀著

武士之名、戰國以来有之、如蘇秦傳云武士二十萬、是已、徂徠曰、本朝中古稱武士者、亦謂諸國軍兵隨國大小、定額多寡、國司沙汰之所遣者也、國有軍團、而大少毅等官、專掌武事、選民之勇悍而堪戰闘者、習之武藝、以充行伍、就中又擇其尤者、徵諸京師、隷于四府（左右衛門府左右兵衛府謂之四府）、或使廳（言撿非違使廳）、平素警衛宮禁、有事奉命于四方、謂之大番、惟時武士、若積勤勞、若建戰功、則或賜予田祿、或敍任官位、然率止四

二〇A2

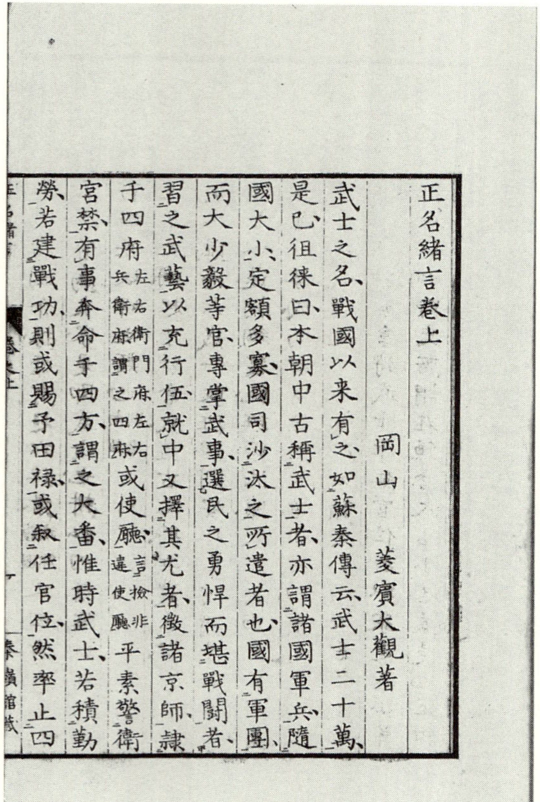
正名緒言卷上

岡山　菱賓大觀著

武士之名、戰國以来有之、如蘇秦傳云武士二十萬、是已、徂徠曰、本朝中古稱武士者、亦謂諸國軍兵隨國大小、定額多寡、國司沙汰之所遣者也、國有軍團、而大少毅等官、專掌武事、選民之勇悍而堪戰闘者、習之武藝、以充行伍、就中又擇其尤者、徵諸京師、隷于四府（左右衛門府左右兵衛府謂之四府）、或使廳（言撿非違使廳）、平素警衛宮禁、有事奉命于四方、謂之大番、惟時武士、若積勤勞、若建戰功、則或賜予田祿、或敍任官位、然率止四

二〇B2

二〇B4

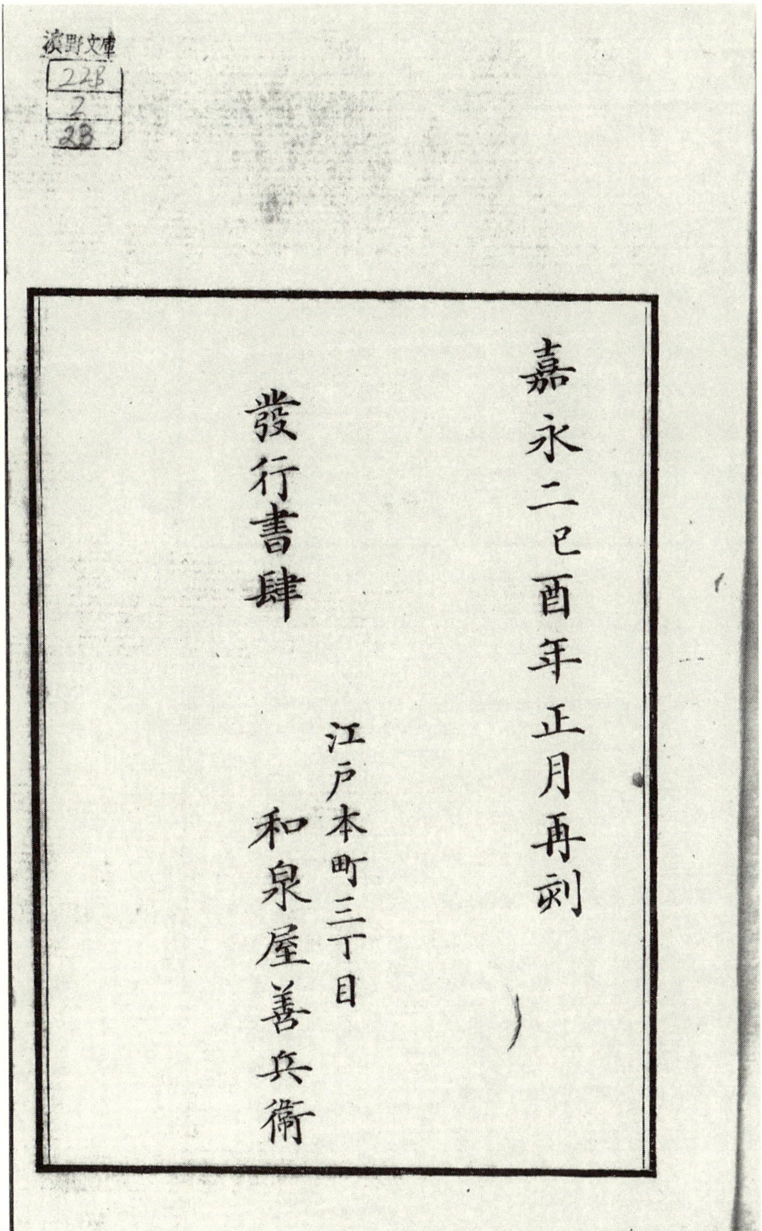

二〇A3

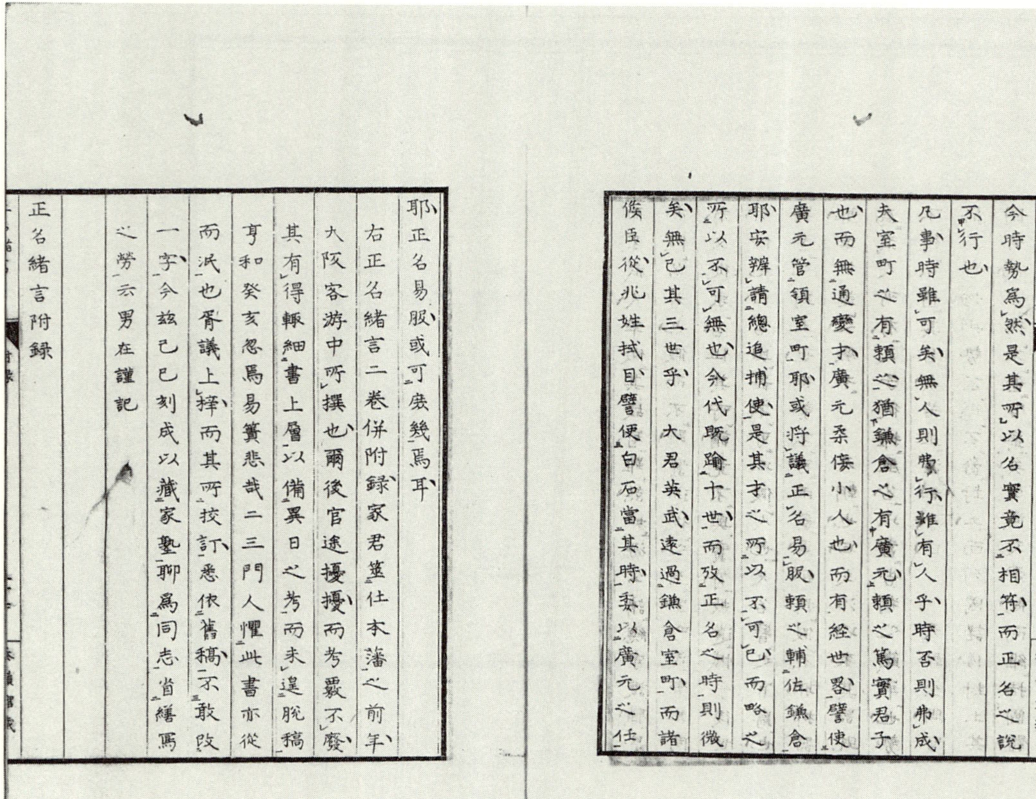
正名緒言　附録　三十六

今時勢爲然是其所以名實竟不相符而正名之說
不行也
凡事時雖可矣無人則弗行雖有人乎時否則弗成
夫室町之有頼之猶鎌倉之有廣元頼之篤實君子
也而無通變才廣元柔佞小人也而有經世器譬使
廣元管領室町耶或將議正名易服頼之輔佐鎌倉
耶安辨請總追捕使是其才之所以不可已而略之
所以不可無也今代既踰十世而改正名之時則微
矣無已其三世乎大君英武逺過鎌倉室町而諸
侯臣從兆姓拭目譬使白石當其時委以廣元之任
耶正名易服或可庶幾焉耳
右正名緒言二巻併附録家君篁仕本藩之前年
大阪客游中所撰也爾後官途擾擾而考覈不廢
其有得輒細書上層以備異日之考而未遑脫稿
亨和癸亥忽焉易簀悲哉二三門人懼此書亦從
而泯也胥議上梓而其所校訂悉依舊稿不敢改
一字今玆己巳刻成以藏家塾聊爲同志省繕寫
之勞云男在謹記

正名緒言附録

二〇B3

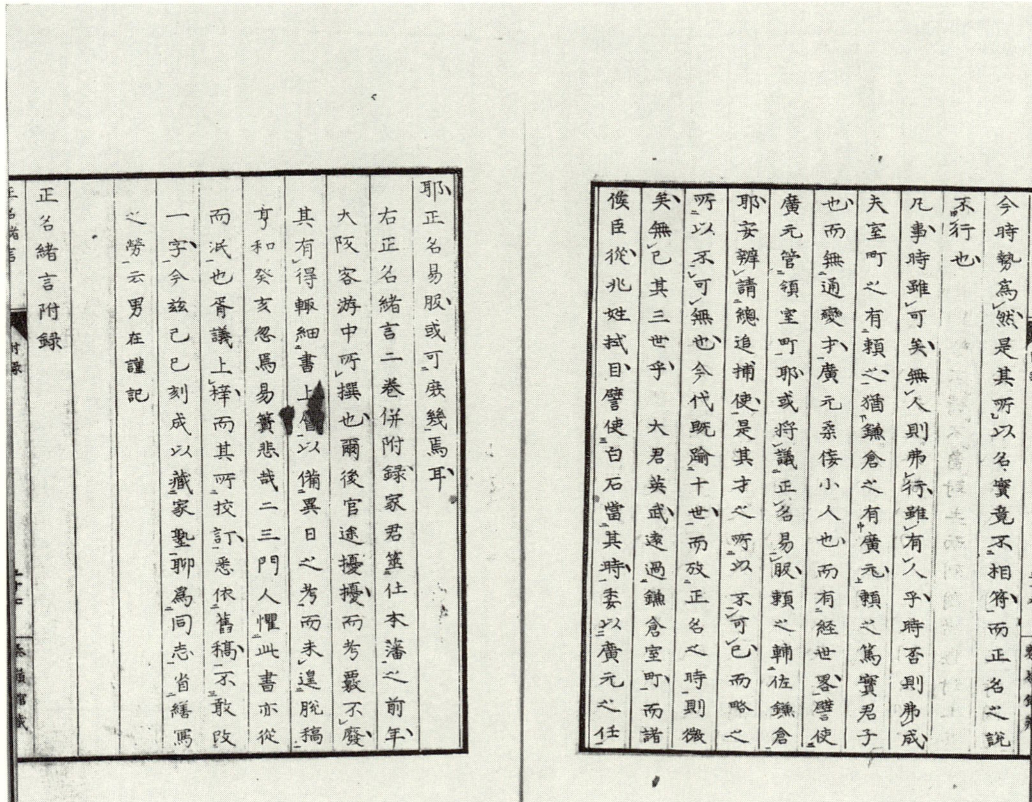
今時勢爲然是其所以名實竟不相符而正名之説
不行也
凡事時雖可矣無人則弗行雖有人乎時否則弗成
夫室町之有頼之猶鎌倉之有廣元頼之篤實君子
也而無通變才廣元系倭小人也而有經世畧譬使
廣元管領室町耶或將議正名易服頼之輔佐鎌倉
耶妄辨請總追捕使是其才之所以不可已而略之
所以不可無也今代既踰十世而攷正名之時則微
矣無已其三世乎　大君英武遠過鎌倉室町而諸
侯臣從兆姓拭目譬使白石當其時委以廣元之任

耶正名易服或可庶幾焉耳
右正名緒言二巻併附録家君篁仕本藩之前年
大阪客游中所撰也爾後官途擾擾而考覈不發
其有得輙細書上層以備異日之考而未遑脱稿
享和癸亥忽焉易簀悲哉二三門人懼此書亦從
而泯也胥議上梓而其所校訂悉依舊稿不敢改
一字今玆己巳刻成以藏家塾聊爲同志省繕寫
之勞云男在謹記

正名緒言附録

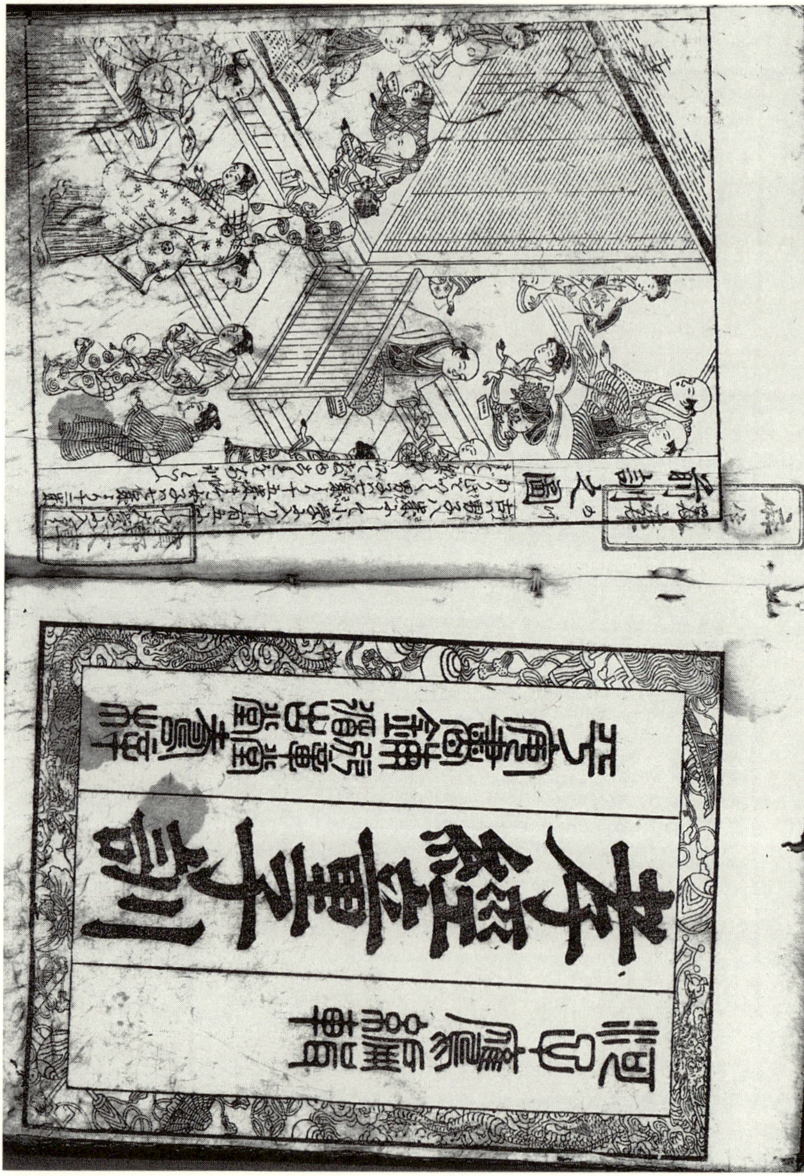

三二 A 2

三—C2

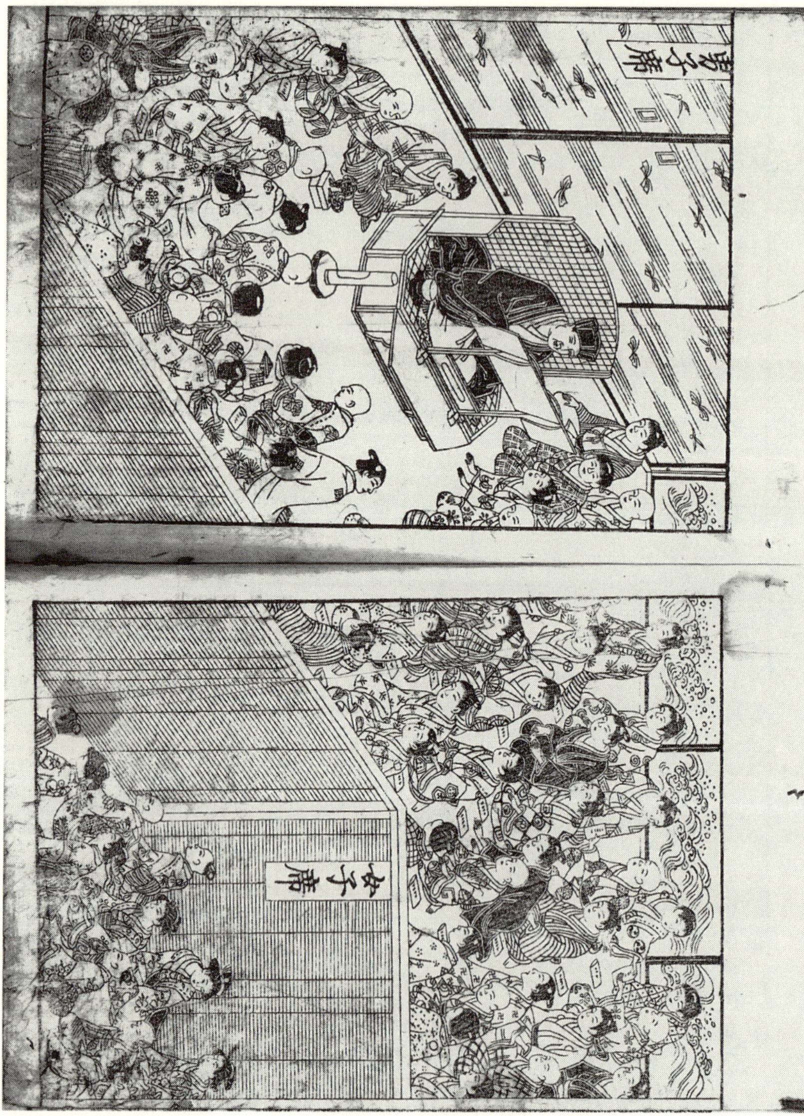

三－A－3

三〇3

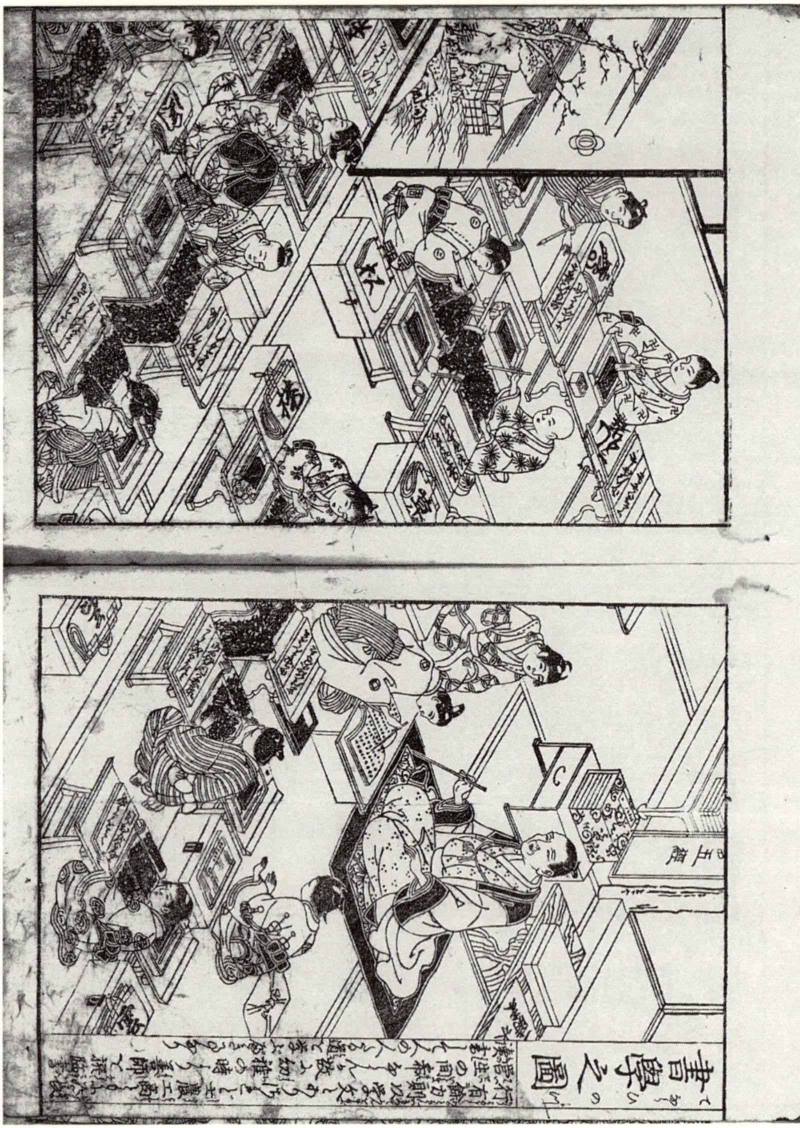

三A4

三C4

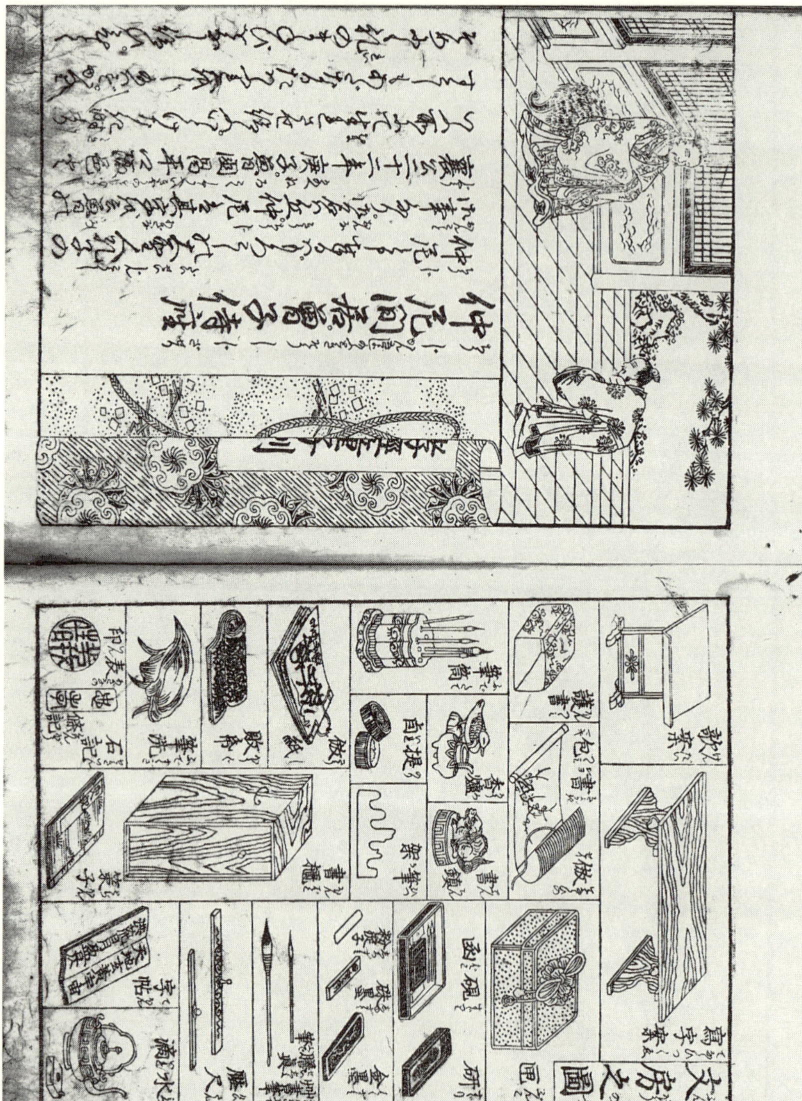

二—A 5

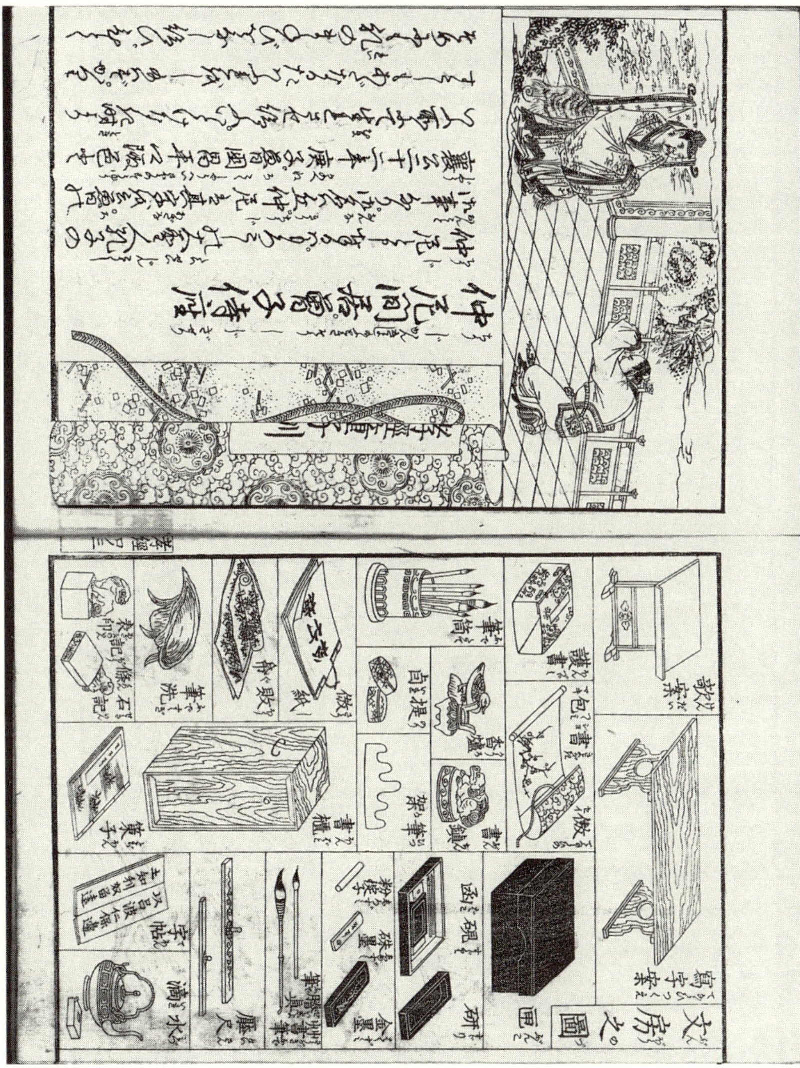

三C5

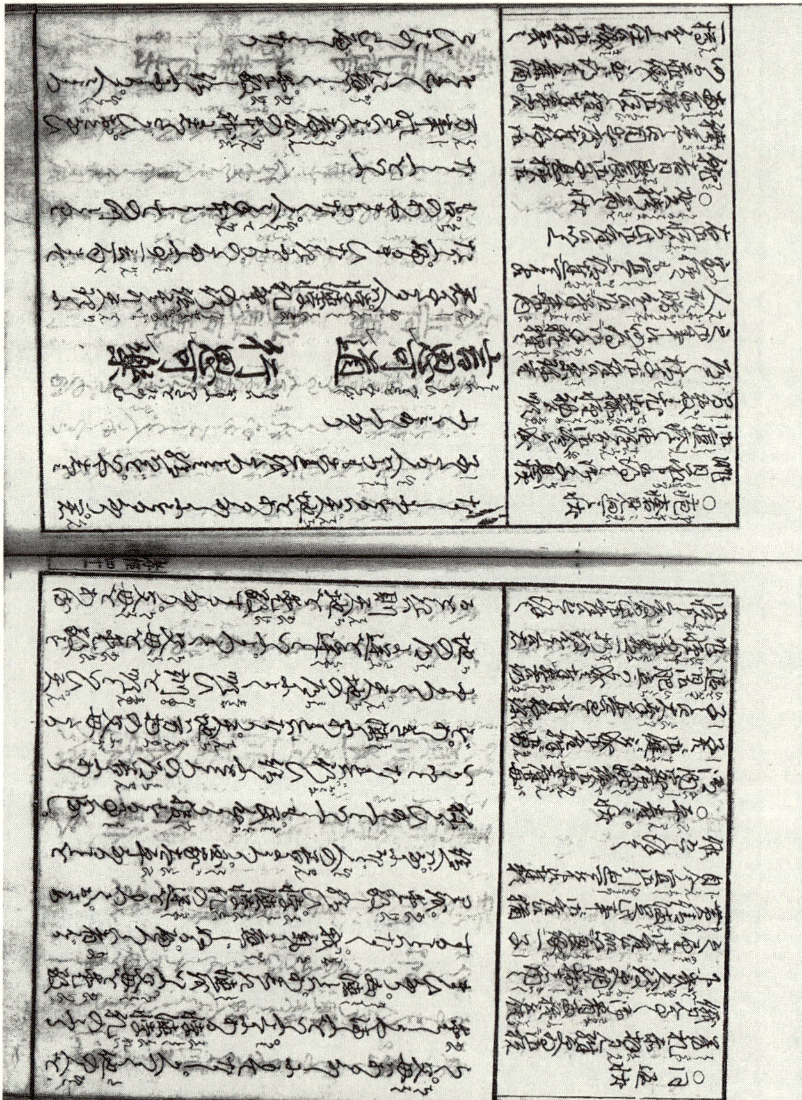

三A6

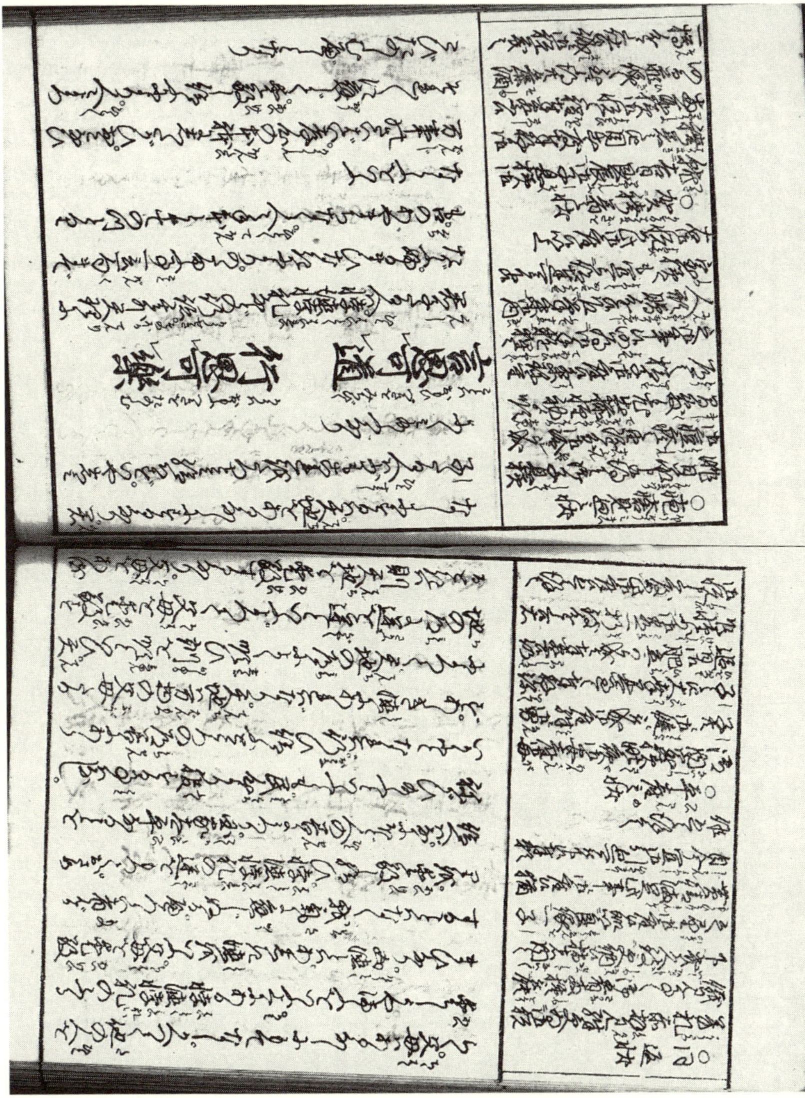

三C9

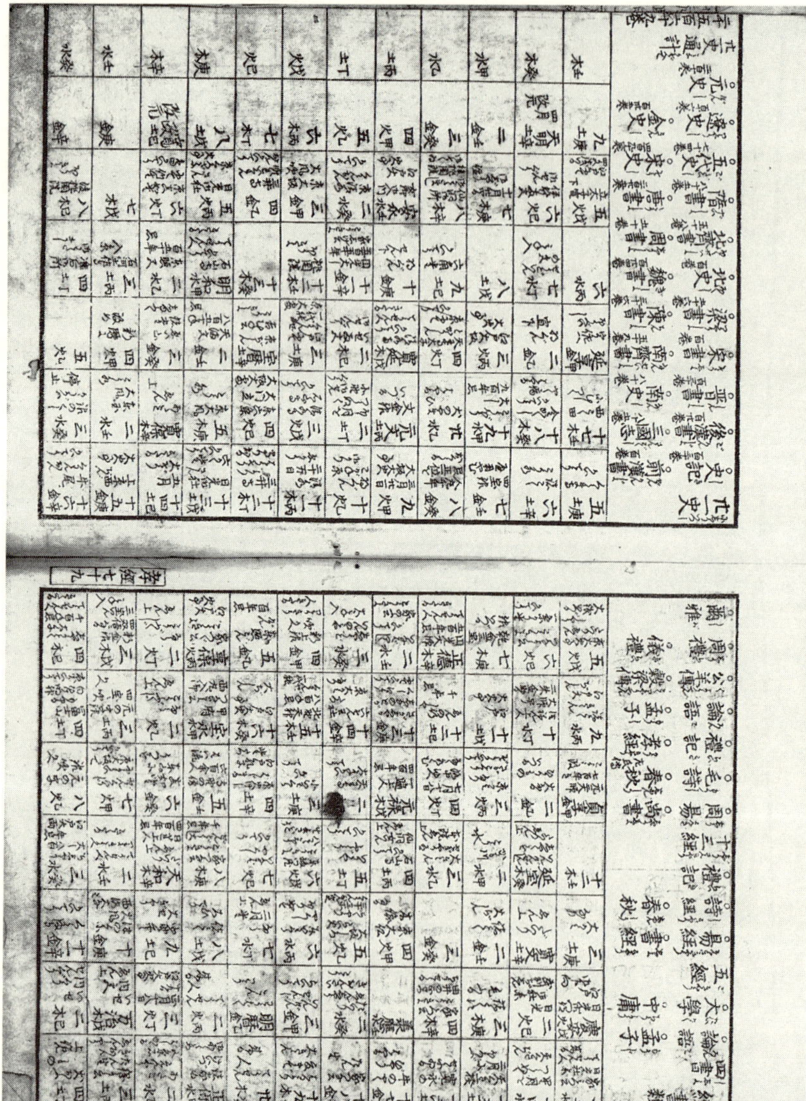

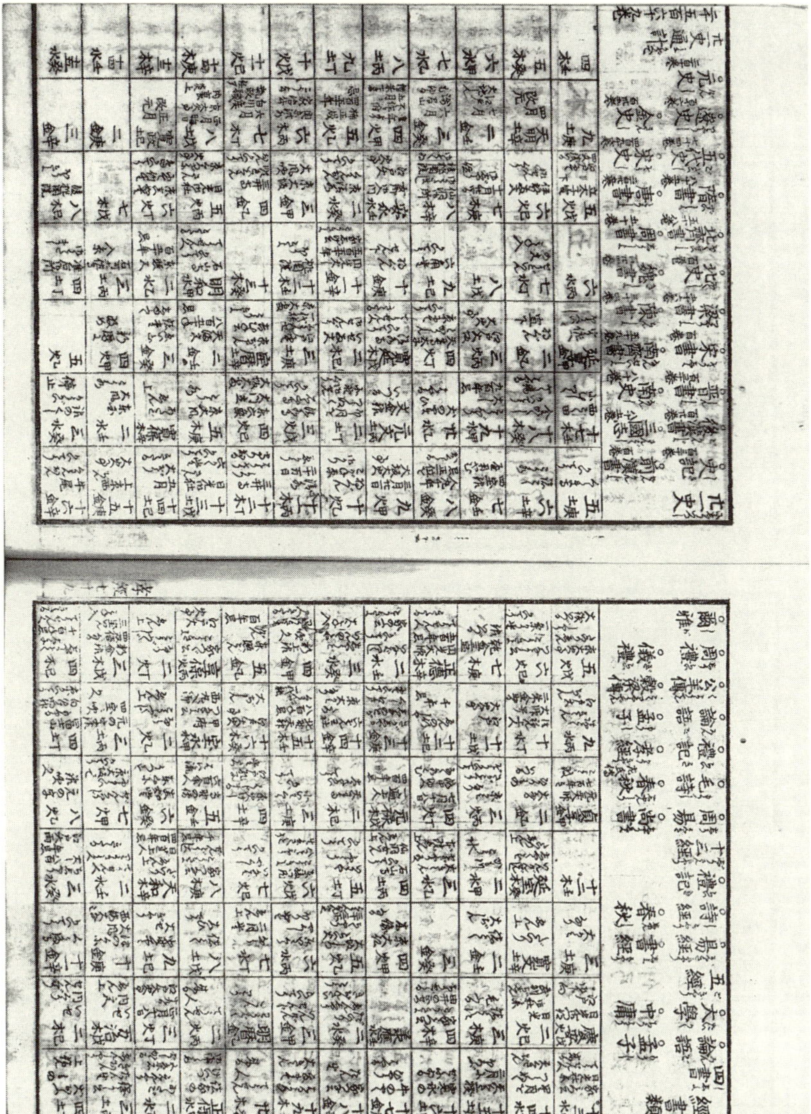

二―B―1　又
寛政一年以後通修　大一

二一C 7

中夏歴代國號

唐。虞。夏。殷。周。秦。漢。魏。晉。宋。齊。梁。陳。隋。唐。季。宋。元。明。清。

孔門十哲

顔淵 閔子騫 冉伯牛 仲弓 宰我 子貢 冉有 季路 子游 子夏

十三 水丙	十四 水丁	十五 土戊	十六 土己	十七 金庚	十八 金辛	十九 木壬	廿 木癸	正保 水甲	二 水乙	三 土丙	四 土丁
慶安 火戊	二 火己	三 木庚	四 木辛	承應 水壬	二 水癸	三 金甲	明暦 金乙	二 火丙	三 火丁	万治 木戊	二 木己
三 土庚	寛文 土辛	二 金壬	三 金癸	四 火甲	五 火乙	六 水丙	七 水丁	八 土戊	九 土己	十 金庚	十一 金辛
十二 木壬	延寶 木癸	二 水甲	三 水乙	四 土丙	五 土丁	六 火戊	七 火己	八 木庚	天和 木辛	二 水壬	三 水癸
貞享 金甲	二 金乙	三 火丙	四 火丁	元禄 木戊	二 木己	三 土庚	四 土辛	五 金壬	六 金癸	七 火甲	八 火乙
九 水丙	十 水丁	十一 土戊	十二 土己	十三 金庚	十四 金辛	十五 木壬	十六 木癸	寳永 水甲	二 水乙	三 土丙	四 土丁
五 火戊	六 火己	七 木庚	正徳 木辛	二 水壬	三 水癸	四 金甲	五 金乙	享保 火丙	二 火丁	三 木戊	四 木己

孝經七十九

經書類

四書 論語 孟子 大學 中庸

五經 易經 書經 詩經 春秋 禮記

十三經 周易 尚書 毛詩 春秋 禮記 孝經 論語 孟子 公羊傳 穀梁傳 周禮 儀禮 爾雅

五 土庚	六 土辛	七 金壬	八 金癸	九 火甲	十 火乙	十一 木丙	十二 木丁	十三 土戊	十四 土己	十五 金庚	十六 金辛
十七 木壬	十八 木癸	十九 水甲	廿 水乙	元文 土丙	二 土丁	三 火戊	四 火己	五 木庚	寛保 木辛	二 水壬	三 水癸
延享 金甲	二 金乙	三 火丙	四 火丁	寛延 木戊	二 木己	三 土庚	寳暦 土辛	二 金壬	三 金癸	四 火甲	五 火乙
六 水丙	七 水丁	八 土戊	九 土己	十 金庚	十一 金辛	十二 木壬	十三 木癸	明和 水甲	二 水乙	三 土丙	四 土丁
五 火戊	六 火己	七 木庚	八 木辛	安永 水壬	二 水癸	三 金甲	四 金乙	五 火丙	六 火丁	七 木戊	八 木己
九 土庚	天明 土辛	二 金壬	三 金癸	四 火甲	五 火乙	六 木丙	七 木丁	八 土戊	寛政 土己	二 金庚	三 金辛
四 木壬	五 木癸	六 水甲	七 水乙	八 土丙	九 土丁	十 火戊	十一 火己	十二 木庚	享和 木辛	二 水壬	三 水癸

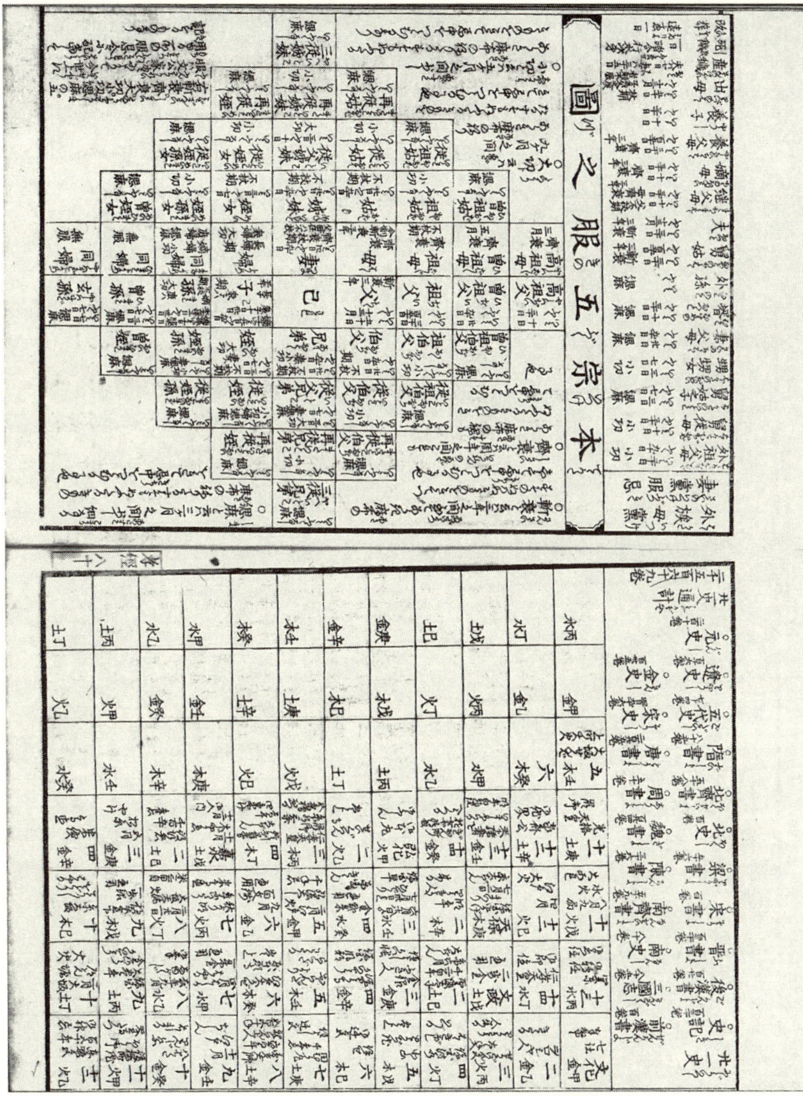

二一〇八

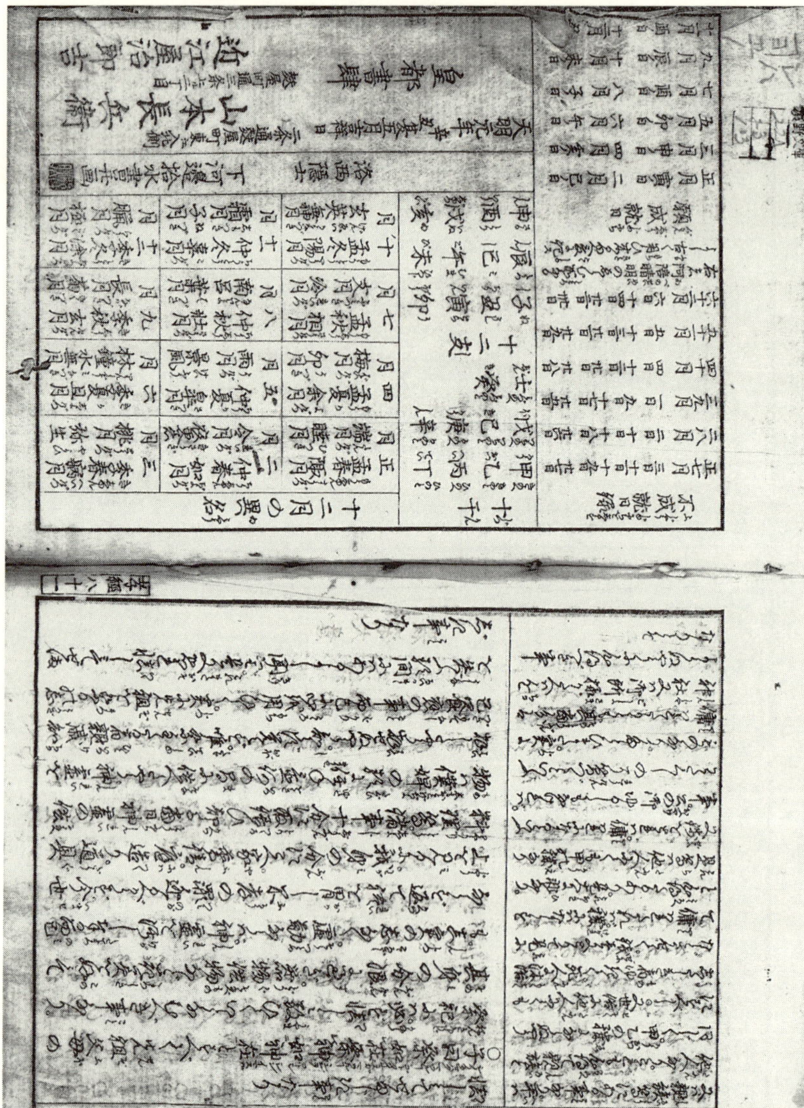

二二A8

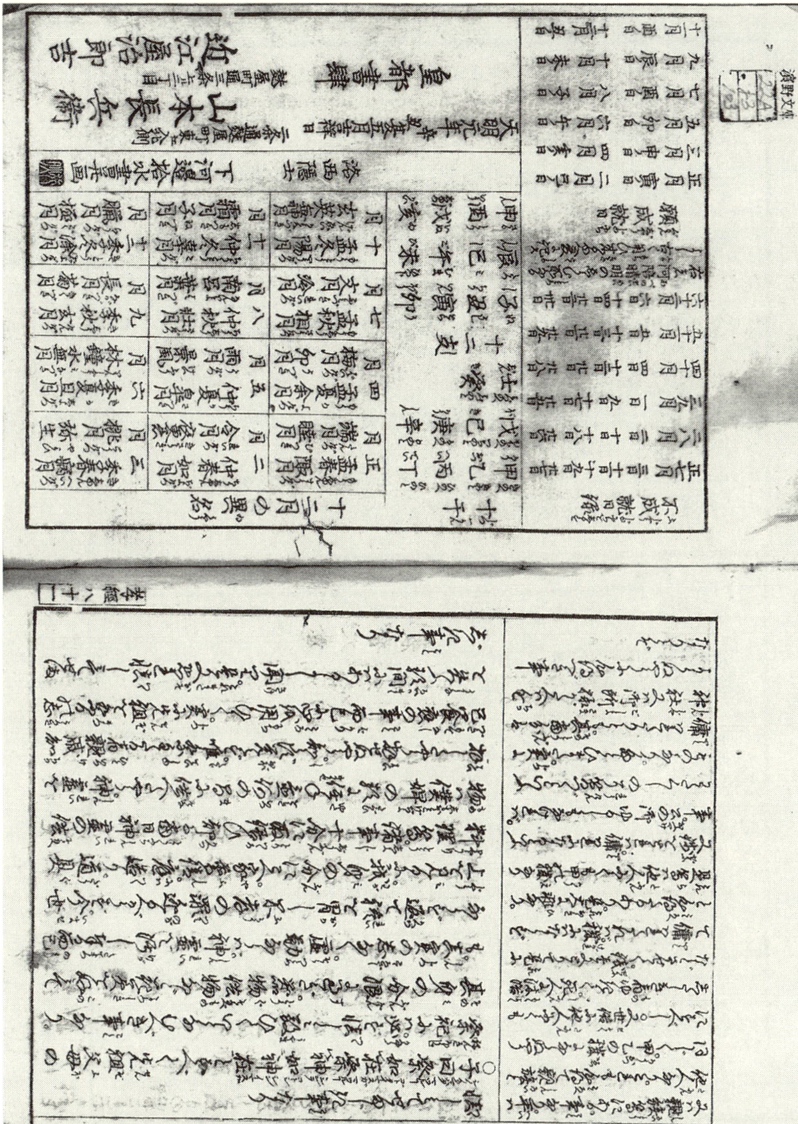

二一B2

二一C9

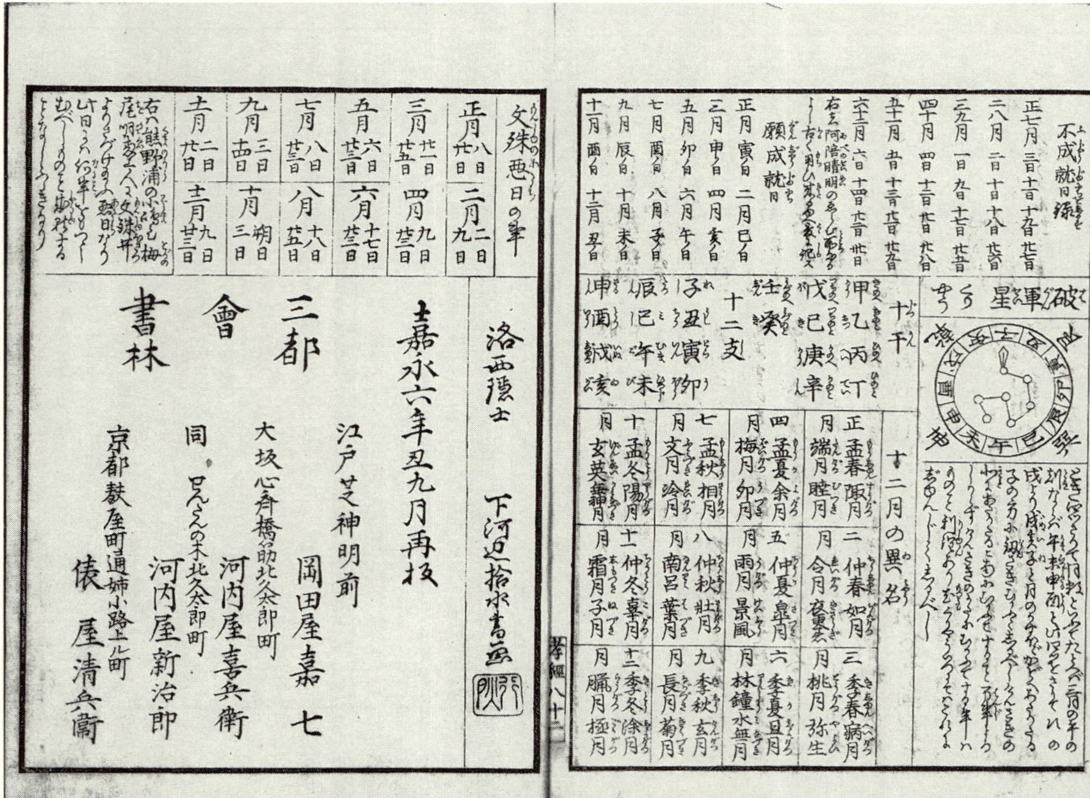

不成就日録

正七月	三日	十一日	十九日	廿七日
二八月	二日	十日	十八日	廿六日
三九月	一日	九日	十七日	廿五日
四十月	四日	十二日	廿日	廿八日
五十一月	五日	十三日	廿一日	廿九日
六十二月	六日	十四日	廿二日	卅日

願成就日

正月寅日	二月巳日
三月申日	四月亥日
五月卯日	六月午日
七月酉日	八月子日
九月辰日	十月未日
十一月酉日	十二月丑日

十干　甲　乙　丙　丁　戊　己　庚　辛　壬　癸

十二支　子　丑　寅　卯　辰　巳　午　未　申　酉　戌　亥

破軍星

十二月の異名

正月	孟春	陬月	端月 睦月
二月	仲春	如月	令月
三月	季春	病月	桃月 弥生
四月	孟夏	余月	梅月 卯月
五月	仲夏	皐月	雨月 景風
六月	季夏	且月	林鐘 水無月
七月	孟秋	相月	文月
八月	仲秋	壯月	南呂 葉月
九月	季秋	玄月	長月 菊月
十月	孟冬	陽月	玄英
十一月	仲冬	辜月	霜月 子月
十二月	季冬	涂月	臘月 極月

孝經 八十二

文殊悪日の事

正月 八日 廿八日	二月 二日 九日
三月 廿一日 廿五日	四月 九日 廿五日
五月 六日 廿二日	六月 十七日 廿五日
七月 八日 廿二日	八月 十八日 廿五日
九月 三日 十四日	十月 朔日 三日
十一月 二日 廿六日	十二月 九日 廿三日

洛西隠士 下河辺拾水書画

嘉永六年丑九月再板

三都會書林

江戸芝神明前　岡田屋嘉七

大坂心斎橋筋北久太郎町　河内屋喜兵衛

同　北久太郎町　河内屋新治郎

京都麩屋町通姉小路上ル町　俵屋清兵衛

二一A1　孝経童子訓〔上〕河〔淇水〕（子鷹）撰　下河辺拾水画　天明一年五月刊　同八年京近江屋治郎吉・山本長兵衛修　大一（左）

二一C1　又　松川半山補画　嘉永六年九月京謙々舎俵屋清兵衛・大坂積小館河内屋新治郎又修　大一（右）

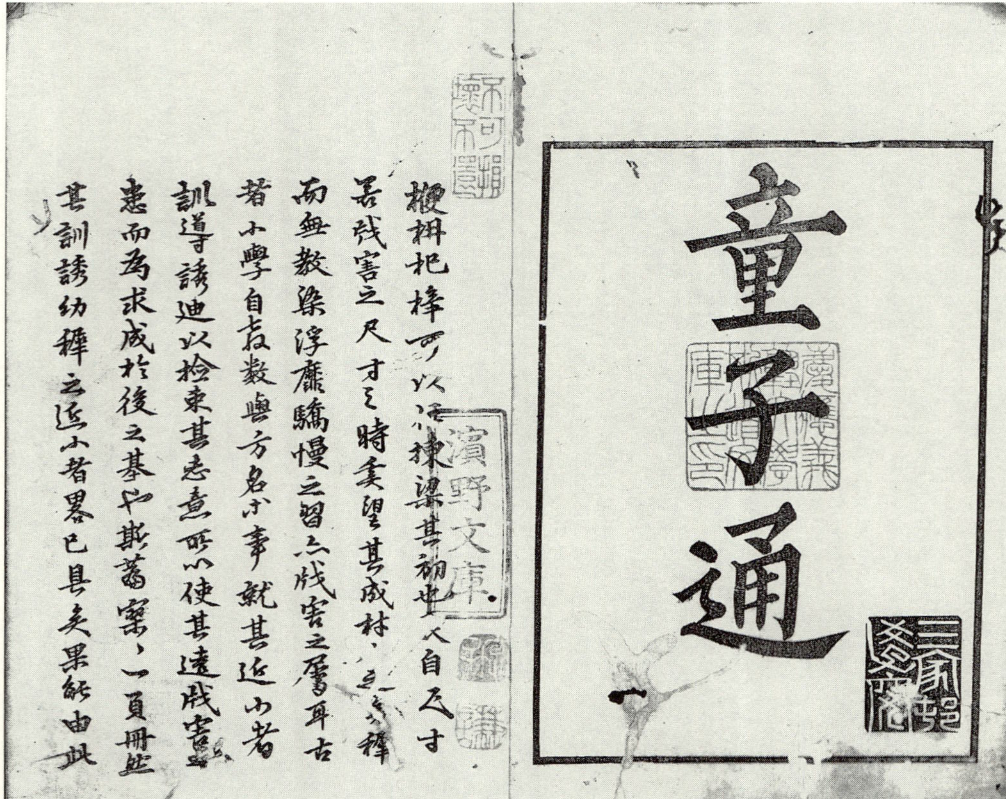

二三一A1　童子通〔山〕元〔蕉逸〕（秀婁）天保一〇年夏序三家邨学究蔵板　中
一

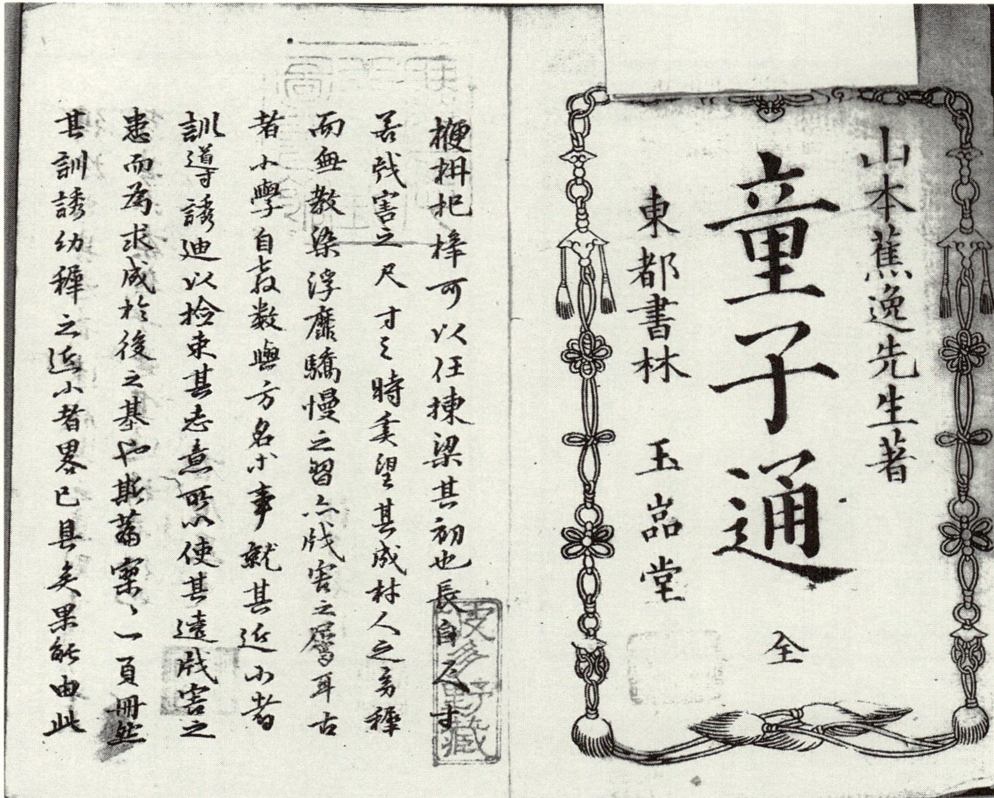

二三B1　又　天保一五年四月江戸玉嵒堂和泉屋金右衛門修　中一

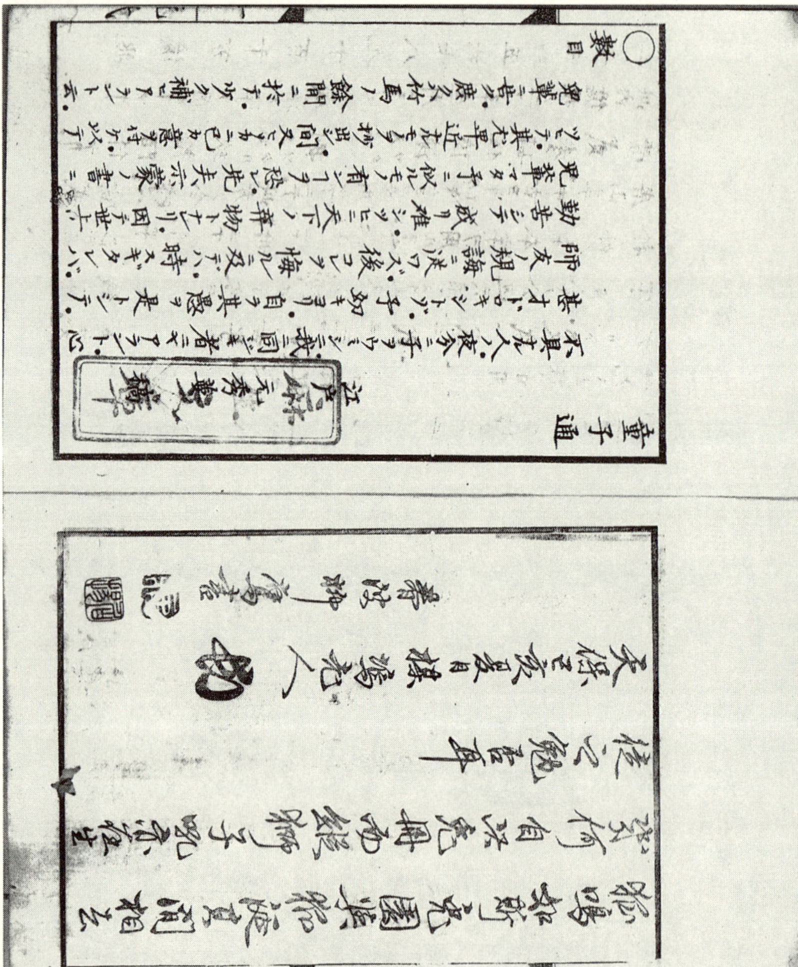

狐鳴如斯兎園與狐涎貪爾相去
幾何自然兎冊而從獅子吼亦在生
徒之勉吾耳
天保己亥夏月　採鴻老人
菁溪柳鷹書

童子通
江戸　麻元秀藁鷹輯

不具ナル人ハ夜分ニ子ヲウミシニ我ニ同ジキ者ニヤアラントテ心甚オドロキシトゾ。予幼キヨリ自ラ其愚ヲ是トシテ師友ノ規誨ニ従ワズ。後コレヲ悔ルニ及デハ時スギタレバ勤苦シテ成リ難シ。ツヒニ天下ノ弃物トナレリ。因テ世上ノ児輩マタ予ニ似ルモノ有ンヿヲ恐レ。先夫示蒙ノ書ニツヒテ其尤卑近ナルモノヲ抄出シ。間又ヒソカニ己カ意ヲ付ケ以テ児輩ニ告ク。庶クハ竹馬ノ餘間ニ於テ少ク補ヒアラント云。

○數目

二三A2

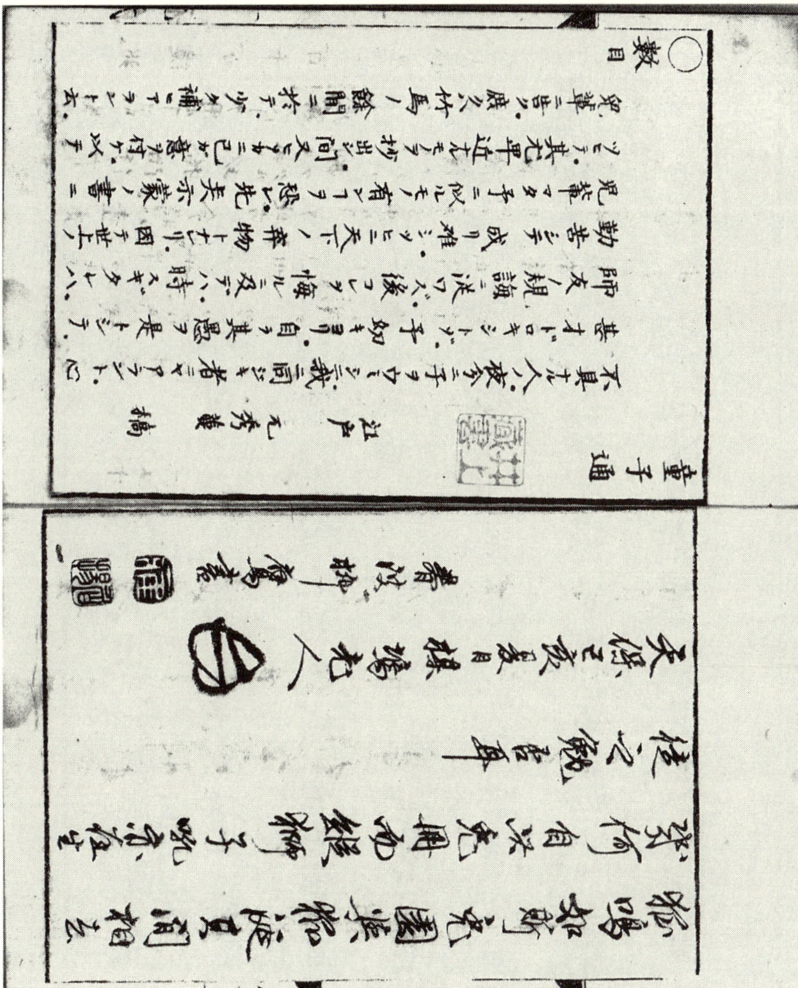

童子通

江戸　元秀葊　稿

不具ナル人ハ夜分ニ子ヲウミシニ我ニ同ジキ者ニヤアラント心甚オドロキシトゾ。予幼キヨリ自ラ其愚ヲ是トシテ師友ノ規諭ニ従ワズ後コレヲ悔ルニ及デハ時スギタレハ勤苦シテ成リ雅シツヒニ天下ノ弃物トナレリ。因テ世上ノ児輩マタ予ニ似ルモノ有ンコヲ恐レ先夫示蒙ノ書ニツヒテ其尤卑近ナルモノヲ抄出シ間又ヒソカニ己ガ意ヲ付ケ以テ児輩ニ告ク。庶久ハ竹馬ノ餘間ニ於テ少ク補ヒアラント云。

○數目

狐鳴如斯兎園与狐涎其間相去幾何自況兎冊而継獅子吼亦在坐徒之勉吾耳

天保己亥夏日　棋塢老人

書於柳鶯書

二三C1　又　明治後印　中一

二二D1　同　明治一三年四月東京上野吉兵衛刊（覆同前）中一

樓耕把犂可以任棟梁其初也長自尺寸
若戕害之尺寸之時柔習其成材人之爲稀
而無教染浮靡驕慢之習亦戕害之屬耳古
者小學自古教數與方名等事就其近小者
訓導誘迪以撿束其志意所以使其遠戕害之
患而爲求成於後之基也斯篇窠、一頁冊然
其訓誘幼穉之近小者畧已具矣果能由此

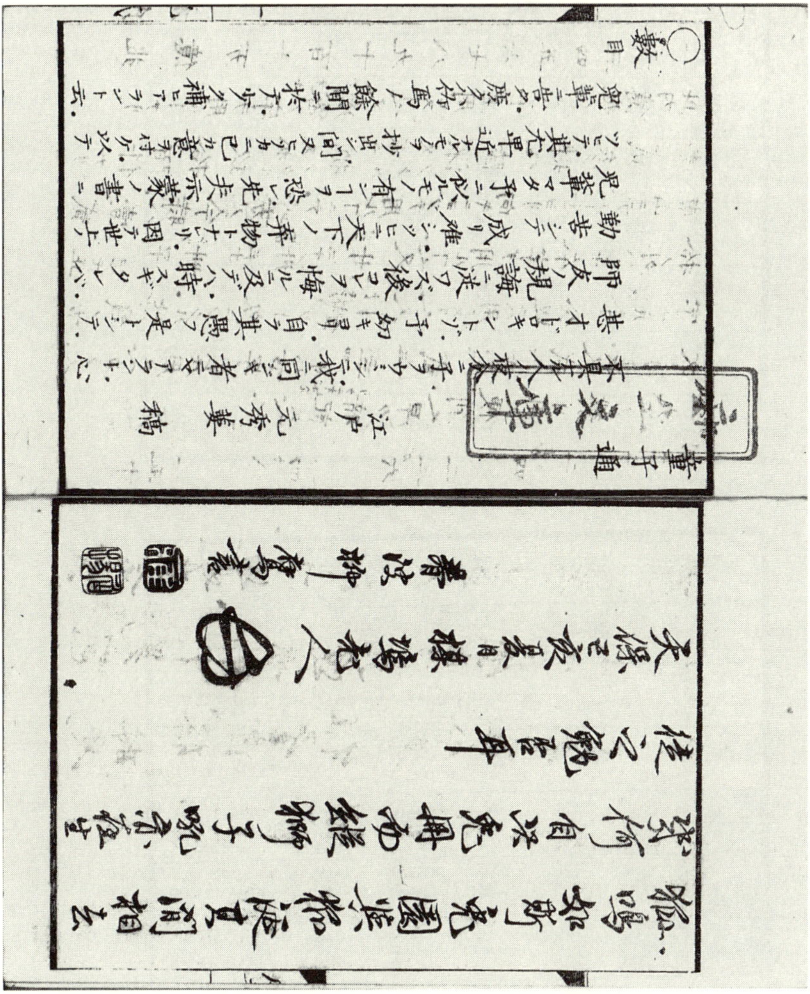
猶鳴如斯兜園巽猶涎真澗相去
幾何自況兜冊而縦獅子吼亦在生
徒之勉否耳
天保己亥夏月　棋塢老人
春波柳塢書

童子通
不具者人夜者ニ予ヲウミシ我ニ同ジキ者モマアラント心
江戸　元秀　蓑　稿
甚オドロキシトゾ予幼キヨリ自ラ其愚フ是トシテ
師友ノ規誨ニ従ワズ後コレヲ悔ルニ及デハ時スギタレバ
勤苦シテ成リ難シツヒニ天下ノ弃物トナレリ因テ世上ノ
児輩マタ予ニ似ルモノ有ンヿヲ恐レ先夫示蒙ノ書ニ
ツヒテ其尤卑近ナルモノヲ抄出シ間又ヒソカニ己カ意ヲ付ケ以テ
児輩ニ告ク庶クハ偽焉ノ餘間ニ於テ少ク補ヒアラント云
◯數目

三二D2

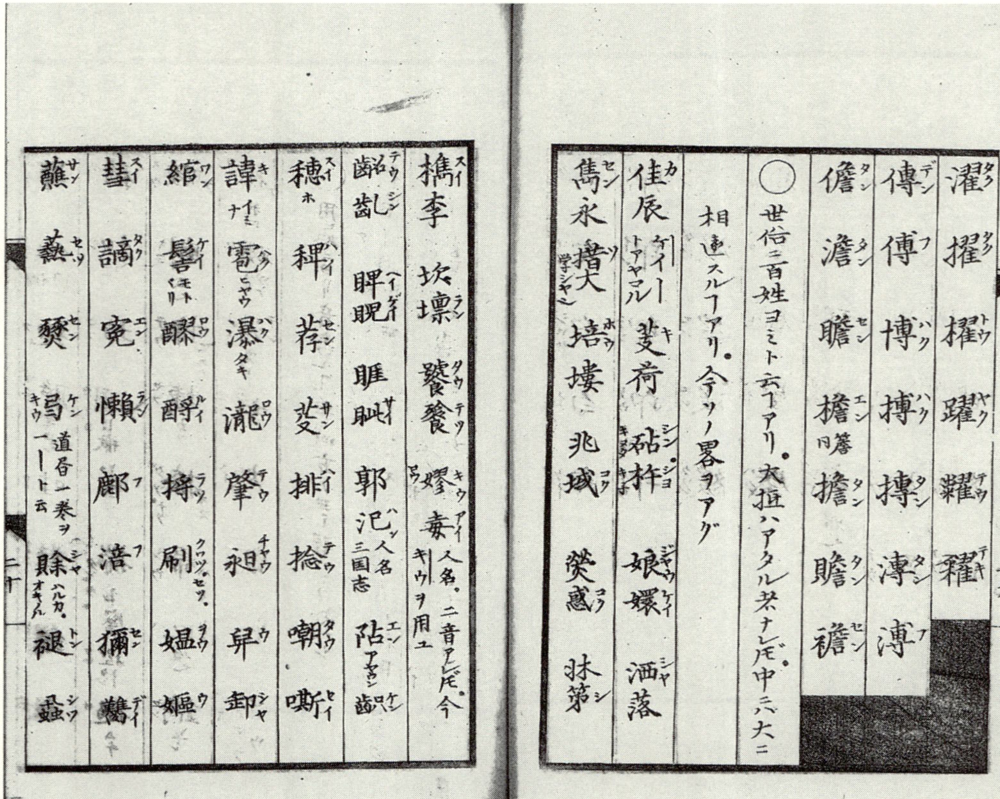

濯 擢 櫂 躍 耀 糴

傳 傅 博 搏 摶 漙 溥

儋 澹 瞻 檐 擔 贍 襜

◯世俗ニ百姓ヨミト云フアリ。大抵ハアタル者ナレドモ中ニハ大ニ

相違スルフアリ。今ソノ畧ヲアグ

佳辰 芰荷 砧杵 娘嫘 洒落

雋永 揩大 培塿 兆域 熒惑 姊第

檇李 坎壈 饕餮 嫪毐 人名。二音アレドモ今キウヲ用ユ

齠齔 睥睨 睚眦 郭汜 人名 三国志 阽 齞

穗 稗 荐 芟 排 捻 嘲 嘶

諱 雹 瀑 瀧 肇 覩 鼻 卸

綰 髻 酥 酹 捋 刷 媪 嫗

彗 謫 寃 懶 鄜 涪 獮 鷀

蘸 爇 燹 䍐 道舌一巻ヲ一ト云 賖 ハルカ 禔 蝨

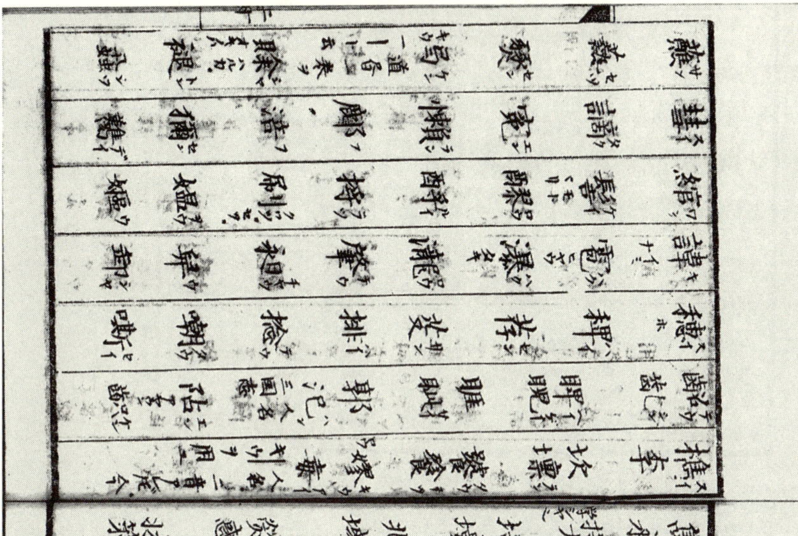

二三B2

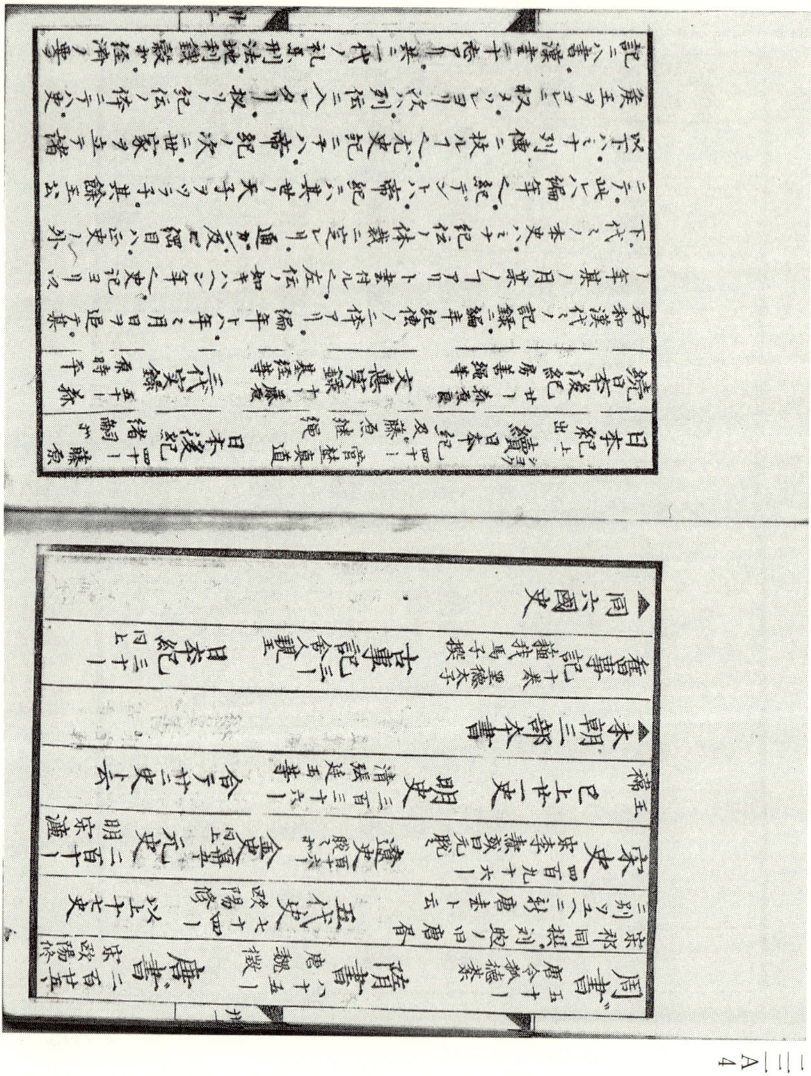

周書 五十一 唐令狐徳棻　隋書 八十五一 唐魏徴　唐書 二百廿五 宋欧陽脩
宋祁同撰 劉昫ノ旧唐書ニ別ツユヘニ新唐書ト云　五代史 七十四一 欧陽脩　以上十七史
宋史 四百九十六一 宋李燾或曰元脱々　遼史 百十六一 脱々ガ　金史 百卅五 同上　元史 二百十一 明宋濂
補王禕 巳上廿一史　明史 三百三十六一 清張廷玉等　合テ廿二史ト云
◆本朝三部本書
舊事記 十巻 聖徳太子 蘇我馬子撰　古事記 三一 舎人親王　日本紀 三十一 同上
◆同六國史
日本紀 上ニ出　續日本紀 四十一 菅野真道　日本後紀 四十一 藤原緒嗣ガ
續日本後紀 廿一 藤原良房等　文徳実録 十一 藤原基経等　三代実録 五十一 藤原時平
右和漢代々ノ記録ニ編年紀傳ノ二体アリ。編年トハ年々月日ヲ追テ某ノ年某ノ月某ノヿアリト書付ルヿ左伝ノ如キハヘン年ヿ史記ヨリ以下代々ノ本史ハミナ紀伝ノ体裁ニ定レリ。通鑑及ビ綱目ハ正史ノ外ニテ此レハ編年ヿ紀デ、ントハ帝紀ニハ其世ノ天子ヲツラ子、其餘王公以下ハミナ列傳ニ技ルヿ尤史記ニテハ帝紀ノ次ニ世家ヲ立テ諸侯王ヲコレニ収メソレヨリ次ハ列伝ニ入レタリ。収ツノ紀伝ノ体ニテハ史記ニハ八書漢書ニ十志アリ共ニ一代ノ礼楽刑法地利銭穀ガ経済ノ要ヲ

二三A4

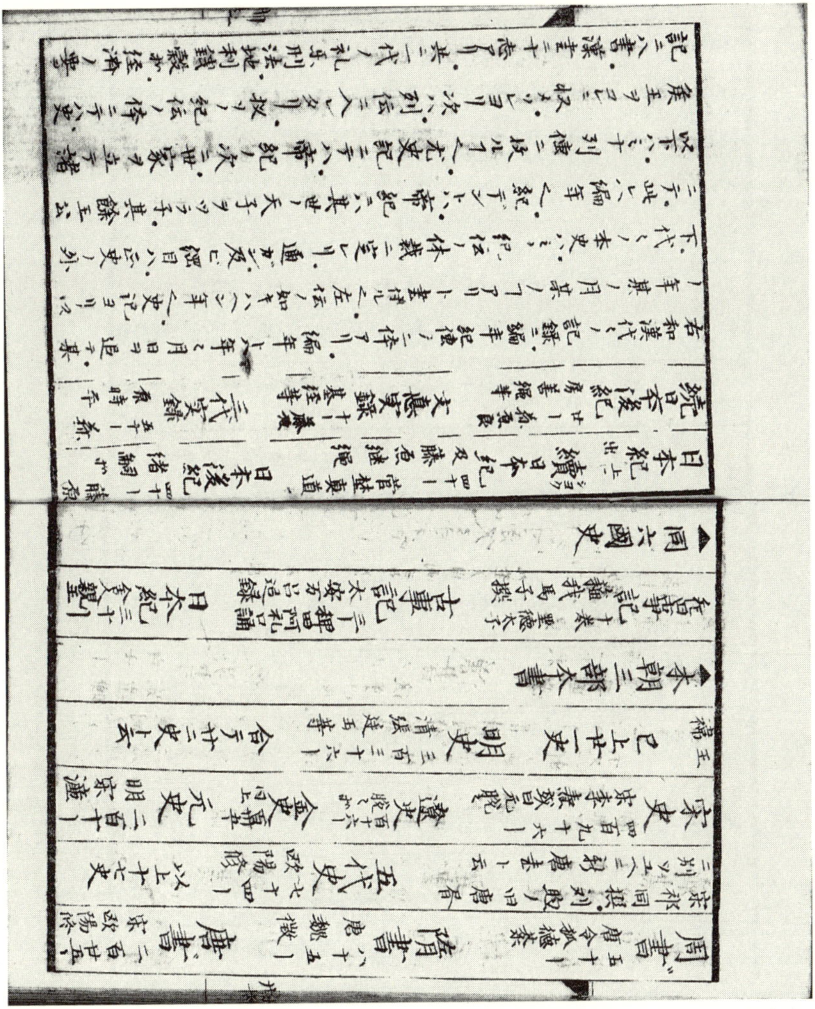

二三一B3

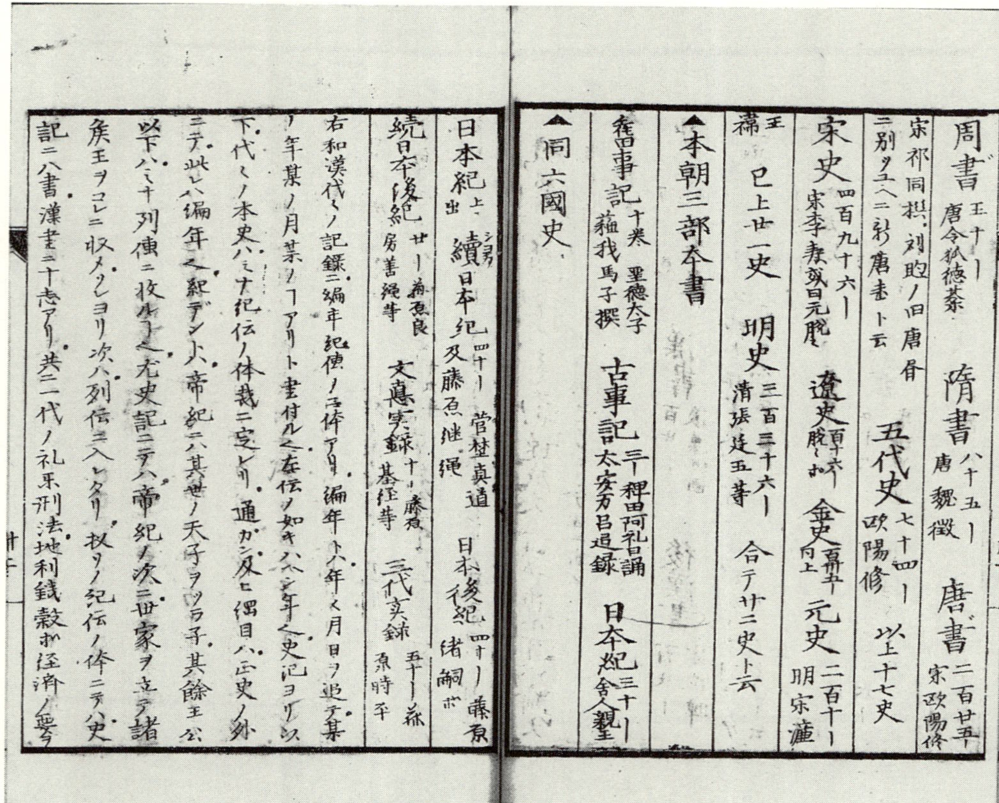

周書 五十一 唐令狐徳棻　隋書 八十五 唐魏徴　唐書 二百廿五 宋欧陽修
宋祁同撰。劉昫ノ旧唐書ニ別ツユヘニ新唐書ト云　五代史 七十四 欧陽修　以上十七史
宋史 四百九十六 宋李寿或白元脱　遼史 百十六 脱々　金史 百卅五 同上　元史 二百十 明宋濂
王禕　已上廿一史　明史 三百三十六 清張廷玉等　合テ廿二史ト云
▲本朝三部本書
旧事記 十巻 聖徳太子 蘇我馬子撰　古事記 三 稗田阿礼誦 太安万呂追録　日本紀 三十 舎人親王
▲同六国史
日本紀 上出　続日本紀 四十 菅野真道 及藤原継縄　日本後紀 四十 藤原緒嗣等
続日本後紀 廿 藤原良房 善縄等　文徳実録 十 藤原基経等　三代実録 五十 藤原時平
右和漢代々ノ記録ニ編年紀伝ノ二体アリ。編年トハ年々月日ヲ追テ某
ノ年某ノ月某ノ事アリト書付ルヿ左伝ノ如キハ之ナリ。史記ヨリ以
下代々ノ本史ハミナ紀伝ノ体裁ニ定レリ。通鑑及ビ綱目ハ正史ノ外
ニテ此レハ編年ナリ。紀伝トハ帝紀ニハ其世ノ天子ヲツラネ其餘王公
以下ハミナ列伝ニ叙ルヿナリ。史記ニテハ帝紀ノ次ニ世家ヲ立テ諸
侯王ヲコレニ収メ夫レヨリ次ハ列伝ニ入レタリ。故ニ紀伝ノ体ニテハ史
記ニハ書、漢書ニハ志アリ。共ニ一代ノ礼楽刑法地利銭穀等経済ノ要

一三一D3

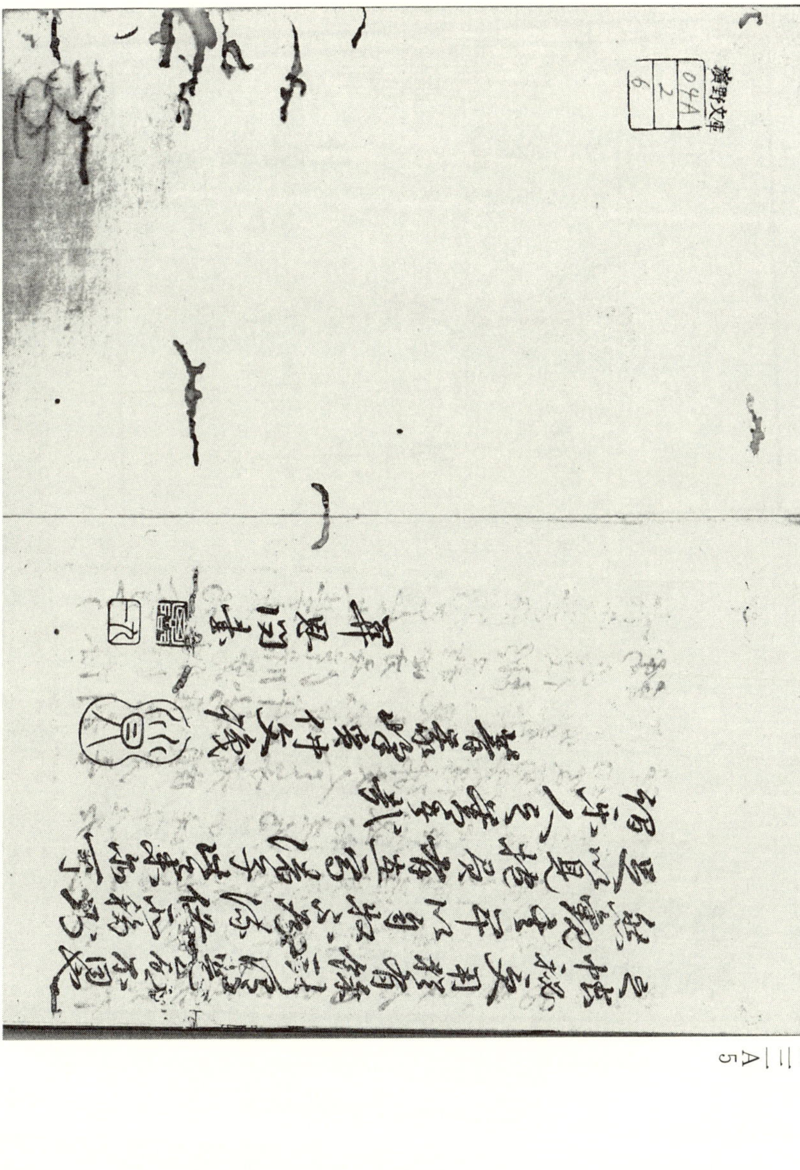

一三一A 5

二三B4

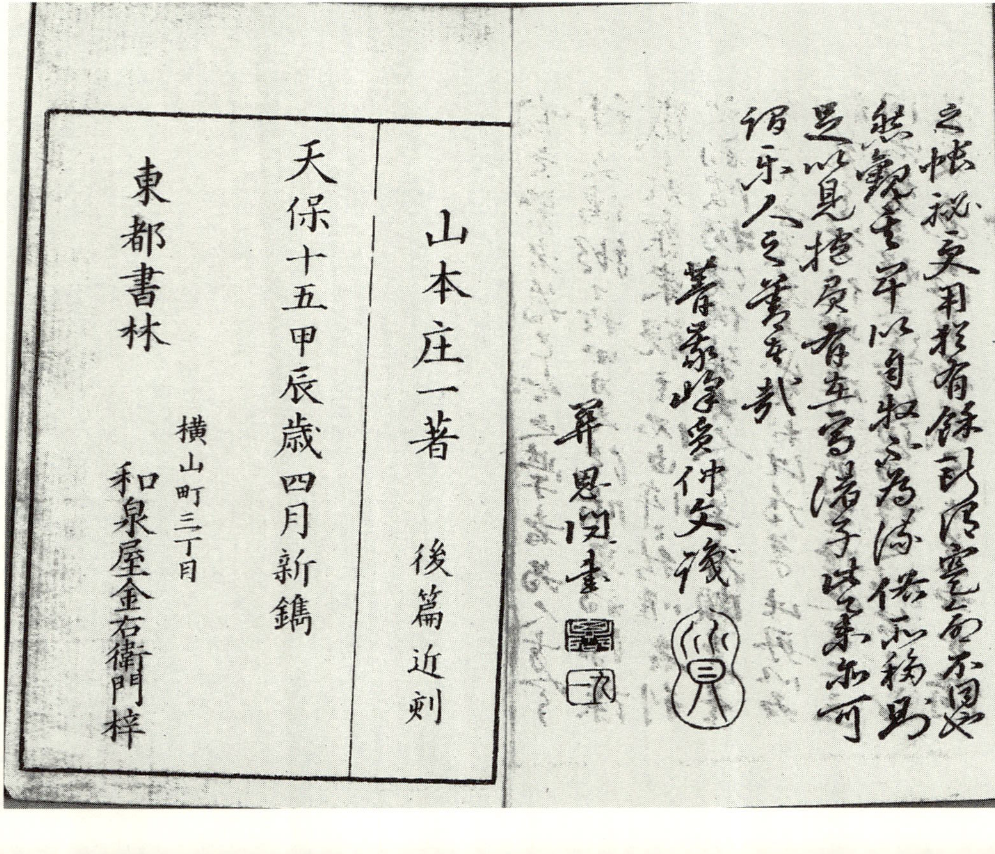

山本庄一著

後篇近刻

天保十五甲辰歳四月新鐫

東都書林

横山町三丁目

和泉屋金右衛門梓

天保十五甲辰歳四月新鐫

東京書林

山本注春後皆近刻

柳北三丁目
和泉屋金右衛門梓

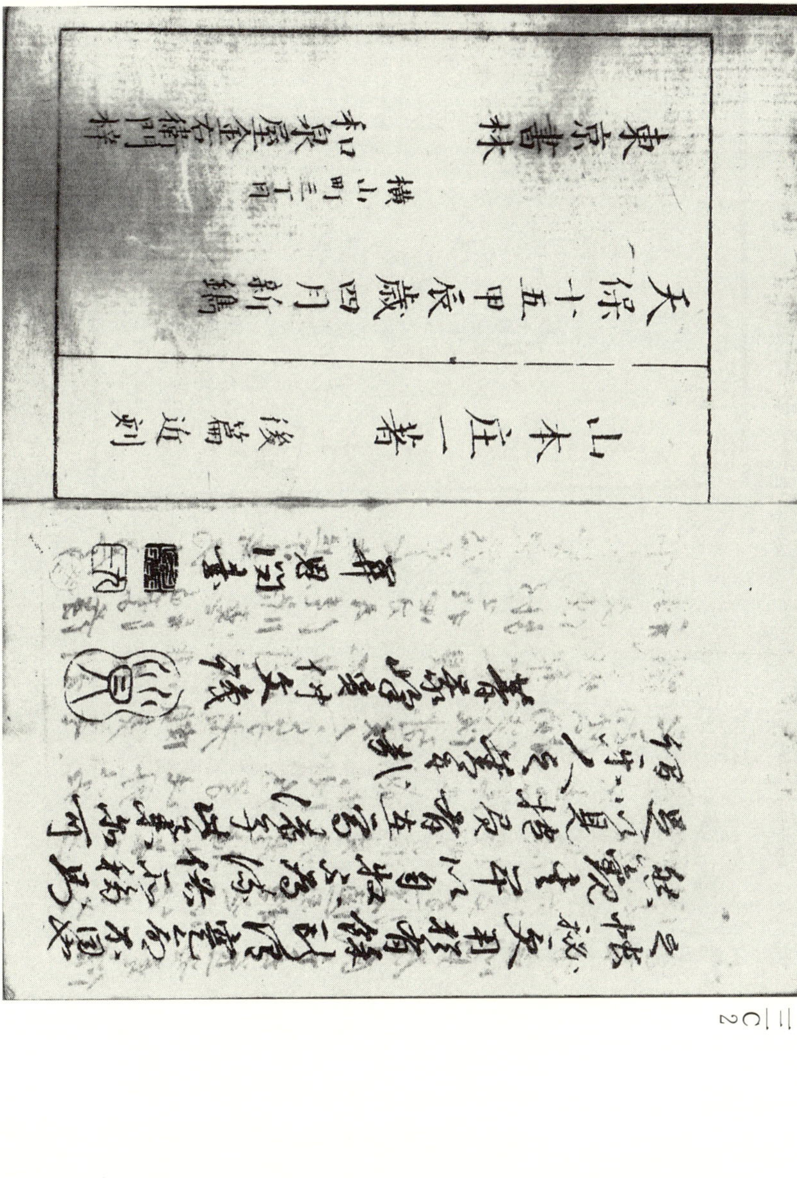

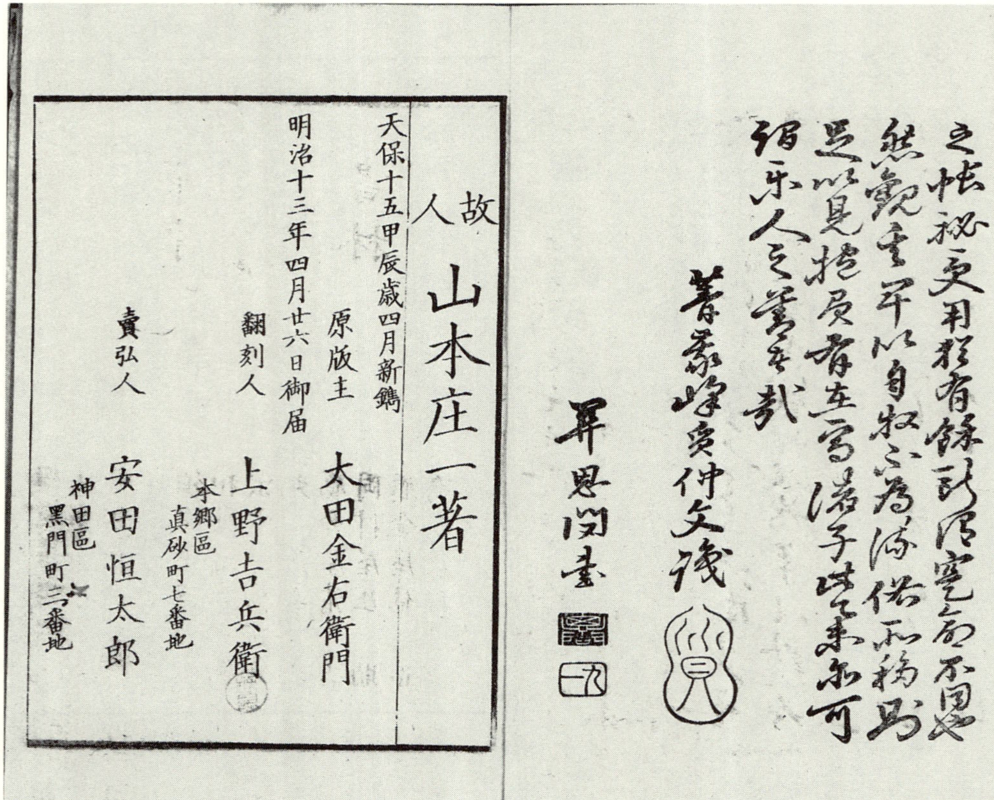
故人 山本庄一著

天保十五甲辰歳四月新鐫

明治十三年四月廿六日御届

原版主 太田金右衛門

翻刻人 上野吉兵衛 本郷區真砂町七番地

賣弘人 安田恒太郎 神田區黒門町三番地

二三一D4

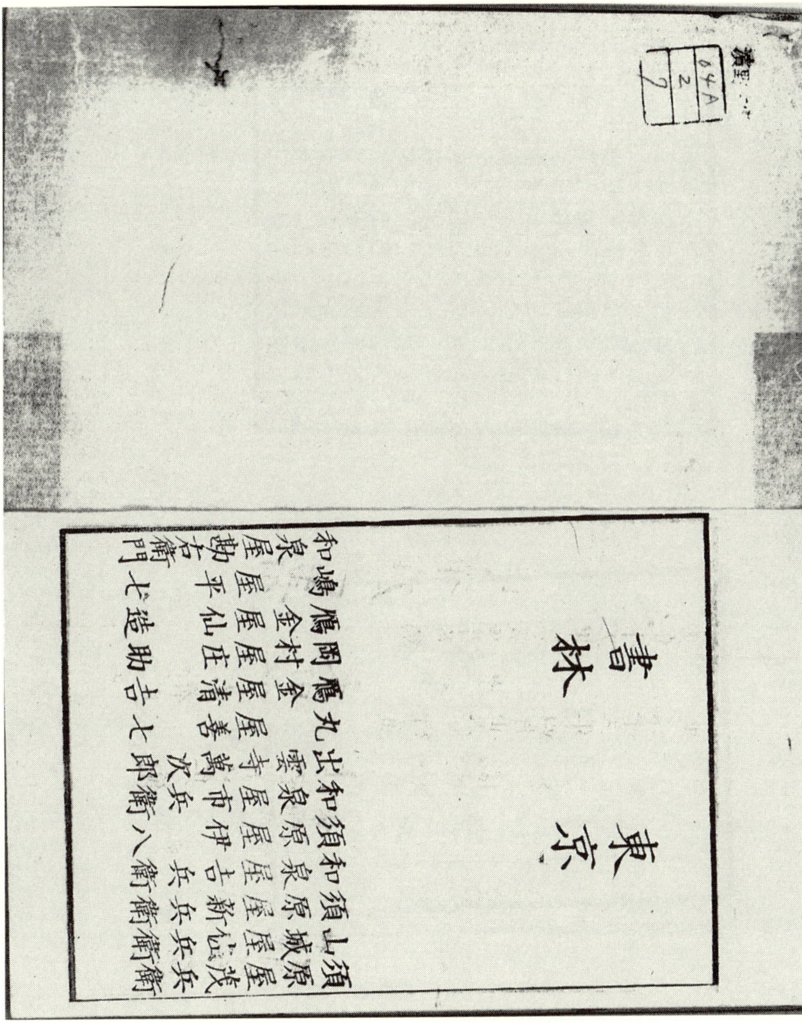

東京

書林

須原屋茂兵衛
山城屋佐兵衛
須原屋新兵衛
和泉屋吉兵衛
須原屋伊八
和泉屋市兵衛
出雲寺萬次郎
丸屋善七
鴈金屋清吉
岡村屋庄助
鴈金屋仙造
嶋屋平七
和泉屋勘右衛門

一二一D5

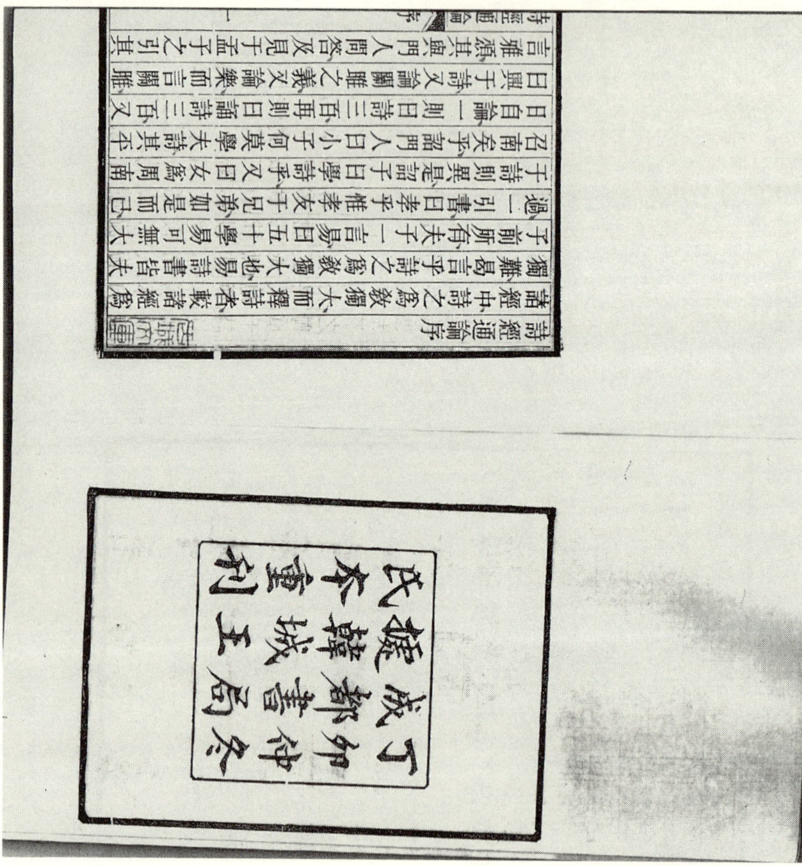

一三 1
詩経通論一八巻首一巻　清姚際恒撰　王篤校　清同治六年一月成都書局刊　唐大八

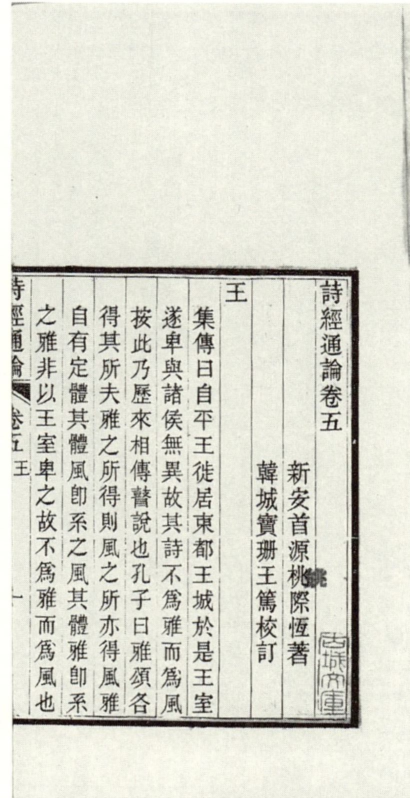
詩經通論卷五
新安首源姚際恆著
韓城賓珊王篤校訂
王
集傳曰自平王徙居東都王城於是王室
遂卑與諸侯無異故其詩不為雅而為風
按此乃歷來相傳讆說也孔子曰雅頌各
得其所夫雅之所得則風之所亦得風雅
自有定體其體風即系之風其體雅即系
之雅非以王室卑之故不為雅而為風也
詩經通論 卷五 王 一

一三—2

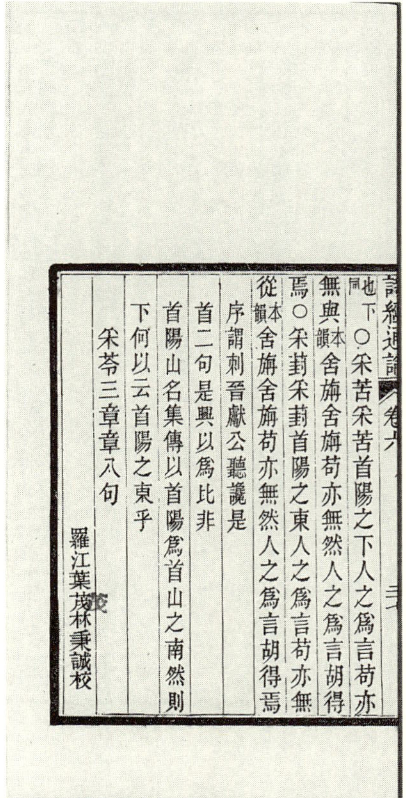
詩經通論 卷六
同也下○采苦采苦首陽之下人之為言苟亦
無與本韻舍旃舍旃苟亦無然人之為言胡得
焉○采葑采葑首陽之東人之為言苟亦無
從本韻舍旃舍旃苟亦無然人之為言胡得焉
序謂刺晉獻公聽讒是
首二句是興以為比非
首陽山名集傳以首陽為首山之南然則
下何以云首陽之東乎
采苓三章章八句
羅江葉茂林秉誠校

一三—3

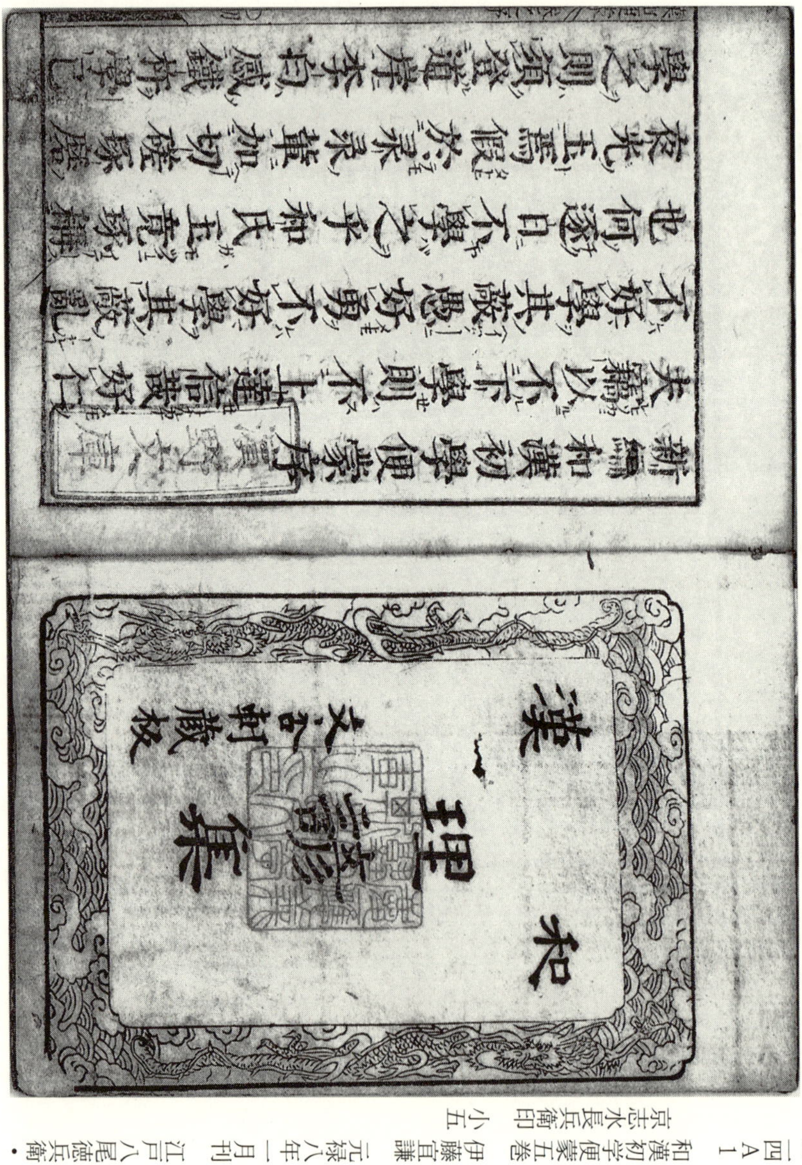

二四A1　和漢初学便蒙五巻　伊藤宜謙　元禄八年一月刊　江戸八尾徳兵衛・京志水長兵衛印　小五

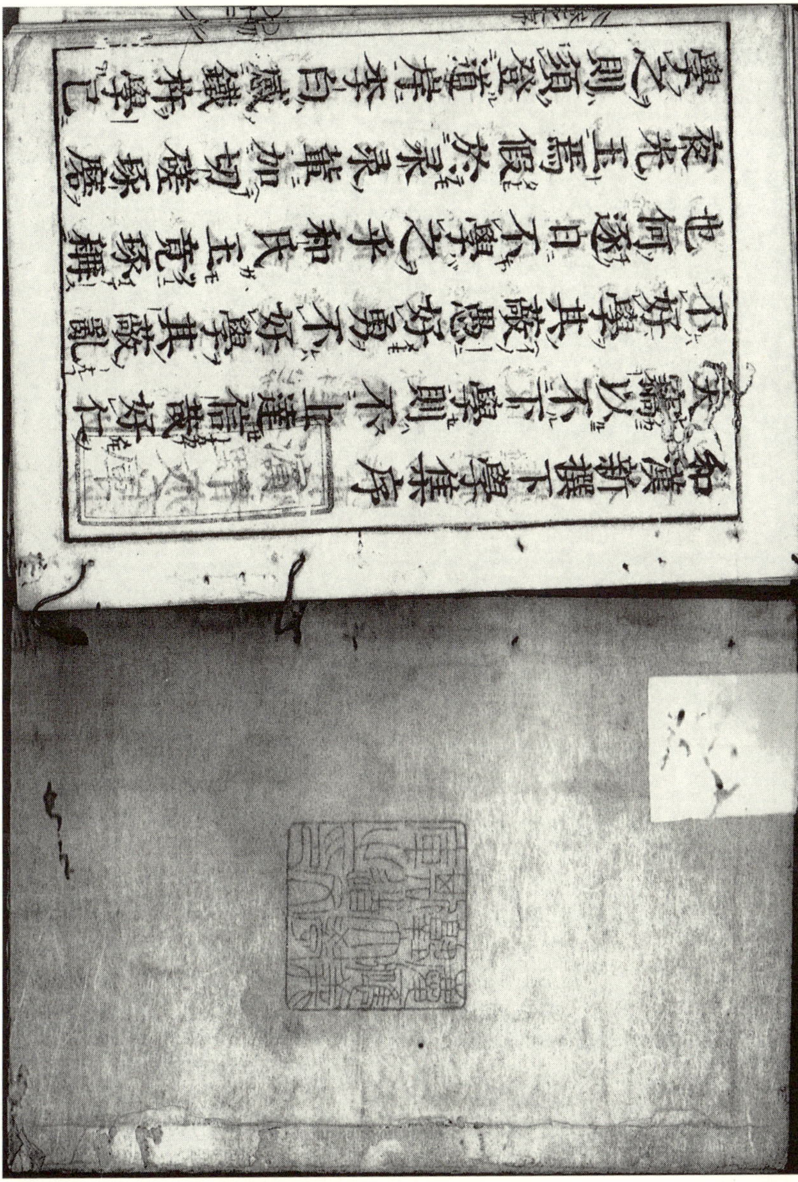

二四B1　又（和漢新撰下学集）　正徳四年一月京加賀屋卯兵衛修　小一

和漢初學便蒙卷之一

第一 天文門

夫天地開闢事往昔無天地之形如雞卵圓有自然清明氣者纖而爲天重濁分者積而爲地所開始云也 事ハ者明ニ舒ス 物紀原等ニ

陰 氣一動而靜也 陽 氣一動而靜也靜而亦動也○陰陽有二名只一氣水波之隔也有名無形云云

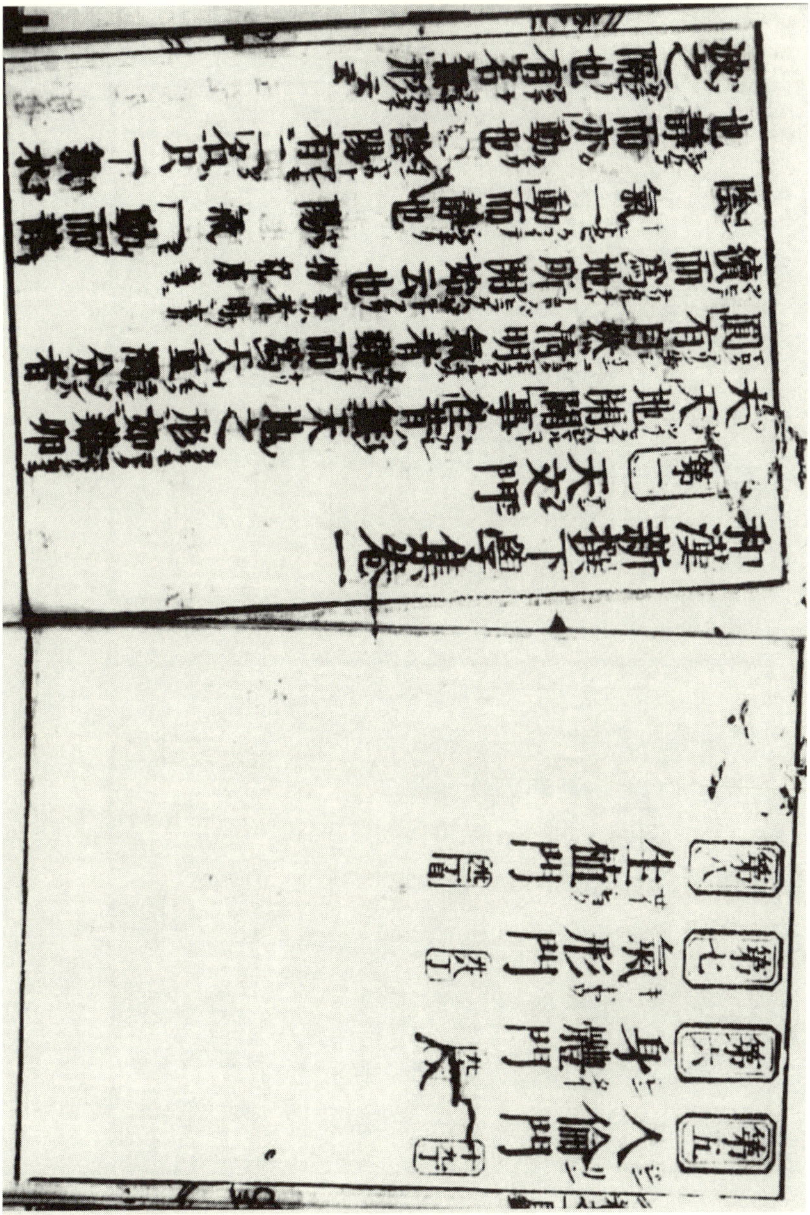
第五　人倫門　十九丁
第六　身體門　廿六丁
第七　氣形門　廿八丁
第八　生植門　卅一丁

和漢新撰下學集巻之一
第一　天文門
夫天地開闢事往昔無天地之形如雞卵
圓有自然清明氣者輕而爲天重濁分者
續而爲地所開始云也
陰　氣一動而靜也　陽　氣一動而靜
也靜而亦動也陰陽有二名只一氣水
波之隔也有名無形云云

二四B2

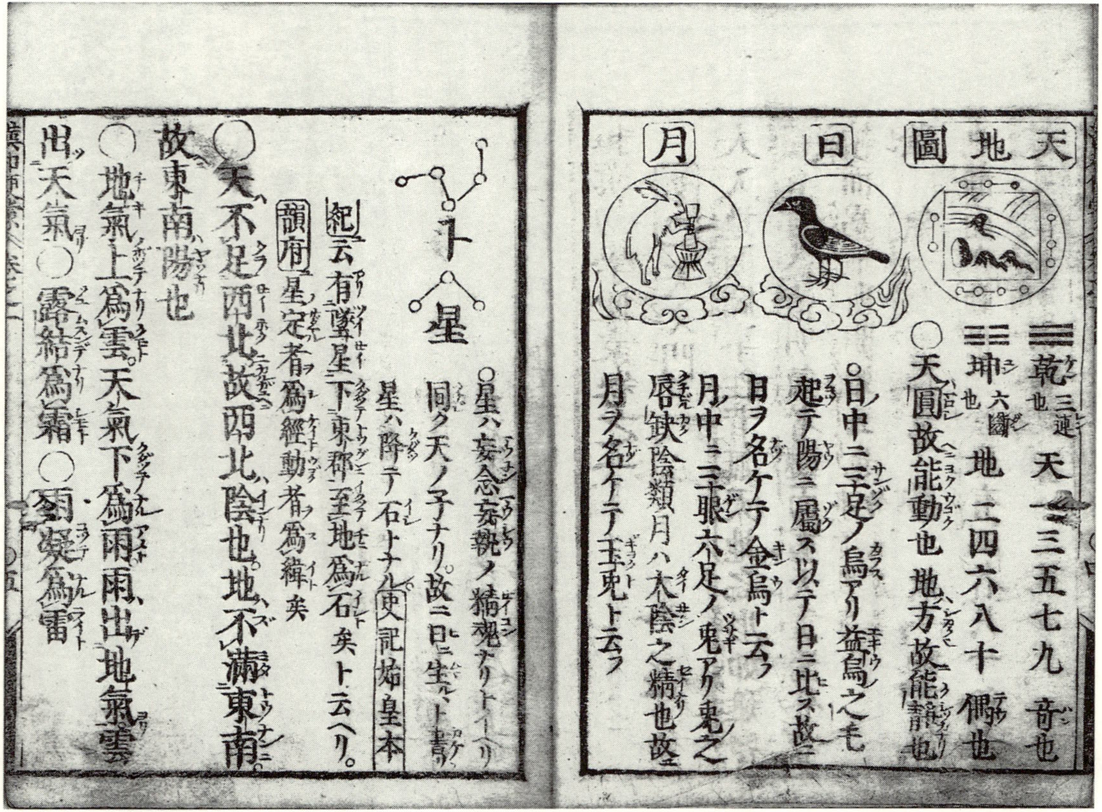

天地圖

☰乾三連也　天　一三五七九　奇也
☷坤六斷也　地　二四六八十　偶也
○天圓故能動也　地方故能靜也
○日中ニ三足ノ烏アリ益烏之モ起テ陽ニ屬ス以テ日ニ比ス故ニ日ヲ名ケテ金烏ト云フ
月中ニ三眼六足ノ兎アリ兎之唇鈌陰類月ハ太陰之精也故ニ月ヲ名ケテ玉兎ト云フ

星

○星ハ妄念妄執ノ精魂ナリト云ヘリ
同ク天ノ子ナリ。故ニ臥ニ生ル、ト書リ
星ハ降テ石トナル　史記始皇本紀云　有墜星下東郡至地爲石矣ト云ヘリ。
韻府　星定者爲經動者爲緯矣
○天不足西北故西北陰也地不滿東南。故東南陽也
○地氣上爲雲。天氣下爲雨。雨出地氣雲出天氣　○露結爲霜　○霧凝爲雷

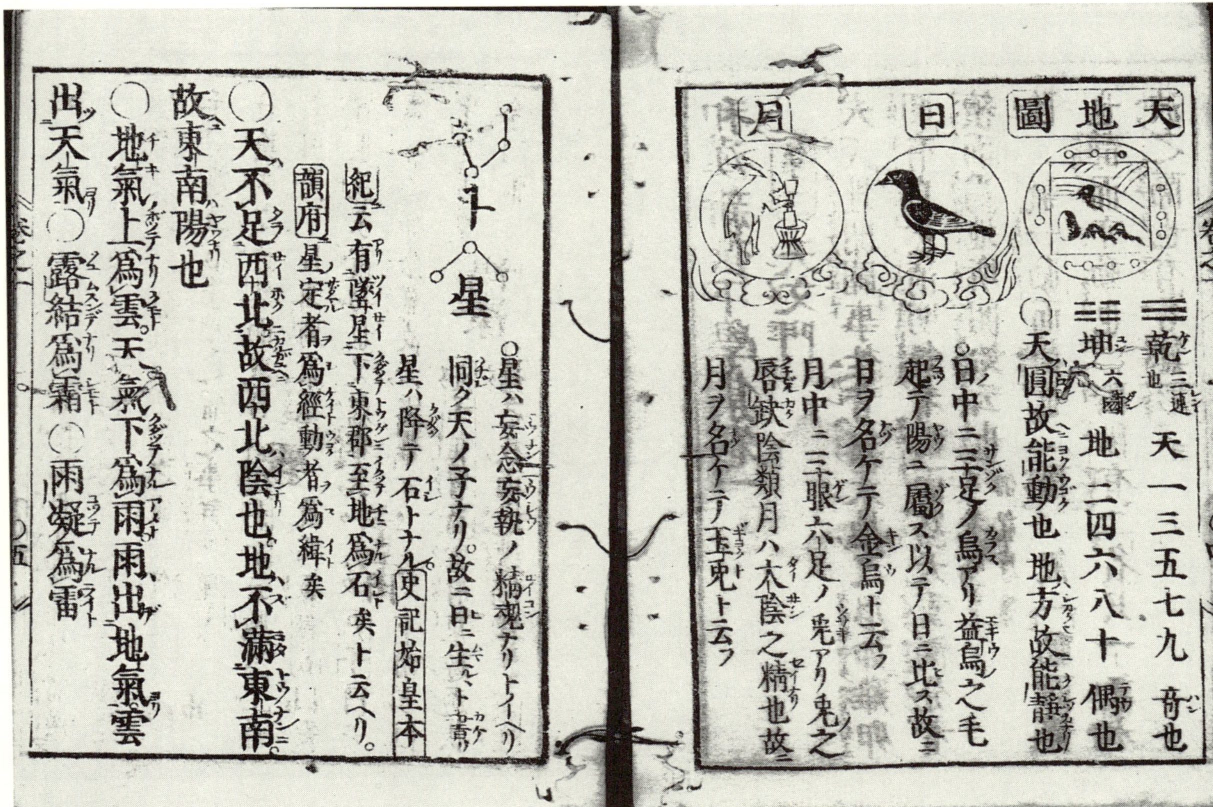

天地圖

☰乾 天 一三五七九 奇也

☷坤 地 二四六八十 偶也

○天圓故能動也 地方故能静也

日

○日中ニ三足ノ烏アリ 益烏之毛起テ陽ニ屬ス以テ日ニ比ス故ニ日ヲ名ケテ金烏ト云フ

月

月中ニ三千眼六足ノ兎アリ兎之唇鈌陰類月ハ太陰之精也故ニ月ヲ名ケテ玉兎ト云フ

星

○星ハ妄念妄執ノ精魂ナリトイヘリ同ク天ノ子ナリ。故ニ日ニ生ルトカケリ

紀云有墜星下東郡至地爲石矣ト云ヘリ。星ハ降テ石トナル 史記始皇本

韻府 星定者爲經動者爲緯矣

○天不足西北故西北陰也 地不滿東南。故東南陽也

○地氣上爲雲。天氣下爲雨。雨出地氣。雲出天氣 ○露結爲霜 ○雨凝爲雷

二四B3

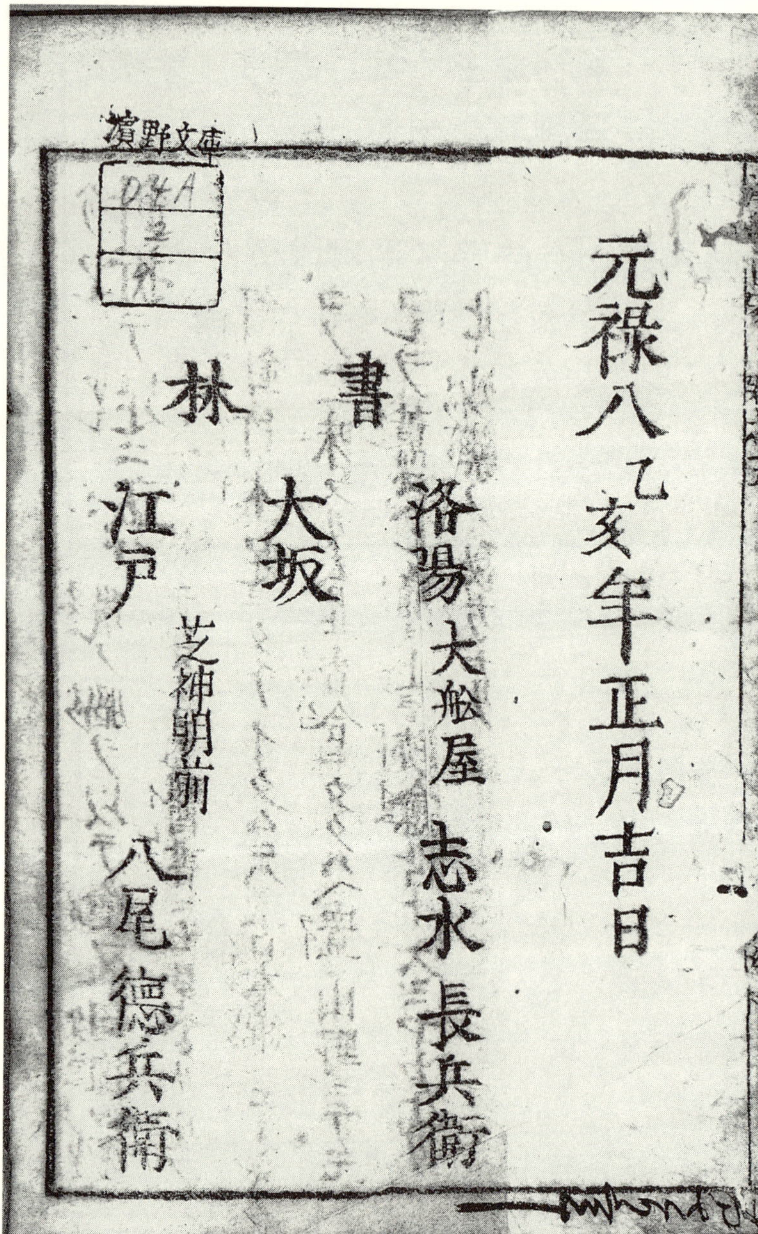

元禄八乙亥年正月吉日

洛陽 大舩屋 志水長兵衛

書林 大坂

江戸 芝神明前 八尾徳兵衛

二四B4

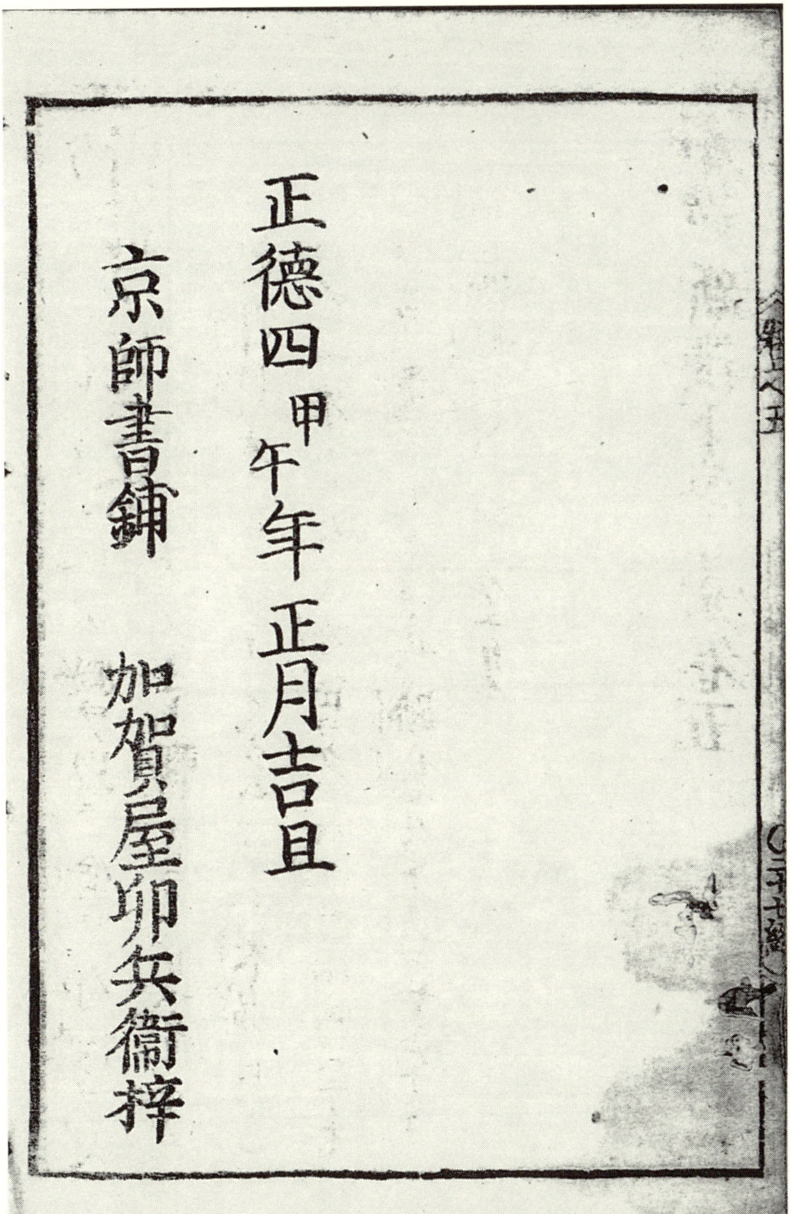

正徳四甲午年正月吉旦

京師書鋪　加賀屋卯兵衛梓

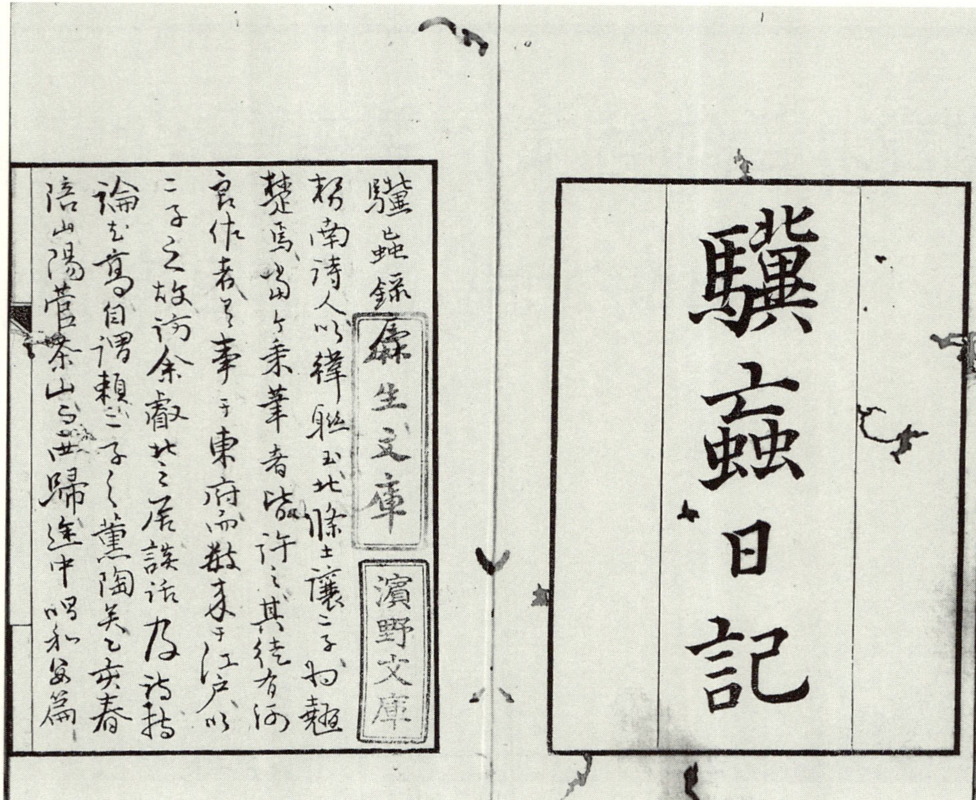

二五A1　驥蝱日記　河崎敬軒　文政三年四月大阪藤屋弥兵衛等諸国五肆刊
半一

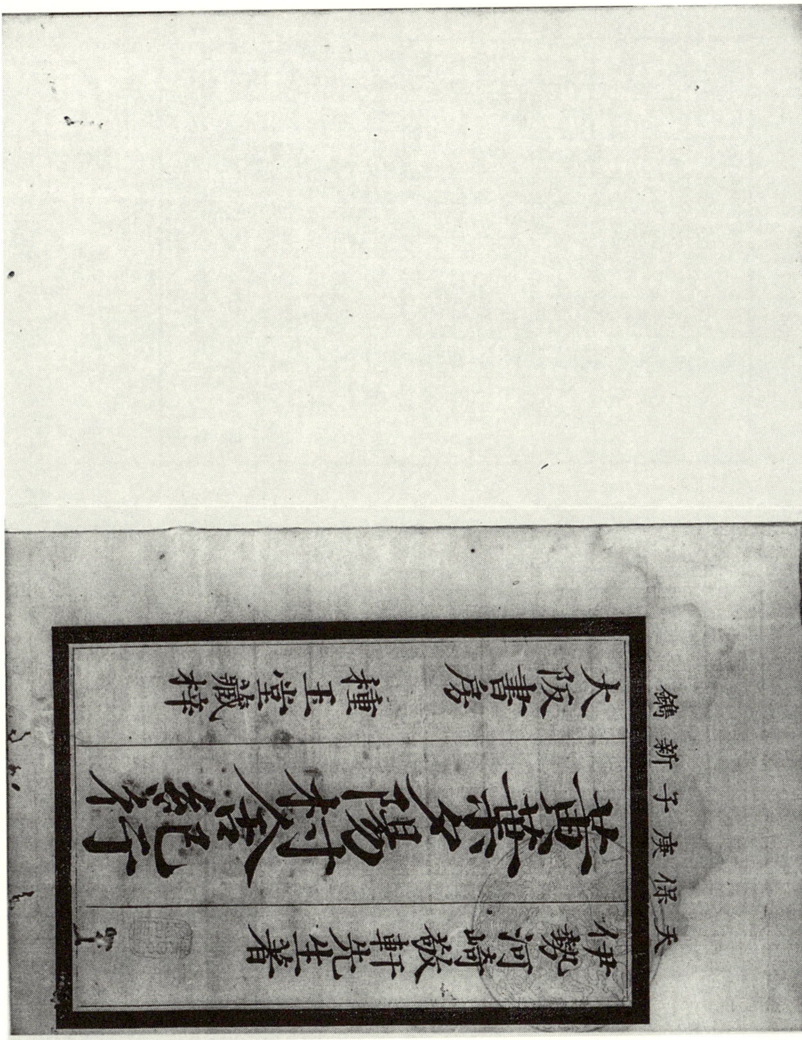

二五B1　又半一（黄葉夕陽村舎紀行）天保二年五月大阪種玉堂河内屋儀輔修

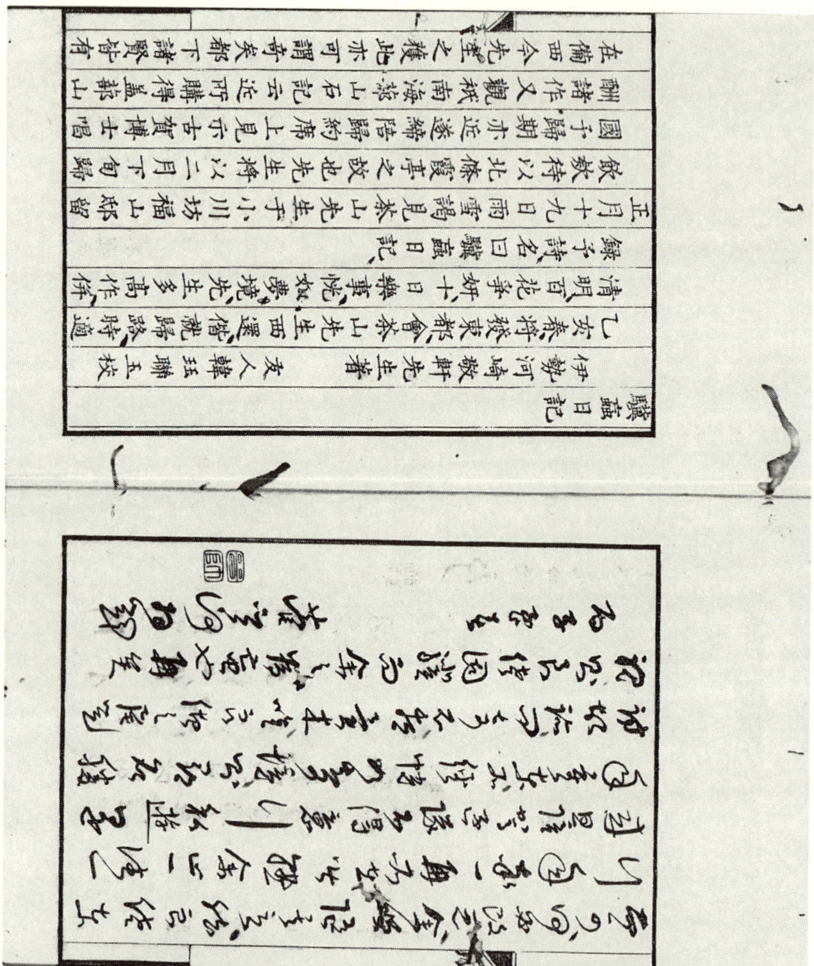
驥蘊日記
伊勢河崎敬軒先生著　友人韓珏聯玉校
乙亥春、将發東都、會茶山先生西還、偕就歸路、時適
清明、百花争妍、十日樂事、恍如夢境、先生多高作、併
録予詩、名曰驥蘊日記、
正月十九日雨雪謁見茶山先生于小川坊福山邸留
飲欵待以北條霞亭之故也先生将以二月下旬歸
國予歸期亦近遂締陪歸約席上見示古賀博士唱
酬諸作又觀祇南海蔀山石記云近所購得蓋蔀山
在備西今先生之獲此亦可謂奇矣都下諸賢皆有

二五A 2

二五B2

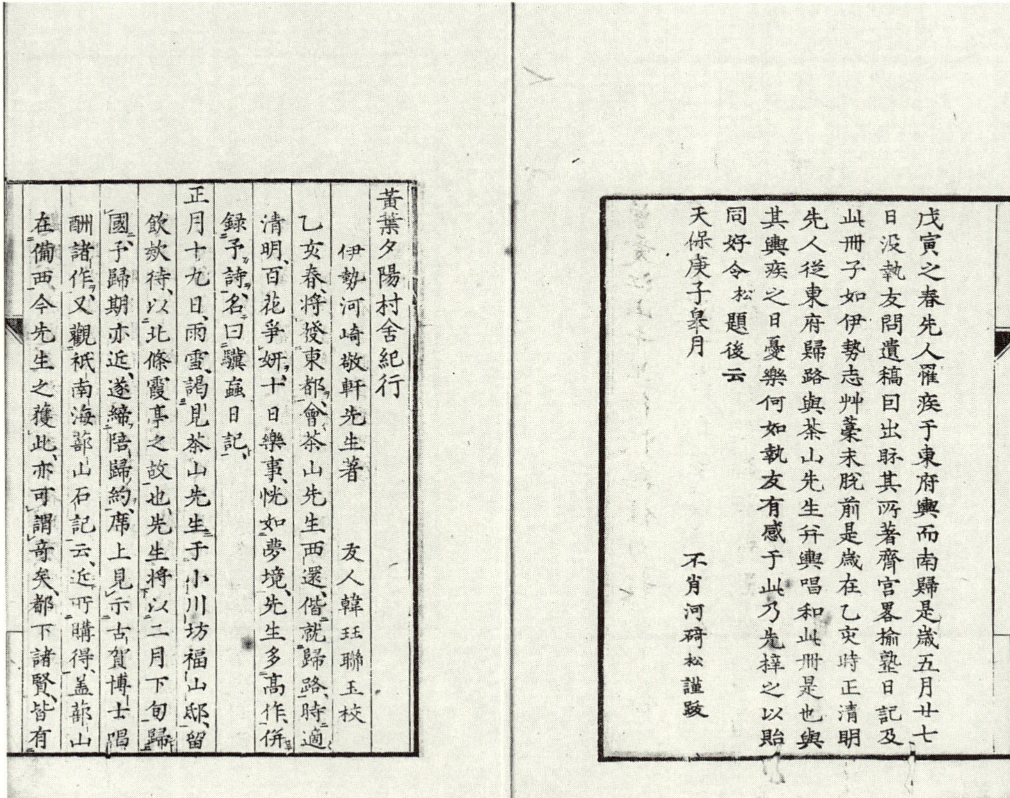

戊寅之春先人罹疾于東府輿而南歸是歳五月廿七
日没執友問遺稿曰出䏈其所著齊宮畧揄塾日記及
此冊子如伊勢志艸藁未脱前是歳在乙亥時正清明
先人從東府歸路與茶山先生并輿唱和此冊是也與
其輿疾之日憂樂何如執友有感于此乃先梓之以貽
同好令松題後云
天保庚子臯月
不肖河碕松謹跋

黄葉夕陽村舎紀行
伊勢河崎敬軒先生著　友人韓珏聯玉校
乙亥春將發東都會茶山先生西還偕就歸路時適
清明百花爭妍十日樂事恍如夢境先生多高作併
録予詩名曰驥蝱日記
正月十九日雨雪謁見茶山先生于小川坊福山邸留
飲欵待以北條霞亭之故也先生將以二月下旬歸
國予歸期亦近遂締陪歸約席上見示古賀博士唱
酬諸作又觀祇南海䕫山石記云近所購得蓋䕫山
在備西今先生之獲此亦可謂奇矣都下諸賢皆有

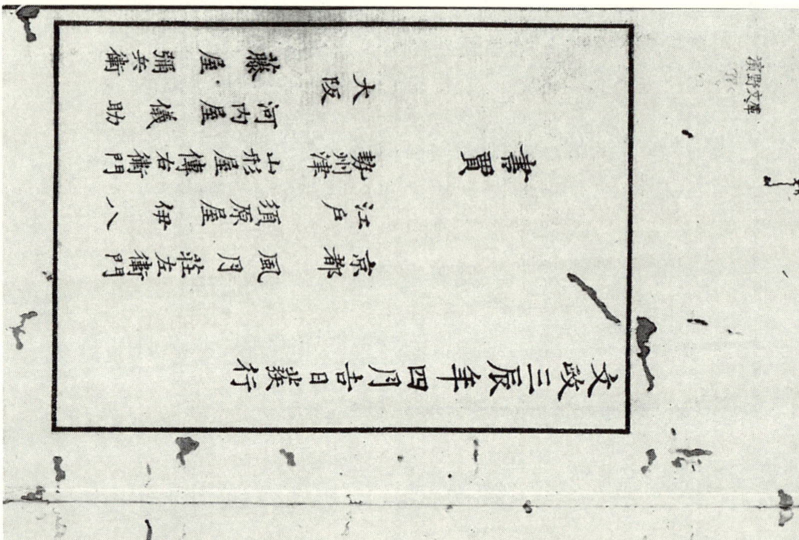
濱野文庫

戊寅之春先人罹疾于東府輿而南歸是歳五月廿七
日没執友問遺稿曰出眎其所著齊官畧揄塾日記及
此冊子如伊勢志艸藁未脱前是歳在乙亥時正清明
先人從東府歸路與茶山先生并輿唱和此冊是也與
其輿疾之日憂樂何如執友有感于此乃先梓之以貽
同好令松題後云
文政己卯臘月　不肖河崎松謹跋

文政三辰年四月吉日發行

書賈
京都　風月莊左衛門
江戸　須原屋伊八
勢州津　山形屋傳右衛門
大阪　河内屋儀助
藤屋彌兵衛

二五A3

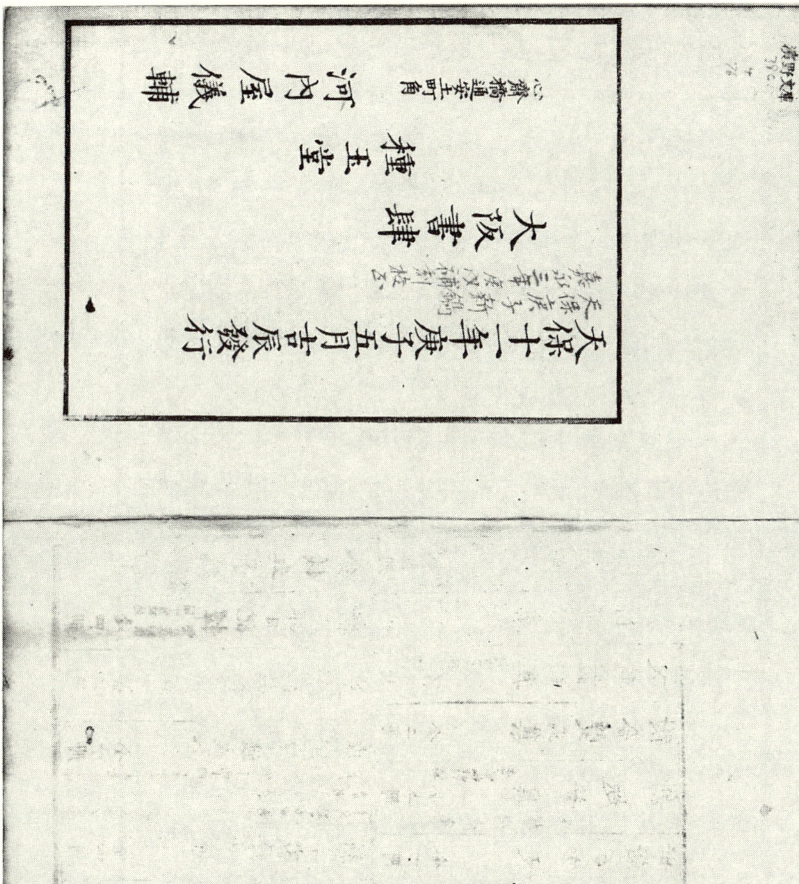
清野文庫

天保十一年庚子五月吉辰發行
天保庚子新鐫
嘉永三年庚戌補刻校正
大阪書肆　種玉堂
心齋橋通安土町角
河内屋儀輔

一二五B3

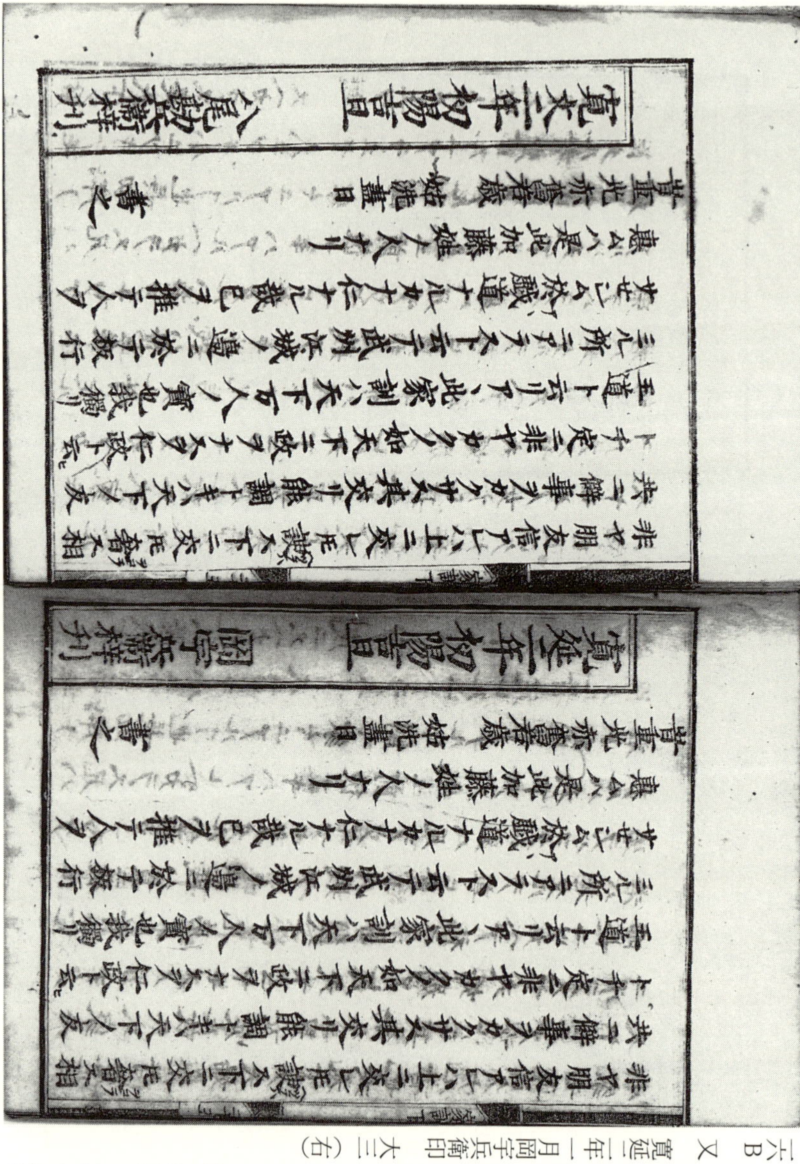

一二六Ａ　朱子家訓私抄　三巻　加藤某　寛文二年一月京八尾勘兵衛刊　大三（左）

一二六Ｂ　又　寛延二年一月　岡宇兵衛印　大三（右）

二七1　日本書紀　神代二巻〔舎人親王〕等　江戸前期刊　木活　大二

日本書紀卷第一

神代上

古天地未剖陰陽不分渾沌如雞子溟涬
而含牙及其清陽者薄靡而爲天重濁者
淹滯而爲地精妙之合摶易重濁之凝場
難故天先成而地後定然後神聖生其中
焉故日開闢之初洲壤浮漂譬猶游魚之
浮水上也于時天地之中生一物狀如葦

日本紀一　一

命
一書曰先生彦五瀬命次磐余彦火火
出見尊次彦稻飯命次三毛入野命

日本書紀巻第二終

御本云
日本書紀歷代之古史也元正天皇
養老年中一品舍人親王太朝臣安麻
呂奉勅撰之吾朝撰書迄奏覽以
是爲權輿者耶君臣共以莫不窮此書
矣按應神天皇以還至繼體天皇
御宇異域典經多以雖來朝不解其義
徒經三百有餘歲矣推古天皇御宇

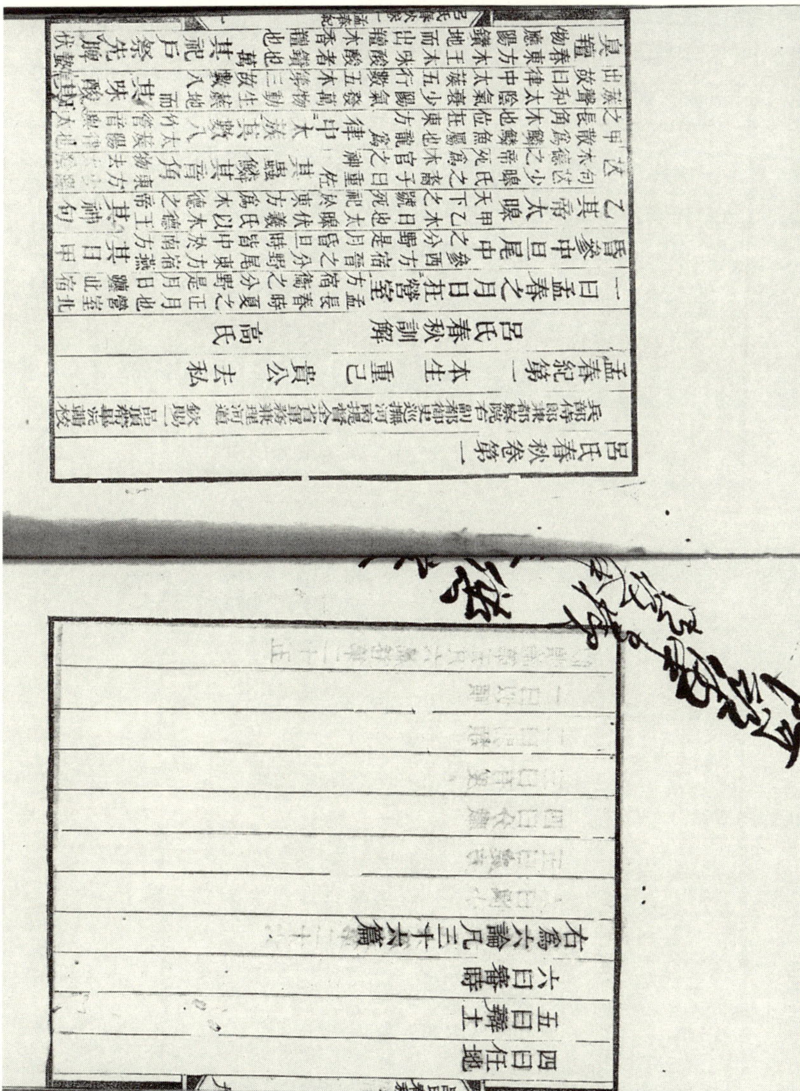

二八—1
呂氏春秋二六巻
漢高誘注
清畢沅校
塩田屯点
校正刷
大五

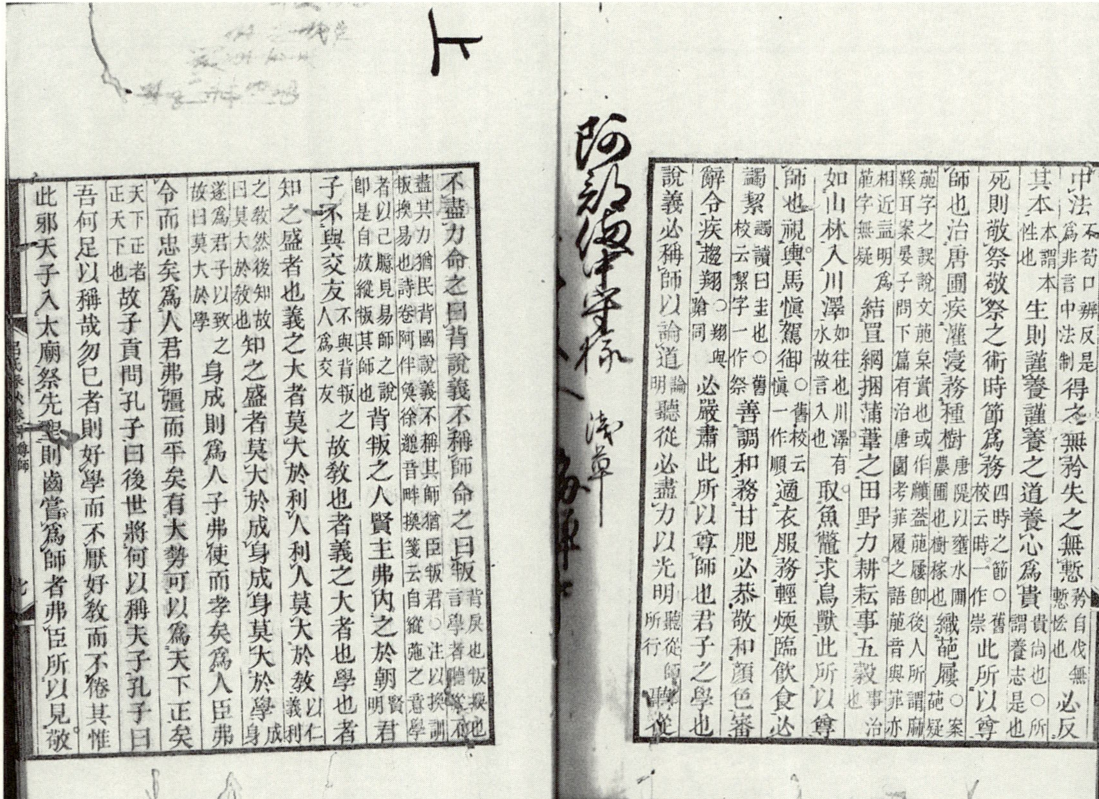

中法不苟口辨反是爲非言中法制得之無矜失之無慙矜自伐無慙恚也必反
其本本謂本性也生則謹養謹養之道養心爲貴貴尚也○所謂養志是也
死則敬祭敬祭之術時節爲務四時之節○舊校云時一作祟此所以尊
師也治唐圃疾灌寖務種樹唐隄以壅水圃農圃也樹稼也織葩屨葩疑○案
葩字之誤說文葩枲實也或作𦆈蓋葩屨即後人所謂麻鞵耳案晏子問下篇有治唐園考菲履之語葩音與菲亦
相近詎明爲葩字無疑結罝網捆蒲葦之田野力耕耘事五穀事治也
如山林入川澤如往也川澤有水故言入也取魚鼈求鳥獸此所以尊
師也視輿馬慎駕御○舊校云慎一作順適衣服務輕煗臨飲食必
蠲絜蠲讀曰圭也○舊校云絜字一作祭善調和務甘肥必恭敬和顏色審
辭令疾趨翔○翔與蹌同必嚴肅此所以尊師也君子之學也
說義必稱師以論道論明聽從必盡力以光明聽從師所行聽從

不盡力命之曰背說義不稱師命之曰叛背戾也叛換也言學者[illegible]
盡其力猶民背國說義不稱其師猶臣叛君○注以換訓叛換易也詩卷阿伴奐徐邈音畔換箋云自縱弛之意學
者以己臆見易師之說即是自放縱叛其師也背叛之人賢主弗內之於朝賢明君
子不與交友不與背叛之人爲交友故教也者義之大者也學也者
知之盛者也義之大者莫大於利人利人莫大於教以仁義利
之教然後知故曰莫大於教也知之盛者莫大於成身成身莫大於學成身
遂爲君子以致之故曰莫大於學身成則爲人子弗使而孝矣爲人臣弗
令而忠矣爲人君弗彊而平矣有大勢可以爲天下正矣天下正者正天下也
故子貢問孔子曰後世將何以稱夫子孔子曰
吾何足以稱哉勿已者則好學而不厭好教而不倦其惟
此邪天子入太廟祭先聖則齒嘗爲師者弗臣所以見敬

呂氏春秋卷四 尊師 七

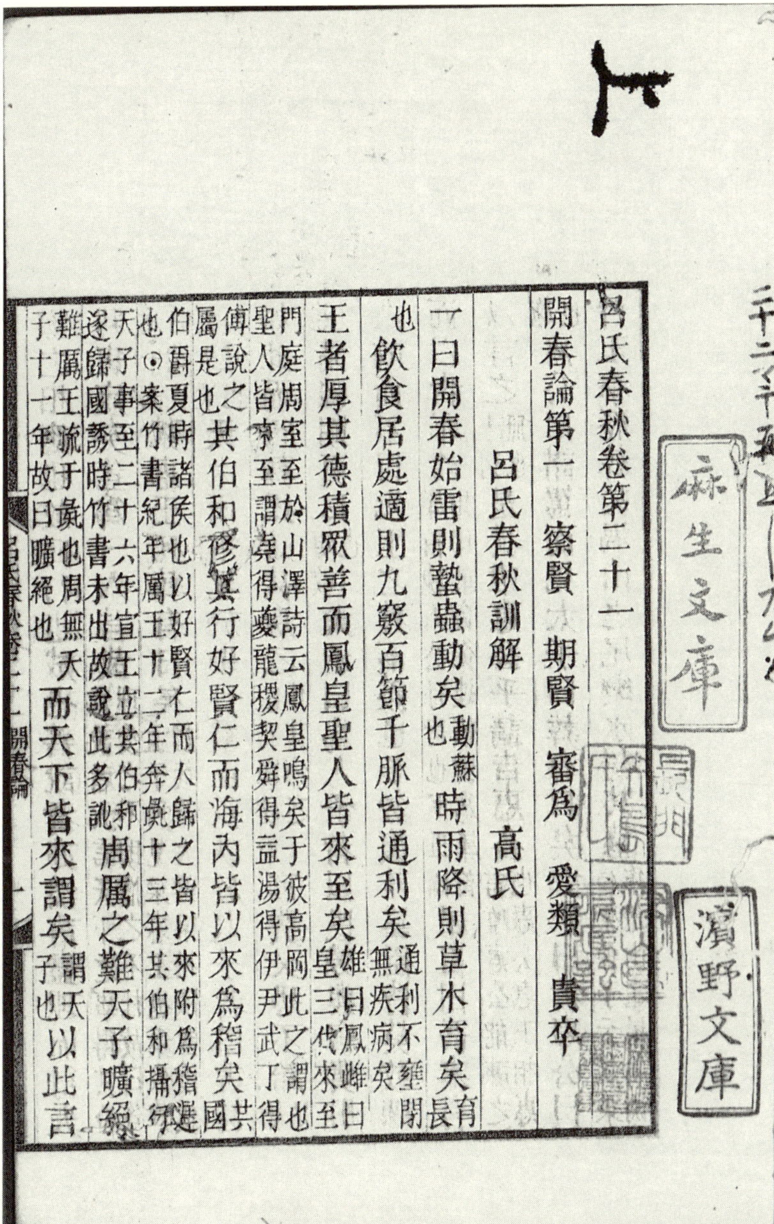
呂氏春秋卷第二十一
開春論第一　察賢　期賢　審爲　愛類　貴卒
呂氏春秋訓解　高氏
一曰開春始雷則蟄蟲動矣動蘇也時雨降則草木育矣育長
也飲食居處適則九竅百節千脈皆通利矣通利不壅閉無疾病矣
王者厚其德積衆善而鳳皇聖人皆來至矣雄曰鳳雌曰皇三代來至
門庭周室至於山澤詩云鳳皇鳴矣于彼高岡此之謂也
聖人皆來至謂堯得夔龍稷契舜得益湯得伊尹武丁得
傅說之屬是也共伯和修其行好賢仁而海內皆以來爲稽矣共國
伯爵夏時諸侯也以好賢仁而人歸之皆以來附爲稽遲
也⊙案竹書紀年厲王十二年奔彘十三年共伯和攝行
天子事至二十六年宣王立共伯和
遂歸國務時竹書未出故說此多訛周厲之難天子曠絕
難厲王流于彘也周無天
子十一年故曰曠絕也而天下皆來謂矣謂天子也以此言

二八3

大分分去聲大分猶言大界著乎心標註曰著謂不忘也唐刻荀子有載諸名家標註者甚好余昔謄寫藏之今全載不遺此稱標註者即是也後倣之其間有可沙汰者則附以愚說任觀者自簡焉七尺之軀周七尺當本邦五尺有奇以中人言方其人之習君子之說則尊以徧矣周於世矣方倣效也與解蔽篇象效其人同君子之說即其人之所習聖人之說是也徧矣之矣衍言倣效其師之習熟君子之說則其德崇而其名徧周於世也上言近其人中言方其人下言好其人其教益至非相篇有審其人所貴君子之言須參考安特將學雜識志順詩書而已耳則末世窮年不免爲陋儒而已安語助荀子多用或作案特直也識音志雜識雜記也志字衍蓋寫者因讀識爲志誤加志字也末終也世年並係身陋不通也若挈裘領詘五指而頓之順者不可勝數也蝡音屯聚也捴取之意順如順風之順言諸道皆順禮而至也不道禮憲道由也懸法示人曰憲此指禮散儒不中用曰散註非謹順其身順當作愼古書愼順多互誤全之盡之然後學者也言積善成德無所遺缺然後可謂善學者也誦數以貫之貫習也熟也之指數思索以通之之指義爲其人以處之爲讀爲擇見周禮天官其人賢師之指身言學者擇其師以寘身於其左右也除其害者以持養之害者諂諛我者修身篇諂諛我者吾賊也是也之亦指身及至其致好之也目好之五色之字皆指學言至極好學則目好之甚於五色也下並同意德操德當作特聲之誤也下同特不二之意生死必由學不二其操故曰特操特操字亦見莊子齊物論曩子行今子止曩子坐今子起何其無特操與是也天見其明地見其光

當作
讀爲（改べし）
用

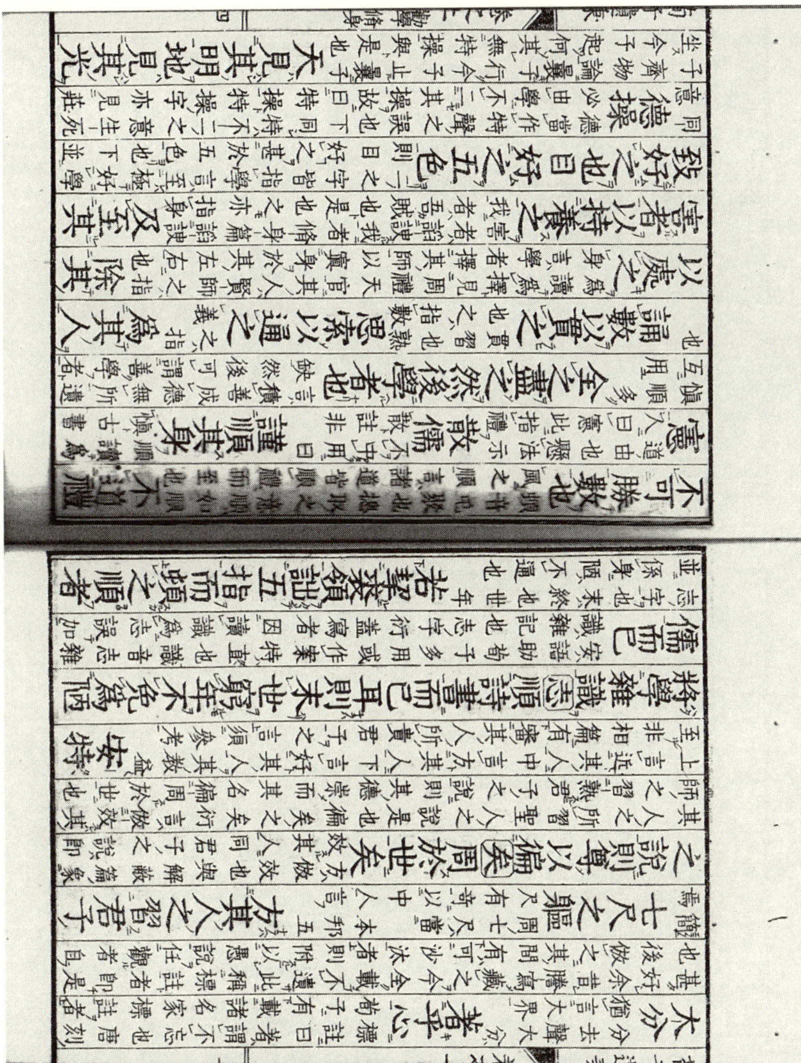

二九B1
又
寛政二年一月京水玉堂西市郎兵衛刊
大一

生異説也何以爲以字衍昔者家語無昔者二字有夫字

法行篇

增巢當謂曾增通徵禮運今按猶以山爲巢而架巢其上故曰增巢瑕適並見按字彙補瓋音摘瑕也呂氏春秋寸之玉必有瑕瓋據此瑕適卽瑕瓋也此曰並見則瑕瓋當有玉疵大小之別也

今不可考窮無與也與施予也無與無予已也

哀公問

何如之耶家語五儀解如下有取字口不能道善言心不知色色

不知選賢人善士託其身焉以爲已憂家語無色色字作心不存慎終之規大戴禮作而志不邑邑按心不知下當有脫文色色當作邑邑與悒悒通憂念也疑當作邑邑以爲已憂不知選賢人善士託其身焉但以下脫憂物若干字孟子堯以不得舜爲已憂舜以不得禹皐陶爲已憂夫以百畝之不易爲已憂者農夫也文例可推知焉勤行大戴禮作動行止交大戴禮作止立五鑿爲正按鑿在報切究也鑿之於九竅則五鑿當是指耳目口大戴禮正作政

不傷於本按大戴禮哀公問於孔子篇孔子曰君子無不敬也敬身爲大身也者親之枝也敢不敬與不能敬其身是傷其親傷其親是傷其本傷其本枝從而亡據此本謂親也無怨財怨當作苑字之誤也苑音鬱詩小雅我心苑結又委粉切讀如蘊義同諸侯之子孫必有

在君之末庭者君以此思勞則將焉不至矣按家語曰諸侯子孫往來爲賓行禮揖讓愼其威儀君以此思勞則勞可知矣據此倞註爲奔亡之勞甚誤必有

按盍當是衍文家語五儀解作必將有數焉

數盍焉按盍盍通盍者中隆四邊卑盍焉形容故城也好肆不守折折當作節音之

二九B2

生異説也 何以爲 以字衍 昔者 家語無昔者二字有夫字

法行篇

増巣 常謂曽増通徽禮運今按猶以山爲巣而架巣其上故曰増巣 瑕適並見 按字彙補適音摘瑕也呂氏春秋寸之玉必有瑕適据此瑕適即瑕適也此曰並見則瑕適當有玉疵大小之別也今不可考

窮無與也 與施予也無與無予也

哀公篇

何如之耶 家語五儀解如下有取字 口不能道善言心不知色色不知選賢人善士託其身焉以爲已憂 家語無色色字作心不存愼終之規大戴禮作而志不邑邑按心不知下當有脱文色色當作邑邑與悒悒通憂念也疑當作邑邑

以爲已憂不知選賢人善士託其身焉但以下脱憂物若干字孟子堯以不得舜爲已憂舜以不得禹皐陶爲已憂夫以百畝之不易爲已憂者農夫也文例可推知焉 勤行 大戴禮作動行 止交 大戴禮作止立 五鑿爲正 按鑿在報切穴也鑿之於九竅則五鑿當是指耳目口大戴禮正作政

不傷於本 按大戴禮哀公問於孔子篇孔子曰君子無不敬也敬身爲大身也者親之枝也敢不敬與不能敬其身是傷其親傷其親是傷其本傷其本枝從而亡据此本謂親也 無怨財 怨當作苑字之誤也苑音欝詩小雅我心苑結又委粉切讀如蘊義同 諸侯之子孫必有在君之末庭者君以此思勞則將焉不至矣 按家語曰諸侯子孫往來爲賓行禮揖讓愼其威儀君以此思勞則勞可知矣据此條註爲奔亡之勞甚誤 必有數蓋焉 按蓋當是衍文家語五儀解作必將有數焉 好肆不守折 折當作節音之

二九A 4

荀子遺秉 卷之下

其言遇暴秦又言今之學者得荀卿之遺言餘教則
以壽存于漢初者也極尊信其師以爲孔子不過論
者深尤之余謂弟子尊信其師古之道也況乎荀子
者誠大賢也蓋以學入聖域者也其書開以勸學修
身因明禮樂刑政而至大議兵故韓嬰二戴劉向之
徒爭取之以著書豈獨其弟子哉吾有感於作後序
者之不倍其師而究其教聊因贅一言焉

荀子遺秉卷下 終

寛政十二年庚申春正月穀旦

皇都 書肆

京極通五条上ル町
葛西市郎兵衛

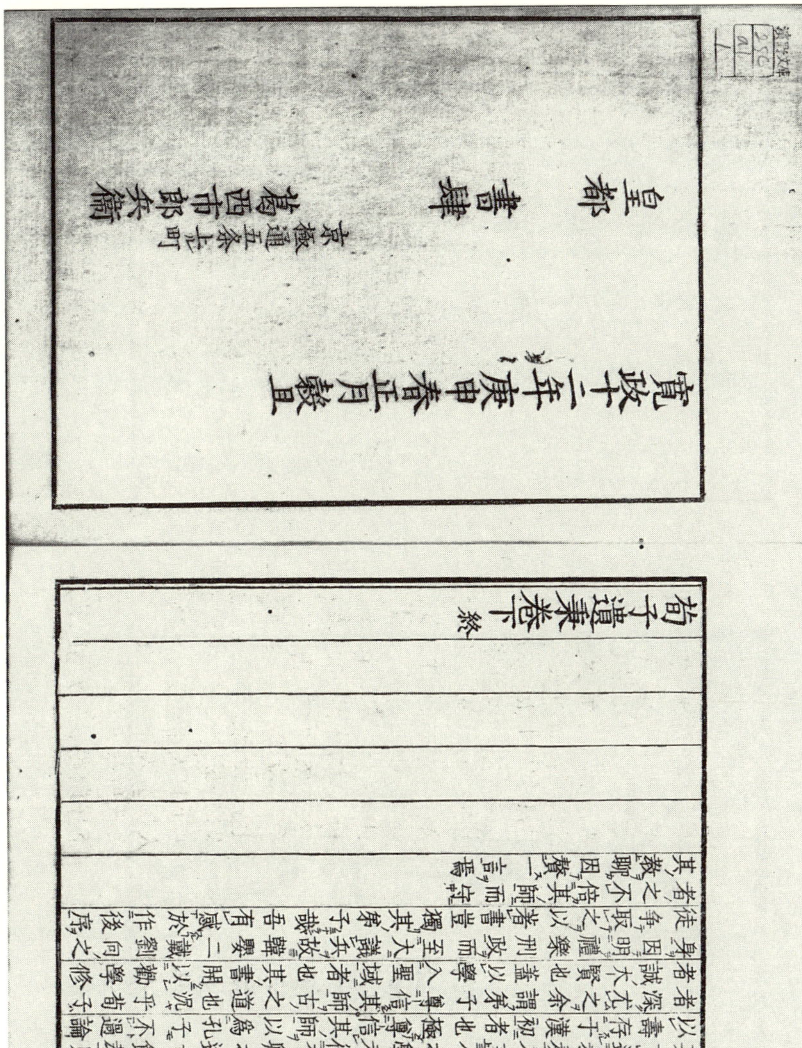

荀子遺秉卷下　終

寛政十二年庚申春正月發兌

皇都
書肆
京極通五条上ル町
葛西市郎兵衛

二九
B3

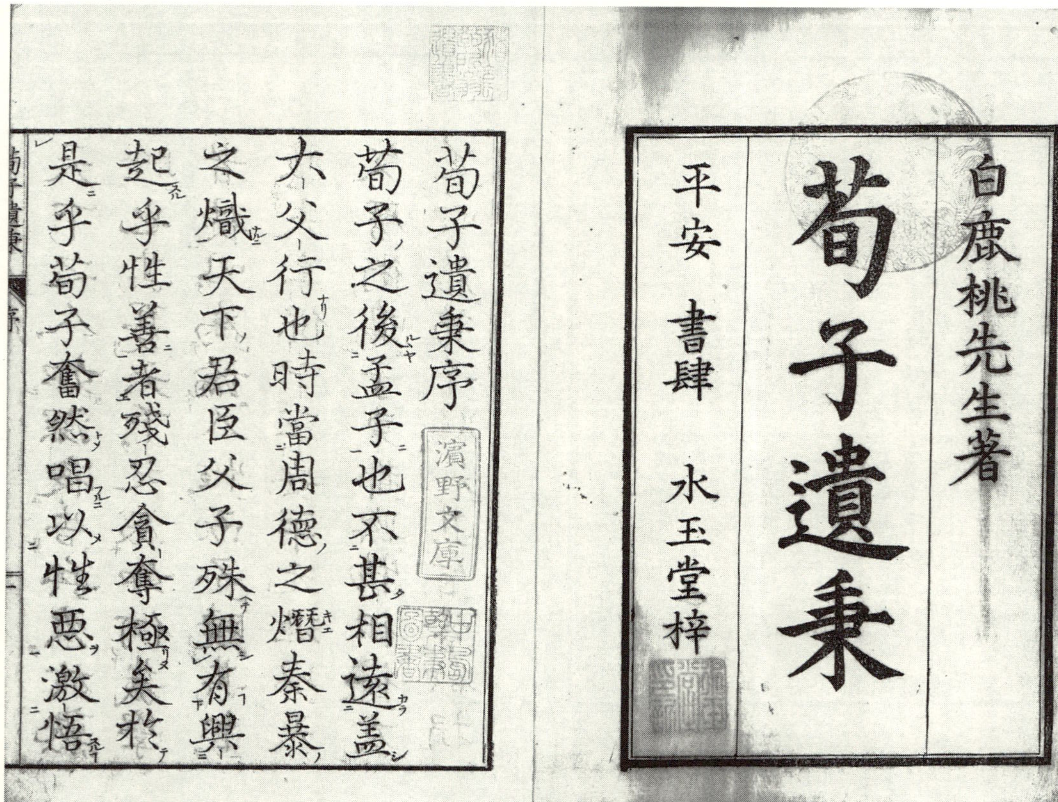
白鹿桃先生著
荀子遺秉
平安 書肆 水玉堂梓

荀子遺秉序
荀子之後孟子也不甚相遠蓋
太父行也時當周德之熸秦暴
之熾天下君臣父子殊無有興
起乎性善者殘忍貪奪極矣於
是乎荀子奮然唱以性惡激悟

二九A1　荀子遺秉二巻并附　桃白鹿（源蔵）校正刷　大二

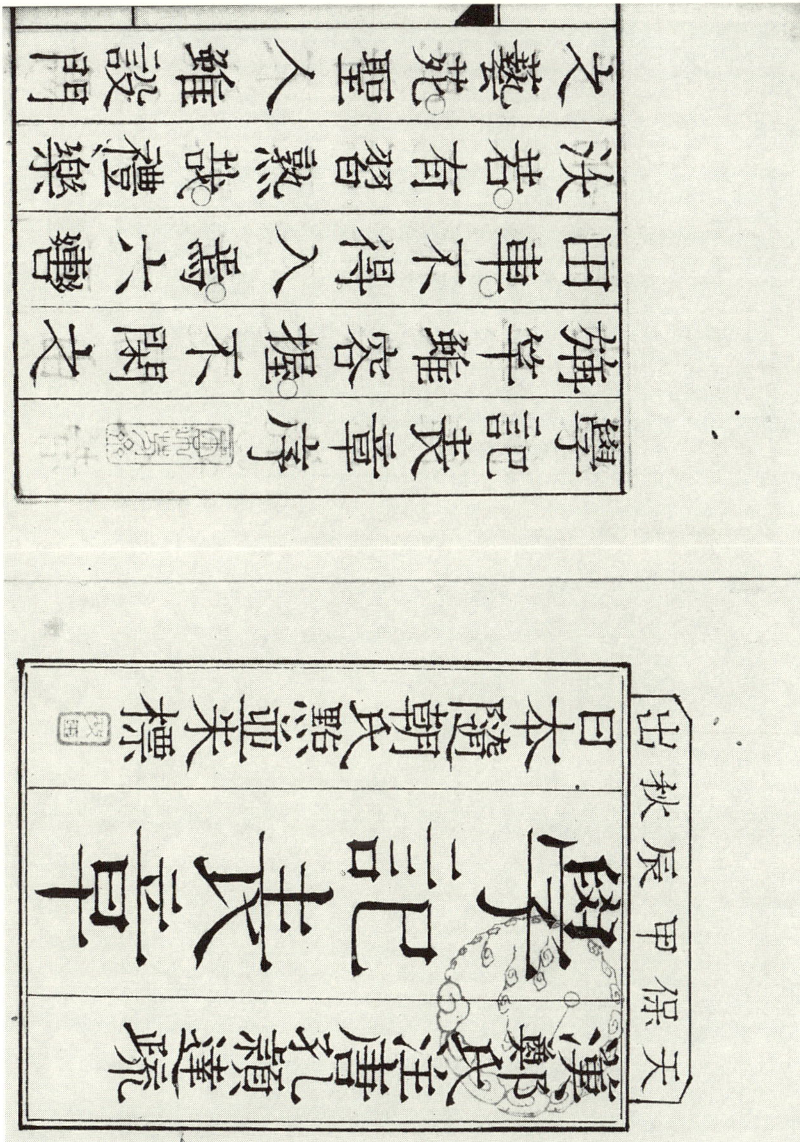

三〇　学記漢鄭氏註唐孔穎達疏　隨朝若水点標　弘化三年冬跋　版下稿　大一

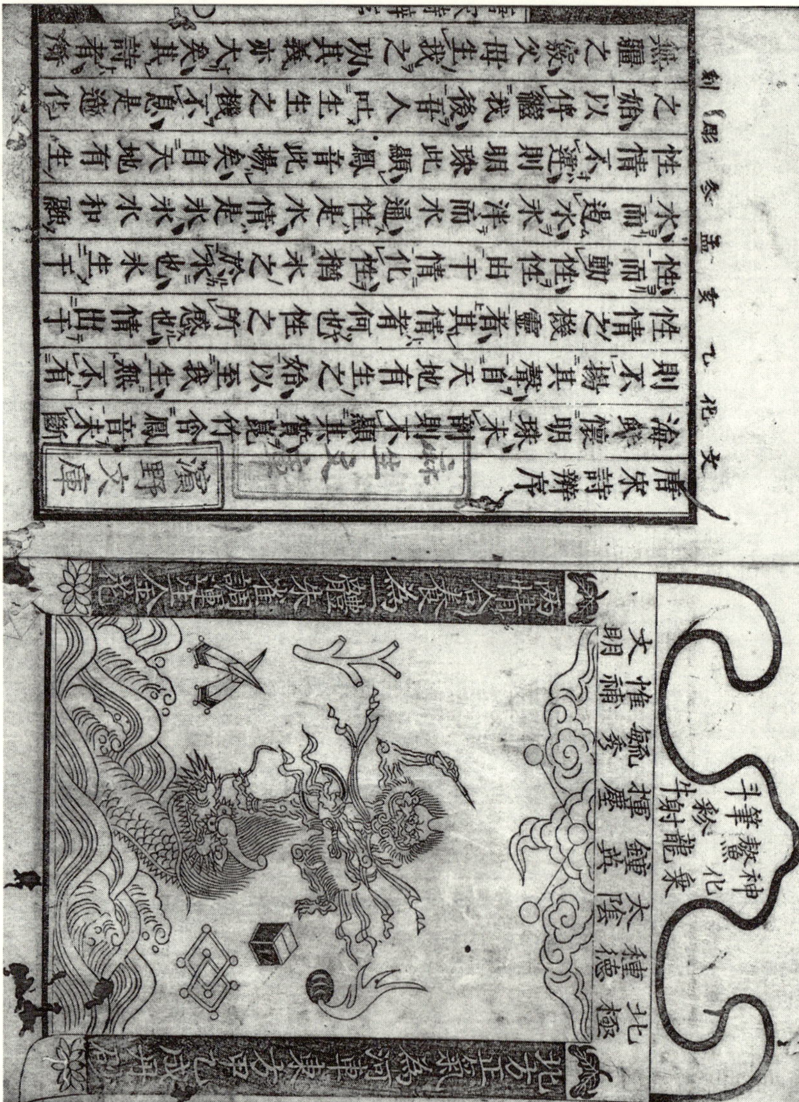

三一　唐宋詩辨　長谷川松山　文化一二年一〇月江戸桑村半蔵・山城屋佐兵衛刊　半一

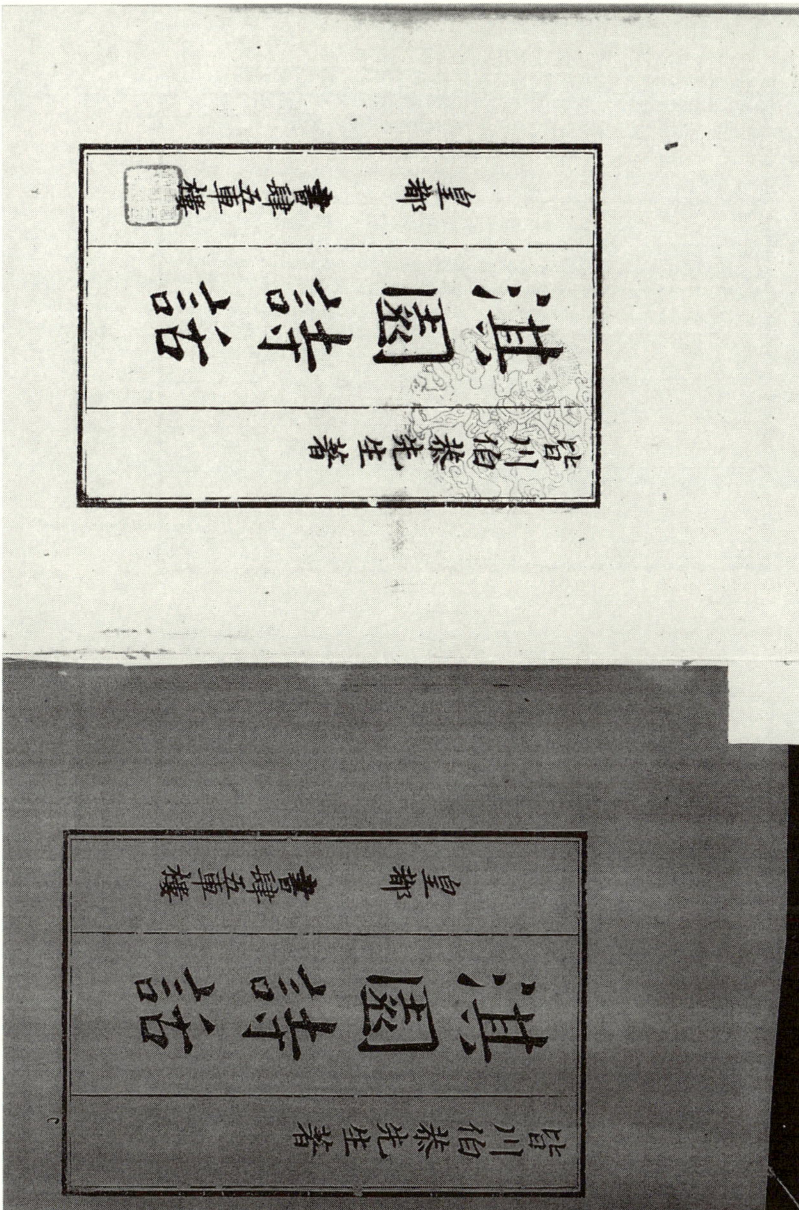

三二　淇園詩話　皆川淇園（伯恭）撰　淡輪秉等校　明和八年一月刊　京五車楼菱屋孫兵衛後印　大一

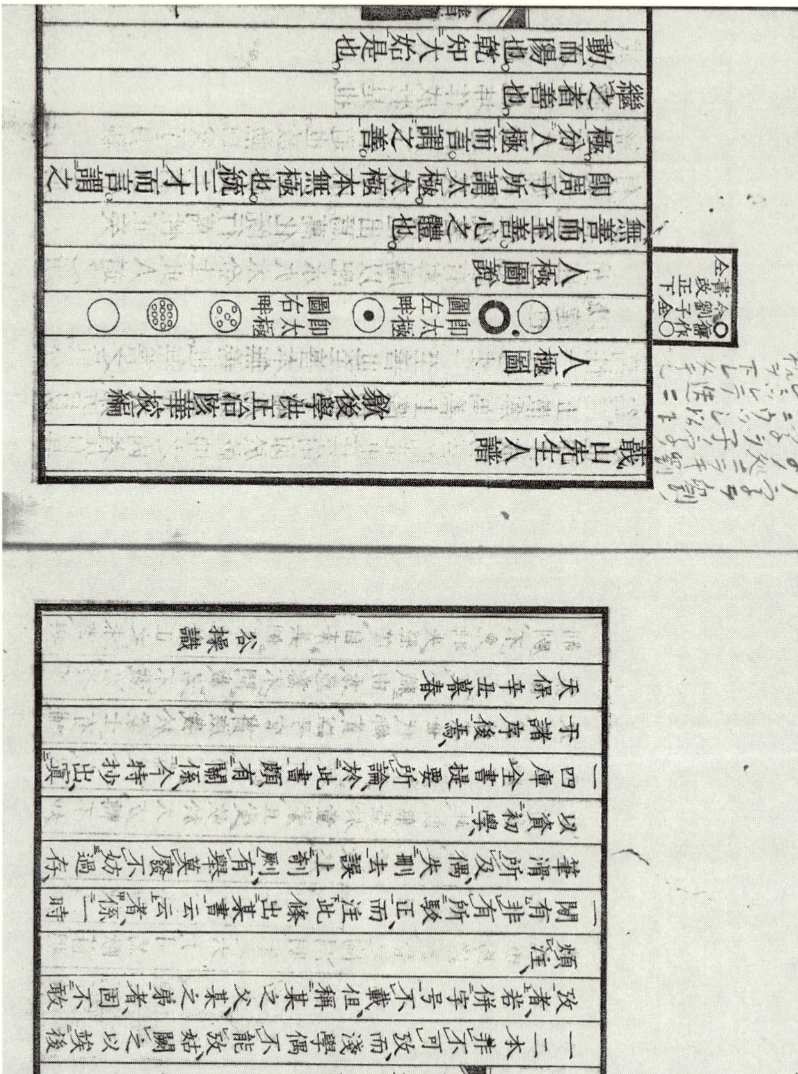
蕺山先生人譜
後學洪正治廣華校編
人極圖
人極圖説
無善而至善心之體也
即周子所謂太極太極本無極也統三才而言謂之
極分人極而言謂之善
繼之者善也
動而陽也乾知大始是也
天保辛丑暮春
谷操識

三二1 蕺山先生人譜一巻人譜類記二巻 明劉宗周撰 清洪正治編 谷〔三山〕（操）点 校正刷 半二

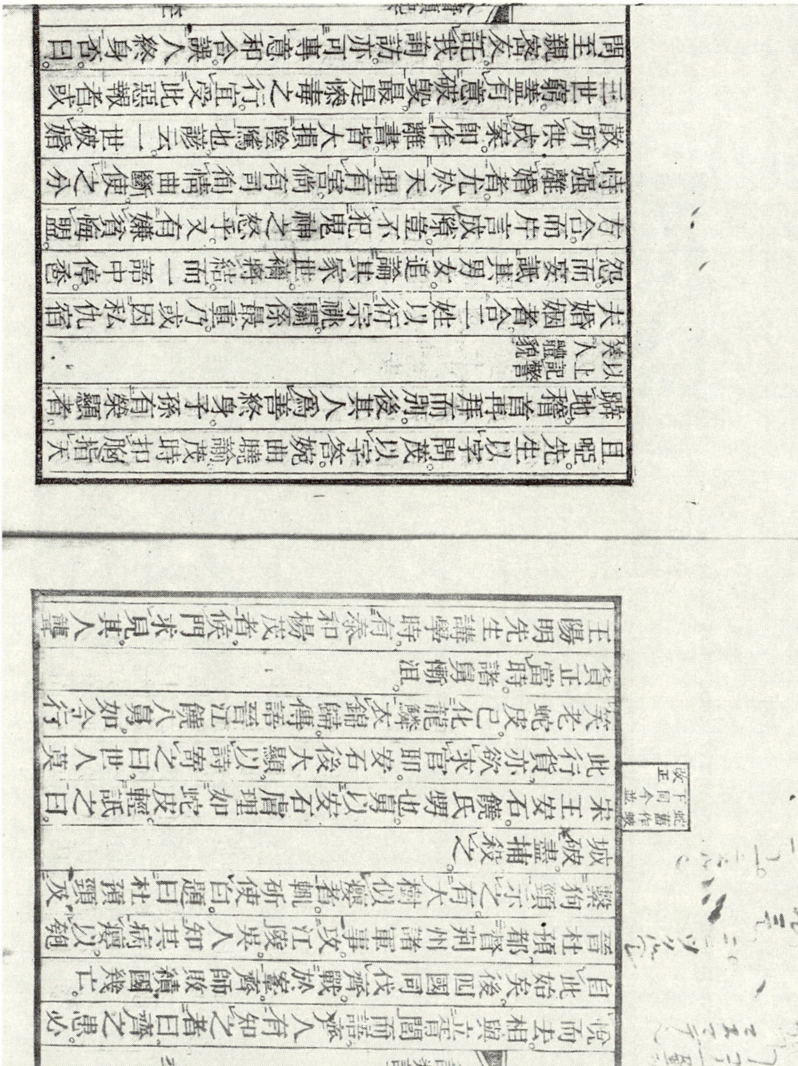

悅而去相與立胥閭而語疵人有知之者曰齊之患必自此始矣後四國同伐齊戰於牽齊師敗績國幾亡

晉杜預都督荊州諸軍事攻江陵吳人知其病癭以匏繫狗頸示之有大樹似癭者輒斫使白題曰杜預頸及城破盡捕殺之

蛇舊作蛻下同今並改正

宋王安石饒氏甥也舅以安石膚理如蛇皮輕詆之曰此行貨亦欲求官耶安石後大顯以詩寄之曰世人莫笑老蛇皮已化龍鱗衣錦歸傳語晉江饒八舅如今行貨正當時諸舅慚沮

王陽明先生講學時有泰和楊茂者侯門求見其人聾且啞先生以字問茂以字答婉曲曉諭茂時扣胸指天躃地稽首再拜而別後其人爲善終身子孫有榮顯者

以上記警笑人體貌

夫婚姻者合二姓以衍宗祧關係最重乃或因私仇宿怨而妄誣其男女追論其家世禍將結而一語中停否方合而斥言成隙豈不犯鬼神之怒乎又有嫌貧悔盟恃強離婚者尤於天理有害倘有司徇情曲斷使之分散所供成案即作離書皆大損陰騭也諺云一世破婚三世窮蓋有意破毀最是慘毒之行宜受此惡報者或問至親密友託我詢訪亦可專意和合誤人終身否曰

三三3

力行之寡者抑之而思仁懦者激之而思強固者
道之而思通辟者規之而思正貪者矯之而思廉
蔽者發之而思明隘者充之而思廣庶幾與刻書
之指不相戾乎男肇林敬識

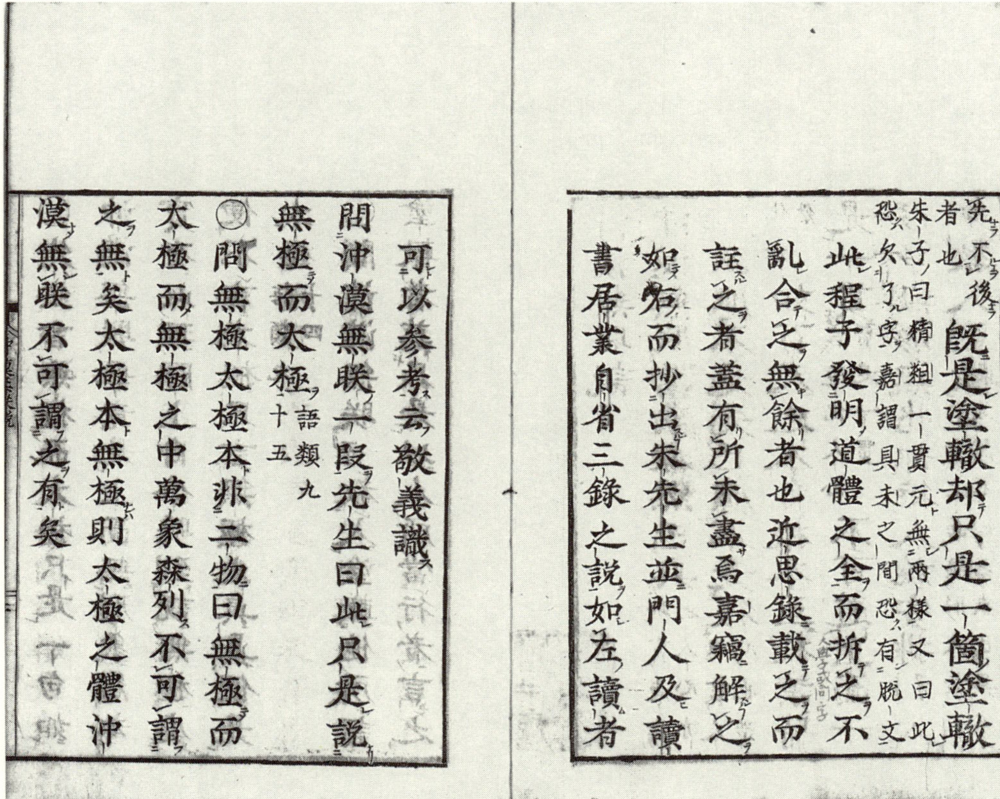
先不後既是塗轍却只是一箇塗轍
者也朱子曰精粗一貫元無兩様又曰此恐欠了字嘉謂具未之聞恐有脱文
此程子發明道體之全而折之不
亂合之無餘者也近思錄載之而
註之者蓋有所未盡焉嘉竊解之
如右而抄出朱先生並門人及讀
書居業自省三錄之說如左讀者
可以參考云敬義識
問沖漠無朕一段先生曰此只是說
無極而太極　語類九十五
○問無極太極本非二物曰無極而
太極而無極之中萬象森列不可謂
之無矣太極本無極則太極之體沖
漠無朕不可謂之有矣

三四　沖漠無朕説〔山崎闇斎〕（嘉）　江戸前期京武村市兵衛刊　大一

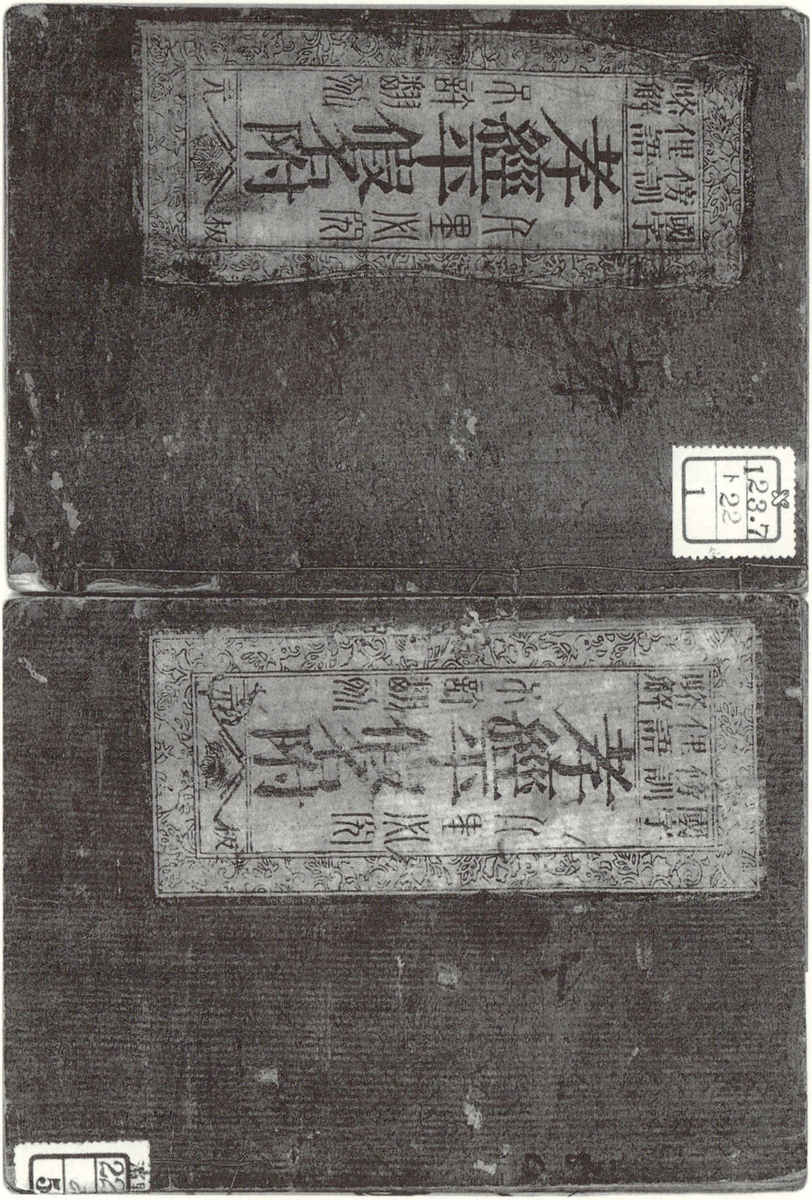

三五A
三五B

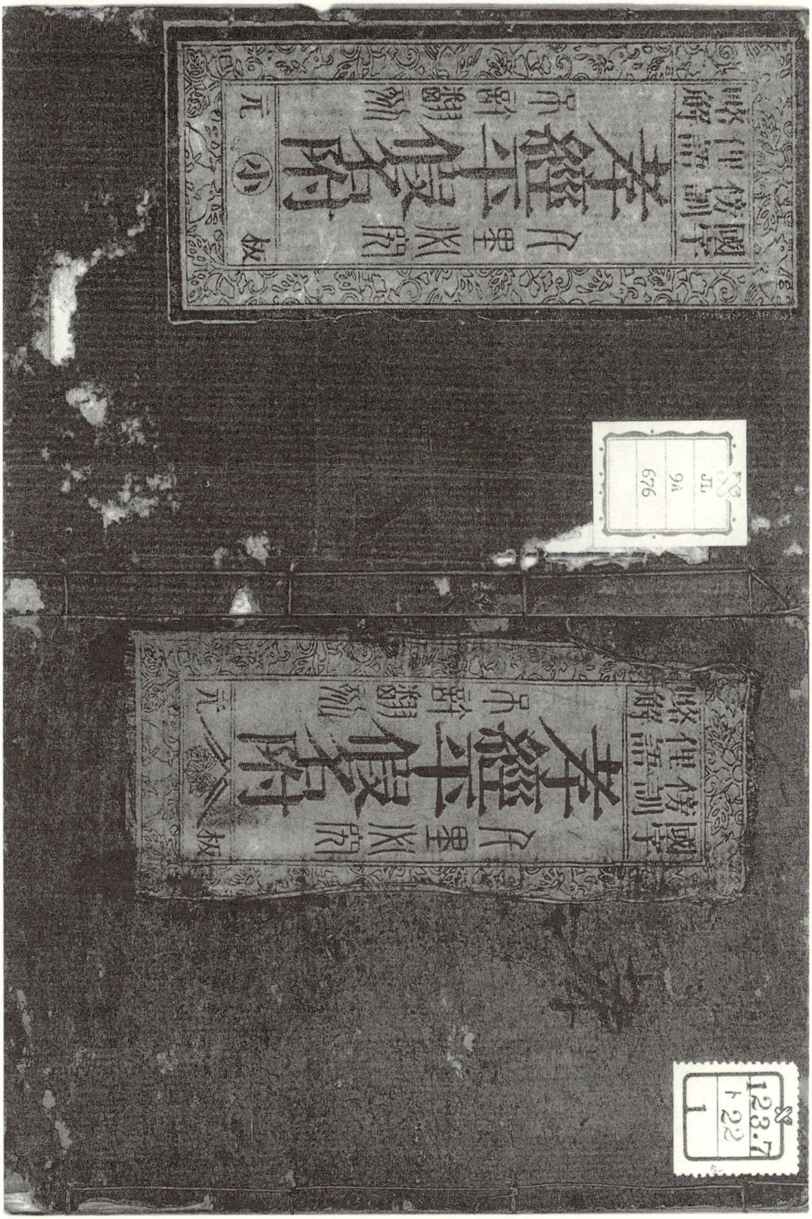

三五D
三五B

三五B　三五C

三五C
三五参考　古文孝経国字解二巻　明和七年八月江戸嵩山房小林新兵衛刊　半一

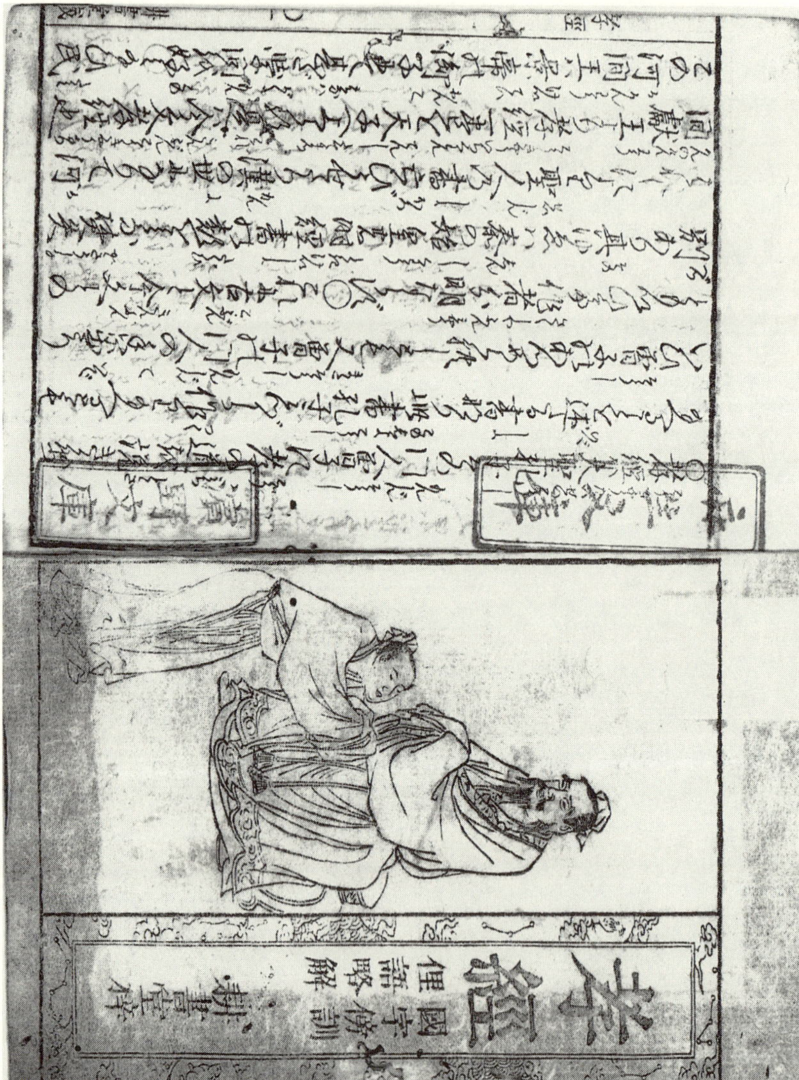

三五A1
孝経（国字／傍訓／俚語／略解　孝経平仮名附）　石川雅望訓解　寛政九年三月江戸耕書堂蔦屋重三郎刊　中一

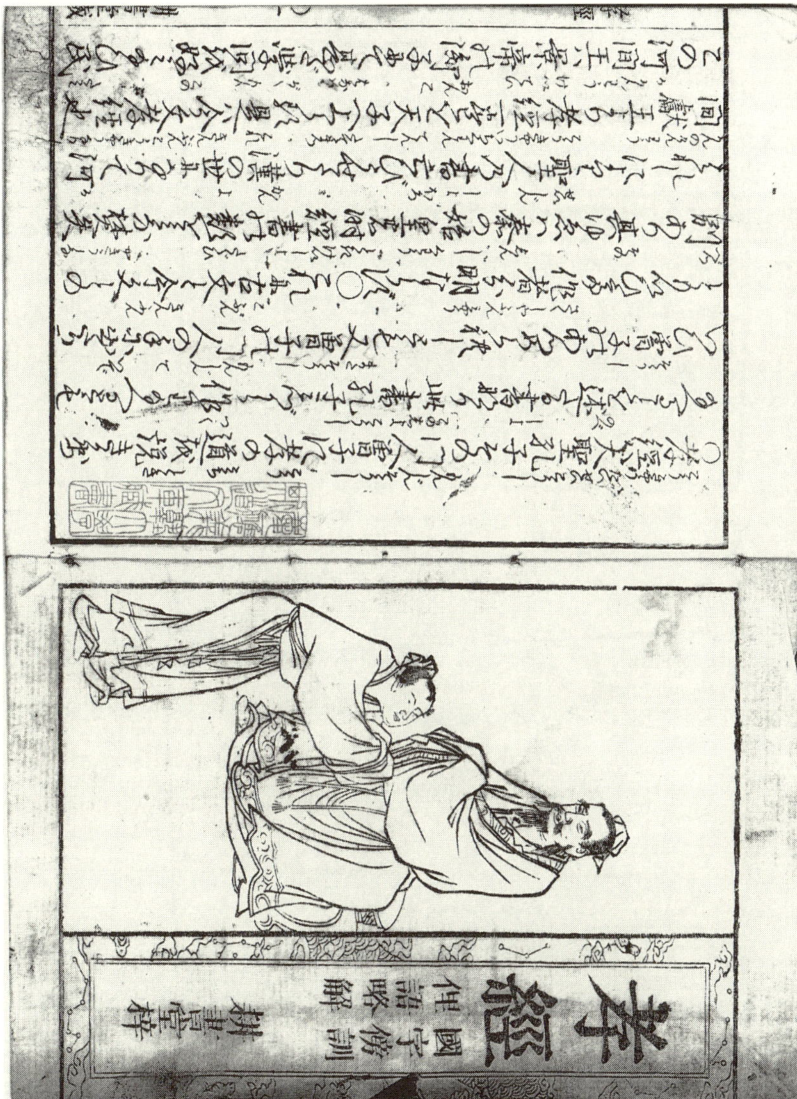

三五B1　同　文化六年三月刊（覆同前）　中一

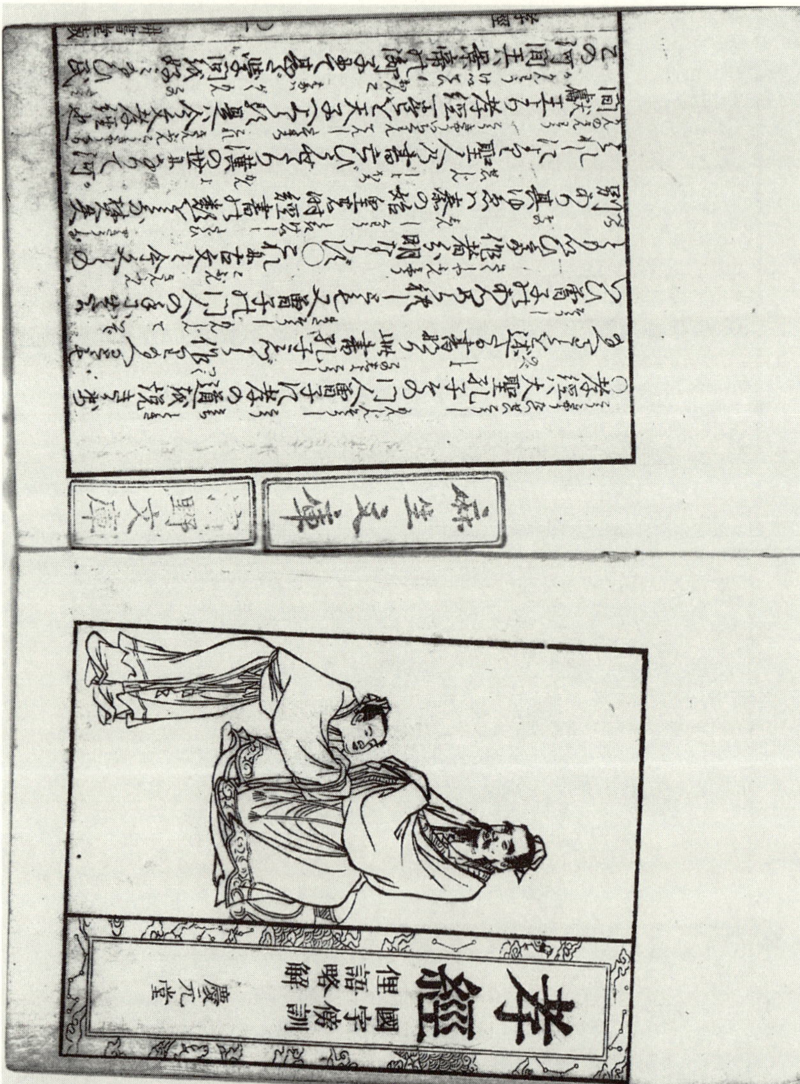

三五C1　又（孝経
平かな附／講釈入）
江戸慶元堂和泉屋庄次郎後印
半一

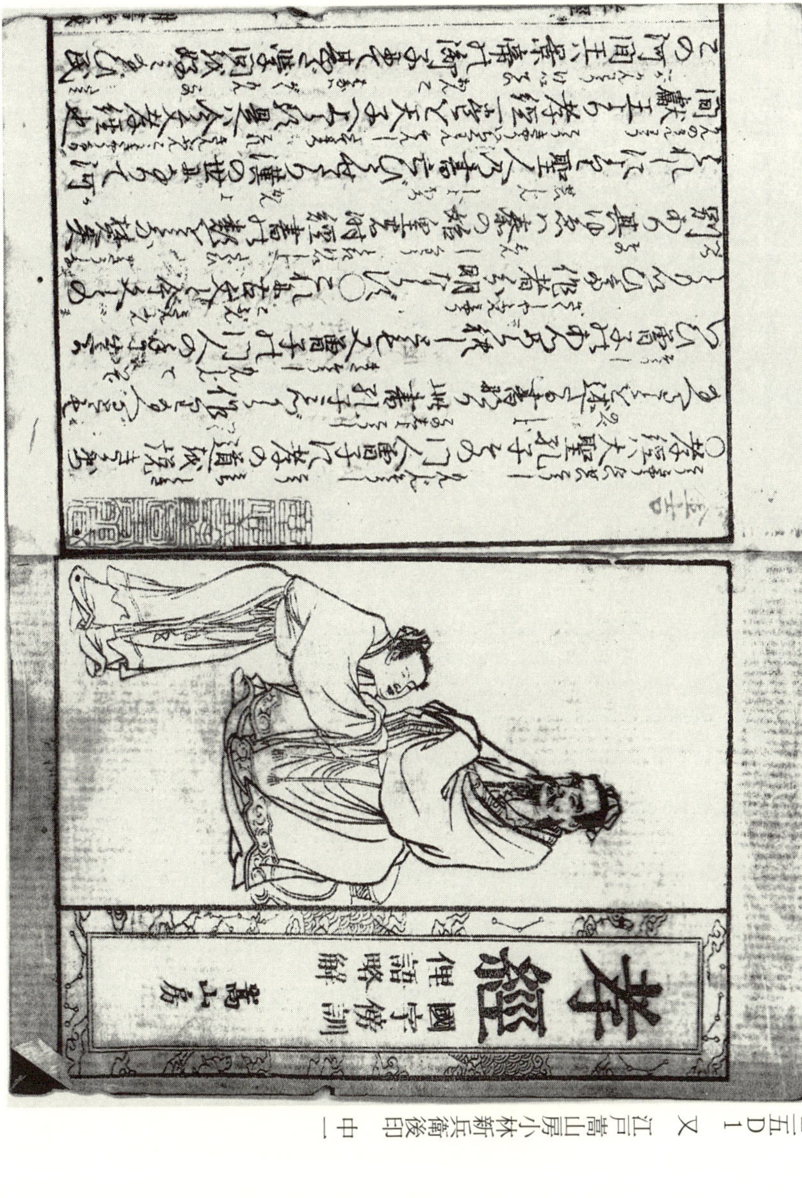

三五D1　又　江戸嵩山房小林新兵衛後印　中一

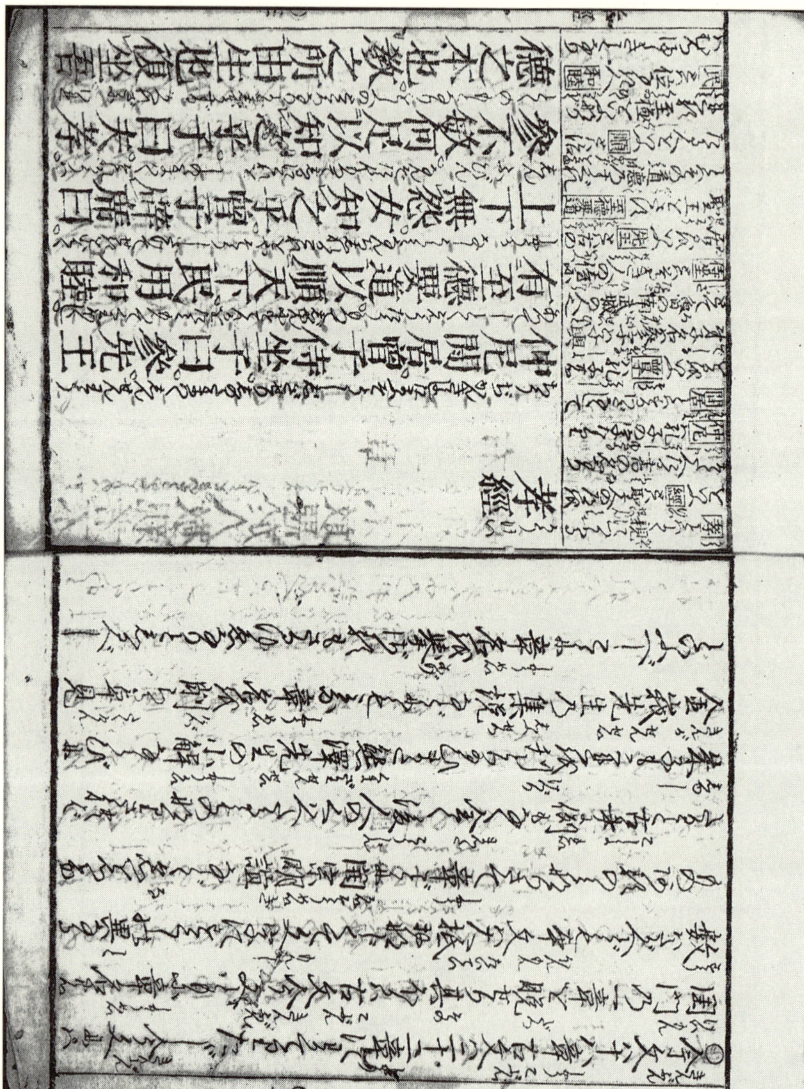
孝經
仲尼閒居曾子侍坐子曰參先王
有至徳要道以順天下民用和睦
上下無怨汝知之乎曾子辟席曰
參不敏何足以知之子曰夫孝
徳之本也教之所由生也復坐吾語

三五A2

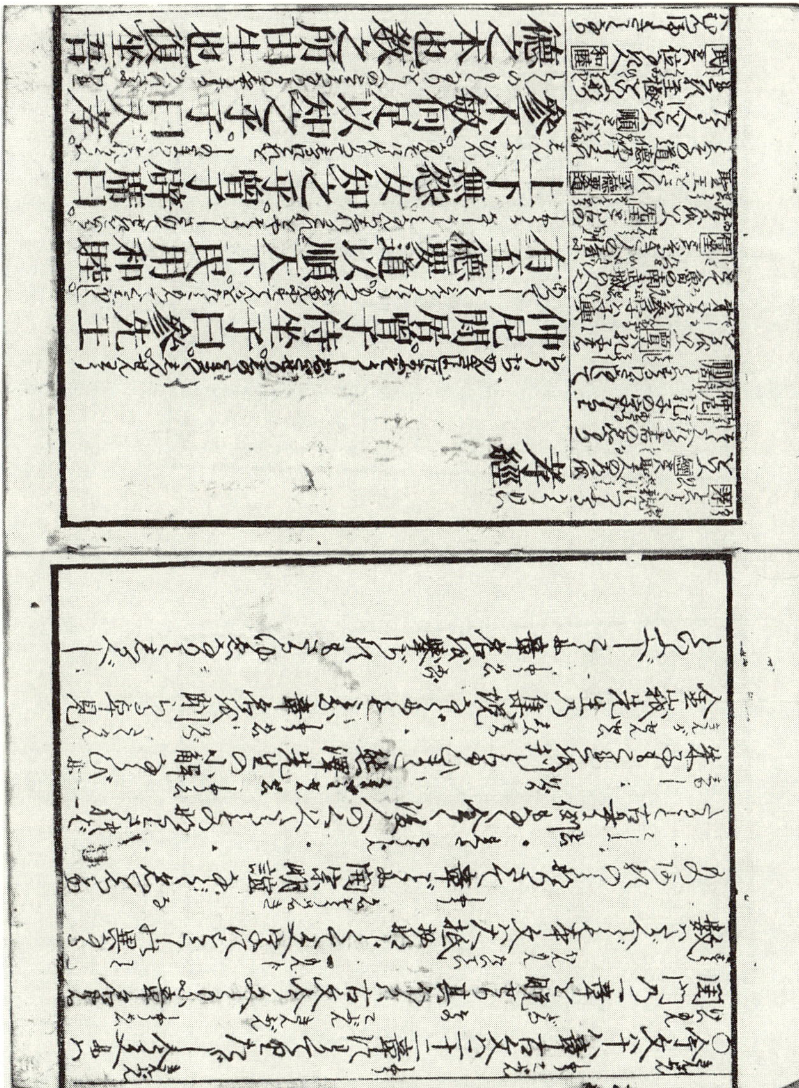
孝經

仲尼閑居曽子侍坐子曰參先王有至德要道以順天下民用和睦上下無怨汝知之乎曽子辟席曰參不敏何足以知之子曰夫孝德之本也教之所由生也復坐吾

三五B2

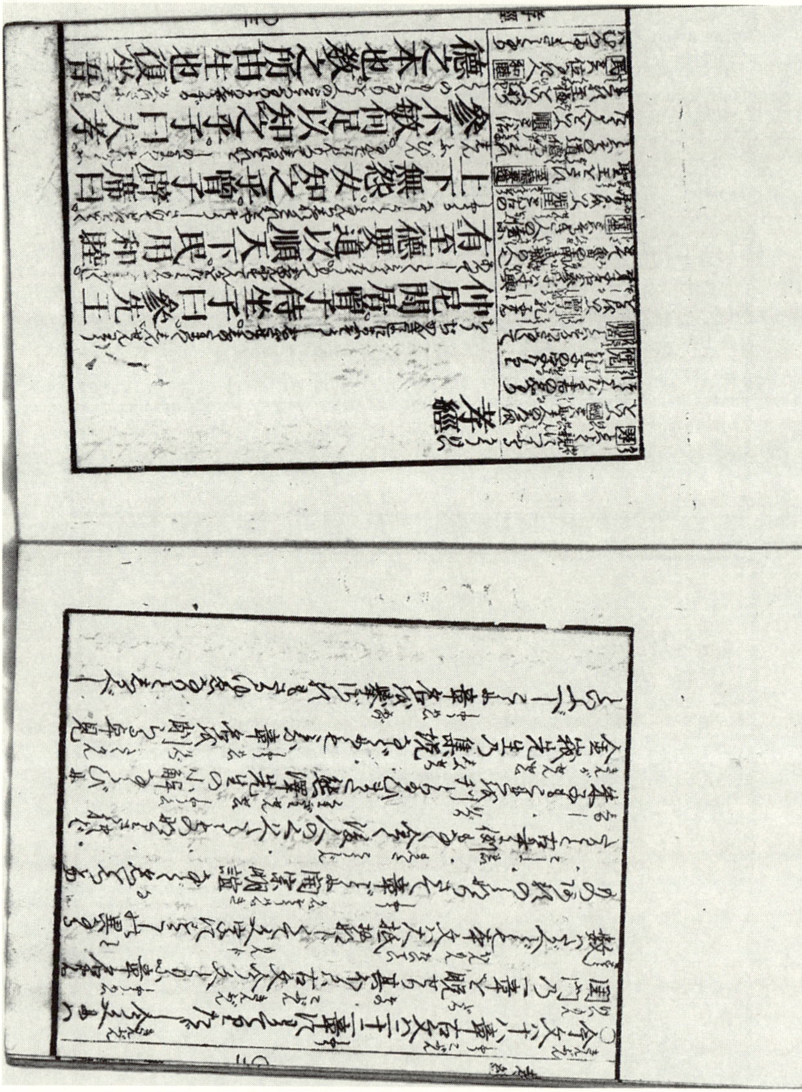
孝經
仲尼閒居曾子侍坐子曰參先王
有至德要道以順天下民用和睦
上下無怨汝知之乎曾子避席曰
參不敏何足以知之子曰夫孝
德之本也教之所由生也復坐吾

三五C2

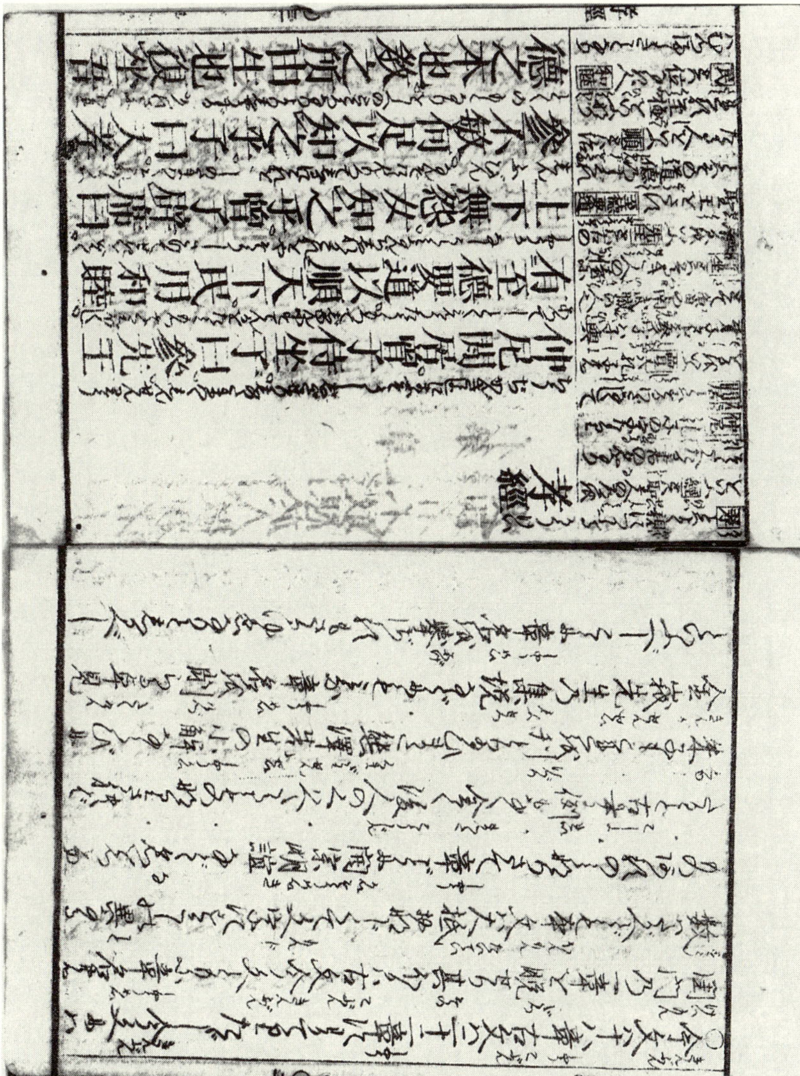
孝經
仲尼閒居曾子侍坐子曰参先王
有至徳要道以順天下民用和睦
上下無怨汝知之乎曾子避席曰
参不敏何足以知之子曰夫孝
徳之本也教之所由生也復坐吾語汝

三五D 2

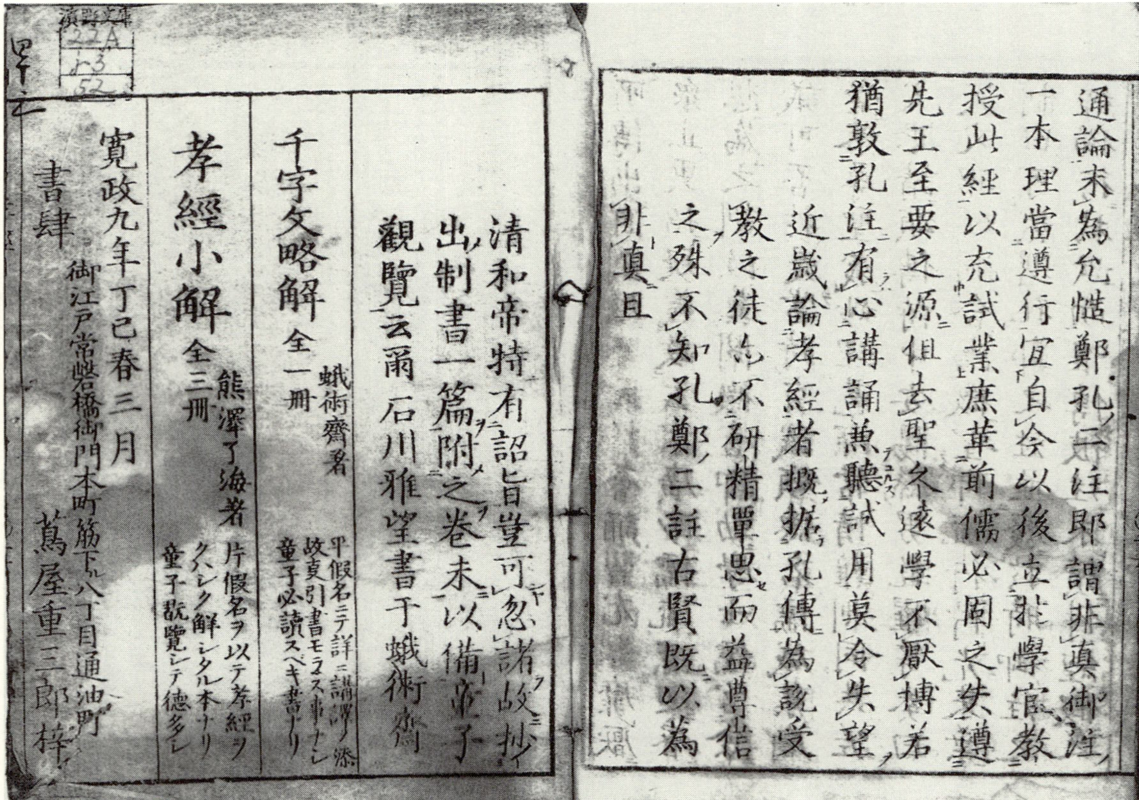

通論未為允愜鄭孔二注即謂非眞御注
一本理當遵行宜自今以後立於學官教
授此經以充試業庶華前儒必周之失遵
先王至要之源但去聖久遠學不厭博若
猶斅孔注有心講誦兼聽試用莫令失望
近歳論孝經者概據孔傳為説受
斅之徒亦不研精單思而益尊信
之殊不知孔鄭二註古賢既以為
非眞且
清和帝特有詔旨豈可忽諸故抄
出制書一篇附之巻末以備童子
観覧云爾 石川雅望書于蛾術齋
千字文略解 全一冊 蛾術齋著
平假名ニテ詳ニ講釋ヲ添 故事引書モヲス事ナシ 童子必讀スベキ書ナリ
孝經小解 全三冊 熊澤了海著
片假名ヲ以テ孝經ヲ久しく解シタル本ナリ 童子読覧シテ徳多シ
寛政九年丁巳春三月
御江戸常盤橋御門本町筋下ル八丁目通油町
書肆 蔦屋重三郎梓
濱野文庫 22A 163 52

三五A3

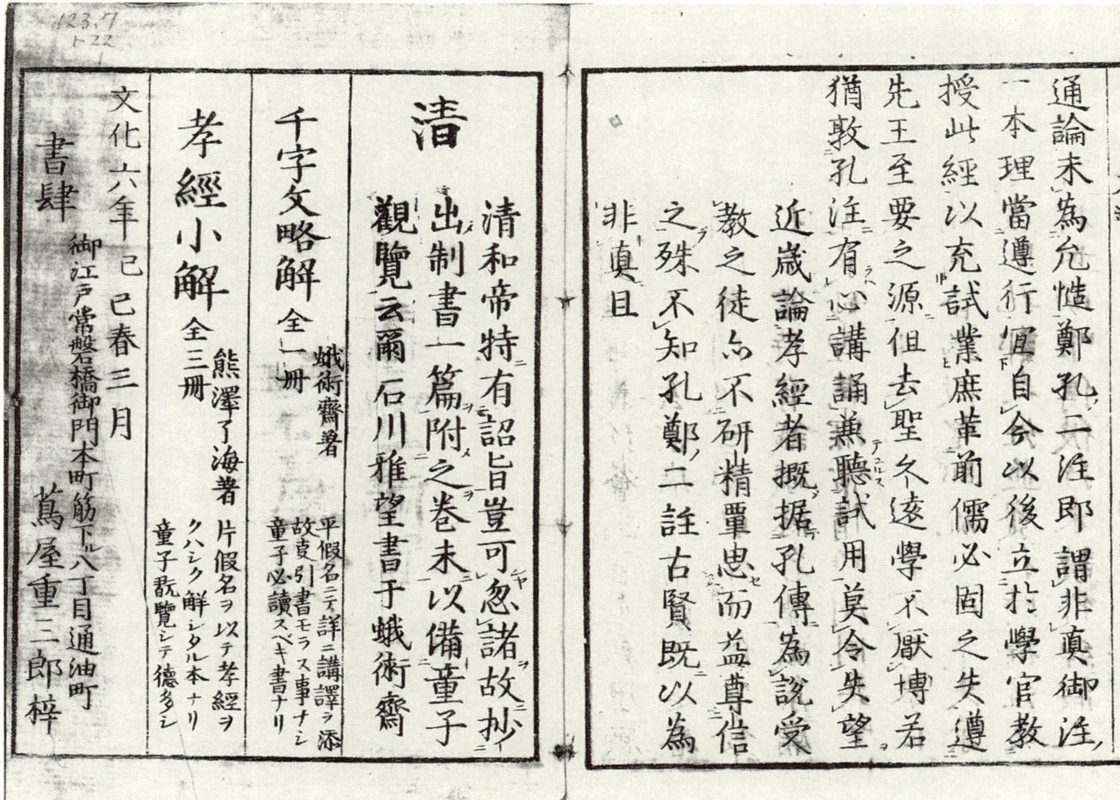
通論末爲允愷鄭孔二注即謂非眞御注一本理當遵行宜自今以後立於學官教授此經以充試業庶華蕳儒必固之失遵先王至要之源但去聖冬遠學不厭博若猶敎孔注有心講誦兼聽試用莫令失望

近歲論孝經者槪據孔傳爲說受敎之徒亦不硏精覃思而益尊信之殊不知孔鄭二註古賢既以爲非眞且

清

清和帝特有詔旨豈可忽諸故抄出制書一篇附之卷末以備童子觀覽云爾石川雅望書于蛾術齋

千字文略解　全一册　蛾術齋著
平假名ニテ詳ニ講譯ヲ添故吏引書モラスヿナシ童子必讀スベキ書ナリ

孝經小解　全三册　熊澤了海著
片假名ヲ以テ孝經ヲクハシク解シタル本ナリ童子翫覽シテ德多シ

文化六年己巳春三月

書肆　御江戸常盤橋御門本町筋下ル八丁目通油町　蔦屋重三郎梓

三五B3

通論末為允愜鄭孔二注即謂非真御注
一本理當遵行宜自今以後立於學官教
授此經以充試業庶革前儒必固之失遵
先王至要之源但去聖彌遠學不厭博若
猶教孔注有心講誦兼聽試用莫令失望
近歳論孝經者概據孔傳為說受
教之徒亦不研精覃思而益尊信
之殊不知孔鄭二註古賢既以為
非真且

清和帝特有詔旨豈可忽諸故抄
出制書一篇附之卷末以備童子
觀覽云爾石川雅望書于蛾術齋

文化六年己巳春三月
書肆　江戸浅草新寺町
和泉屋庄次郎

文化六年己巳春三月　書肆
　　　　　　　　　江戸日本橋通
　　　　　　　　　　二丁目
　　　　　　　　　　　　　　　新兵衛

也、清和帝特有觀覽、制曰爾書一部附有右備之一套目錄雜書書以恣叡覽子孫備詢故籍

擬王此本論未經理奎以僅為危
敷孔聖經以備之元氏試行足家
注往有之源迢集講論纂自為孔
要歲擬亦儒者兼為輔以往
珠之従己不經論之聖朝逐儒
教從不儒知乎靡耽浮據權擬以經
非祖敷之従乎亦稱較事動後譌
之經孔經傳注蹟仍立諸不
以擬豈書事以書為國非重
備書語然為既博之學御
為俗章既敷集藝學重數
信譌子望譌道

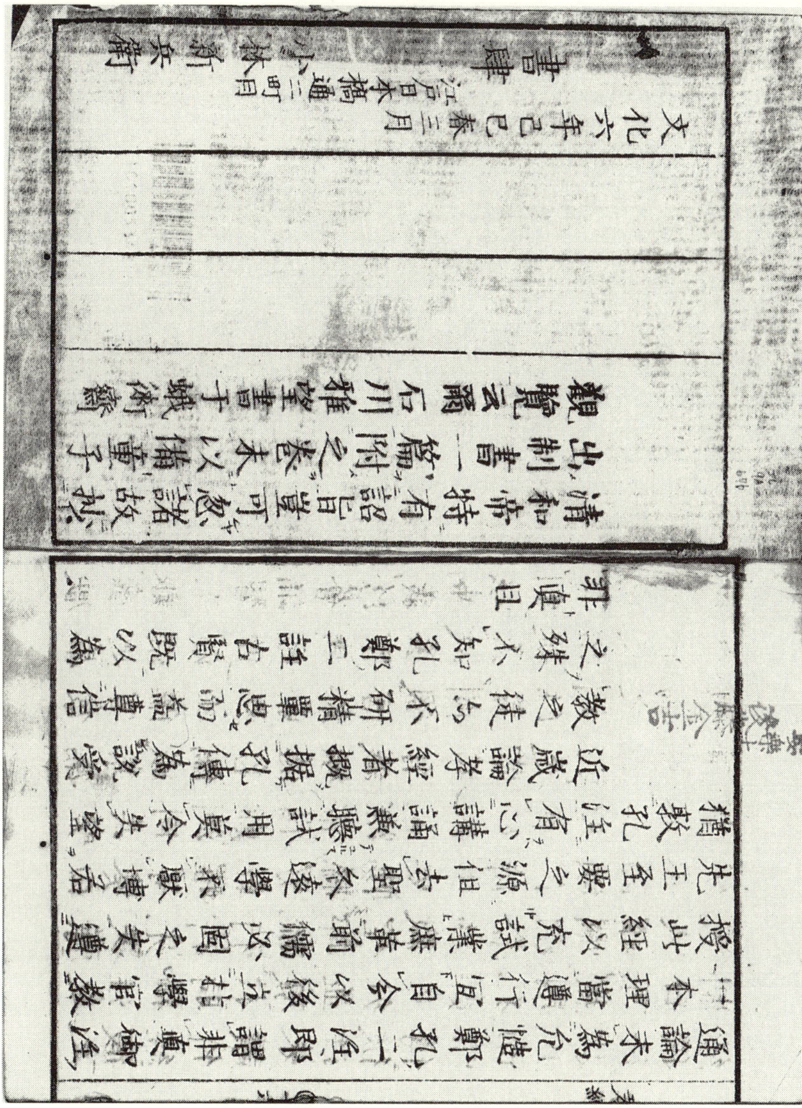

三六C

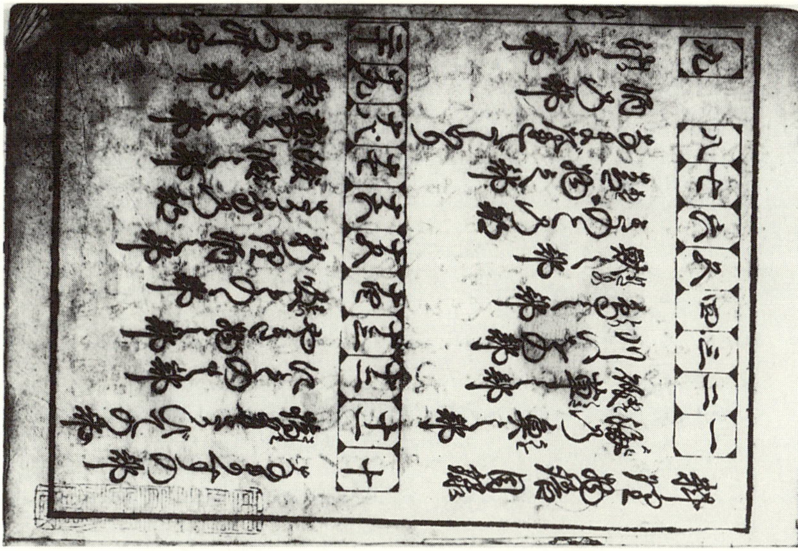

三六C1　同　寛文四年七月江戸松会衛刊　中一

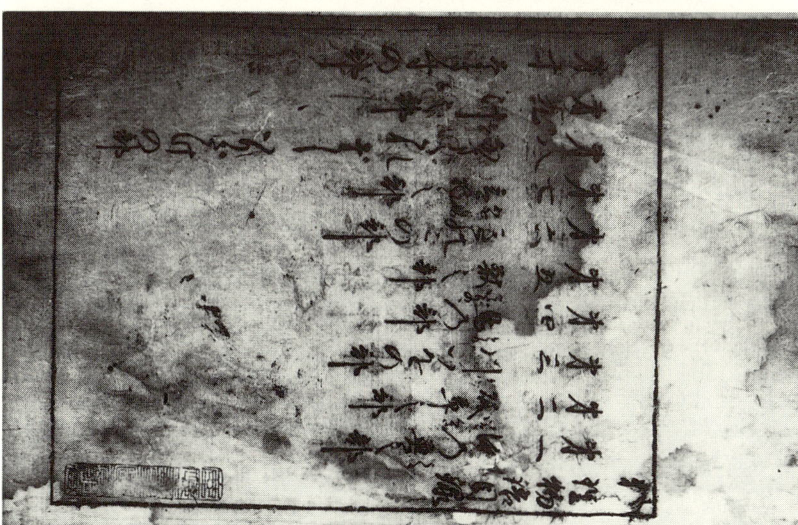

三六A1　料理物語　寛永二〇年二月跋刊　大一

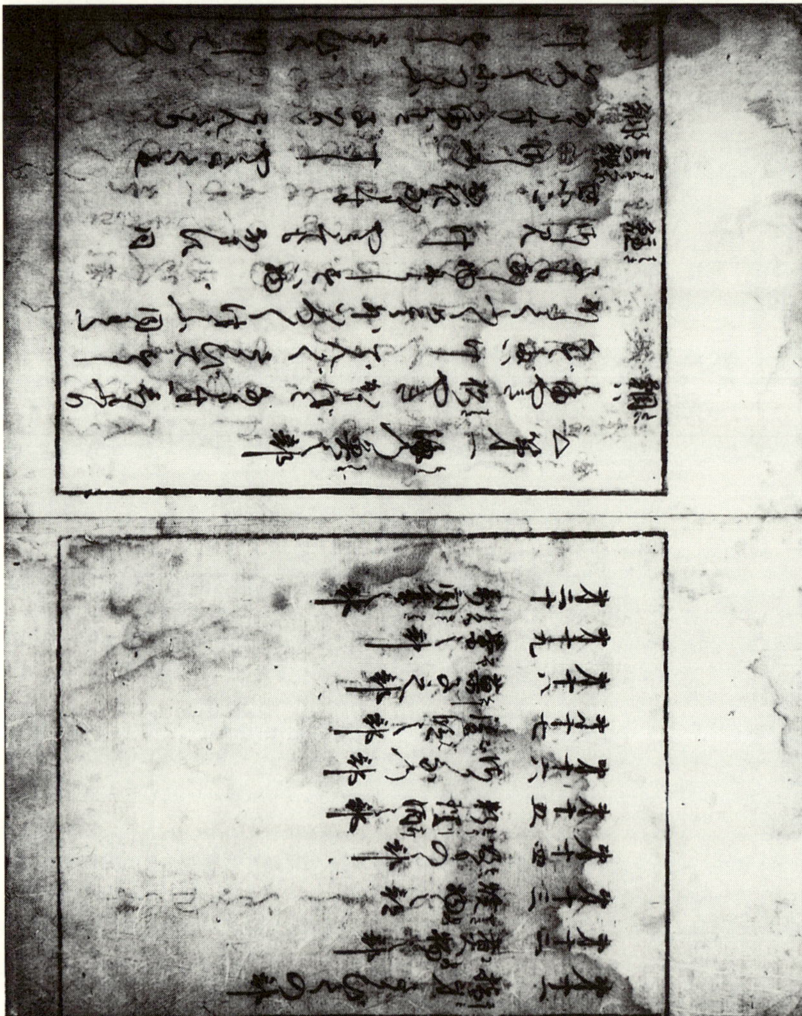

三六A 2

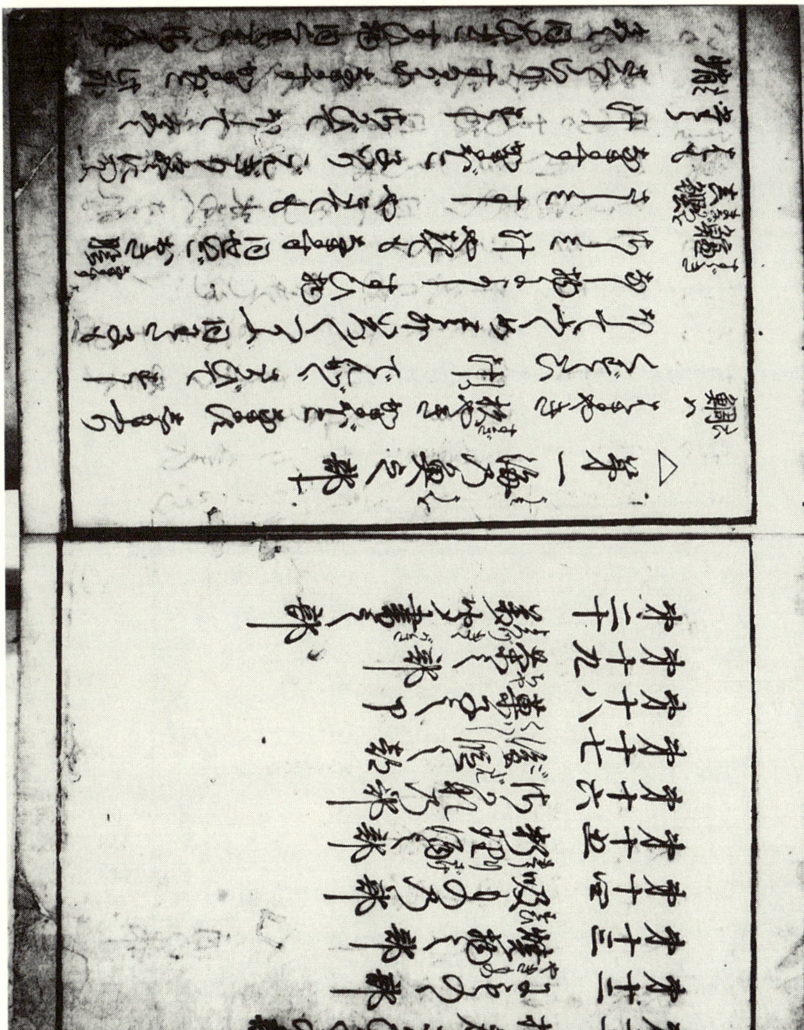

三六B1　同　正保四年四月刊　半一

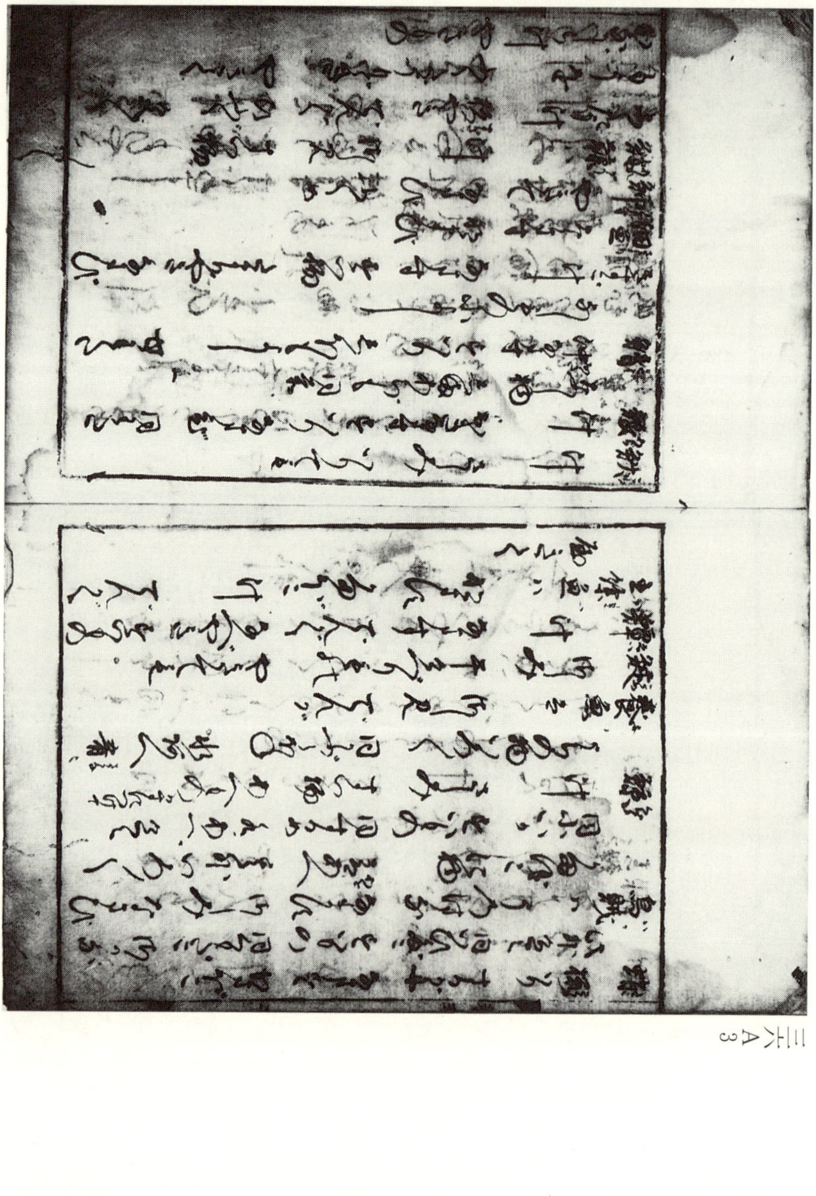

三六A 3

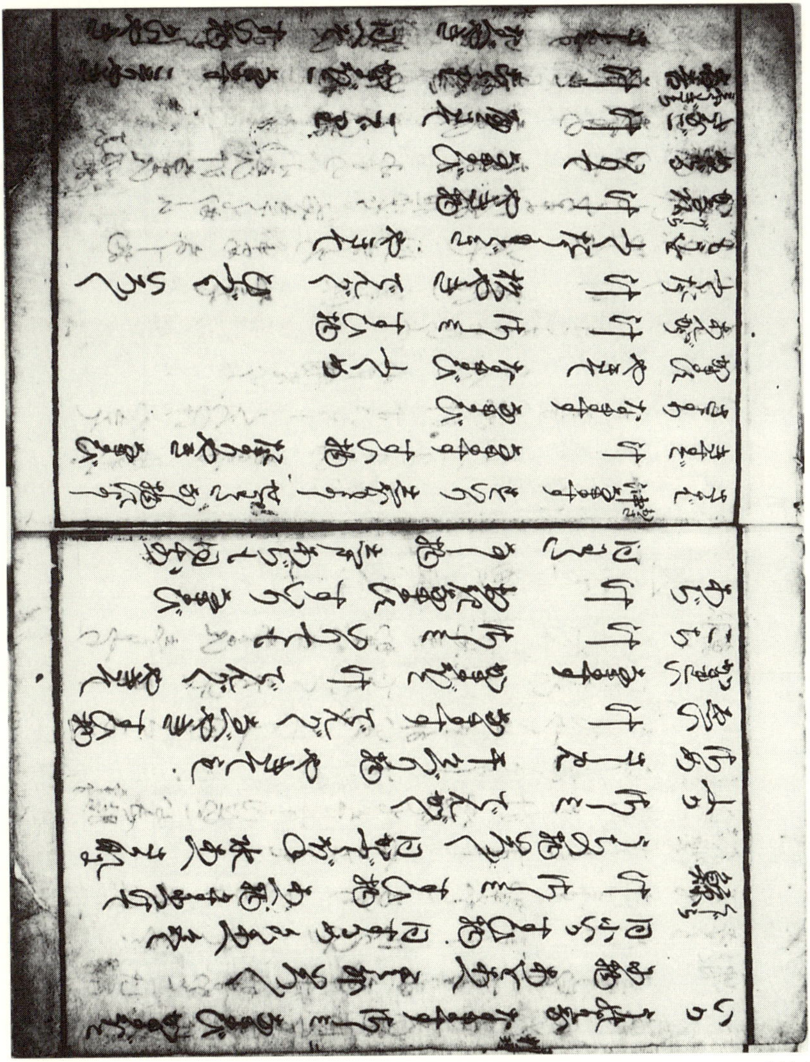

三六B2

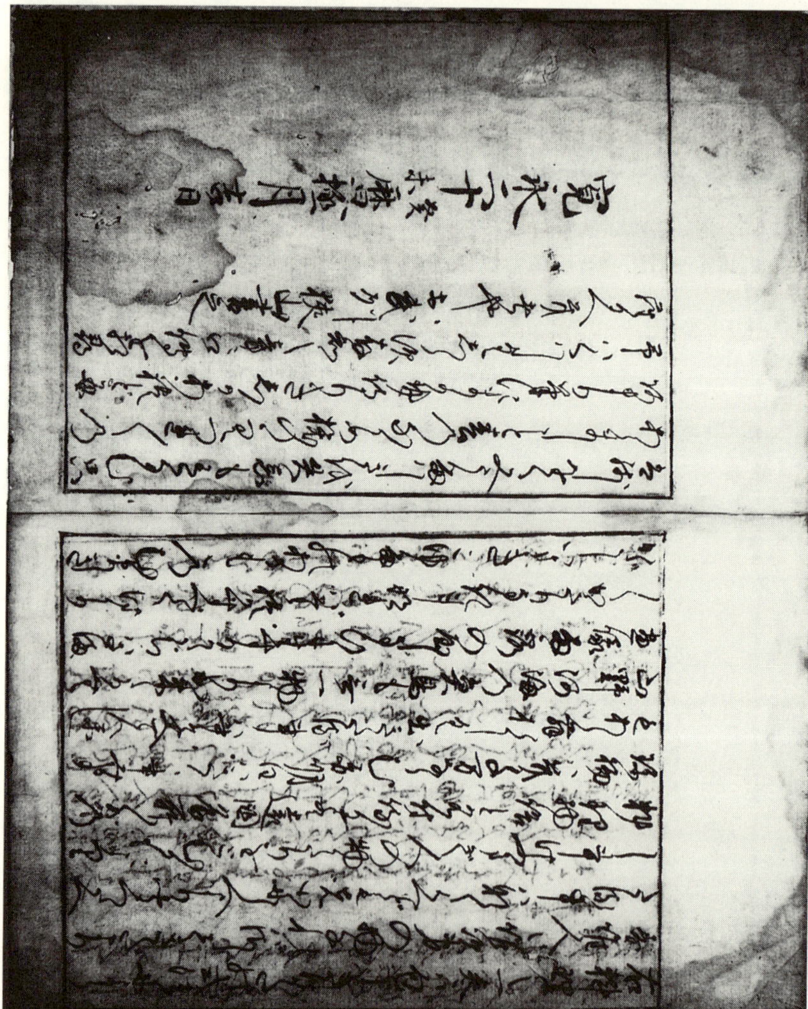

三六A4

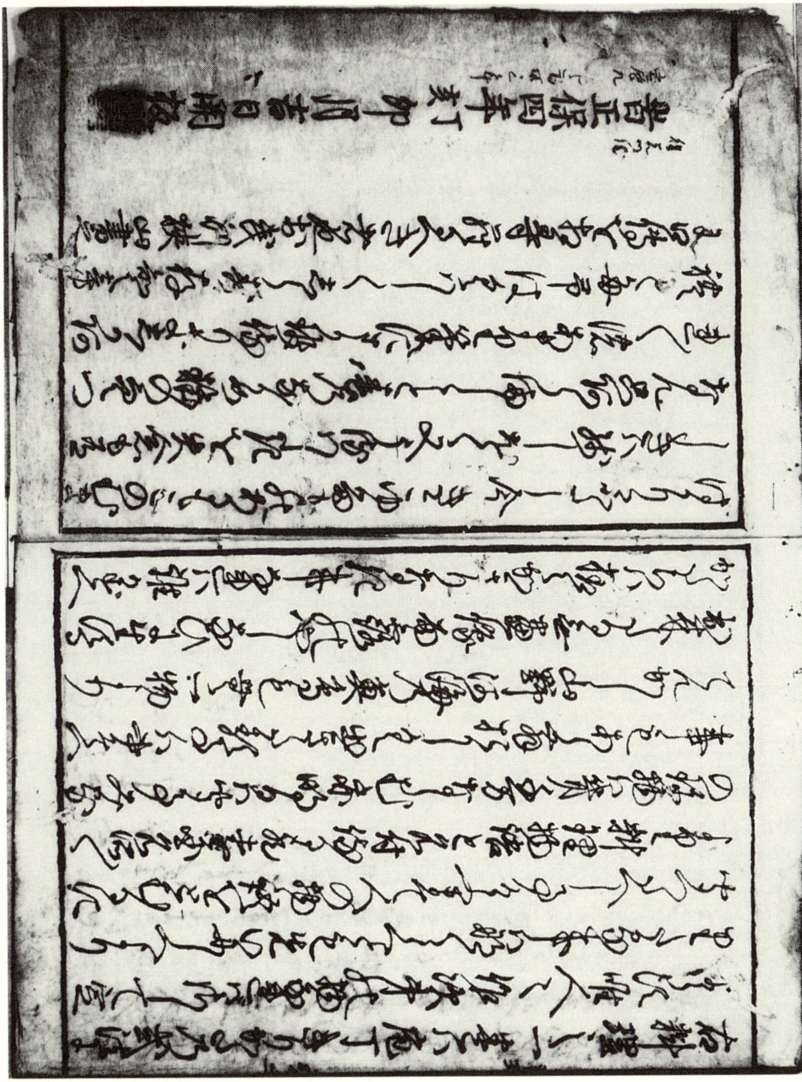

三六B3

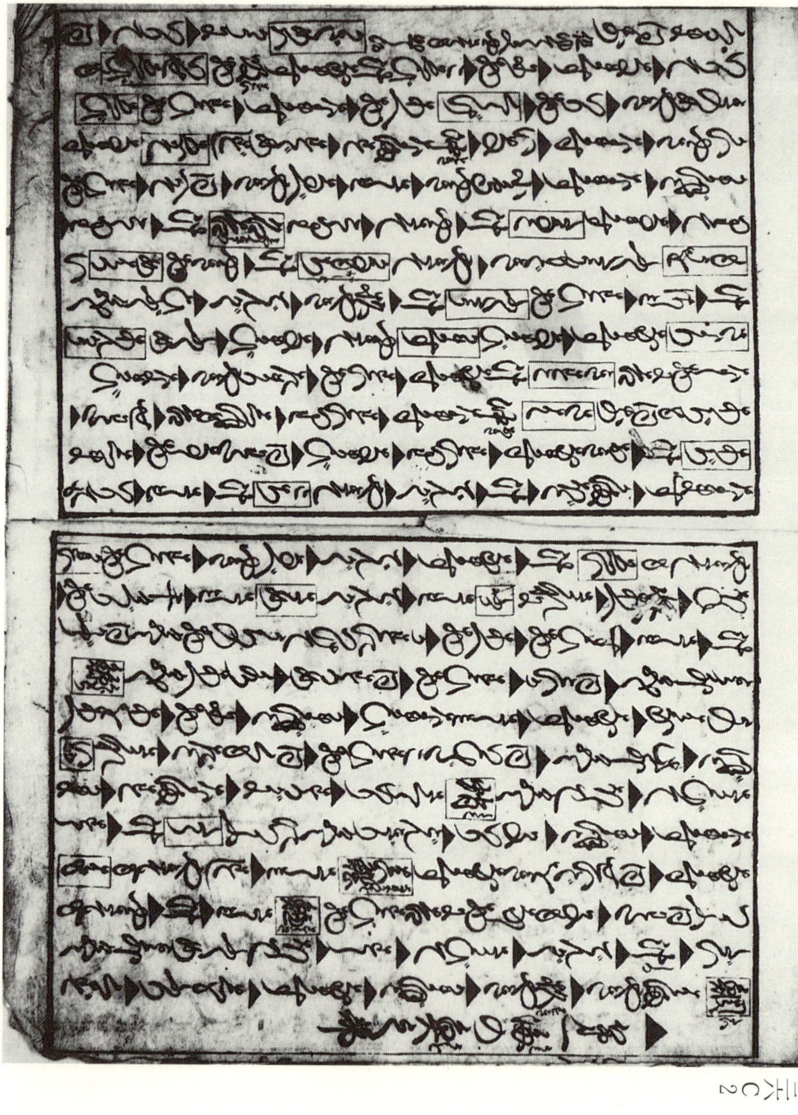

三六C2

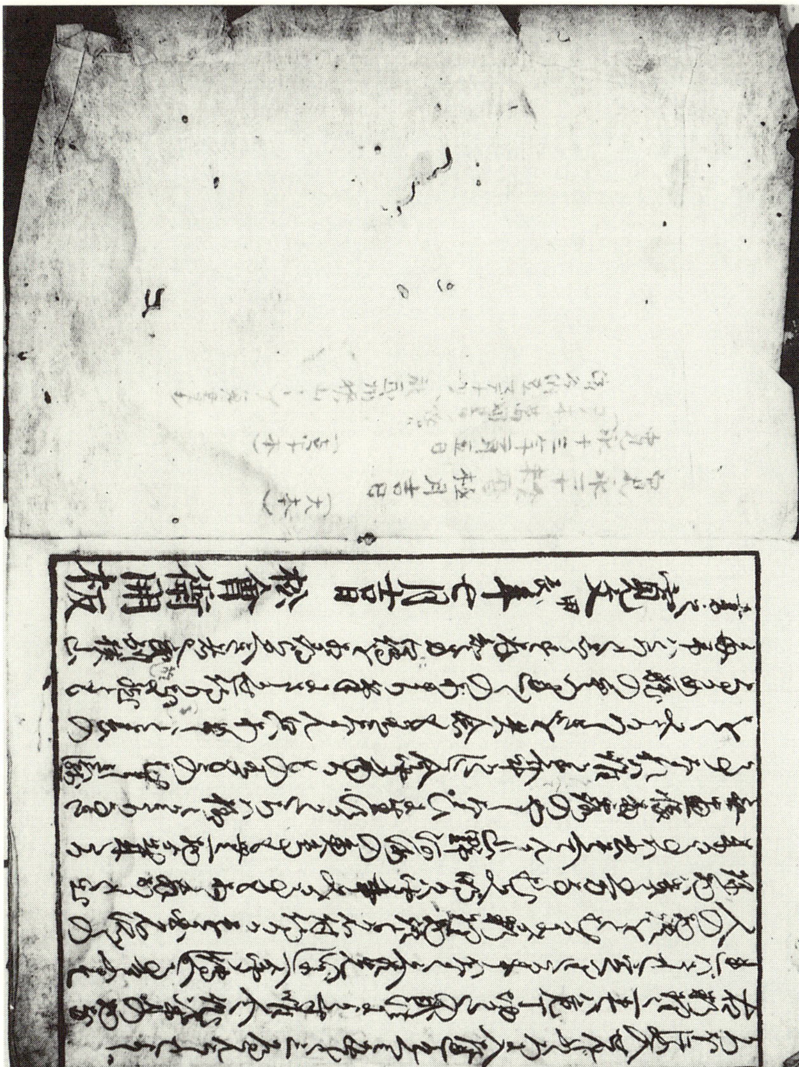

三六C3

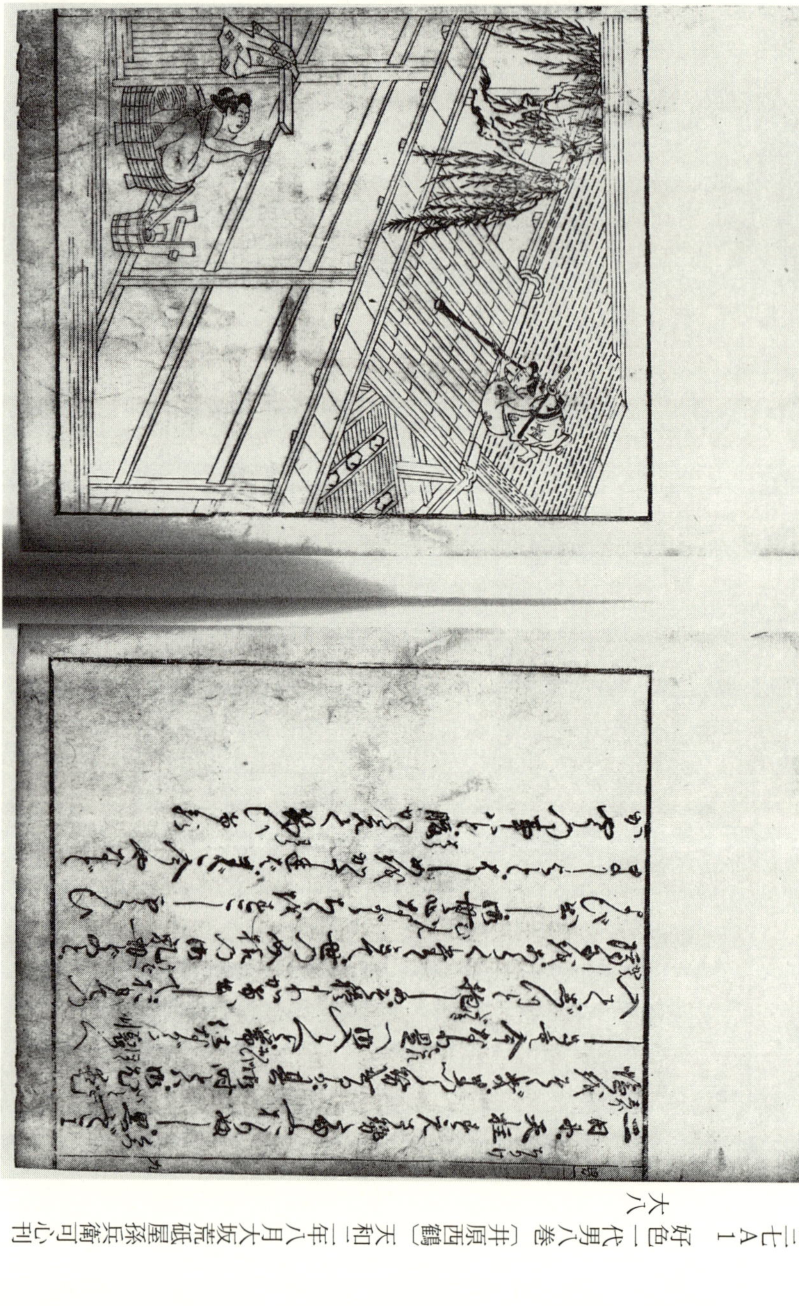

三七A 1

大八

好色二代男八巻〔井原西鶴〕天和二年八月大坂荒砥屋孫兵衛可心刊

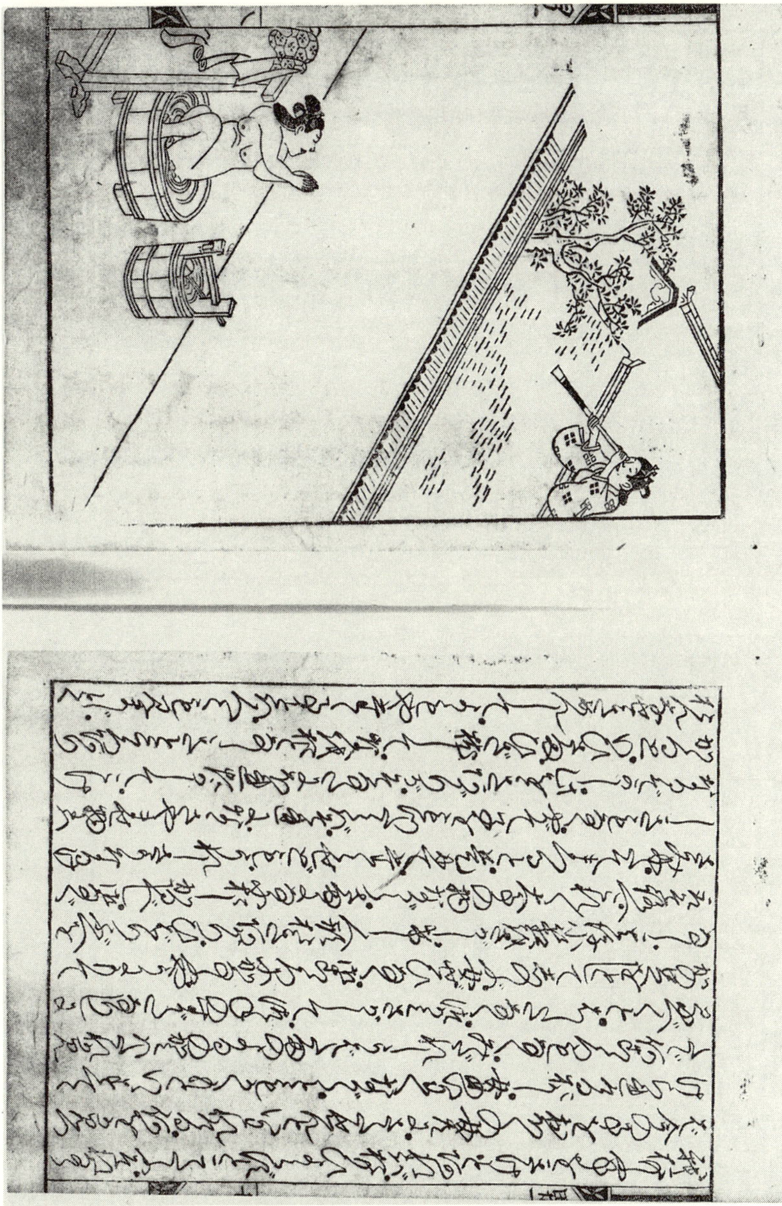

三七B1　同　貞享二年三月江戸川崎七郎兵衛刊　半八

七 B 2

日本橋南詰
二丁目川瀬石衛門町
大和錦
薬師河岸
吉左衛門
町師直

國技大光甲 安藤三月上旬

七 A 2

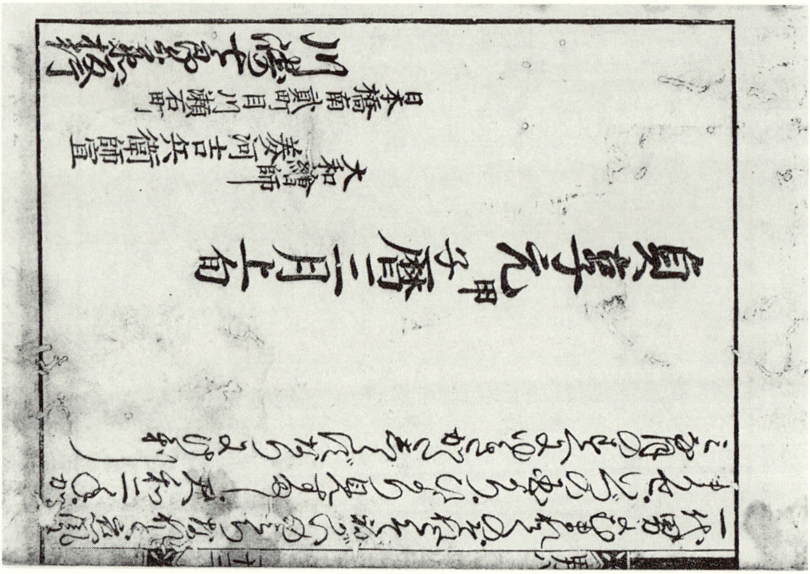

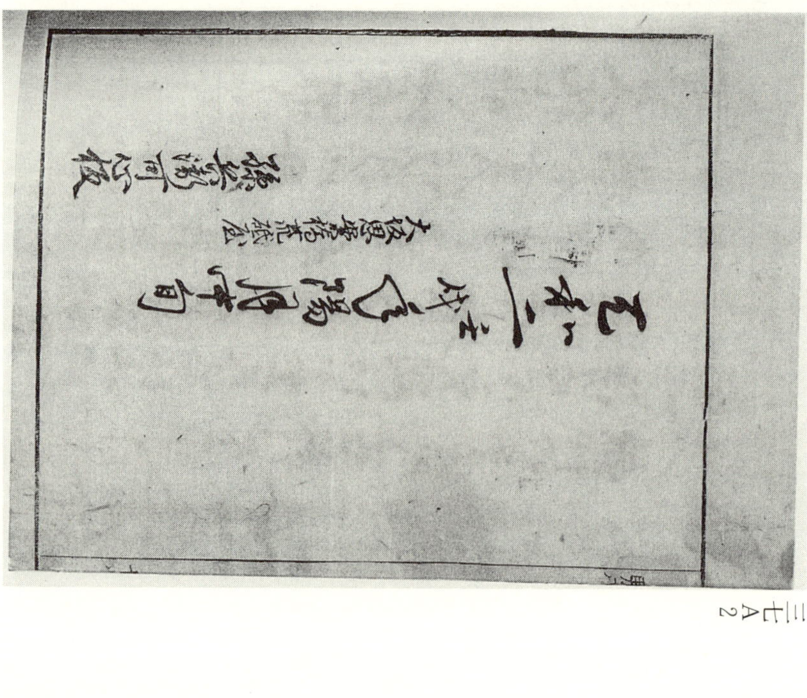

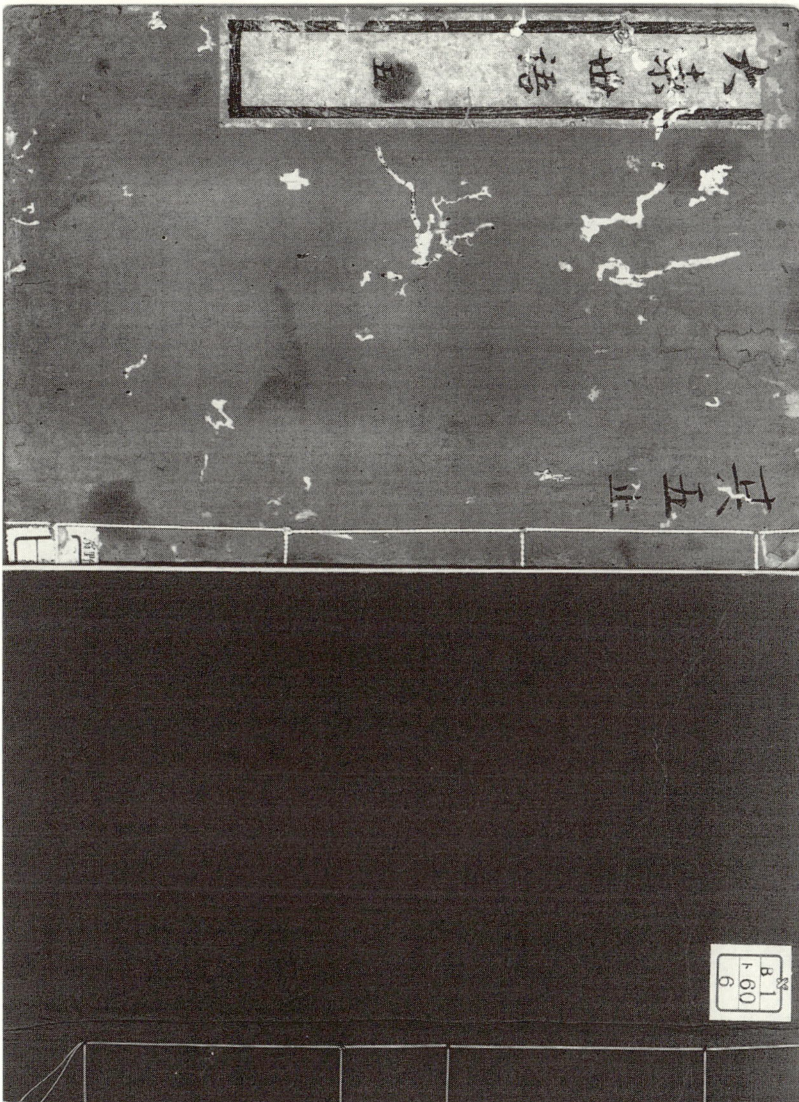

三八A（四二）唐詩選七巻并附録 明李攀龍撰 蔣一葵注 陳継儒校 明万暦四二年一月跋刊 唐大六

三八B（三九）大東世語五巻 服部南郭（元喬）寛延三年三月静斎蔵板〔江戸嵩山房小林新兵衛印行〕 大五

大東世語序

余觀臨川氏之業別

一家其於世說亦猶晉人之於

談也其已更臨川耶而已更晉

耶抑何難為繼也蓋嗣稱創

調云夫以晉代之俗風氣所靡

唯談是競靡不珠玉以援琳琅

三九2

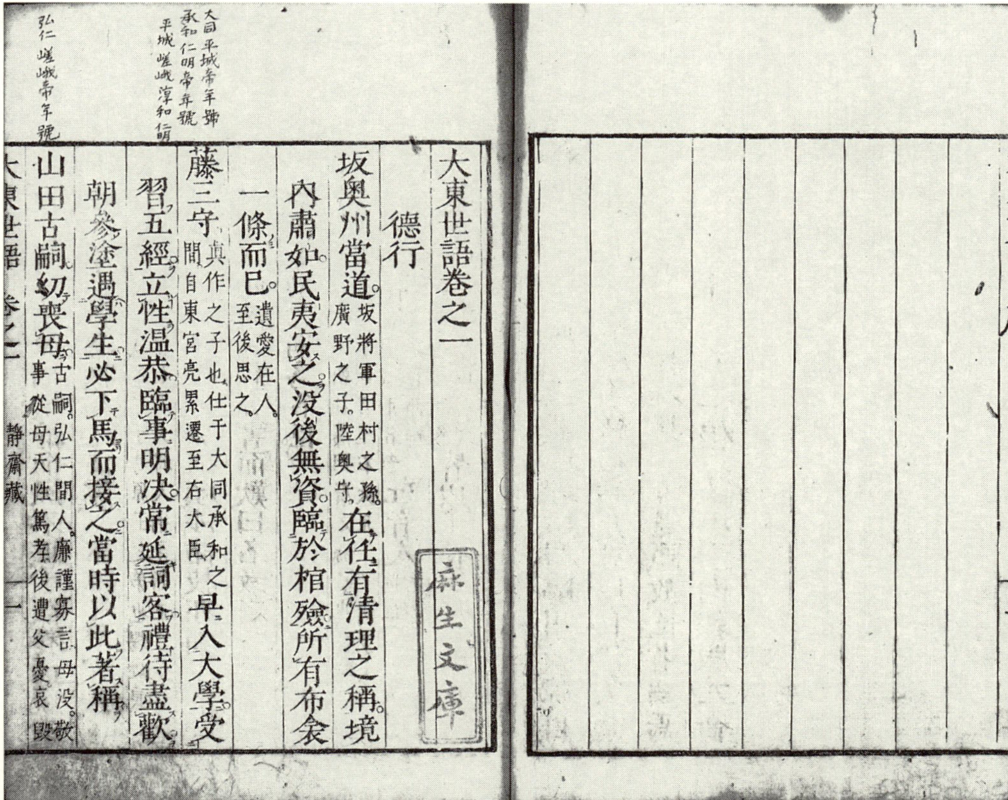
大同 平城帝年號
承和 仁明帝年號
平城 嵯峨 淳和 仁明
弘仁 嵯峨帝年號

大東世語巻之一

徳行

坂奥州當道。坂将軍田村之孫、廣野之子。陸奥守。在任有清理之稱。境內粛如。民夷安之。没後無資。臨於棺殮、所有布衾一條而已。遺愛在人、至後思之。

藤三守 真作之子也。仕于大同承和之間。自東宮亮累遷至右大臣。早入大學、受習五經。立性温恭、臨事明決。常延詞客、禮待盡歡。朝參途遇學生、必下馬而接之。當時以此著稱。

山田古嗣幼喪母。古嗣、弘仁間人。廉謹寡言。母没、敬事從母。天性篤孝、後遭父憂、哀毀

大東世語 巻之二 静斎蔵 一

麻生文庫

大東世語序

源大將軍猜忌廷尉遂至不協乃謂人曰吾嘗欲試
諸弟堪將者遣西征豫設湯匜熾熱其提臨盥呼
諸弟注皆駭其熾手舍而退至九郎手捉熱提神
色不變徐注至畢果將有大功然非久屈吾下者

大東世語巻之五終

靜齋藏刊

寛延三庚午春三月日

江都　書肆嵩山房

小林新兵衛發行

四〇A1
二十一代集
正保四年三月京吉田四郎右衛門尉刊
大五六

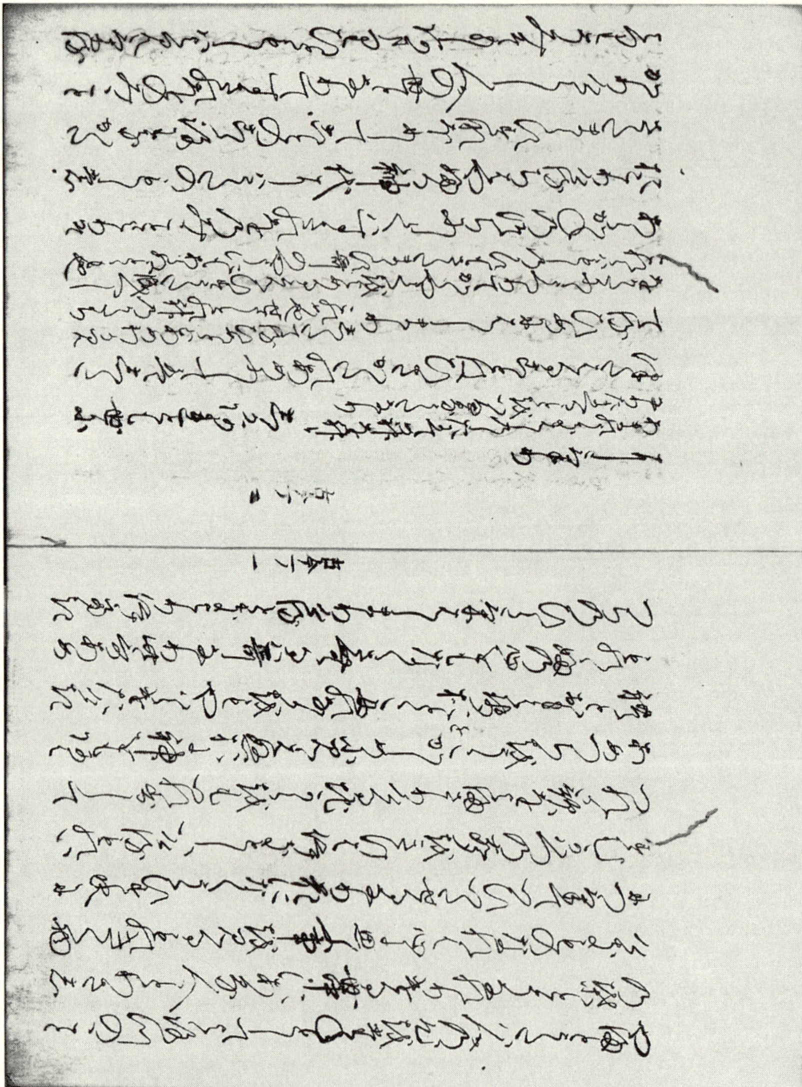

四〇A 2

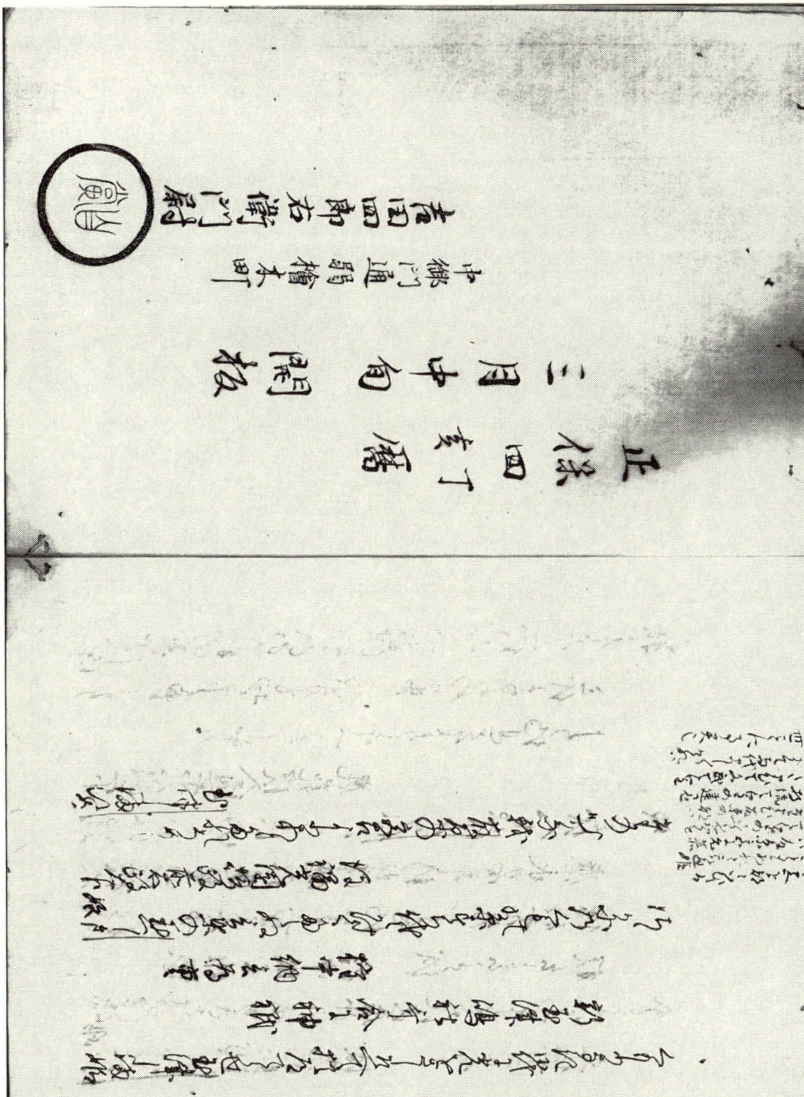

四〇A3

四〇B1　伊勢物語　寛文一一年一一月京八尾市兵衛印カ　大一

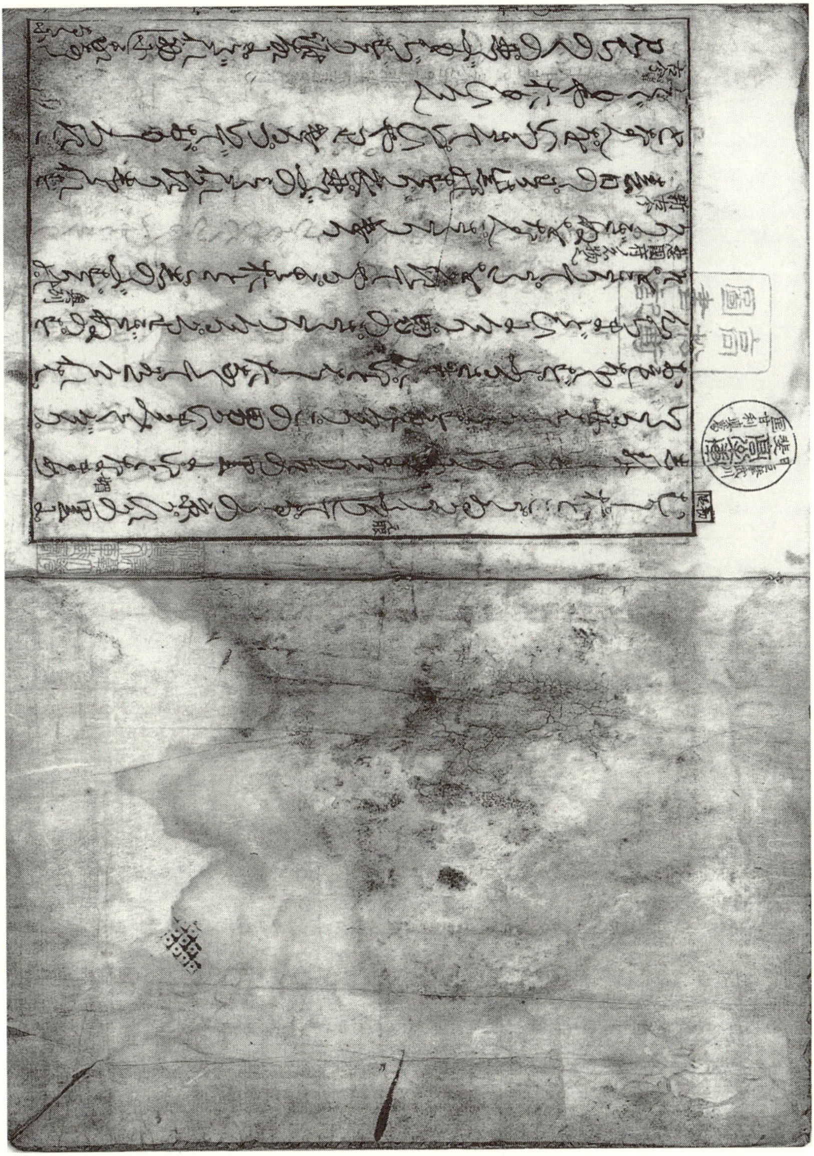

四〇B2

寛文十一年辛亥霜月吉日
八尾市兵衛鏤刊

四〇B3

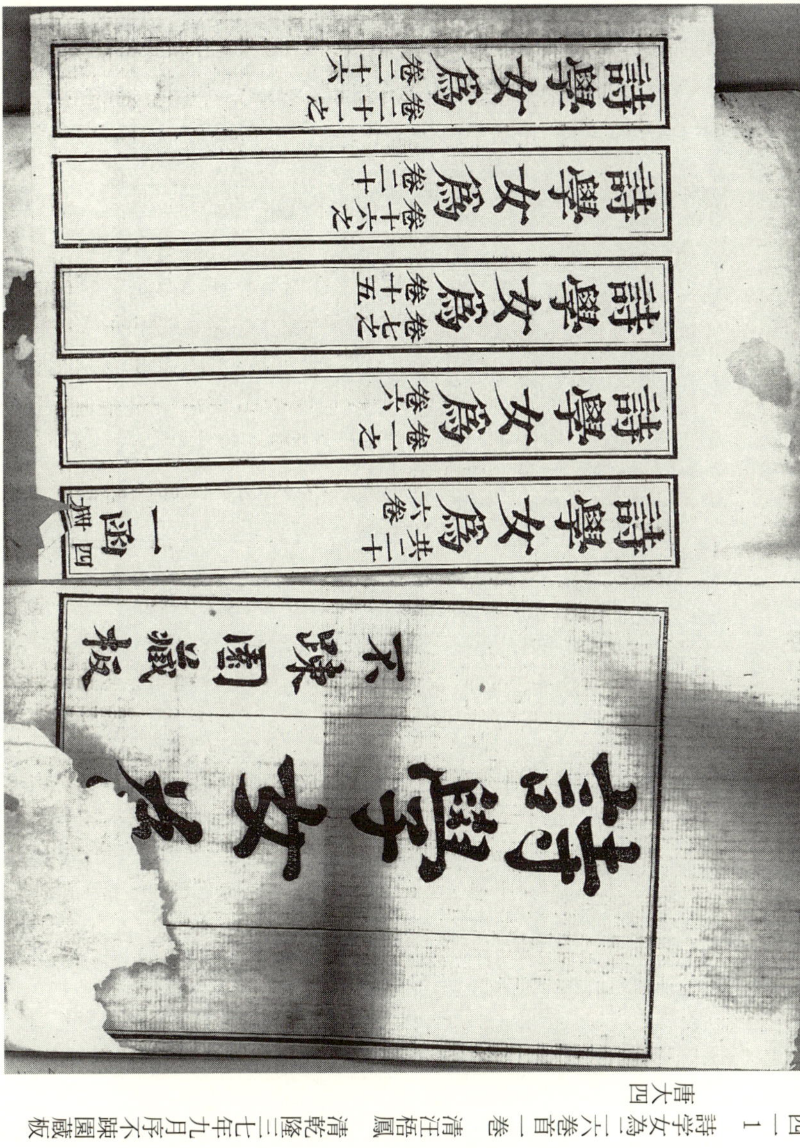

唐大四

四一一　詩学女為二六巻首一巻　清汪梧鳳　清乾隆三七年九月序不踈園蔵板

塞||||　紅牙縷馬（岑參玉門關蓋將軍歌）野草繡
謂之塞也　寞紫羅襦||||對擲蒲玉
盤纖手撒作盧象　擷梟盧白（薛季宣摴蒱詩）一局開尊
中誇道不曾輸　五木經||||意寘寘
出妓解帶（南唐近事）嚴續相公歌姬唐鎬給事通犀帶
皆一代之尤物也唐有慕姬之色嚴有欲帶
之心因雨夜相第有呼盧之會唐適預焉嚴命||||
較勝於一擲舉座屏氣觀其得失六骰數巡唐彩大勝唐
乃酌酒命美人歌一曲以別相君
宴罷拉而偕去相君悵然遣之

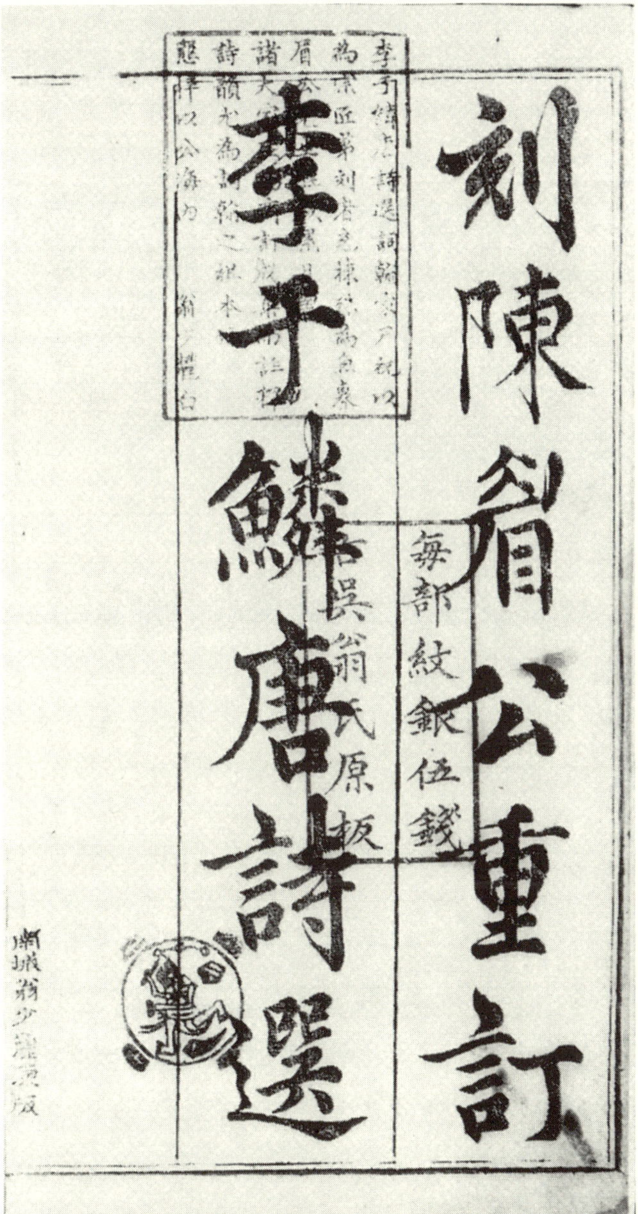

四二一1　唐詩選七巻并附録　明李攀龍撰　蔣一葵注　陳継儒校　明万暦四一年一月跋刊　唐大六

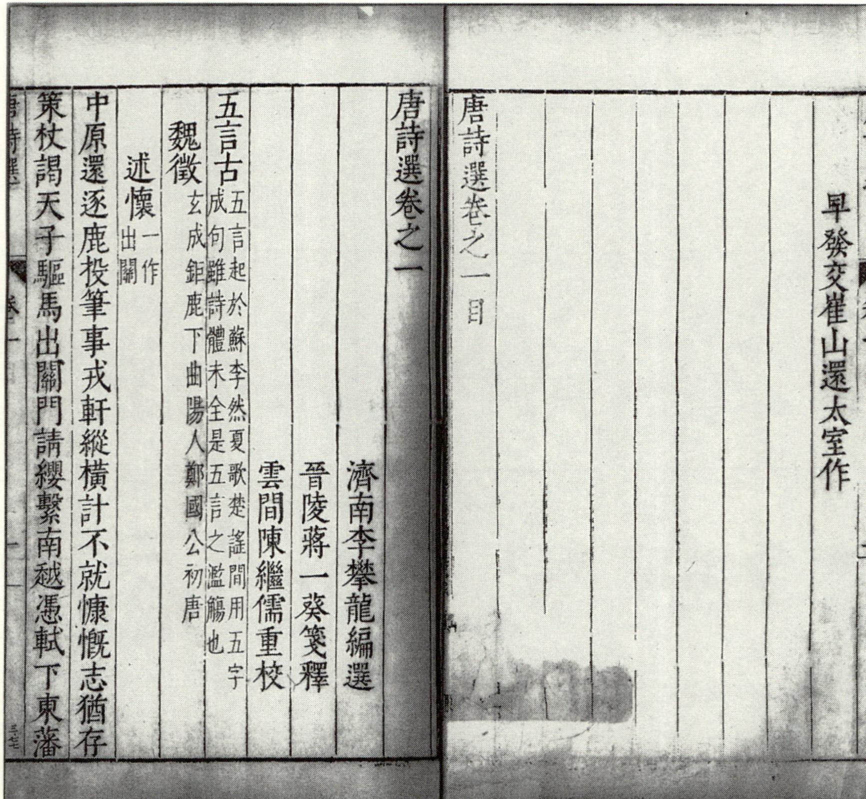

唐詩選卷之一　目

早發交崔山還太室作

唐詩選卷之一

濟南李攀龍編選

晉陵蔣一葵箋釋

雲間陳繼儒重校

五言古　五言起於蘇李然夏歌楚謠間用五字成句雖詩體未全是五言之濫觴也

魏徵　玄成鉅鹿下曲陽人鄭國公初唐

述懷　一作出關

中原還逐鹿投筆事戎軒縱橫計不就慷慨志猶存

策杖謁天子驅馬出關門請纓繫南越憑軾下東藩

四二一3

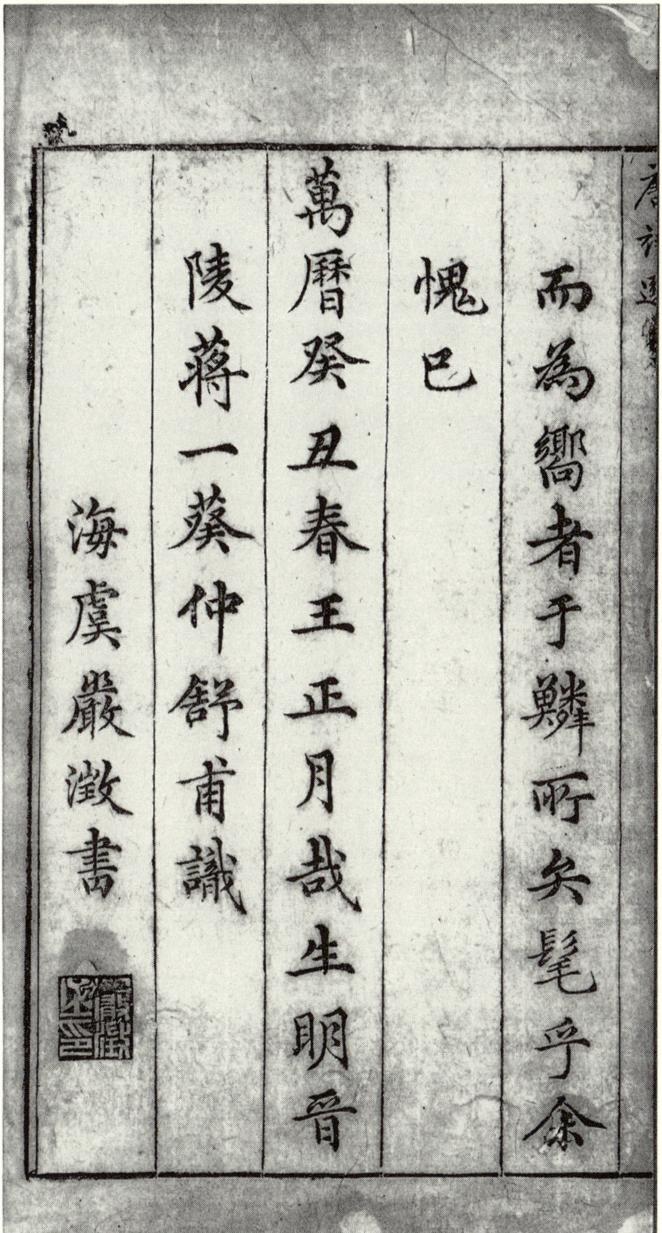

而爲嚮者于鱗所矣髦乎余
愧已
萬曆癸丑春王正月哉生明晉
陵蔣一葵仲舒甫識
海虞嚴澂書

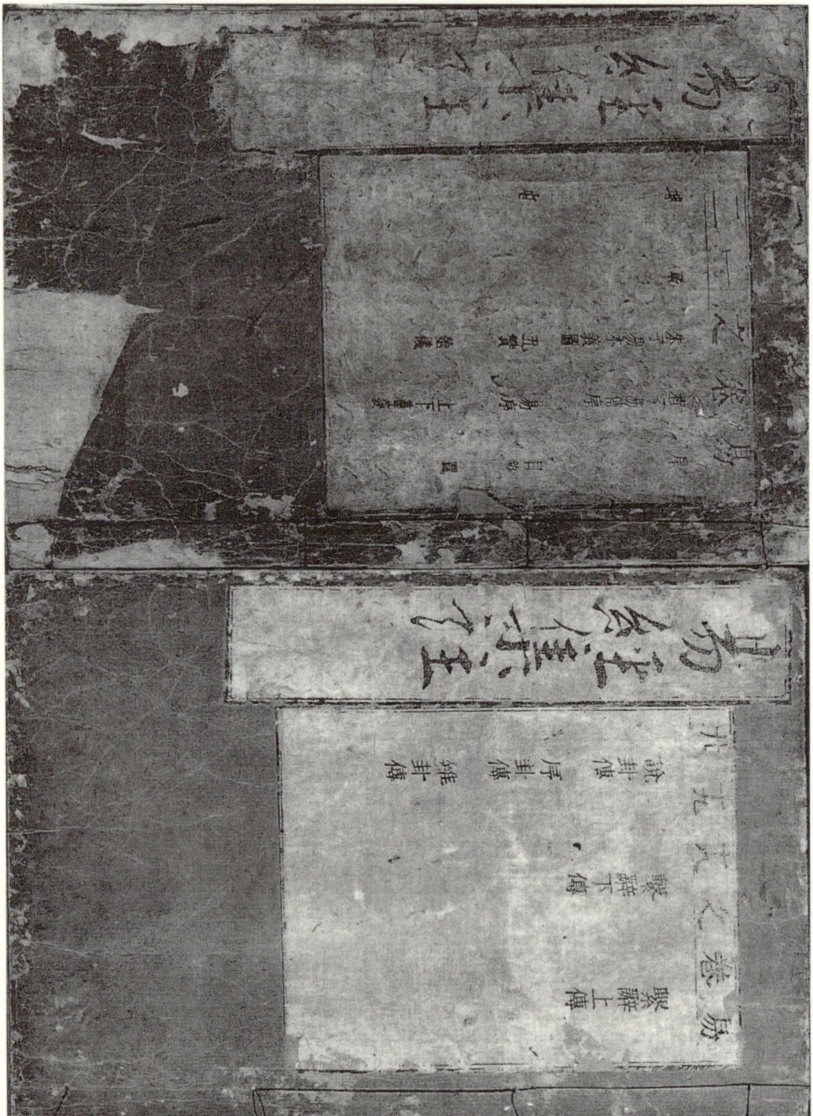

四三1　易経集註二〇巻首一巻　宋朱熹　寛文三年一月京野田庄右衛門印　大
一〇　五経集註零本

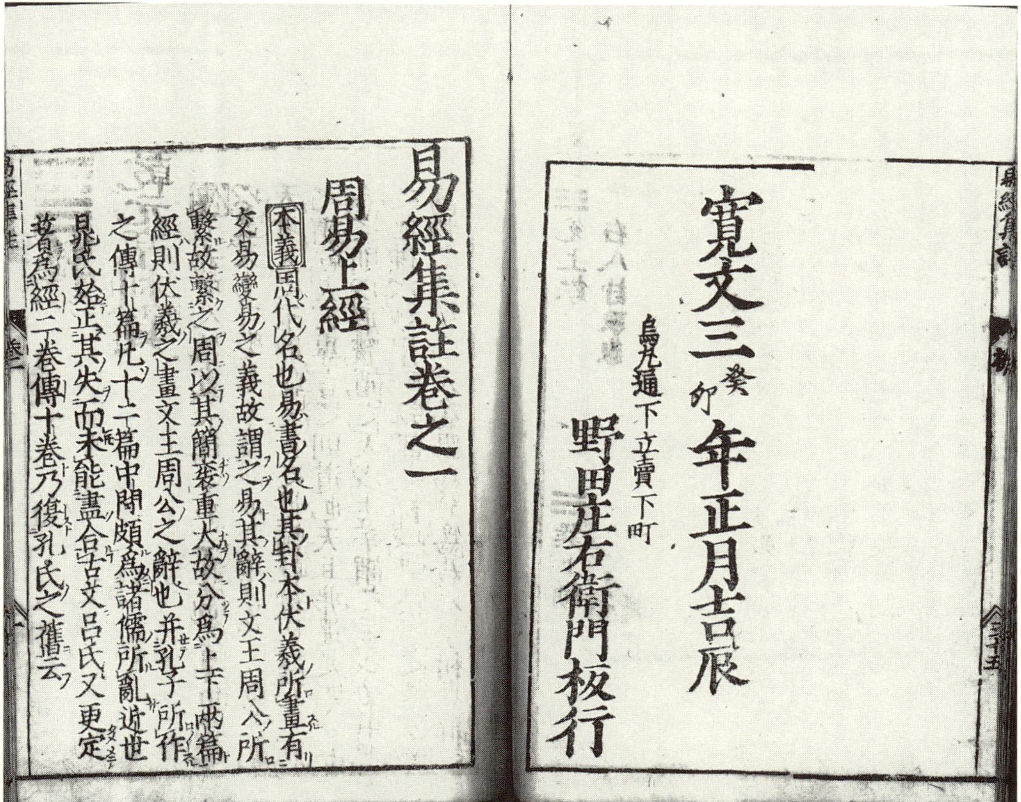
寛文三癸卯年正月吉辰
烏丸通下立賣下町
野田庄右衛門板行

易經集註卷之一
周易上經
本義 周代名也易書名也其卦本伏羲所畫有
交易變易之義故謂之易其辭則文王周公所
繫故繫之周以其簡袠重大故分爲上下兩篇
經則伏羲之畫文王周公之辭也并孔子所作
之傳十篇凡十二篇中閒頗爲諸儒所亂近世
晁氏始正其失而未能盡合古文呂氏又更定
著爲經二卷傳十卷乃復孔氏之舊云

四三2

四四A　大学序次考異　砂川由信　天保一二年一一月序淡路温故斎蔵板（大阪赤松九兵衛印行）　大一

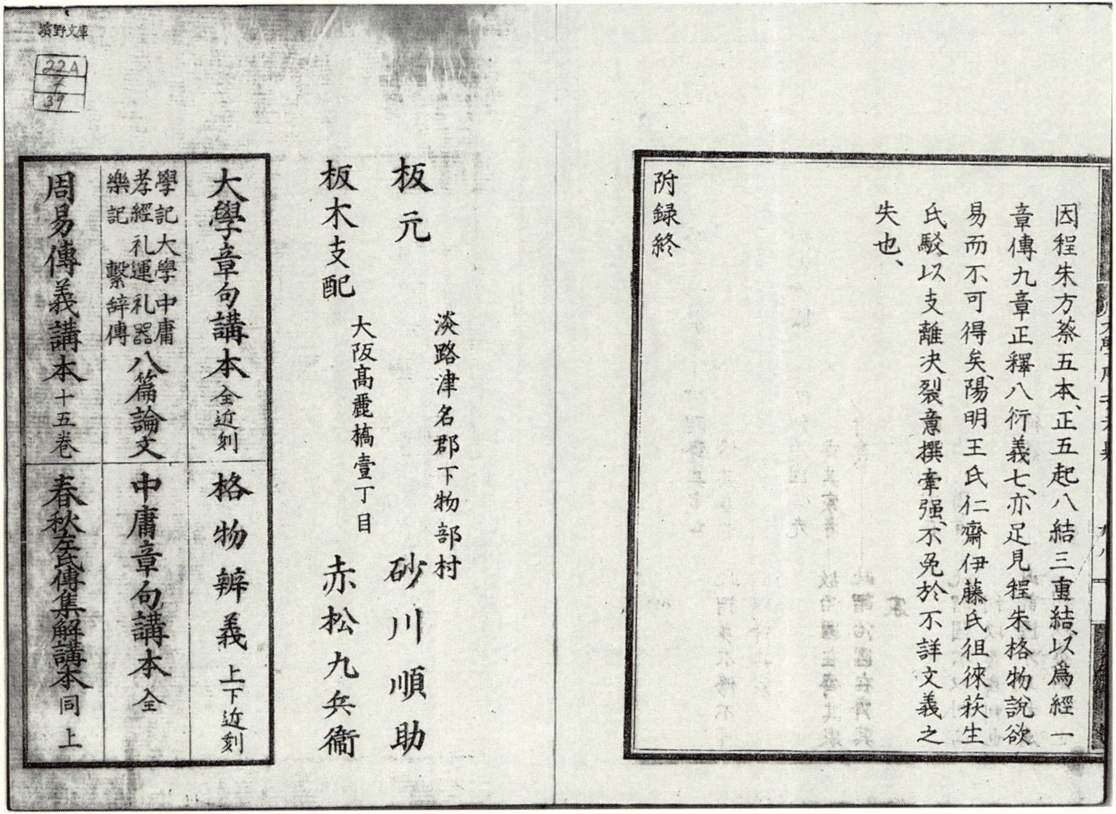
因程朱方紊五本、正五起八結三重結、以爲經一章傳九章正釋八衍義七、亦足見程朱格物説欲易而不可得矣、陽明王氏仁齋伊藤氏徂徠荻生氏駁以支離決裂意撰牽强、不免於不詳文義之失也、

附録終

大學章句講本　全 近刻
格物辨義　上下 近刻
學記　大學　中庸　孝經　礼運　礼器　樂記　繫辞傳　八篇論文
中庸章句講本　全
周易傳義講本　十五巻
春秋左氏傳集解講本　同上

板元　淡路津名郡下物部村　砂川順助
板木支配　大阪高麗橋壹丁目　赤松九兵衛

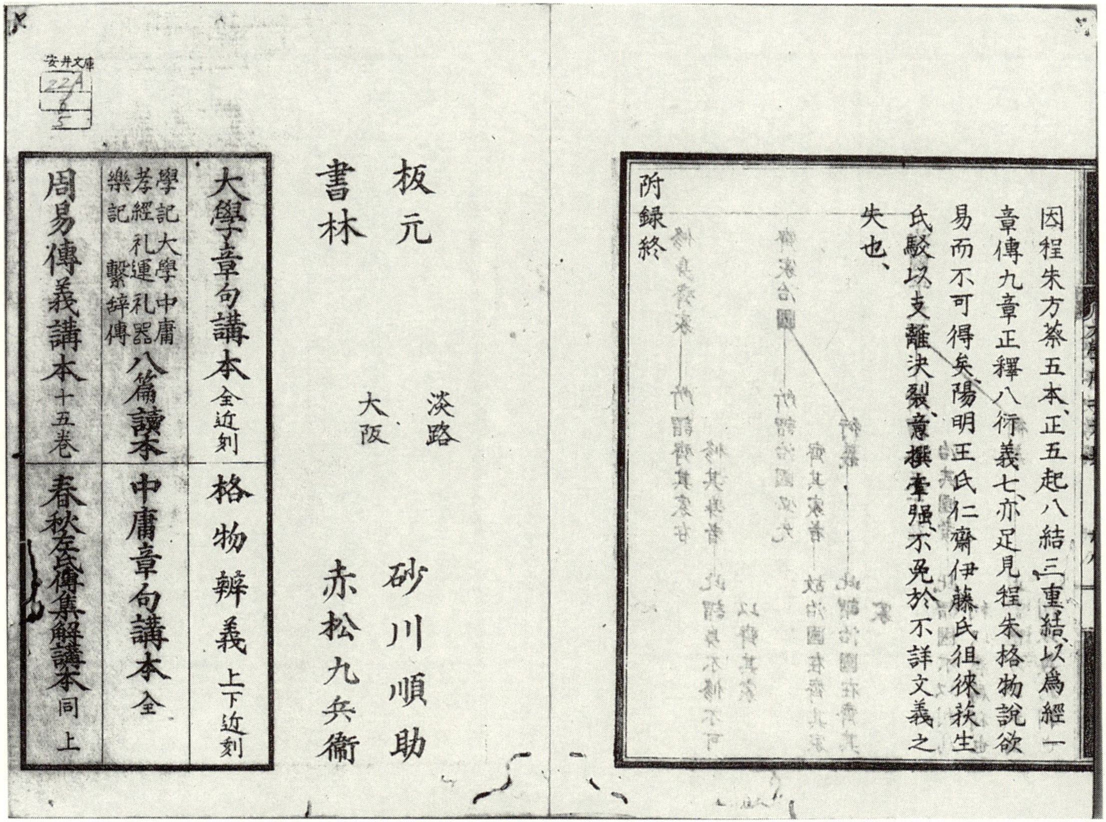

因程朱方紊五本、正五起八結三重結、以爲經一章傳九章正釋八衍義七、亦足見程朱格物說欲易而不可得矣、陽明王氏仁齋伊藤氏徂徠荻生氏駁以支離決裂意撰牽強、不免於不詳文義之失也、

附録終

大學章句講本 全 近刻

格物辨義 上下 近刻

學記 大學 中庸 孝經 礼運 礼器 樂記 繫辭傳 八篇讀本

中庸章句講本 全

周易傳義講本 十五巻

春秋左氏傳集解講本 同上

板元 書林

淡路 砂川順助

大阪 赤松九兵衛

四四B 又修 大一

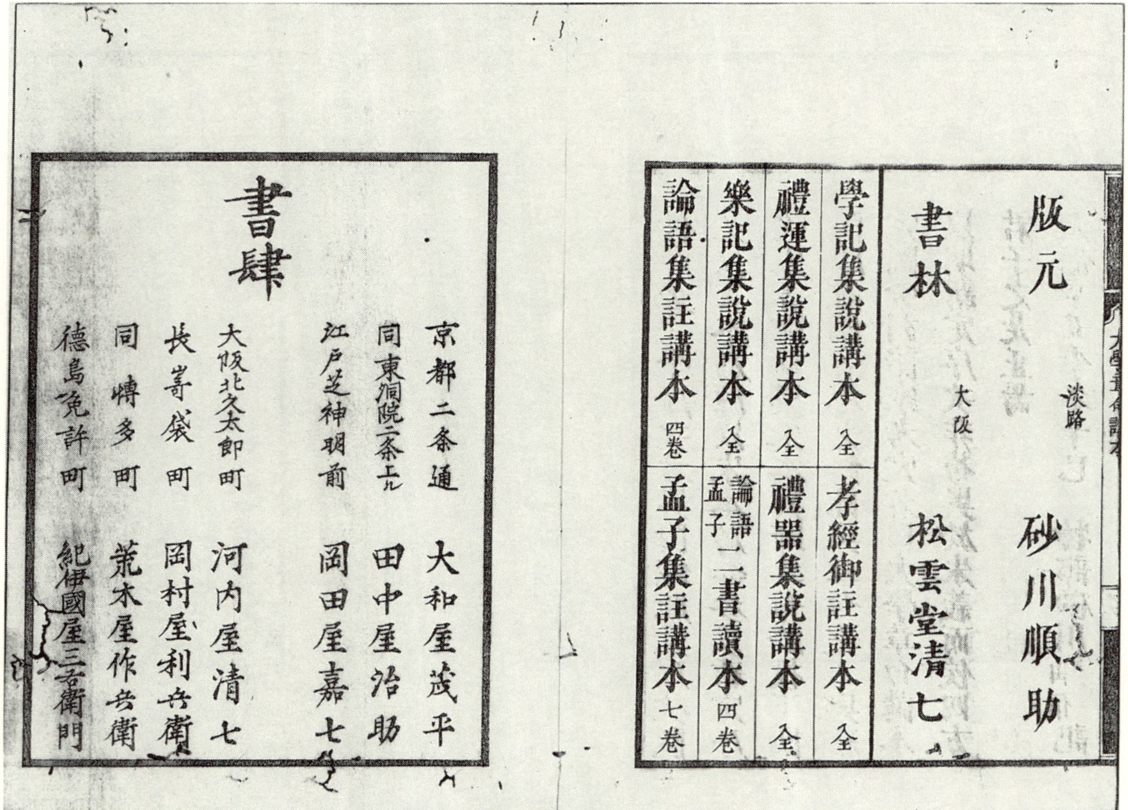

版元　淡路　砂川順助
書林　大阪　松雲堂清七

學記集說講本　全	孝經御註講本　全
禮運集說講本　全	禮器集說講本　全
樂記集說講本　全	論語孟子二書讀本　四巻
論語集註講本　四巻	孟子集註講本　七巻

書肆

京都二条通　大和屋茂平
同東洞院二条上ル　田中屋治助
江戸芝神明前　岡田屋嘉七
大阪北久太郎町　河内屋清七
長崎袋町　岡村屋利兵衛
同博多町　荒木屋作兵衛
徳島免許町　紀伊國屋三右衛門

四四参考　大学〔章句講本〕砂川由信　嘉永七年閏七月淡路温故斎蔵版（大阪
松雲堂清七印行〈後印〉）修　大一

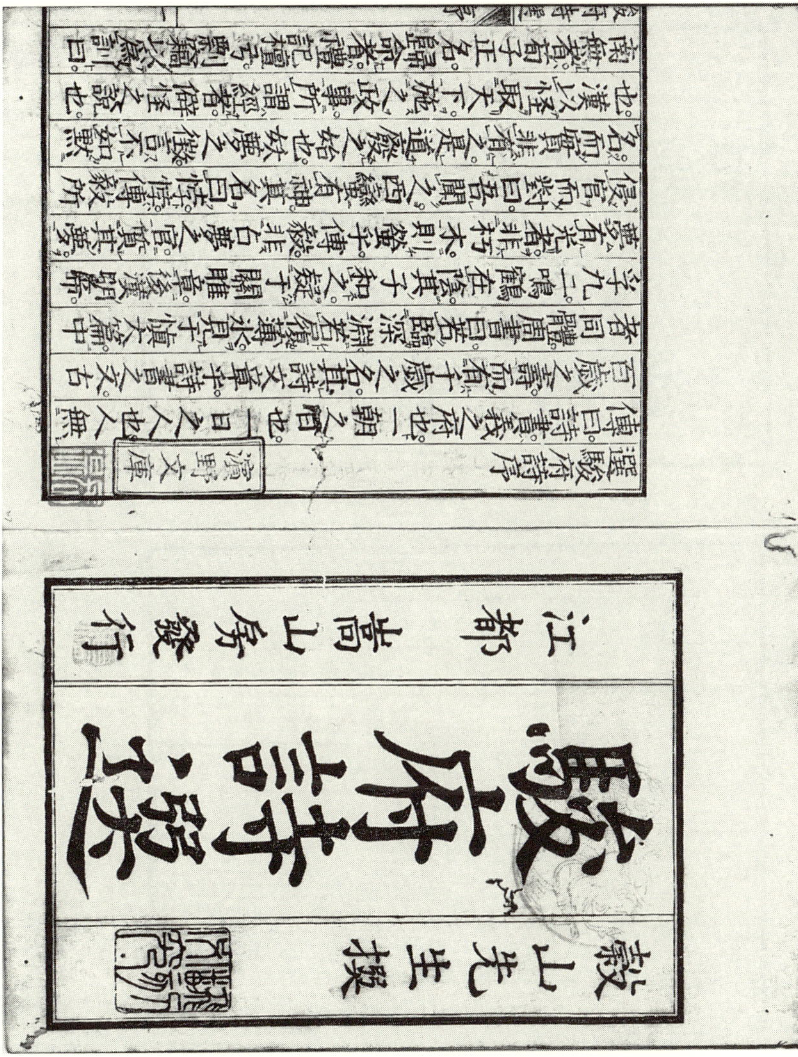

四五
1
駿府詩選四巻文選一巻　小田穀山　亨和三年九月小田穀山蔵板（江戸嵩山房小林新兵衛印行）大一

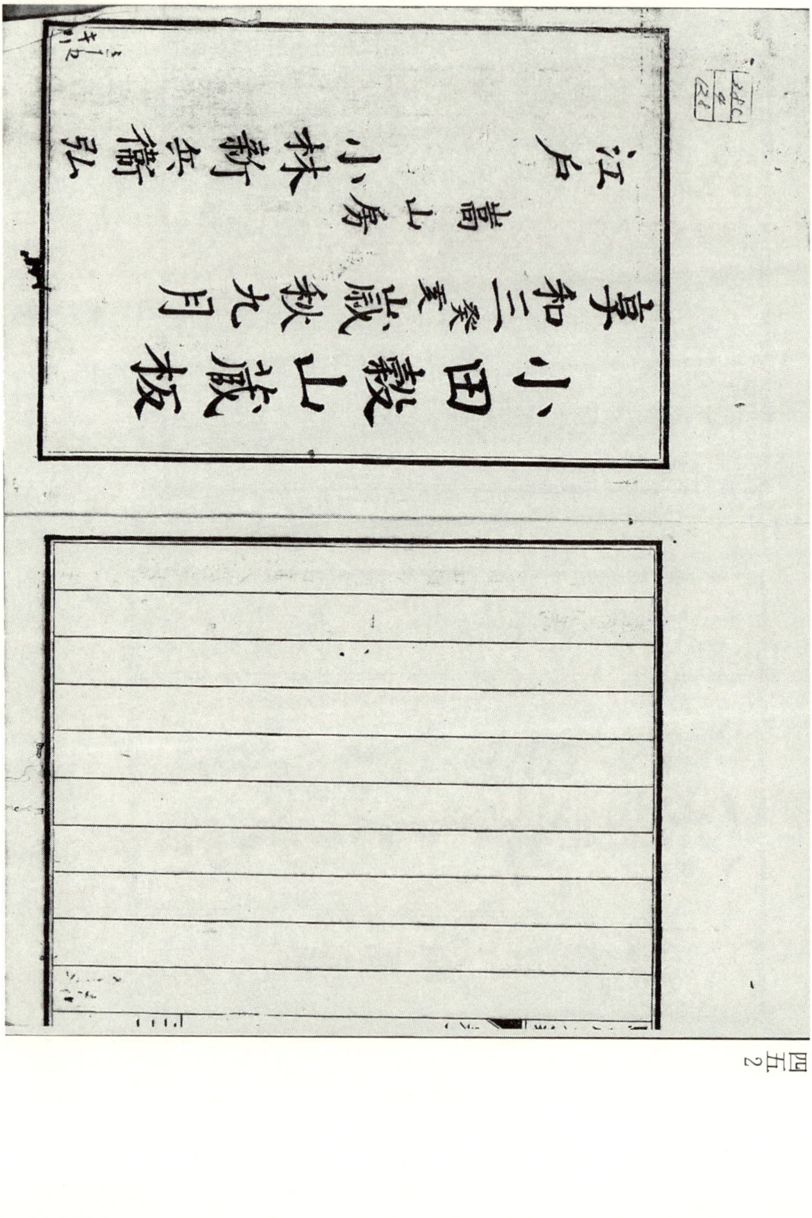

小田穀山蔵板

享和三癸亥歳秋九月

江戸 嵩山房 小林新兵衛弘

四六A　徂徠集三〇巻補遺一巻〔荻生〕徂徠（物茂卿）元文二年夏序刊　明治三年七月大坂文海堂敦賀屋九兵衛印　大一〇

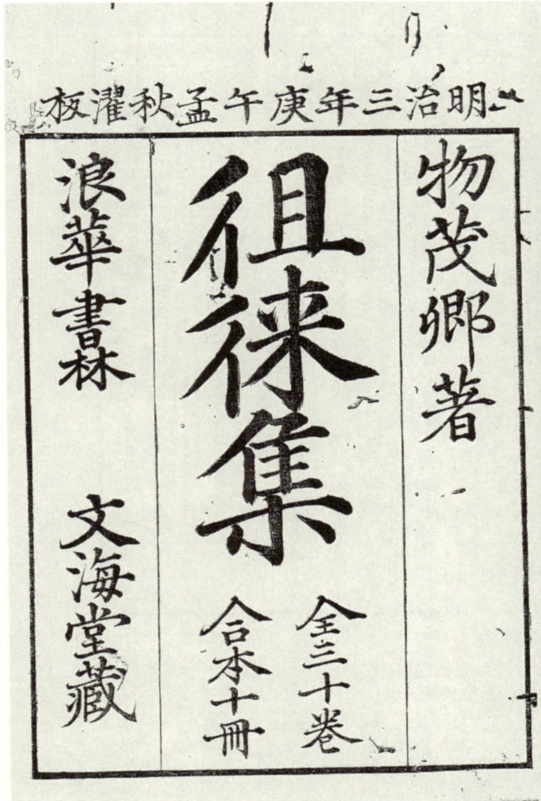

四六B1　又　寛政三年六月若山无尤堂中井源吉・大阪文金堂森本太助印（和歌山中井孫九郎蔵板）　大一九

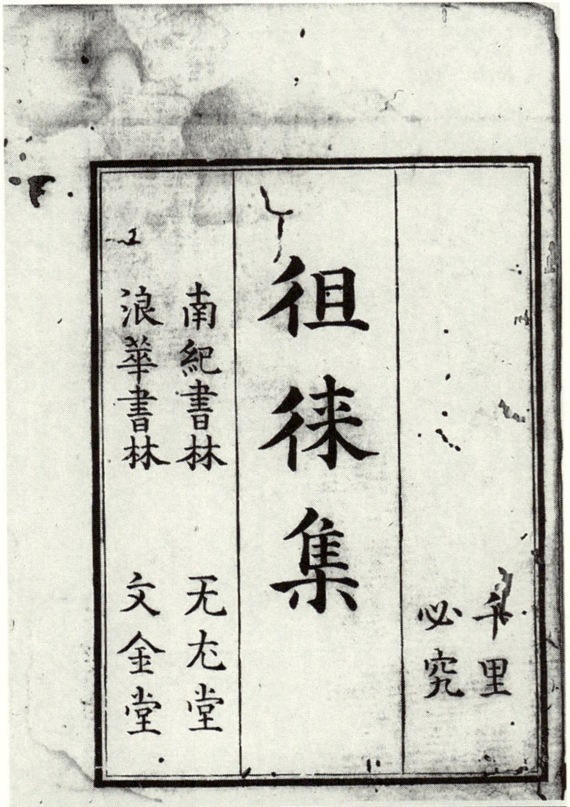

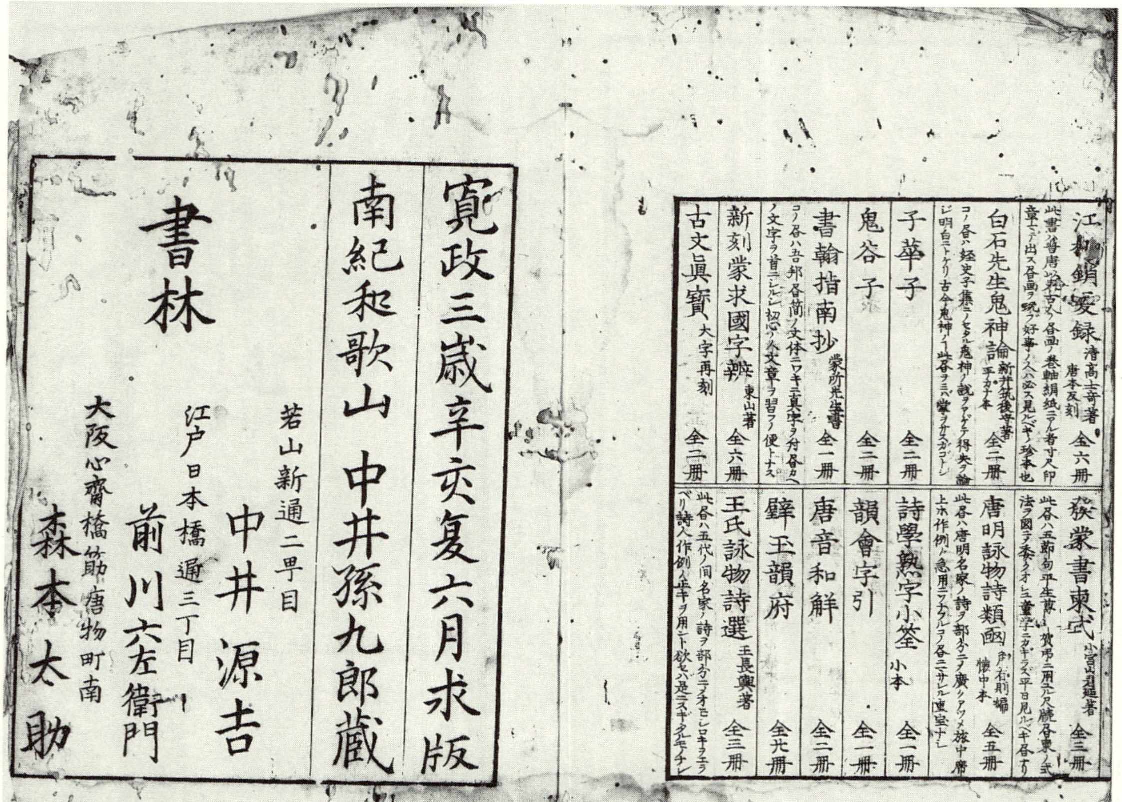

江都鎖夏録　清高士奇著　唐本反刻　全六冊
此書ハ晋唐以来古名人ノ書画ノ巻軸絹紙ニアル者寸尺印章ニテ出ス書画ヲ翫ブ好事ノ人ハ必ス見ルベキノ珍本也

白石先生鬼神論　新井筑後守著　平カナ本　全二冊
コノ書ハ経史子集ニノセタル鬼神ノ說ヲアゲテ得失ヲ論じ明白ニトケリ古今鬼神ノ一此書ヲミバ㦬ヲサスガゴトシ

子華子　全二冊

鬼谷子　全二冊

書翰指南抄　蒙所先生著　全一冊
コノ書ハ吾邦書簡ノ文体ニワキ三真字ヲ付書カヘノ文字ヲ音ニトレレ初心ノ人文章ヲ習フノ便トナス

新刻蒙求國字辨　東山著　全六冊

古文眞寶　大字再刻　全二冊

發蒙書東式　小宮山昌延著　全三冊
此書ハ五節句平生慶弔ニ用ユル尺牘書東ノ式法ヲ図ニテ委クオシエ童子ニカギラズ平日見ルベキ書也

唐明詠物詩類函　戸右則編　懐中本　全五冊
此書ハ唐明名家ノ詩ヲ部分ニテ廣クアツメ旅中席上ホ作例ノ急用ニ乏クルコノ書ニニサレル重宝ナレ

詩學熟字小筌　小本　全一冊

韻會字引　全一冊

唐音和觧　全二冊

辟玉韻府　全九冊

王氏詠物詩選　王長輿著　全三冊
此書ハ五代ノ間名家ノ詩ヲ部分ニテオモシロキヲエラベリ詩人作例ノ生キヲ用ニト欲セハ是ニスギタルモノナレ

寛政三歳辛亥夏六月求版

南紀和歌山　中井孫九郎蔵

書林

若山新通二丁目　中井源吉

江戸日本橋通三丁目　前川六左衛門

大阪心齋橋筋唐物町南　森本太助

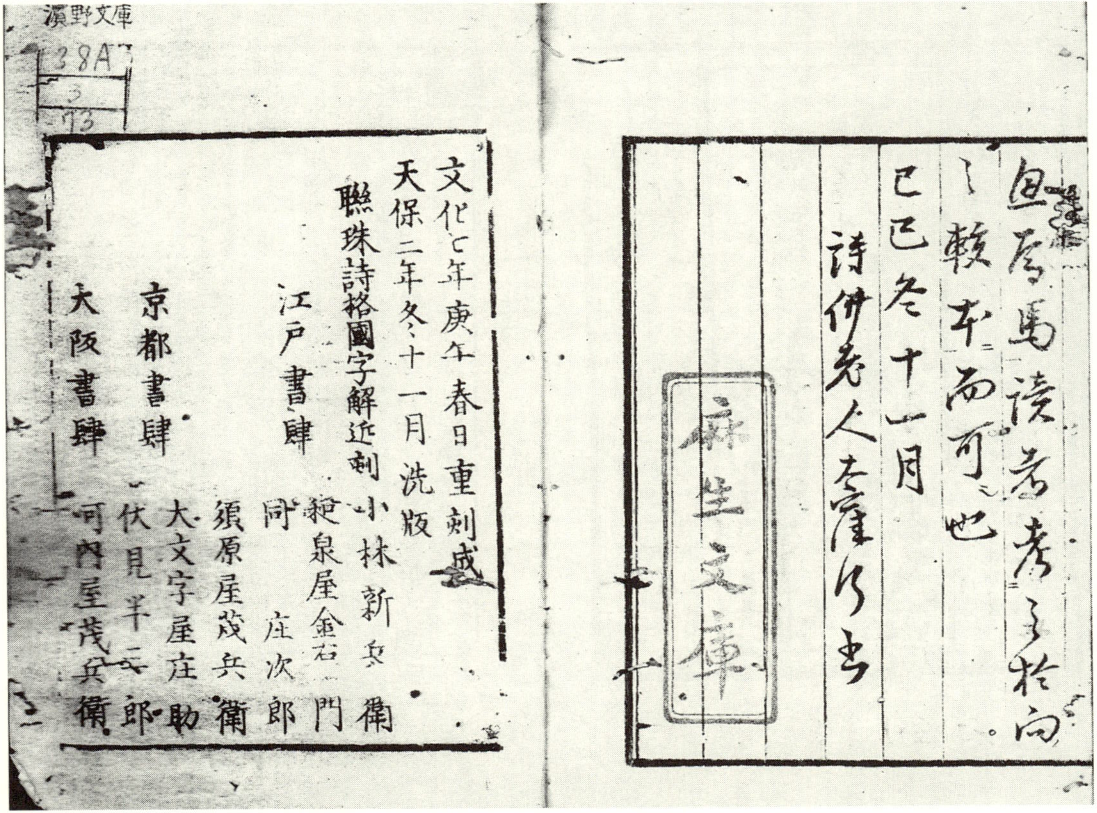

四七 精選唐宋千家聯珠詩格 元于済・蔡正孫 文化七年春刊 天保二年十一月大阪岡田群玉堂河内屋茂兵衛印 小二

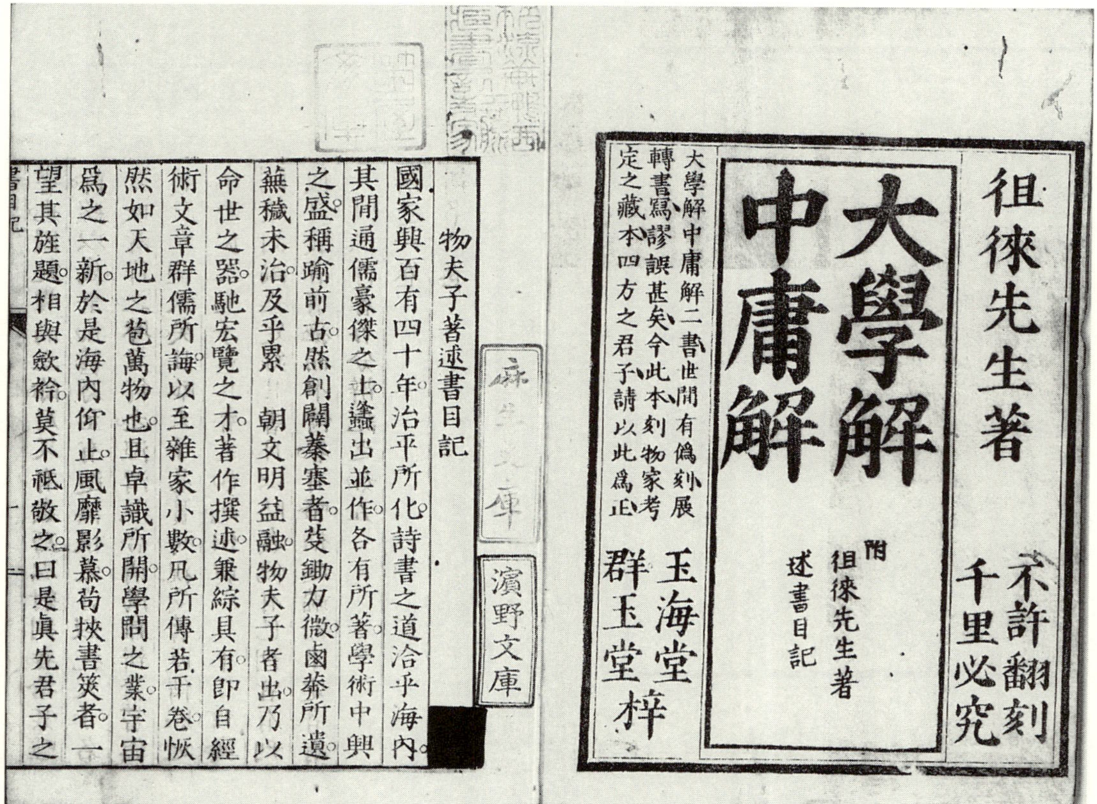

四八1　大学解・中庸解（学庸解）〔荻生〕徂徠（物茂卿）宝暦三年三月江戸玉海堂藤木久市・群玉堂松本新六刊　大二一

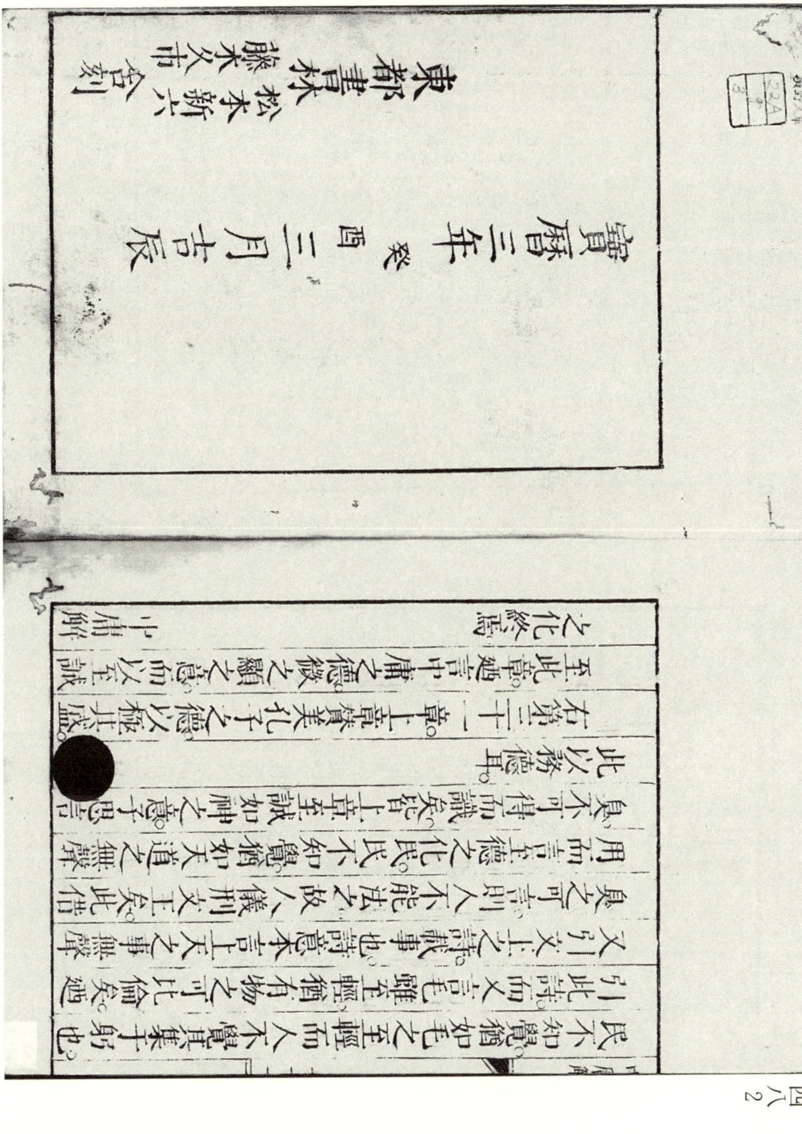

民不知覺猶如毛之至輕而人不覺其集于躬也
引此詩而又言毛雖至輕猶有物之可比倫矣廼
又引文王之詩載事也詩意本言上天之事無聲
臭之可言則人不能法之故人儀刑文王矣此借
用而言至德之化民民不知覺猶如天道之無聲
臭不可得而識矣皆上章至誠如神之意子思言
此以務德耳

右第三十一章上章贊美孔子之德以極其盛
至此章廼言中庸之德微之顯之意而以至誠
之化終焉

中庸解

寶暦三年癸酉三月吉辰

東都書林　松本新六
　　　　　藤木久市　合刻

四九C1　同　再刻　後印　大二

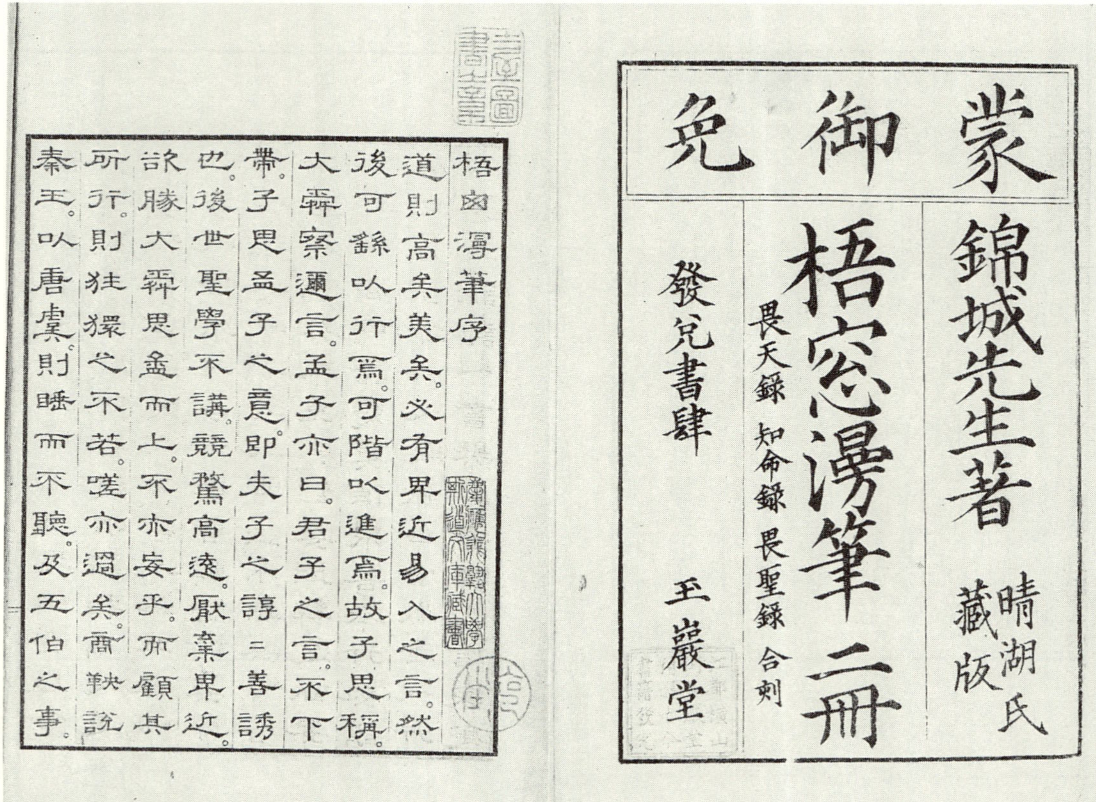
蒙御免

錦城先生著

梧窗漫筆　二冊

畏天録　知命録　畏聖録　合刻

晴湖氏
藏版

發兌書肆
玉巖堂

梧窗漫筆序

道則高矣美矣。必有卑近易入之言。然後可繇以行焉。可階以進焉。故子思稱大舜察邇言。孟子亦曰。君子之言。不下帶。子思孟子之意。即夫子之諄〻善誘也。後世聖學不講。競騖高遠。厭棄卑近。詠勝大舜思孟而上。不亦妄乎。而顧其所行。則狂獧之不若。嗟亦過矣。商鞅說秦王。以唐虞則睡而不聽。及五伯之事。

秦所言訖、兼大義道、裪
毛可謂、勝了辭、則因
以贖後、也思、鄵諫、以
唐世、則大聖聞、江高
薛、姓難景、諫以奉
良孽、譽子、信有美乎
則之、而子為於矣
睡而、而誤子、炎守
港上、此子為諫夫
蓋、藐驁曰、以夫
棗、宗高、亦悟早
鷺、亦於、階君與
迴奉、之君訊子
荽蕰、故子也建
头、子為人人
五食、而亮、三言
怕、早、戒之思
事、矣諸旱不下
、言、之下 不勝
、訖、我駭、矣然

免徭軍蒙
發記東錐天 許
見壺練兵知 後
書肆錢錢 印
嚴學聖黎
學學聖
王
嚴 免
学 梧 五
亭 修 城
  悟 先
  墨 生 精
  筆 者 明
  合   胡
  刻 藏 大
  用 版 二
    氏

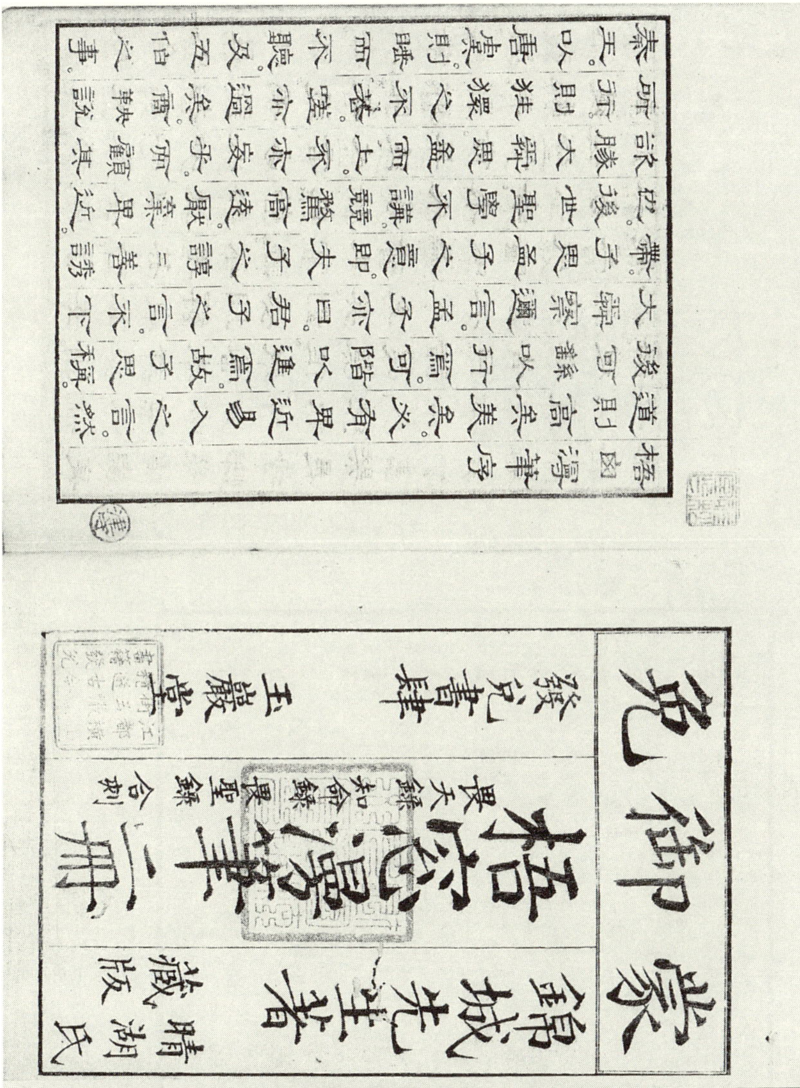

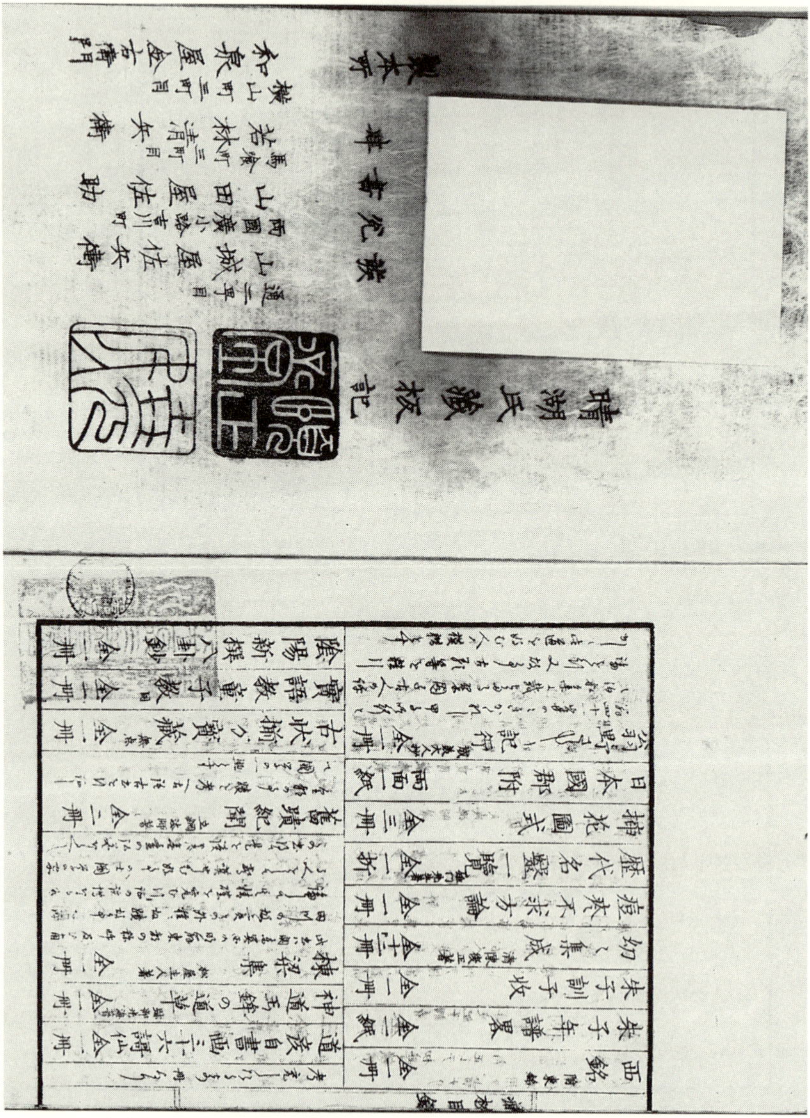

四九A　梧窓漫筆二巻　大田錦城（元貞）撰　荒井晴湖（穎行）校　文政六年三月序　晴湖蔵板（江戸玉巌堂和泉屋金右衛門印行）　大二

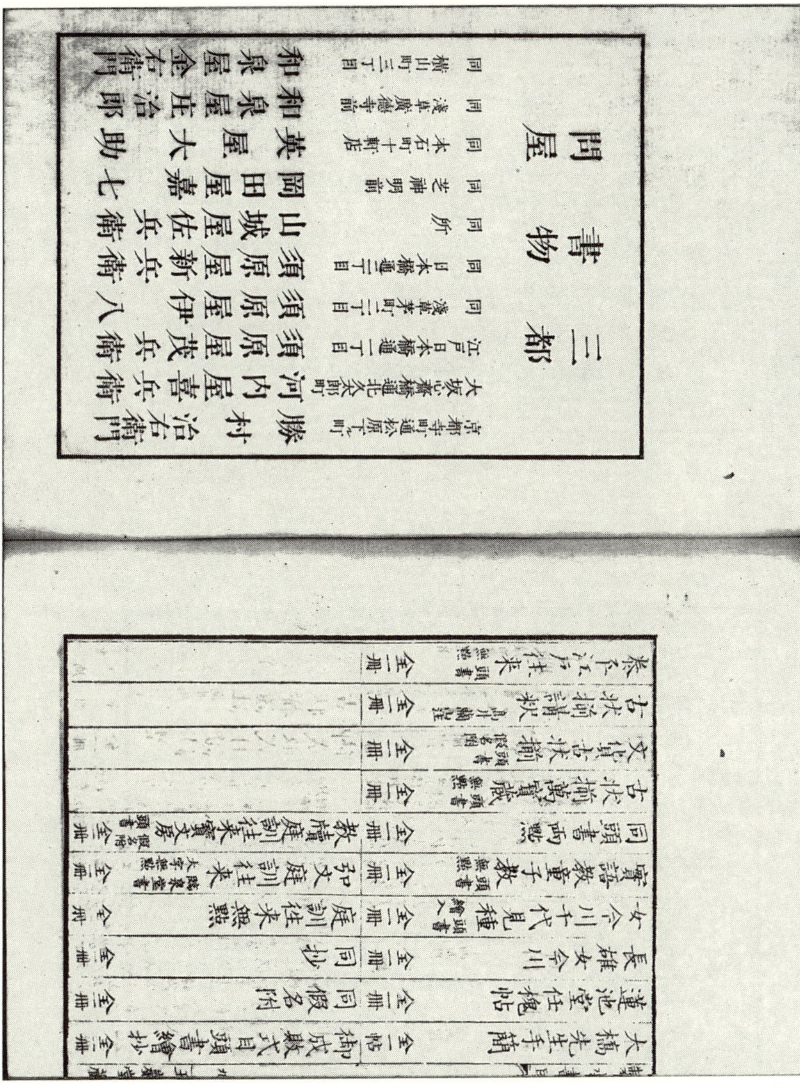

大橋先生手簡 全一帖
蓮池堂任槐帖 全一冊
長雄女今川 全一冊
女今川千代見種 頭書繪入 全一冊
實語教童子教 頭書無點 全一冊
同頭書両點 全一冊
古状揃萬寶蔵 頭書無點 全一冊
文寶古状揃 頭書假名附 全一冊
古状揃請狀 高井蘭山注 全一冊
拳下江戸往来 頭書無點 全一冊
御成敗式目頭書繪抄 全一冊
同假名附 全一冊
同抄 全一冊
庭訓往来無點 全一冊
弖文庭訓往来 賤泉堂書 大字無點 全一冊
教牘庭訓往来實文房 假名附頭書 全一冊

三都
書物
問屋

京都寺町通松原下ル町 勝村治右衛門
大坂心斎橋通北久太郎町 河内屋喜兵衛
江戸日本橋通一丁目 須原屋茂兵衛
同 淺草茅町二丁目 須原屋伊八
同 日本橋通二丁目 須原屋新兵衛
同 所 山城屋佐兵衛
同 芝神明前 岡田屋嘉七
同 本石町十軒店 英屋大助
同 淺草廣徳寺前 和泉屋庄治郎
同 横山町三丁目 和泉屋金右衛門

四九B 又 後印 大二

四九C2

也。以防攝身心矣。然則世之君子。以
是畫一部。置之几案。奚敢謂不可邪。
文政癸未正月穀旦
姫路醫員加藤善菴良白甫撰

石齋高達書

三都
書物
問屋

京都寺町通松原下ル町 勝村治右衛門
大坂心斎橋通北久太郎町 河内屋喜兵衛
同 安堂寺町 秋田屋太右衛門
同 博労町 河内屋茂兵衛
同 南久太郎町 伊丹屋善兵衛
尾州名古屋本町七丁目 永楽屋東四郎
江戸日本橋通一丁目 須原屋茂兵衛
同 浅草茅町二丁目 須原屋伊八
同 日本橋通二丁目 山城屋佐兵衛
同 芝神明前 岡田屋嘉七
同 横山町三丁目 和泉屋金右衛門

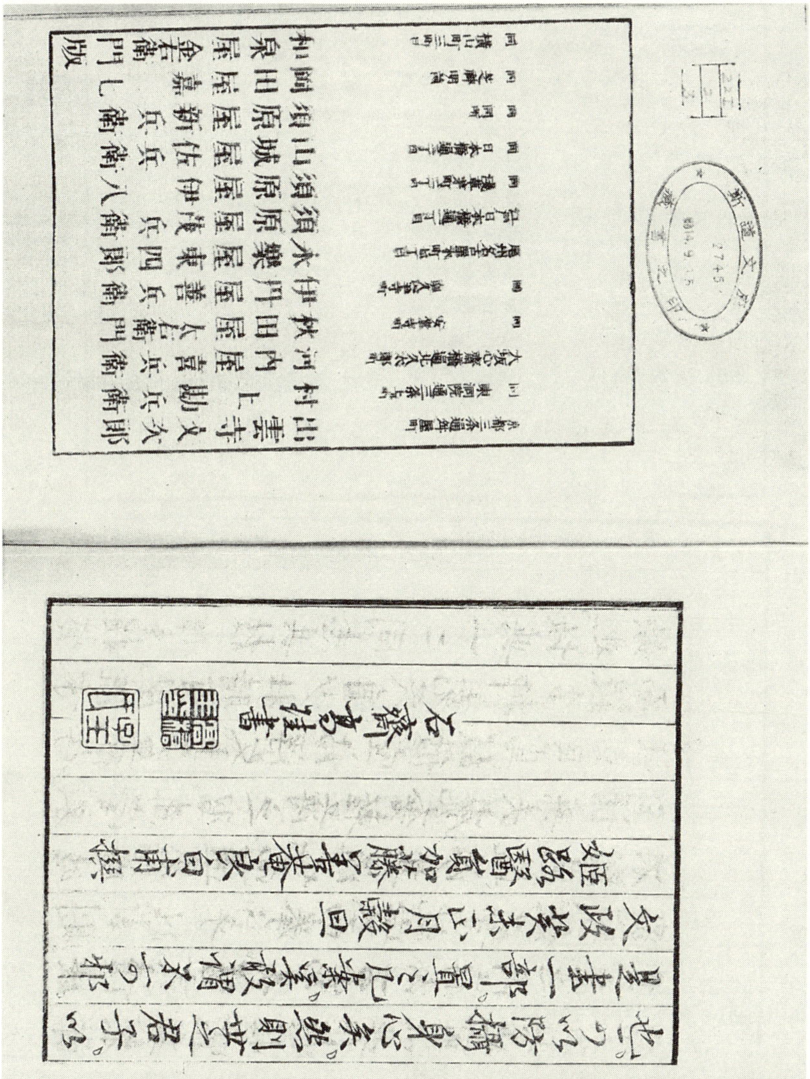

也の以防攝身心矣然則世之君子以
是書一部置之几案豈敢謂不可邪
文政癸未正月穀旦
姫路醫員加藤善菴良白甫撰
石齋高桂書

京都三条通升屋町　出雲寺文次郎
同　東洞院通三条上ル　村上勘兵衛
大坂心斎橋通北久太郎町　河内屋喜兵衛
同　安堂寺町　秋田屋太右衛門
同　南久宝寺町　伊丹屋善兵衛
尾州名古屋本町七丁目　永楽屋東四郎
江戸日本橋通一丁目　須原屋茂兵衛
同　浅草茅町二丁目　須原屋伊八
同　日本橋通二丁目　山城屋佐兵衛
同　同所　須原屋新兵衛
同　芝神明前　岡田屋嘉七
同　横山町三町目　和泉屋金右衛門
版

四九Ｄ２

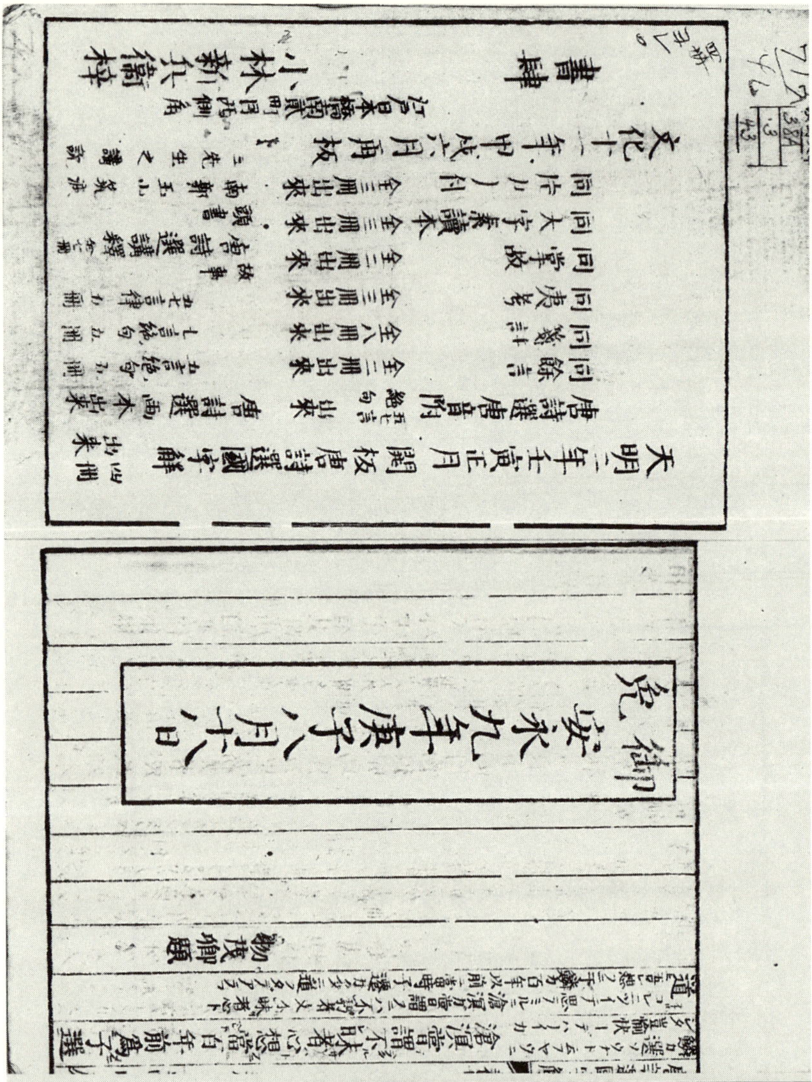

五〇　唐詩選国字解七巻〔服部南郭講　林元圭録〕文化十一年六月江戸嵩山房小林新兵衛刊（覆天明二年一月刊本）　半三（巻一・二欠）

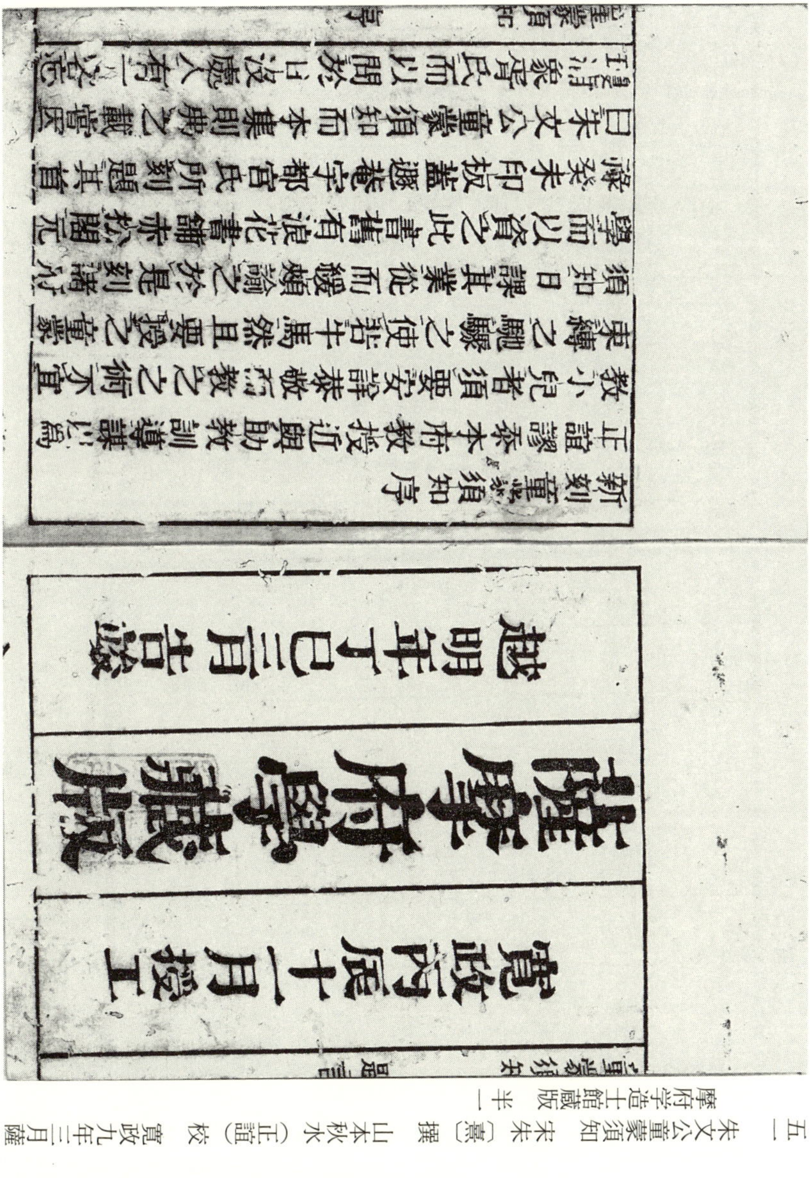

五一　朱文公童蒙須知　宋朱〔熹〕撰　山本秋水（正誼）校　寛政九年三月薩摩府学造士館蔵版　半一

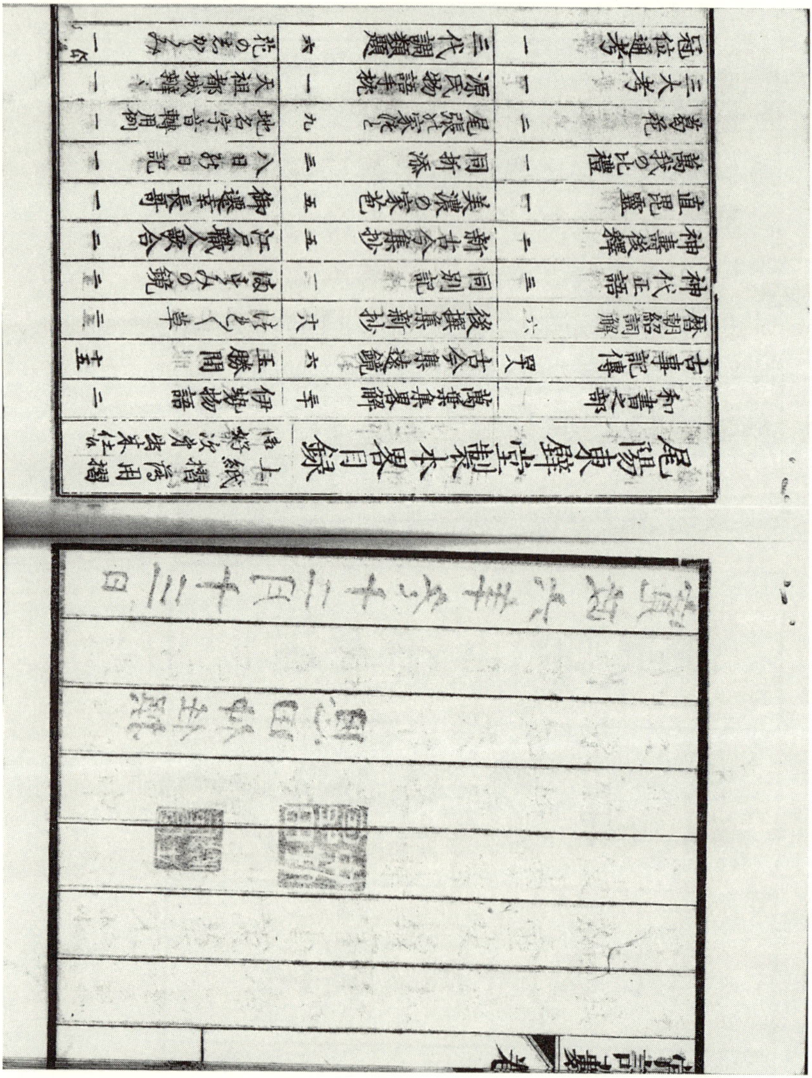

五二　常語藪二巻　岡田新川（挺之）寛政六年二月跋名古屋東壁堂永楽屋東四郎刊　半二

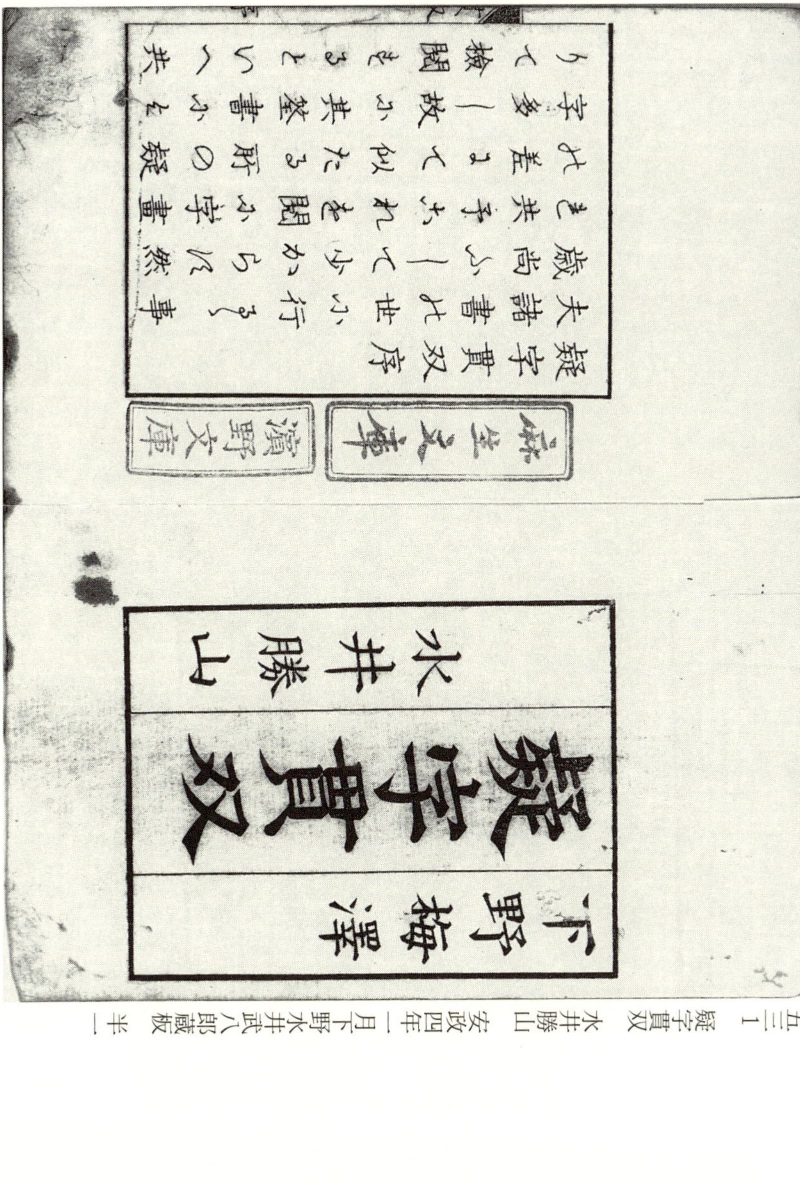

五三1　疑字貫双　水井勝山　安政四年一月下野水井武八郎蔵板　半一

于時安政四丁巳歳孟春吉辰梓刻
野州都賀郡櫟木町 水井武八郎藏板
筆耕 東都出張同所 堀越青月志
彫刻 岡田常吉

索引

凡例

一、本索引は本文篇中の主要なことばと概念とを取出し、五十音順に排列したものである。但し関連用語は接属して記した場合がある。
一、人名（古人）は別置した。
一、頁は全てを挙げたものではなく、一例として成可くその概念の捉えられる箇所を中心に選んだ。
一、項目など数頁にわたるものは、その起数頁のみを掲げた場合が多い。
一、書誌学用語はその解説の載る頁をゴチック体で示した。
一、目次は小見出しまで表記してあり、本索引と共に利用して頂きたい。
一、なお版（板）、刷（摺）、送仮名の違いなどは一々記載しない。

あ

い

そ

た

ち

は

ひ

ろ

わ

人名

あとがき

本書の原稿を広告の裏に書きなぐったのは、恐らく平成三年八月の戸狩の宿であったかと思う。極少部数の参考書を段ボールで送りつけ、読んでは書き、それに倦むと髙野辰之の童謡「ふるさと」の舞台でもある豊田村の千曲川畔を歩き、また礎稿を書継いだ。

次いで春休みや夏休みに、暇をみては八丈島や金沢の自然食の宿で一—四・六の各項目を書いていった。この読みにくい草稿を、汲古書院の大江英夫氏と正子夫人とが判読、ワープロで打ち、早い時季に一部の初校は終えていた。

しかしその後は日常にかまけ、長く筐中にあって、印刷の歴史の原稿が完成したのは十六年五月になってから。最期に残った図版解説を書いたのは十八年の四月である。それに授業次に使う「閲覧の心得」を入れ、一書の体裁を整えた。

しかし、厳密を期し、人に読んでもらう途中で一部印刷の歴史が紛失するというトラブルも発生、また期日の定まった書物の刊行を先にし、ほぼ出来上った校正を一年以上も手許に放っておいたりといった案配。定年前に刊行して箔をつける筈が逆に味噌をつけ、荏苒としてこの期に及んだ。こうした停滞にもかかわらず本書が陽の目を見たのは、ひとえに筆者の怠慢に業を煮やした当時の髙橋智主事の怒りによってである。

本書は阿部隆一氏の死後、昭和五十八年度よりその講座を引継ぎ、書誌学の実修を行ってきた著者の授業の内容をほぼ踏襲したものである。授業は一種能藝で、その年度の受講者により大きく左右されるが、基本は変らない。一年のうちの半期、前期には本書で述べたような概説を実物を見せながら行い、後期には各人の関心に併せ、自分の見たい書物のノートをとってもらい、その講評をしながら実修を行った。

中野重治氏の「本とつきあう法」に、

ああ、学問と経験とのある人が、材料を豊富にあつめ、手間をかけて、実用ということで心から親切に書いてくれた通俗の本というものは何といいものだろう。

という一文がある。

初めの一節は兎も角、私の目指したのも実はそこにある。しかし確かに時間だけはかかったものの、果して内実は何うか。

書誌学の概説書も近頃は充棟山積し、も早不要かも知れない。そこに又一書を投ずる意味はあるのだろうか。概説は本文だけでは餘りに抽象に過ぎ分りにくいので、図版篇で専らその具体と実用とに意を注いだ。図版は事務が煩瑣になるのを避け、私の勤務していた斯道文庫と慶応義塾図書館のもののみに限った。そのため内容も限られ、書物も図版に向く美麗なものばかりではないが御了承頂きたい。掲載をお認め下さった当局にあつく御礼申上げる。

校正も書足すと切りがない。夫々の執筆時季の違いもあり、繰返しや重複も多いが、それは授業の手法でもあり、又昔咄の技法でもある。最も肝要な事柄だと思ってお読み頂きたい。繰返しに気のつく読者は実は佳い読者なのだ。

なお用語や表記の統一は計らない。これは決して編修者の罪ではなく筆者の趣味である。術語には振仮名を附したが、或いはもっとつけるべきであったかも知れない。御面倒ながら、訓みに疑問のある語は索引箇所から御判断頂きたい。又、本来は参考書目を附すべきであるが、専書もあり、各概説書にも附載され、現今ではインターネットで検索も可能なので割愛した。掲載するのであれば、ただに書目を挙げるのみでなく、紹介・月旦もせねばならず、それだけで優に一書を為す量がある。

本書の写真撮影は斯道文庫の北清蔵・髙橋智両氏の手を煩わせた。ワープロやコンピューター印字には大江夫人の他、田中公子氏、汲古書院の柴田聡子氏、大沼由布、ねむの協力を得た。

刊行が遅れ、諸方面に御迷惑をおかけしたことをお詫びし、御協力を賜った方々にあつく御礼申上げる。

図書大概

平成二十四年十一月二十六日第一刷発行
平成二十五年　三月二十九日第二刷発行

著　者　大　沼　晴　暉
発行者　石　坂　叡　志
整版印刷　モリモト印刷㈱

発行所　汲　古　書　院
〒102-0072　東京都千代田区飯田橋二－五－四
電　話　〇三(三二六五)九七六四
FAX　〇三(三二二二)一八四五

ISBN978-4-7629-1225-2　C3000